社会主义民主法制文集

上

王汉斌

中国民主法制出版社

1984 年 2 月，邓小平、王震和王汉斌在福建省厦门市

1984 年 8 月，邓小平、卓琳和王汉斌在北戴河

彭真和王汉斌交谈

1994年12月，王汉斌主持八届全国人大常委会第十一次会议第二次全体会议

1996年12月，王汉斌在八届全国人大常委会第二十三次会议上作报告

1997年3月，王汉斌在八届全国人大五次会议上作刑法修订草案的说明

1985年12月，彭真同参加全国民法通则（草案）座谈会的同志合影。前排左起：张友渔、王汉斌、刘复之、彭冲、彭真、陈丕显、郑天翔、武新宇、高克林

目　录

"要八面树敌"（代序）
——彭真同志谈思想方法和工作方法…………………… 1

刘少奇同志社会主义民主法制思想的重大指导意义………… 5
邓小平同志亲自指导起草一九八二年宪法 …………………… 16
彭真同志对我国社会主义民主法制建设的卓越贡献………… 35

有关审判林彪、江青反革命集团案的几个法律问题………… 66
（一九八〇年十二月十日）
加强法律解释工作 ……………………………………………… 71
（一九八一年六月十五日）
关于刑诉法和刑法的两个补充规定…………………………… 75
（一九八一年六月十五日）
关于县级以下人民代表大会代表直接选举的若干规定
草案的说明 …………………………………………………… 79
（一九八三年三月五日）

关于地区和市合并后市人民代表大会提前换届问题…………84
（一九八三年五月九日）

关于修改人民法院组织法、人民检察院组织法的决定等几个法律案的说明…………86
（一九八三年九月二日）

有关县级以下人大代表直接选举工作的几个法律问题的意见…………96
（一九八四年三月十三日）

第二次县乡直接选举工作提出一些法律问题…………105
（一九八四年五月十四日）

关于第六届全国人民代表大会第二次会议代表提出的议案的处理意见的报告…………110
（一九八四年五月二十九日）

关于刑事办案期限的几点意见…………120
（一九八四年七月）

要认真执行刑事案件办案期限的规定…………126
（一九八四年七月四日）

关于授权国务院在经济体制改革和对外开放方面可以制定暂行的规定或者条例的问题…………131
（一九八五年四月三日）

关于《中华人民共和国继承法（草案）》的说明…………134
（一九八五年四月三日）

谈香港基本法与中国法制 …………………………………… 142
（一九八五年六月十四日）
关于彭真委员长访日情况的报告 ……………………………… 156
（一九八五年六月十五日）
关于《中华人民共和国民法通则（草案）》的说明 ………… 165
（一九八六年四月二日）
关于人大代表名额和差额选举的问题 ………………………… 175
（一九八六年六月二十五日）
关于加强人大工作的几个问题 ………………………………… 183
（一九八六年七月二十七日）
关于我国社会主义法制建设的几个问题 ……………………… 193
（一九八六年九月十三日）
修改选举法和地方组织法的主要内容 ………………………… 227
（一九八六年十一月十五日）
关于县级以下人民代表大会
换届选举工作若干问题的意见 ……………………………… 235
（一九八六年十一月十八日）
关于地方各级人大代表名额问题的请示 ……………………… 243
（一九八六年十一月十八日）
依法办事尊重选民行使民主权利 ……………………………… 247
（一九八六年十二月二十八日）

关于中国的社会主义法制建设问题
——在美国亚洲协会的讲话 …………………………254
（一九八七年五月二十六日）
在中美贸易投资法律讨论会上的发言 …………………262
（一九八七年八月十七日）
进一步健全全国人大常委会的工作制度……………268
（一九八七年八月二十八日）
全国人大常委会法制工作委员会关于对 1978 年底以前
颁布的法律进行清理的情况和意见的报告…………272
（一九八七年十一月十一日）
关于惩治走私罪和惩治贪污罪贿赂罪两个补充
规定草案的说明 ………………………………290
（一九八七年十一月十七日）
关于《中华人民共和国全民所有制工业企业法（草案）》
审议结果的报告 ………………………………299
（一九八八年四月九日）
关于法律委员会统一审议法律草案问题的一封信 ……303
（一九八八年五月十八日）
关于行政诉讼法草案需要研究的几个问题 …………306
（一九八八年十二月十三日）
加强全国人大工作的制度化、法律化建设……………310
（一九八九年三月二十八日）

“要八面树敌”（代序）*
——彭真同志谈思想方法和工作方法

解放前，北平地下党曾分为南系和北系两部分，北系地下党由华北局城工部领导，南系由昆明西南联大为主复员到北平的南方地下党员组成，由南方局领导。我是南系地下党学委委员。1948 年 11 月下旬，南北系地下党合并，我担任合并后的北平地下党学委委员兼大学委员会书记。为配合解放和接管北平，我为华北学联起草和修改了一系列向全市人民公开散发的宣传文件，其中有一篇华北学联告全市人民书《欢迎解放军》。彭真那时已到北平西郊青龙桥，看到这篇文章，认为文章写得好，写得很有感情，就问是谁写的，有人告诉他是王汉斌写的。北平解放后，当时的市委组织部长刘仁亲自把我带到市委办公厅，对彭真说：“把人带来了。”并让我担任市委办公厅和彭真的政治秘书，要我第二天就上班。一年后，彭真让我到市委政策研究室工作，但彭

---

* 此文系王汉斌同志为纪念彭真同志诞辰一百周年而作。

真一直说我还是他的秘书。从此，除“文革”中断外，我在彭真领导下工作了几十年，彭真常常谈到思想方法和工作方法，至今历历在目，使我深受教益。

彭真认为，政治家和思想家不同。思想家是解决认识世界问题，政治家则在于改造世界，或者说认识世界是为了改造世界。

彭真喜欢引用毛主席在延安讲的中央党校的校训“实事求是，不尚空谈”。他说，领导要抓住问题，解决问题，及时发现问题，及时解决问题。他尖锐批评那种“拉洋片”、“推排球”、“打太极拳”，遇事推诿，不解决问题，只做官不办事的官僚主义作风，经常告诫我们不要当氢气球，随风飘，凭空气办事，看风使舵，不研究实际问题，不从实际出发，不根据实际情况办事，也就是毛主席在延安批评的那种东风东倒，西风西倒的墙头草。

彭真常讲，研究问题要客观，不要主观，更不要唯意志论；要看历史的全面；要透过现象看本质。如果我们能够掌握这三条，我们的认识就能够比较符合实际，比较能够认识事物发展的规律，也就能够比较正确地处理问题，解决问题。

彭真认为，辩证法三大定律中的否定之否定定律，是不是事物发展的规律，现在看法有分歧，但是从思维发展的辩证法来说，需要经过否定之否定的发展过程。我们研究问题，要从正面认识，也要从反面看，使认识深入一步，还要再从反面的反面研究，达到新的认识，这样经过否定之否定，我们就能够达到比较深入正确的认识。

彭真常说，决定问题，要八面树敌，不但要看到好的、有利的方面，还要有意识地从反面考虑，看到不利的方面，自己否定自己，并且从不同角度考虑，充分研究各种不同意见是否有道理，有哪些好的、有益的东西，这样作出的决定，才能立于不败之地，避免或少犯错误。彭真说，开会讨论问题，不同意见讲得越多越充分越好，问题看得越清楚，就越好解决问题，真理越辩越明。从这点说，开会就是为了听取不同意见，提出问题就等于解决了问题的一半。我们起草研究法律草案，都要征求各地方、各方面、各有关部门的意见。征求意见，赞同的意见固然要听，但更重要的是要听不同的意见，相同的意见没有什么需要研究的，重要的是把不同意见研究清楚，尽量吸取好的、有益的内容，不能采纳的意见，也要研究清楚，我们制定的法律就可以比较完善、周到，少出纰漏。

彭真的工作精神非常感人，他对工作要求严谨，一丝不苟，精益求精，夜以继日。1979 年起草修改刑法等七部法律草案时，我们每天都要改到深夜十二点多，然后由我把修改稿送到他家。他看到修改稿后就动手连夜修改，改得很仔细，第二天清早就改出来退给我们。刑法有好几条针对“文化大革命”的条文就是他修改时加上的。他常说，没有“文化大革命”，现在的刑法搞不出来。

彭真非常重视起草文件，他总是亲自抓，而且抓得很紧，很具体。他总强调，起草文件一定要领导亲自动手，不要秘书代劳。如果凡事都要秘书代劳，领导不亲自动手，还要领导干什么，那就让秘书来当领导好了。彭真讲话、作报告，都是自己写提纲，从来不要我们帮助起草。所以彭真作报告，我们都很轻松，只在讲话后给整理记录。1958 年彭真要给《前线》写发刊词，题目是《站在革命和建设的最前线》，先让李琪、张文松、张彭和我起草，先后写了三稿，都是他讲了要写的内容，我们尽量按照他口授的意见起草，他看了仍不满意。最后的稿子是他自己动手从第一个字写到最后一个字，一气呵成，没有我们起草的语言。“文化大革命”挨批斗时，要我交代我出了多少“黑”主意，我说没有一个字是我们写的。当时我心里想，我们哪里写得出那样高水平的文章。

彭真对修改文件很认真，总是改了又改，一丝不苟，包括标点符号都不能马虎。我们给彭真抄稿子、校对，总是写得整整齐齐，在抄的稿子上没有再改的字，连“的”字、“了”字也不能错了、漏了。北平解放时，他为市委、军管会起草修改一系列接管城市的文件，除了开会外，几乎每天都要写、改到深夜，第二天起来又接着写、改到深夜。那时我想，现在才真正感受到“连轴转”的滋味了。有一些文件，我们都认为没有什么可改的，彭真还要再改。我在北京市参加起草许多文件，常常是改了又改，彭真还不满意。50年代初，邓拓到《人民日报》担任总编辑，彭真还要邓拓兼任市委的职务，常找邓拓帮助修改市委的一些重要文件。那时郑天翔跟我说，我们改了还不行，还是得把邓拓请来，他一动手，我们就过关了。1979年，彭真要我到法制委员会工作，我说我不行。第一，我觉得法律很枯燥，我不懂，也看不下去；第二，我的水平相差太远，对你的工作帮不上什么忙，不能胜任。

今年是彭真诞辰一百周年。我们纪念彭真，学习彭真，不仅要了解、研究他的丰功伟绩，而且还要学习、研究他的思想方法、工作方法。

刘少奇同志社会主义民主法制思想的重大指导意义*

刘少奇同志是伟大的马克思主义者，伟大的无产阶级革命家、政治家、理论家，是深受亿万人民群众尊敬与爱戴的我们党和国家的卓越领导人。在近半个世纪的革命生涯中，他为新民主主义革命的胜利和社会主义建设事业的发展，建立了不朽功勋。他的关于中国新民主主义革命、社会主义革命和建设方面的许多重要论述，关于党的建设的系统、精辟的理论，是毛泽东思想的重要组成部分。他对毛泽东思想的形成和发展，做出了重要贡献；对确立毛泽东思想在全党的指导地位，起了重大作用。他具有坚定的政治信念，顽强的革命精神，党的利益高于一切的党性修养，敢于坚持真理、坚持实事求是的政治胆识，为全党树立了光辉的榜样。少奇同志的一生，是革命的一生，光辉的一生。

少奇同志担任过中华人民共和国主席，又是第一届全国人

* 此文系王汉斌同志为纪念刘少奇同志诞辰一百周年而作。

民代表大会常务委员会委员长。长期以来，他非常重视人民政权建设，重视社会主义民主和法制建设，重视人民代表大会制度建设，提出了一系列重要思想和理论观点，对我国社会主义民主法制建设有重大的指导意义。在我们纪念这位伟人诞辰一百周年之际，缅怀他在这方面的功绩，重温他的光辉的论述，深受启发和教益。

早在抗日战争时期，少奇同志就对根据地的民主政权建设给予极大的关注。在全民族抗战爆发时期，敌后抗日根据地如何进行政权建设，是一个全新的问题。少奇同志提出，在这些抗日根据地，必须建立抗日民主政权，改造国民党一党专政的政府为人民的政府。抗日民主政权是由各抗日阶级联合起来，对汉奸反动派的专政。它与地主资产阶级专政相区别，同时又与工农民主专政相区别。它既不是资产阶级专政，也不是无产阶级专政。它的任务是反抗日本帝国主义，保障一切抗日人民的民主权利和自由。根据抗日民主政权的这种性质，政府的组织必须实行民主集中制，代表会议制，实行普遍的选举，实行少数服从多数的制度。少奇同志指出，只有大多数的人民都积极起来参政，并积极为国家民族的利益与大多数人民的利益而奋斗的时候，抗日民主政权才能巩固与发展，帝国主义与封建势力的压迫才能推翻，中国的独立自主与人民的民主自由才能实现。少奇同志领导创建了华北、华中等地抗日根据地的政权，对抗日根据地的政权建设做出了重大贡献。

新中国成立前夕，应该建立一个怎样的国家，又提到中国共产党人的面前。毛泽东同志明确地提出，我们所要建立的人民共和国，国体是工人阶级领导的、以工农联盟为基础的人民民主专政，政体是基于民主集中制的人民代表大会制度。根据毛主席的指导思想，1948 年初，少奇同志在东北局干部会上讲话时说，人民代表大会制度是新中国的国家制度、政权组织形式，只有建立这样的政权、这样的组织形式，才能充分体现出人民民主专政的主要内容。建国初期，在召开人民代表大会的条件还不具备的时候，他高度重视召开代行人民代表大会职权的各界人民代表会议。1951 年 2 月，为了推动全国各地召开各界人民代表大会，少奇同志出席了北京市第三届人民代表会议，并发表重要讲话，全面系统地阐述了人民代表会议与人民代表大会的性质和意义。他说，“人民代表大会与人民代表大会制度是我们国家的基本制度，是人民民主政权的最好的基本的组织形式”，是“一个有伟大功效的制度”。他要求各级人民政府，各民主党派，各民主阶级的人民，都应该积极努力地把各级人民代表会议实际地而不是形式地建立起来，并在近几年内逐步过渡为各级人民代表大会。要使各级人民代表会议成为各级人民政府一切工作和一切活动的中心环节。各级人民政府的一切工作和一切活动应向各级人民代表会议作报告，并接受其质询和审议，重要的工作和活动还须先经过人民代表会议的讨论和决议，然后大家团结一致地去加以执行。他还要求各级政府部门经常注意各级代表会议召开的情况，保证各级人民代表会议能够经常定期召开。他批评有些政府工作人员不大愿意召开人民代表会议，习惯于少数人包办一切，而不习惯于和人民代表商量办事。在这个讲话中，少奇同志高瞻远瞩地提出“民主化与工业化”的口号。他说：“没有我们国家的民主化，没有新民主主义政权建设的发展，就不能保障新民主主义经济的发展和国家的工业化。反过来，新民主主义经济的发展和国家的工业化，又要大大地加强和巩固新民主主义政权的基础。因此，我们的基本口号是：民主化与工业化！”这一科学论断深刻地阐明了民主建设和经济建设的关系，把民主政治建设提到保障国家政权和经济建设的高度。

1953年初，当国民经济得到恢复、大规模经济建设正要开始的时候，党中央和中央人民政府委员会把制定宪法、实行普选提到重要的议事日程上来，决定成立宪法起草委员会和选举法起草委员会，少奇同志参与领导了起草宪法和选举法的工作。他作为中央选举委员会主席，主持选举委员会的工作，指导全国的选举工作。他代表宪法起草委员会向一届全国人大一次会议所作的《关于中华人民共和国宪法草案的报告》，全面总结了党领导人民长期进行政权建设的经验，阐述了人民代表大会制度的基本原则和内容。他指出：“我们的国家是人民代表大会制的国家，人民代表大会是全国人民管理自己国家的最好的政治组织形式。人民代表大会制度所以能够成为我国适宜的政治制度，就是因为它能够便利人民行使自己的权力，能够便利人民群众经过这样的政治组织参加国家的管理。”他还指出：“我们国家的大事不是由一个人或少数几个人来决定的。人民代表大会制，既规定为国家的根本政治制度，一切重大问题就都应当经过人民代表大会讨论，并作出决定。”这是在党和国家的文件中第一次明确提出人民代表大会制度是我国的根本政治制度。少奇同志为在全国范围内自下而上系统地建立和完善人民代表大会制度，发挥这一制度在国家政治生活中的重大作用，作出了历史性的贡献。

在一届全国人大一次会议上，少奇同志当选为全国人大常委会委员长。在他主持下，从1954年10月到1957年底，一届全国人大常委会举行了89次全体会议，制定了80多个法律、法令，决定了一系列重大问题，对建立并健全新中国的法律制度起了奠基性的作用；还听取和审议了国务院及其部门20多个专题工作报告。他要求人大常委会要密切联系代表，充分反映人民群众的意见；在人大常委会会议上，要充分发扬民主，集中正确意见。1957年夏季以前，在全国人大和常委会会议上，代表、委员能够畅所欲言，充分发表意见，包括不同的意见和批评的意见，人大工作比较活跃，发挥了最高国家权力机关的作用，可以说是建国以来人大工作最好的历史时期之一。

在此期间，少奇同志对人民代表大会制度建设有一系列重要论述，对指导人大工作和社会主义民主法制建设，起到了重大作用。

少奇同志指出，人民代表大会一律实行民主集中制，这是我们国家的根本制度。他说，我们的政治制度有高度的集中，但这种高度的集中是以高度的民主为基础的。我们经过人民代表大会制统一和集中行使国家的权力。一方面，我们必须更加发扬人民的民主，扩大我们国家民主制度的规模；另一方面，我们必须建立高度统一的国家领导制度。少奇同志深刻地阐述了发扬民主的重大意义。他说，如果不充分发扬民主，就不可能建立无产阶级的集中制，也就不可能取得社会主义建设的胜利。他提出，要坚决纠正那种反民主的个人专制主义的倾向，放手地扩大党内民主和国家民主。我们必须在党内外及人民中进行关于民主的教育，号召我们同志使自己具备充分的民主精神，学习民主，在各阶层人民中去运用民主，并总结各地实行民主的经验来教育党员与群众。特别是各级政府工作的同志，各级领导同志，更须加紧对民主的学习、修养和锻炼。

在 1962 年扩大的中央工作会议上，少奇同志在讲话中对 1958 年以来在党和国家工作中存在的严重脱离群众的不民主作风和违反民主集中制原则的现象，提出尖锐批评。他指出，几年来我们工作中的缺点和错误都是同有些部门、有些地方、有些单位的负责人的那种破坏党同人民群众联系的不民主的错误作风有关的，他们忘记了无产阶级专政的基础必须是最广泛的人民民主，侵犯了人民群众的民主权利，在党的生活、国家生活、群众组织生活中违反了民主集中制原则，没有充分发扬民主，甚至压制了民主。“如果我们能够严格地按照民主集中制办事，在确定任务以前，先在党内和人民群众中充分地发扬民主，让党员干部和人民群众进行讨论，用心地听取他们的意见，那么，我们就可能不会提出过高的超出实际可能的经济和政治任务。退一步说，即使我们提出了过高的任务，如果我们能够按照民主集中制办事，那么，多数党员、干部和人民群众也会通不过，会顶回来，会纠正我们的错误，使我们能够及时地、及早地发现错误和纠正错误。”他反复地强调说，如果不充分发扬民主，就不可能取得社会主义建设的胜利，如果不按民主集中制办事，而是靠强迫命令办事，我们党和国家政权就有发生变质的危险。历史的实践表明，少奇同志这些语重心长的话有着十分重要、深远的意义。民主集中制贯彻得好不好，关系到党和国家的兴衰成败。“文化大革命”违反民主集中制原则的恶性发展，使我们国家不幸地走向面临“变质”的边沿，更使我们深深地体会到少奇同志的论断是多么深刻，多么正确。现在，我们正在进行一场广泛而深刻的改革，面临着一系列重大而复杂的问题，需要更好地贯彻执行民主集中制，保障社会主义事业的胜利进行。

少奇同志认为，必须坚持和加强人大及其常委会对国家行政机关的监督。他在向党的八大所作的政治报告中提出：“必须加强全国人民代表大会和它的常务委员会对中央一级政府机关的监督和地方各级人民代表大会对地方各级人民政府机关的监督。为了这个目的，应当加强人民代表的视察工作，以便广泛地收集人民群众的意见，并且加强各级人民代表大会对于政府工作的检查、批评和讨论。”从 1955 年起，全国人大常委会每年组织全国人大代表到各地视察两次，并初步形成制度。1955 年 2 月，少奇同志还给每位全国人大代表写信说：“常委会为了听取人民群众和人民代表的意见，需要同全国人大代表建立经常的联系，请你把自己在生产中、工作中、社会活动中所了解的情况，以及人民群众向你反映的问题和你的意见，随时告知常委会。”在五个月内，常委会就收到全国人大代表来信 342 件。少奇同志提出，在全国人民代表大会的会议上，在地方各级人民代表大会的会议上，在一切国家机关的会议和日常活动中，都要运用批评和自我批评的武器来推动国家机关的工作，反对脱离群众的官僚主义，使国家机关保持同群众的密切联系，正确反映人民群众的意志。必须鼓励和支持由下而上的批评和揭露。压制批评，在我们国家机关中是犯法的行为。少奇同志还指导人大常委会研究在全国人大设立八个委员会，以便协助全国人大及其常委会开展监督工作。历史的经验表明，权力不受监督，就容易发生滥用权力，走向腐败的问题。人大及其常委会的监督，是代表人民和国家的意志所进行的监督，是国家机器正常运转所不可缺少的。

少奇同志认为，党必须高度重视人民代表大会制度，充分发挥这一根本制度的作用。1962 年，少奇同志针对有些地方、有些党组织忽视人民代表大会的作用这一情况，指出在我们国家，有全国的和各级的人民代表大会，有政协、工会、共青团、妇联等群众组织，我们党应该认真地而不是形式地发挥这些组织的作用。党的各级组织，都应该尊重这些组织的成员充分发表意见的民主权利，经常地向他们了解各方面的情况，加以研究，吸取他们的有益的意见，来改进我们的工作。有些党组织的负责人，因为当了权，就把这些组织看成可有可无，这是完全不对的。不错，我们党是国家的领导党，但是，不论何时何地，都不应该用党的组织代替人民代表大会和群众组织，使它们徒有其名，而无其实。如果那样做，就违反了人民民主制度，就会使我们耳目闭塞，脱离群众，这是很危险的。少奇同志三十多年前说的这种情况，在今天，在一些地方仍然存在。人民代表大会是国家权力机关，同群众团体有着根本的区别。对人民代表大会的忽视，更是严重的错误。党领导人民建立了人民代表大会制度，就要重视发挥这一制度的作用。党要加强对人民代表大会的领导，但又不能代替人民代表大会行使职权。

少奇同志不但高度重视人民民主制度建设，而且高度重视法制建设。他是我国社会主义法制建设的奠基人之一。早在抗日战争时期，他就提出必须制定出一些关于民主的法律，规定制裁那些违反民主、侵犯民权的官员的办法。建国初期，他提出要从实际出发，逐步地开展立法工作。他对政法部门的负责同志说，现在可以先将各种单行条例拟定出来，公布实施，将来把这些单行条例综合起来再制定正式法典。他亲自主持制定了土地改革法，修改审定了婚姻法、劳动法等法律草案。1956 年，我国进入全国建设社会主义的历史时期，少奇同志在党的八大政治报告中精辟地指出："现在，革命的暴风雨时期已经过去了，新的生产关系已经建立起来，斗争的任务已经变为保护社会生产力的顺利发展，因此，斗争的方法也就必须跟着改变，完备的法制就是完全必要的了。"少奇同志提出，为了巩固我们的人民民主专政，为了保卫社会主义建设和保障人民民主权利，目前国家工作中的迫切任务之一，是着手系统地制定比较完备的法律，健全我们国家的法制。必须使全国每一个人都明了并且确信，只要他没有违反法律，他的公民权利就是有保障的，他就不会受到任何机关和任何人的侵犯；如果有人非法地侵犯他，国家就必然出来加以干涉。在少奇同志主持下，全国人大常委会抓紧起草刑法、民法、刑事诉讼法等法律。可惜这些重要的法律在当时情况下没有出台。

少奇同志强调，任何人、任何机关都必须遵守宪法和法律，要同一切违反宪法和法律的现象进行坚决的斗争。他说过，宪法公布以后，并不是说宪法所规定的任何条文就都会自然而然地实现起来，违反宪法的现象并不会自行消灭，我们要为消灭违反宪法的现象而斗争。一切国家机关都必须严格地遵守宪法和法律。

他说："宪法是全体人民和一切国家机关都必须遵守的。全国人民代表大会和地方各级人民代表大会以及一切国家机关的工作人员，都是人民的勤务员，一切国家机关都是为人民服务的机关，因此，他们在遵守宪法和保证宪法的实施方面，就负有特别的责任。""中国共产党是我们国家的领导核心。党的这种地位，决不应当使党员在国家生活中享有任何特殊的权利，只是使他们必须担负更大的责任。中国共产党的党员必须在遵守宪法和一切其他法律中起模范作用。"少奇同志坚决维护法律面前人人平等的原则，明确指出：任何人，无论其功劳多大、职位多高，只要触犯了法律，都应受到惩罚。针对"大跃进"时期出现的一些违反社会主义法制的现象，少奇同志指出：有的地方，行政拘留、集训、劳动教养，变成和逮捕一样。有的单位还自己搞拘留、搞劳改，这是非法的，不允许的。有的党政负责人，随便批准捕人，根本不要公安局、检察院这一套。甚至有的公社、工厂、工地也随便捕人。这种破坏法制的行为，必须坚决制止。

少奇同志还阐明了公、检、法三个机关分工负责和互相制约的思想。他说："我们的公安机关、检察机关和法院，必须贯彻执行法制方面的分工负责和互相制约的制度。"法院独立审判是对的，是宪法规定了的，党委和政府不应该干涉他们判案子。检察院应该同一切违法乱纪现象作斗争，不管任何机关任何人。不要提政法机关绝对服从各级党委领导。它违法就不能服从。如果地方党委的决定同法律、同中央政策不一致，服从哪一个？在这种情况下，应该服从法律、服从中央的政策。在当时的情况下，少奇同志在法制建设上提出这样一些主张，是十分难能可贵的，这表现了一个无产阶级革命家的远见和魄力。

少奇同志为中国革命和建设贡献了毕生的精力，他的丰功伟绩永远铭刻在共和国的史册上，人民永远不会忘记。他关于社会主义民主法制建设的一系列论述，不仅对推进当时的民主法制建设发挥了重要作用，而且对现在和今后的社会主义民主法制建设也有重要指导意义。改革开放以来，党中央和邓小平同志总结了历史的经验，把加强社会主义民主法制建设作为国家面临的历史性根本任务，并且取得了明显进展和突出成就。江泽民同志在十五大报告中又强调地提出了依法治国、建设社会主义法治国家的要求。在新的形势下，我们要认真学习和掌握少奇同志关于民主法制建设的思想，弘扬他的革命精神和高尚品质，更加紧密地团结在以江泽民同志为核心的党中央周围，高举邓小平理论伟大旗帜，积极推进依法治国、建设社会主义法治国家的进程，为把我国建设成为富强、民主、文明的社会主义现代化国家而努力奋斗。

邓小平同志亲自指导起草一九八二年宪法*

我国现行宪法是1982年根据党的十一届三中全会以来的路线、方针、政策，适应新时期政治、经济、文化发展的需要制定的。在起草这部宪法过程中，中央政治局和书记处专门召开八次会议讨论，宪法修改委员会开了五次会议，有三次都是逐章逐节逐条讨论修改，并在全民中进行了四个月的讨论，才提交五届全国人大第五次会议审议通过的。邓小平同志亲自指导了这次修宪工作。他高瞻远瞩，深思熟虑，果断地提出了修改宪法的建议，对新宪法起草中遇到的重大问题，特别是国家体制方面的一系列问题，都及时、明确地提出了意见，对这部宪法的制定起了决定性的作用。我参加了这次修宪工作，深切感到修宪中遇到的许多难题，都是在小平同志亲自指导下正确地解决的。在我们纪念这位伟人诞辰一百周年之际，缅怀他在这方面的功绩，重温他的重

---

* 此文系王汉斌同志为纪念邓小平同志诞辰一百周年而作。

要指示，仍然感受到极大的启发和教益。

小平同志提出全面修宪

在一九八二年宪法制定之前，我国先后制定过三部宪法。一九五四年制定的宪法是一部比较好的宪法。一九七五年制定的宪法，是“文化大革命”的产物。粉碎“四人帮”后制定的一九七八年宪法也受“文革”较大的影响，仍然肯定“无产阶级文化大革命”，坚持以“无产阶级专政下的断续革命”为指导思想。这显然跟党的十一届三中全会以后的客观现实很不适应，而且越来越不适应。因此，三中全会后，一九七九年和一九八〇年就不得不接连对一九七八年宪法作了两次个别内容的修改。一九七九年重新修订地方组织法时，根据各方面、各地方提出的取消革命委员会、恢复人民委员会，设立地方人大常委会等问题，彭真同志向中央写请示报告，提出三个方案：一是用立法形式把革命委员会体制固定下来。这样做，不赞成的人可能很多。二是取消革命委员会，恢复人民委员会。这样做在名义上虽然取消了革命委员会，但对于扩大人民民主、健全社会主义法制不一定能有多大实质性的帮助和改进。三是县级以上地方各级人民代表大会设常务委员会，并恢复人民委员会（包括省长、市长、县长等职称），这个方案可能比较好些。三个方案究竟采取哪个？请中央决定。小平同志很快批示：“我赞成第三方案，相应的这次人大只修改宪法这一条，其他不动。这个问题建议在人大会前议一下。”中央政治局常委会讨论同意后，按小平同志批示的原则修改了宪法和地方组织法，规定县级以上地方各级人大设立常委会，并根据人大常委会委员和代表的意见，将革命委员会改为人民政府。在1980年，针对一些人动不动就用“文革”的错误方法贴大字报，特别是北京西单墙一度大字报贴得很多，引起严重的思想混乱和社会动荡。小平同志提出，要取消一九七八年宪法关于“四大”（大鸣、大放、大字报、大辩论）的规定。他指出，“四大”只能助长动乱，只能妨碍四个现代化，也只能妨碍民主和法制，作为一个整体看，从来没有产生积极的作用。因此，修改宪法这一条，“在保障国家政治生活的安定方面，也是一个很重要的问题。”根据中共中央的建议，五届全国人大三次会议，通过了关于修改宪法第四十五条的决议，取消了“四大”。这两次修改都是小平同志亲自作的决策，解决了当时迫切需要解决的问题。但党中央和小平同志仍然认为，这样修改还是不能从根本上解决问题，有必要进一步全面修改宪法。

1980年8月18日，小平同志在中共中央政治局扩大会议上讲话，系统地阐述了党和国家领导制度改革的问题。他提出，中央正在考虑进行的重大改革，第一项就是将向全国人大提出修改宪法的建议。小平同志指出：“要使我们的宪法更加完备、周密、准确，能够切实保证人民真正享有管理国家各级组织和各项企事业的权力，享有充分的公民权利，要使各少数民族聚居的地方真正实行民族区域自治，要改善人民代表大会制度，等等。关于不允许权力过分集中的原则，也将在宪法上表现出来。”小平同志这个讲话，实际上为起草八二年宪法确定了重要的指导思想。

全面修订宪法要以一九五四年宪法为基础

1980年9月10日，五届全国人大三次会议通过了关于修改宪法和成立宪法修改委员会的决议。开始时由宪法修改委员会秘书长胡乔木同志主持修改宪法的起草工作，他提出了修改宪法的基本框架和意见，做了许多工作。但这期间乔木同志还负责起草《关于建国以来党的若干历史问题的决议》。1981年6月《决议》通过后，乔木同志向小平同志提出身体不好，需要休养，顾不了修改宪法的工作，建议推迟修改宪法的时间。小平同志认为，宪法修改必须抓紧，不能推迟。因此，小平同志要彭真同志主持修宪工作，担任修改宪法委员会副主任委员。

这次修改宪法，在通常情况下，应以前一部宪法，即七八年宪法为基础。但是一九七八年宪法还没有完全摆脱“文化大革命”的影响，有不少“文革”遗留的内容，难以作为修改的基础。而且这部宪法比较粗，只有六十条，许多宪法应该作出规定的没有作出规定。当时研究了五四年宪法，感到这部宪法虽然有的条文已经过时，但它所规定的基本原则是比较适宜的。而且这部宪法有一百零六条，是比较完善的。经过“文化大革命”，人们还是比较怀念一九五四年宪法。彭真同志考虑还是以五四年宪法为基础。他请示小平同志。小平同志赞成这个意见，并指出：从一九五四年到现在，原来宪法已有近三十年了，新宪法要给人面貌一新的感觉。这次制定的一九八二年宪法，继承和发展了五四年宪法的优良传统和基本原则，修改了一九七五年宪法和一九七八年宪法中不适宜的内容，是有中国特色的、适应新时期需要的、能够保障社会主义现代化建设顺利进行和国家长治久安的好宪法，也是建国以来最完善的一部宪法。

要把四项基本原则写入宪法

从开始研究修宪，小平同志就明确提出，一定要把四项基本原则写入宪法。怎样写入宪法？当时研究有两个方案：一个是写入宪法条文；一个是写入序言。经过反复研究，觉得要写入条文有些难点，比如说，很难要求人人都要坚持马列主义、毛泽东思想。建国前夕制定的《共同纲领》和建国后制定的五四年宪法，都没有把马列主义、毛泽东思想和中国共产党的领导写入条文，一九五四年宪法只在序言中有两处叙述到党的领导。一九七五年宪法和一九七八年宪法则在条文中有马列主义、毛泽东思想和党的领导的规定。当时有些人不赞成把马列主义、毛泽东思想和党的领导写入宪法条文。孙冶方同志还给宪法修改委员会写信，建议取消一九七八年宪法中关于党的领导和国家指导思想的条文。《邓小平年谱（1975—1997)》中讲：1981 年 12 月，小平同志在同胡乔木同志谈修改宪法时强调，宪法序言里要提马列主义、毛泽东思想，条文里不提。当时彭真同志经过反复考虑提出，把四项基本原则写入序言，从叙述中国近代历史发展的事实来表明坚持四项基本原则比较顺当。他指出，20 世纪以来，中国发生了四件翻天覆地的大事：一是辛亥革命；二是推翻三座大山，建立了中华人民共和国；三是完成了社会主义改造；四是基本上建成了独立的、比较完整的工业体系。在这四件大事中，除孙中山领导的辛亥革命外，其余三件都是中国共产党领导下，在马列主义、毛泽东思想指引下取得的。我们要从叙述本世纪以来中国革命和建设的实践，说明四项基本原则既是反映了不以人们意志为转移的客观规律，又是我国亿万人民在长期革命斗争中作出的历史性选择。因此，要采取在序言中用叙述历史事实的方式来阐述四项基本原则。彭真同志还为此亲自执笔起草了宪法序言。

实践证明，把四项基本原则用宪法记载下来是完全必要的。这是全国各族人民团结前进的共同政治基础，也是实现国家长治久安、经得起各种风险和顺利进行社会主义现代化建设的根本保证。有人对宪法序言是不是有法律效力有争论。有一次有位领导同志问我：宪法序言有没有法律效力？我说，宪法序言是具有法律效力的。只是宪法序言对四项基本原则使用的是叙述性的语言，不是规定性的语言，在适用时就有灵活的余地。

把公民权利和义务置于国家机构之前

我国前三部宪法的结构是相同的，都是除序言外有四章。在《总纲》之后，依次为《国家机构》、《公民的基本权利和义务》这两章。这次修宪中，有人提出把公民的基本权利和义务放在国家机构之前。当时大家研究，是先有公民的权利，然后根据公民的授权产生国家机构，还是先有国家机构来规定公民的权利和义务？特别是联系到前三部宪法，都是把国家机构放在前面，觉得这是一个难以决断的问题，就请示小平同志。小平同志认为还是要把公民的基本权利和义务摆在国家机构前面。这个决定很重要。小平同志考虑问题，是站得高、看得很深的。我们国家的一切权力属于人民，国家机构是根据人民的授权建立的。没有人民的授权，国家机构就失去了权力的基础和来源。在宪法体例设计上，先规定公民权利和义务，再规定国家机构，能较充分体现国家的一切权力属于人民的性质。同时，《公民的基本权利和义务》一章与《总纲》有密切联系，紧接着写，在逻辑上也比较妥当。我们查了一些国家的宪法，多数也是把公民的权利和义务的规定列在有关国家机构的规定之前。

宪法结构的这一变动，表明了我们国家对保障公民享有宪法权利的高度重视。这次制定的八二年宪法，根据小平同志提出的要切实让人民享有充分的公民权利的要求，对公民的各项权利和自由作出了广泛、充分的规定，同时按照权利和义务相适应的原则，对公民应当履行的义务也作出了明确的规定。

要不要搞两院制

修宪中有人提出，政协为上院，人大为下院。还有位领导同志提出，我们是不是可以参照苏联设联盟院和民族院的做法，按地区产生的代表组成一院，按行业界别产生的代表组成另一院。宪法修改委员会秘书处还在研究这个问题时，一位宪法修改委员会副秘书长到政协去作了关于两院制的报告。新华社有位记者对此很有意见，写了一个书面材料向我反映，我报告了彭真同志，彭真同志批给乔木同志，乔木同志批评了这件事，对这个问题，起草一九五四年宪法时就专门研究过，那时党中央就决定不搞两院制。这次重新提出来后，彭真同志认为还是按一九五四年宪法的规定办比较合适，请示了小平同志。小平同志认为，还是不要搞两院制，如果两家意见不一致，协调起来非常麻烦，运作很困难。他还说，我们还是搞一院制，就是人民代表大会一院制，全国人大是最高国家权力机关，这样国家机构的运作就比较顺当。叶剑英同志对修改宪法提的意见不多，这次他特地讲明了，一定不要搞两院制，不要把政协搞成上院。

小平同志还明确指出了政协监督与人大监督的不同性质。1980 年 9 月 27 日，他在为全国政协章程修改委员会第一次会议准备的一个文件中批示："不要把政协搞成一个权力机构。政协可以讨论，提出批评和建议，但无权对政府进行质询和监督。它不同于人大，此点请注意。"同年 11 月 12 日，小平同志又在乌兰夫、刘澜涛同志的信上批示："原来讲的长期共存、互相监督，是指共产党和民主党派的关系而言，对政府实施监督权，有其固定含义，政协不应拥有这种权限，以不写为好。"这就阐明了人大监督与政协监督的不同性质，前者具有法律的约束力，后者不具有这种约束力。并且还明确指出政协不是国家权力机构，不是国家机构的组成部分。这对于我们正确认识我们的国家制度有重要意义。修宪过程中，政协的一些同志强烈要求把政协的"民主监督"写入宪法，根据小平同志上述批示的精神，也没有写。胡乔木同志在宪法修改委员会第三次会议上所作的说明中说，“民主监督”这句话是完全正确的，可是写到宪法里就变成了一个法律性的问题了，政协同人大、政协同国务院的关系就复杂化了。国务院要接受全国人大及其常委会的监督，这是国家的基本结构，是宪法上规定的。如果宪法上同时规定政协也实行“民主监督”，那么这个“民主监督”的对象当然首先是国务院了。这样国务院的工作要发生很多困难。另一方面，人大的决定就不具有法律上最高权力机关决定的意义了，还要在政协就同样问题再作决定，结果国家就变成两个最高权力机关了。乔木同志这个解释，从人大监督与政协监督具有不同性质方面阐明了不能把政协搞成权力机构，不能搞两院制。

这次修宪中，根据小平同志提出的“要改善人民代表大会制度”的要求，经过认真研究，作了一系列改进和完善人民代表大会制度的规定，主要是把原来属于全国人大的一部分职权交由它的常委会行使，扩大了全国人大常委会的职权和加强了它的组织。规定全国人大和全国人大常委会共同行使国家立法权，除基本法律由全国人大制定外，其他法律都可以由全国人大常委会制定。同时规定，人大常委会的组成人员不得担任行政、审判、检察机关的职务，实际上是规定常委会委员要尽量实行专职制；增设专门委员会，在人大和人大常委会领导下进行工作。加强地方政权建设，在县级以上地方各级人大设立常委会，赋予省级人大及其常委会制定地方性法规的权力。改变农村人民公社政社合一的体制，设立乡人民政府和人民代表大会等。这些规定，都是国家政治体制的重要改革，对健全国家体制，加强国家权力机关的工作和建设，具有重大而深远的意义。

还是要设国家主席

我国五四年宪法规定设国家主席，但由于“文革”中林彪事件后批判设国家主席是林彪的反党纲领，一九七五年宪法和一九七八年宪法都没有规定设国家主席。这次修宪征求意见时，许多人提出恢复设立国家主席的意见。当时研究，我们这么大的国家，不设国家主席，没有国家元首，国家机制运作起来有些不顺当，例如以委员长名义邀请外国元首来访，人家就觉得不很对等。因为在外国人看来，委员长是议长不是国家元首。我国多年来都设有国家主席，人民群众感到这是很自然的，是不可缺少的。联系到刘少奇同志的遭遇，大家更是对一九五四年宪法规定设国家主席比较怀念。但是，批判林彪设国家主席的反党纲领后，这又是一个十分敏感的问题。彭真同志倾向于恢复设国家主席，请示了小平同志。小平同志说：“还是要恢复国家主席。我们是个大国，这样对国家有利。”同时他又提出，国家主席的职权要规定得“虚”一点，不要管具体事，不作具体决定，不要干涉政府的行政事务。当时有位领导同志不赞成设国家主席，说要设国家主席，只能由小平同志担任，但是小平同志又不愿意，那就没有合适的人可以担任，只好不设了。小平同志说，除了我，别人也可以担任。如果国家需要就设立，不能从对某一个人的考虑来确立我们国家的体制。

根据小平同志意见，八二年宪法规定的国家主席的职权与五四年宪法规定的国家主席的职权是不完全一样的，如没有规定国家主席可以召开最高国务会议和统帅武装力量等。国家主席都是根据全国人大和全国人大常委会的决定行使职权，没有自行决定的事。如公布法律，任免国务院组成人员、派遣和召回驻外全权代表，批准和废除同外国缔结的条约和重要协定，发布特赦令，发布戒严令，宣布战争状态，发布动员令等，都是根据全国人大和全国人大常委会的决定行使的。当时考虑过全国人大和全国人大常委会的决定如果有问题，要不要采取一些国家的做法，国家主席可以把决定退回人大或人大常委会重新审议？有些人联系“文化大革命”发生的种种问题，认为有这样的规定比较稳妥，有缓冲的余地。但经过反复研究，最后根据小平同志的指示精神，也不作这样的规定。

设立中央军事委员会

一九五四年宪法规定，国家主席统帅全国武装力量，担任国防委员会主席。一九七八年宪法取消了国家主席，规定中共中央主席统帅武装力量，对军队和国家的关系没有规定，军队与国家的关系不明确。这次修宪要不要规定国家主席统帅武装力量？当时研究了好多国家宪法的有关规定，对英国的、美国的、法国的、德国的、日本的，都作了研究。英王是虚设的，不兼军队统帅。美国总统就是总司令。开始起草宪法时，比较多的意见还是要按五四年宪法规定的由国家主席统帅武装力量，按这个方案起草了宪法草案（讨论稿）。当时党中央考虑，国家主席和军委主席要由两人分别担任。小平同志提出，宪法要专门规定设军委主席，军委主席和国家主席都由全国人大选举产生。

根据小平同志意见，在宪法的国家机构一章中增加一节，专门对中央军事委员会作出规定，并起草了条文的草稿，经彭真同志修改后报小平同志审核。小平同志把稿子放在办公桌上整整考虑了两天，到了第三天，他把有关同志找去了，有彭真同志和杨尚昆同志。小平同志亲自主持讨论和起草了这一节，就写了两条，一条是中央军委领导全国武装力量，军委实行主席负责制；另一条是规定军委主席向全国人大及其常委会负责。

宪法规定设立中央军事委员会，领导全国武装力量，并规定中央军事委员会组成人员由全国人大选举或任命，军委主席向全国人大及其常委会负责，从法律上明确了军队是国家的军队，对军队在国家体制中的地位作出了规定。这对军队工作是很重要的，中央军委可以国家的名义行使领导全国武装力量的职权，对军队的工作有很大的好处。有人担心设国家军委可能会影响党对军队的领导，为此党中央专门发了一个通知明确指出，中央军事委员会既是国家的中央军事委员会，也是党的中央军事委员会，是一套班子两块牌子，不会影响党对军队的领导。当时还有人提出，宪法应当规定“中国人民解放军是中国共产党绝对领导下的人民武装力量”。有人觉得这么写也有疑难之处，遂请示小平同志。小平同志说，宪法序言中已写了党的领导，就包括了党对军队的领导，可以不必再写了。

废除领导职务终身制

小平同志在《党和国家领导制度的改革》和其他一些讲话中，一再强调要废除领导职务终身制。他说，干部领导职务终身制现象的形成，同封建主义的影响有一定的关系，同我们党一直没有妥善的退休解职办法也有关系。这是个失策。他指出，废除干部领导职务终身制，关键是要健全干部的各项制度，对各级各类干部职务的任期，以及离休、退休，要按照不同情况，作出适当的、明确的规定。他强调“任何领导干部的任职都不能是无限期的”，“这是关系到我们党和国家兴旺发达、朝气蓬勃的一个大问题”。大家认为小平同志这个意见非常重要，是总结国际国内历史经验教训得出的重要结论，应该在宪法中反映出来。经过研究，宪法专门规定国家主席、副主席，全国人大常委会委员长、副委员长，国务院总理、副总理、国务委员，最高人民法院院长、最高人民检察院检察长，连续任职不得超过两届。这就取消了实际上存在的领导职务终身制。二十多年来的实践证明，这一规定具有深远的历史意义，对健全国家领导体制，建设社会主义民主政治制度，保持国家的活力和稳定发展，发挥了很重要的作用。

保留最高人民检察院

修改宪法后期，有位领导同志提出，为了精简机构，可以不再设立独立于行政部门之外的最高人民检察院，而采取一些西方国家的做法，由司法部行使检察机关的职能，把最高人民检察院同司法部合并。我们研究，觉得我国设立独立于行政部门之外的最高人民检察院已经多年，突然取消，时间又很仓促，来不及充分征求意见，可能会引起一些问题。因为当时分工由我负责起草国家机构一章，我就和张友渔同志写了个意见，提出我国建国以来一直是检察机关独立于行政部门之外，那么多年的实践表明并没有什么大问题和不可行的地方。同时检察机关要监督行政机关的违法和渎职行为，它独立于行政机关之外，比较超脱，更有利于处理这类案件，还是不要改变为好。我们向彭真同志写了书面意见，彭真同志审阅修改后，报小平同志审核。小平同志说：检察院仍维持现状，不与司法部合并。

设立行政监察机关

建国初期，在政务院设立了人民监察委员会，负责监察政府机关和公务人员是否履行其职责。1954 年改为监察部，反右斗争后取消了。党的十一届三中全会后，彭真同志主持法制委员会工作时，一直主张国务院设立监察委员会或监察部，以保证国务院各部门和各级政府贯彻执行国务院的政令和决定。他说，在我们国家，党有党纪，违反党纪的由中纪委管；违法犯罪的，由法院等司法机关管。而违反国务院的决定、违反政令的，却没有主管部门，只能由党内管，这不合适。民主人士钱昌照还专门写信建议设立监察部。我按照彭真同志的指示，前后写了三次请示报告，建议设立国家监察委员会或监察部，但由于意见不一致，中央没有作出决定。修宪中，彭真同志再次提出要设立国家监察委员会，并写入宪法，还起草了条文，但由于有的领导同志不同意，一九八二年宪法没有写入。但在宪法第八十九条关于国务院的职权里写了“领导和管理民政、公安、司法行政和监察等工作”。这就为以后国务院设立监察部门提供了依据。

1986 年，党中央再次强调加强反腐败斗争。小平同志讲，腐败一部分是党内的腐败，有些是政府官员的腐败。有的还是党外的，现在处理腐败总是都由中纪委管，会使人误以为腐败都是党风腐败。国务院还是要设监察机关，专管政纪问题。小平同志还说，纠正不正之风、打击犯罪活动中，属于法律范围的问题，要用法制来解决，由党直接管不合适。党要管党内纪律的问题，法律的问题应该由国家和政府管。这是一个党和政府的关系问题，是一个政治体制的问题。当时担任中共中央政治局常委和中央书记处书记的胡启立同志要我再次写请示报告，经党中央批准后，国务院秘书长陈俊生同志找我商量设立监察机关的问题。我说，彭真同志意见最好是设国家监察委员会，权力大一点，可以管各部委的部长、主任，实在不行也可以设监察部。陈俊生同志说，还是先设监察部比较好办。这样，就由国务院提请全国人大常委会通过了设立监察部的决定。

还是民族区域自治制度好

修改宪法中，对民族区域自治问题进行了充分的讨论、研究。建国前有一段时期，我们党曾经提出建立联邦共和国的主张。1949 年准备召开中国人民政治协商会议、起草共同纲领时，毛泽东同志提出，要考虑到底是搞联邦制还是搞统一共和国，少数民族区域自治。经过党中央反复酝酿研究，并同党外人士协商，决定不搞多民族联邦制，在少数民族聚居的地方实行民族区域自治。在《共同纲领》和五四宪法中规定了实行民族区域自治制度。这次修宪，小平同志一再强调，还是我们实行的民族区域自治制度比较好，比联邦制好。1981 年 8 月，小平同志在新疆视察时，同自治区负责人谈话时又指出：要把我国实行的民族区域自治制度用法律形式规定下来，要从法律上解决这个问题，要有民族区域自治法。彭真同志也指出：我们国家就是实行民族区域自治，不搞联邦制，不搞加盟共和国，不搞民族自决。因此，宪法规定，各少数民族聚居的地方实行民族区域自治，设立自治机关，行使自治权。同时规定，中华人民共和国是全国各族人民共同缔造的统一的多民族的国家，各民族自治地方都是中华人民共和国不可分离的组成部分。当时有人认为后一句话可能会在少数民族中引起某些疑虑，可以不写。经过研究，这句话还是要写的。这样规定，不是无的放矢，可有可无，而是具有重大的现实意义。从多年来达赖鼓吹所谓“西藏独立”，新疆某些民族分裂分子鼓吹所谓“东土耳其斯坦共和国”中，我们就更加清楚地看到，宪法的这一规定对维护国家的统一和领土、主权的完整，具有多么重大的意义。

在宪法起草过程中，有的同志提出应当规定实行民族区域自治的民族在自治机关中占主要成分。有人还提出毛主席说过自治地方党委的组成也要民族化，用来说明自治机关要由自治民族占主要成分。彭真同志请提出这个意见的同志起草出宪法条文来，他们没写出来。当时，小平同志说，自治地方的干部还是要讲共产主义化。我觉得小平同志的意见非常重要。在民族自治地方，除了实行民族区域自治的民族外，还有别的民族，而且许多民族自治地方的自治民族往往并不占多数。同时，使用干部还要看德才条件，还有专业知识和业务能力，如果主要看民族成分，而忽视其他因素，对民族自治地方的经济、文化发展并不一定有利。当然，在自治机关人员的组成方面也应体现民族自治地方的特点。因此，宪法规定，自治区主席、自治州州长、自治县县长，由实行民族区域自治的民族的公民担任；人大常委会中应有实行民族区域自治的民族的公民担任主任或副主任。同时，民族自治地方依照宪法规定的权限行使自治权，可以根据本地方实际情况贯彻执行国家的政策，自主管理本地方的经济、文化建设事业。

实践证明，实行民族区域自治制度对维护国家的统一、保障国家主权、领土完整，保障各少数民族的合法权利和利益，加速各少数民族地方经济和文化的发展，有非常重要的意义。在前苏联和东欧一些国家发生剧变时，小平同志一再讲，还是我们实行的民族区域自治制度比较好。

为“一国两制”提供宪法依据

为了解决台湾与大陆统一和香港、澳门回归祖国问题，小平同志创造性地提出了“一国两制”的伟大构想，作为解决港澳台问题的总方针。修宪过程中，胡乔木同志提出宪法要对这个问题作出相应的规定。他起草了条文，在宪法修改草案第三十一条规定：“国家在必要时得设立特别行政区。在特别行政区内实行的制度，按照具体情况由全国人民代表大会以法律规定。”并相应在第六十二条关于全国人大职权中规定：“决定特别行政区的设立及其制度。”当时中英关于香港问题谈判刚刚开始，中葡关于澳门问题的谈判还没有开始，所以彭真同志在关于修改宪法草案的报告中只能提台湾，没有提香港、澳门，但是又说了“这是我们处理这类问题的基本立场”。这就明显地把香港、澳门包括在内了。在起草香港特别行政区基本法时，有些香港人士有顾虑，认为在香港实行不同于社会主义制度的资本主义制度不符合宪法，要求相应地修改宪法，明文规定在香港实行“一国两制”。香港基本法起草委员会初期开会时，香港记者向姬鹏飞同志提出要修改宪法的问题，姬鹏飞同志让我回答，我答复记者说，宪法第三十一条就是专门为香港实行不同于社会主义制度的资本主义制度，即实行“一国两制”而作的特别规定，因而不需要再修改宪法。其后为了进一步解除香港某些人的疑虑，1990 年全国人大在审议通过香港特别行政区基本法时，还通过了关于香港特别行政区的基本法的决定，明确规定香港基本法是根据宪法、按照香港具体情况制定的，是符合宪法的。现在香港、澳门已经回归祖国。实践表明，小平同志提出的“一国两制”对于维护香港、澳门的稳定、繁荣和发展具有非常重要的意义。

我们看到，小平同志从 1980 年起用很大精力抓了两件大事：

一件是起草《关于建国以来党的若干历史问题的决议》，总结过去，面向未来；另一件是起草新宪法，把国家的根本制度和根本任务用宪法规定下来。这是关系党和国家前途、命运的“基本建设工程”。小平同志对这两件事抓得很紧，有强烈的紧迫感。他对起草《关于建国以来党的若干历史问题的决议》先后作了十三次谈话，对起草新宪法也多次同有关同志谈话，审阅关于修改宪法问题的报告和宪法修改草稿，参加政治局会议讨论，及时作出了一系列重大的决策。在面临“文革”后的严重混乱局面和新时期遇到的种种复杂的新问题的情况下，小平同志殚精竭虑、高瞻远瞩地抓紧解决关系党和国家前途和命运的重大问题。在我国进入历史转折的新时期的实践中，小平同志以非凡的理论勇气和政治气魄，实事求是地总结历史经验，敏锐把握时代发展的脉搏，逐步形成建设中国特色社会主义理论，提出了党在社会主义初级阶段“一个中心，两个基本点”的基本路线，成功地开辟了在改革开放中实现社会主义现代化的新道路，并用宪法的形式确立下来，使全国人民有了一条清楚的、明确的轨道，具有极为重大深远的历史意义。小平同志虽然与世长辞了，但他为一九八二年宪法的制定所做出的卓越贡献，同他在长期革命和社会主义建设事业其他方面所建树的伟大功绩一样，人们将永远铭记。小平同志的光辉思想将长期照耀着我国人民前进的道路。让我们在以胡锦涛同志为总书记的党中央领导下，高举邓小平理论伟大旗帜，全面贯彻“三个代表”重要思想，坚持依法治国的基本方略，切实保证宪法的实施，为实现全面建设小康社会的宏伟目标，为把我国建设成为富强、民主、文明的社会主义国家而努力奋斗。

彭真同志对我国社会主义民主法制建设的卓越贡献*

彭真同志的一生，是革命的一生，光辉的一生。抗战前他在白区工作时，坚决支持刘少奇同志提出的白区工作的正确方针和策略，为开创白区工作新局面，发挥了重要作用；抗日战争时期，他同聂荣臻同志一起，领导创建了晋察冀边区，成为“敌后模范的抗日根据地”；抗日战争胜利后，他严肃执行党中央和毛泽东同志的战略决策，建立东北根据地，为以后取得东北解放战争更大的胜利奠定了基础。新中国成立后，彭真同志又担任了党和国家的重要领导职务，为社会主义革命和建设事业，建立了不可磨灭的历史功勋。彭真同志在长期革命生涯中历经磨难，他坐过国民党反动派六年监狱，“文化大革命”中又遭受错误批判和长期监禁，始终坚信马列主义毛泽东思想，对共产主义理想坚贞不渝。他长期领导、主持全国人大常委会工作和政法工作，坚持

* 此文系王汉斌同志为纪念彭真同志逝世一周年而作。

以马克思主义为指导，从中国的实际情况出发，创造性地工作，对巩固和加强人民民主政权，发展社会主义民主，健全社会主义法制，建立和完善人民代表大会制度，做出了卓越贡献。彭真同志虽然与世长辞了，但他为我国社会主义民主法制建设殚精竭虑，呕心沥血，所作出的卓绝功绩，人们将永远铭记；他关于加强社会主义民主法制建设的一系列重要思想、观点、理论，对社会主义民主法制建设的发展起了重要作用，今后仍有重大的指导意义。正如党中央高度评价的，彭真同志是我国社会主义法制的主要奠基人。

一

新中国建立，特别是进入大规模经济建设时期后，我们党和国家的根本任务发生了历史性的转变。彭真同志认为，随着这一历史性转变，必须把法制建设提到党和国家的议事日程。他指出，过去在革命战争时期，我们党领导人民推翻“三座大山”，斗争的主要方式是军事斗争和群众斗争。那时，只能根据党的政策办事，根据地的政权虽有一些法，但有限，也很简单。建国以后，我们有了全国性的政权，情况就不同了。革命的暴风雨时期已经过去，党和国家的根本任务是发展生产力，要从依靠政策办事，逐步过渡到不仅依靠政策，还要建立和健全法制，依法办事。

1953 年，我国开始进行大规模经济建设，彭真同志提出：现在，彻底消灭三大敌人残余势力的社会改革运动已经大体上结束了。今后必须加强法制，完备我们的法律，才能保障社会主义建设的顺利进行。国家当前的重要工作之一，就是制定法律。要搞一系列的法律、法规，我们需要若干年把法律健全起来。他还说，在有计划的经济建设已经开始、宪法已经颁布的情况下，“不仅要按方针、政策办事，而且要按法律办事”，“党领导我们制定法律，党也领导我们贯彻与执行法律。”

1956 年，社会主义制度在我国基本上建立起来。那一年召开的党的八大决议提出，国家的主要任务已经由解放生产力变为保护和发展生产力，国家必须根据需要，逐步系统地制定比较完备的法律，进一步加强人民民主的法制。一切国家机关和国家工作人员必须严格遵守国家的法律。彭真同志认为，要进一步加强人民民主法制，需要有法可依、有法必依，依法办事。他指出，现在的问题是，我们还缺少一些急需的较完整的基本法规，如刑法、民法、诉讼法、劳动法、土地使用法等，应赶快把国家尚不完备的重要法规制定出来。

1978 年 12 月召开的党的十一届三中全会，是建国以来我们党历史上具有深远意义的伟大转折。这次会议总结了历史经验，特别是“文化大革命”的沉痛教训，作出了把工作重点转移到社会主义现代化建设上来的战略决策，并着重提出必须发展社会主义民主，健全社会主义法制。邓小平同志在这次全会之前召开的中央工作会议的讲话中指出，为了保障人民民主，必须加强法制。必须使民主制度化、法律化，使这种制度和法律不因领导人的改变而改变，不因领导人的看法和注意力的改变而改变。应当集中力量制定刑法、民法、诉讼法和其他各种必要的法律，做到有法可依，有法必依，执法必严，违法必究。彭真同志在身陷囹圄期间，就总结历史经验，思考关系党和国家前途、命运的重大问题，对我国的社会主义民主法制建设进行了深入思考。他在三中全会结束后回到北京恢复工作后，在一系列讲话中深刻阐述了加强社会主义民主法制建设的问题。他说，社会主义法制早就应该抓紧搞。可是，我们建国后长时期内没有这个认识，总觉得有党的领导，有方针政策，迟搞几天不要紧，结果贻误了事情。是林彪、“四人帮”从反面教育了我们，社会主义法制不搞不行。他指出，教训在哪里？不能只从个人身上找原因，最根本的还是一个制度问题，特别是民主、法制被破坏了。经过“文化大革命”这么一场大灾难，中国历史的发展向我们提出了发展社会主义民主、健全社会主义法制的要求。他再次强调，从革命战争时期主要依靠政策办事，到人民掌握全国性政权以后，不仅依靠政策，还要建立、健全法制，依法办事，这是一个历史性的转变。现在仍处在这个大转变的过程中，我们大家要同心协力，把过渡的工作做得好一点。他还说，管理国家，靠人治还是法制？一定要靠法制。党的十一届三中全会提出发展社会主义民主、健全社会主义法制，这是党和国家的一项重大改革和历史性的根本任务。彭真同志说，现在是“人心思法”，迫切要求有健全的法制，我们要加快新时期的社会主义民主法制建设的步伐。

为了加强法制建设，早在建国初期，彭真同志就亲自抓立法工作，为新中国法制的初创，作了很大努力。1951 年，他提出应该根据可能与必要，把成熟的经验定型化，由通报典型经验逐渐形成制度和法律条文，逐步由简而繁，由通则而细则，由单行法规而形成整套的刑法、民法。他主持起草了《惩治反革命条例》、《惩治贪污条例》。这两个条例的制定和实施，使镇压反革命和“三反”、“五反”运动纳入法制轨道。1954年，彭真同志参加了新中国第一部宪法的制定工作，还主持制定了《全国人民代表大会组织法》、《人民法院组织法》、《人民检察院组织法》、《地方各级人民代表大会和地方各级人民委员会组织法》等国家机构方面的法律，以及《城市街道办事处组织条例》、《城市居民委员会组织条例》和《公安派出所组织条例》等，为国家机关依法行使职权提供了宪法和法律规范。接着，彭真同志又提出要先起草刑法、民法、刑事诉讼法、民事诉讼法。到1957年，刑法草稿已出了二十二稿，提交一届全国人大四次会议征求代表意见，大会授权全国人大常委会审议修改。到1963年已修改到第三十三稿，并经中央书记处、政治局常委和毛泽东同志原则审查过。刑事诉讼法草稿到1963年4月写出了初稿。同时，全国人大常委会工作机构还着手研究起草民法。

1979年2月，彭真同志担任全国人大常委会刚设立的法制委员会主任。他夜以继日地工作，仅用三个多月的时间，就拟订了我国第一部刑法和刑事诉讼法以及选举法、地方各级人大和政府组织法、人民法院组织法、人民检察院组织法、中外合资经营企业法等七部重要法律草案，提请五届全国人大二次会议审议通过。刑法和刑事诉讼法是国家的基本法律，这两部法律的规定，使我国办理刑事案件，在建国三十年后第一次有了系统的法律依据。选举法和有关国家机构方面的几部法律，把被“文化大革命”“砸烂”、破坏的国家政权机构重新纳入法制的轨道，并对选举制度和地方政权机构作了一些重要改革，有利于发展社会主义民主。中外合资经营企业法，是我国对外开放方面的第一部法律，对引进外资和国外先进生产技术和管理经验，扩大对外经济合作和技术交流，起了重要作用。可以说，这七部法律的制定和实施，迈出了加强和健全我国社会主义法制的一大步，开创了新时期法制建设的新局面。

十一届三中全会后，随着形势的发展，需要对一九七八年宪法进行修改。1980 年，中央决定由彭真同志主持宪法修改工作。经过一年的时间广泛听取收集各方面意见，彭真同志亲自主持逐条研究起草宪法的条文，明确提出这次修改宪法以一九五四年宪法为基础，而不以一九七八年宪法为基础，以利于彻底摆脱“文化大革命”“左”的影响。邓小平同志在开始修改宪法时就明确提出，必须把四项基本原则写进宪法。在起草过程中，对是否要在宪法的具体条文中对此作出规定有不同意见。彭真同志经过反复考虑提出，本世纪以来中国发生了四件翻天覆地的大事，除辛亥革命是孙中山领导的外，其余三件大事都是在中国共产党领导下，在马列主义、毛泽东思想指引下取得的。我们要从叙述本世纪以来中国革命和建设的实践，说明四项基本原则既是反映了不以人们的意志为转移的客观规律，又是中国人民经过长期斗争的实践作出的历史性选择。因此，四项基本原则以在序言中用叙述事实的方式加以阐述较为顺理成章。彭真同志亲自起草了宪法的序言。宪法修改工作是在党中央和邓小平同志领导下进行的，中央政治局和书记处专门讨论了 8 次，邓小平同志对修改宪法中遇到的重大问题作了一系列指示。宪法修改委员会召开了5次全体会议，有三次会议都对宪法修改草案逐章逐条讨论，并由全国人大常委会将草案公布，交付全国各族人民讨论了四个月。最后，又经宪法修改委员会逐条讨论修改通过，提请五届全国人大五次会议审议修改通过。新宪法确定了我们国家的基本制度和根本任务，规定了今后国家的根本任务是集中力量进行社会主义现代化建设，确定了四项基本原则和改革开放的基本方针，体现了党在社会主义初级阶段的基本路线；对国家的政治体制、经济制度和改革开放作出了一系列重要规定，并对“一国两制”的战略构想作了原则规定，为设立特别行政区提供了宪法依据。还规定了宪法具有最高的法律效力。全国各族人民、一切国家机关和武装力量、各政党和各社会团体、各企业事业组织，都必须以宪法为根本的活动准则，并且负有维护宪法尊严、保证宪法实施的职责。可以说，这部宪法是党的领导和人民群众集体智慧的结晶，是新时期治国安邦的总章程，是合乎我国国情、符合全国各族人民的共同意志和根本利益的好宪法。近十五年的实践表明，这部宪法虽然个别条文随着实践的发展需要适当修改，但从总体上看，是一部具有中国特色的、适应改革开放和社会主义现代化建设需要的、长期稳定的宪法。

从1979年2月至1988年3月，在彭真同志主持下，立法工作取得了举世瞩目的重大进展。我们国家不仅制定了一部好宪法，而且制定了刑事、民事、诉讼程序和国家机构等方面的一系列基本法律，以及一批经济的、行政的重要法律，初步形成了以宪法为核心的有中国特色的社会主义法律体系。我们国家在政治、经济和社会生活的主要方面，基本上做到了有法可依，过去那种无法可依的局面已经有了根本改变。

二

彭真同志在长期领导立法工作中，不断总结经验，提出了我们国家立法工作的指导思想和基本原则，逐步建立和完善立法制度。这对加强社会主义法制建设，尤其是立法工作，有长远的重大的意义。

彭真同志认为，法是上层建筑，是由经济基础决定的，又反过来为经济基础服务，立法要保障和促进社会主义现代化建设的顺利进行，保障和促进生产力的发展。党的十一届三中全会决定，全国工作的着重点转移到社会主义现代化方面来。随着经济建设的发展，我们要经过系统的调查研究，抓紧经济立法，适应改革开放的需要，陆续制定各种经济法。根据彭真同志的意见，1979 年以来，全国人大及其常委会坚持把制定经济方面的法律作为立法工作的重点，积极而慎重地加快经济立法的步伐。在 1979 年到 1987 年全国人大及其常委会制定的 85 部法律中，有关经济方面的法律有 35 个，这些法律对于促进社会主义经济的发展，对于巩固和发展经济体制改革的成果，引进外资和国外先进的生产技术，开展对外经济技术交流与合作，发挥了重要作用。1992 年党的十四大确定建立社会主义市场经济体制，八届全国人大及其常委会又确定以制定调整社会主义市场经济关系的法律为重点，努力在五年内大体形成社会主义市场经济法律体系的框架，并已基本上实现了这个目标。

立法必须根据党的方针政策，把成熟的政策用法律形式固定下来，这是彭真同志一贯倡导的重要思想。彭真同志总结建国后制定土地改革法、镇压反革命条例、惩治贪污条例以及刑法等的做法，认为立法有一个从政策到制定法律的过程。政策是法律的先导，法律是政策的定型化，由政策上升为法律，需要有一个实践的过程。经过对现实情况的调查研究，把实践证明是正确的、成熟的经验用法律形式肯定下来，成熟一个制定一个。彭真同志指出，现在有人说，法可以脱离政策方针，决不能那样。法律定了是要执行的，只能把成熟了的写进去，不成熟的暂不定成法。轻率地写成法，制定了又行不通，就不好了。彭真同志还认为，法律的制定要根据党的方针、政策，政策上升为法律后，党委和政府决定的政策、措施，都要服从法律，不能同法律相抵触；如果决定采取同法律不一致的政策，应当依照法定程序先行修改法律，但在法律没有修改前，政策同法律不一致的，在执行中必须先按法律规定办。彭真同志进一步指出，所谓实践经验，当然包括本国的和国际的，它的基础是我国的实际。有些事情不能说我们没有具体的实践，但从我国的实际情况出发，借鉴国际的实践经验，表明是可行的或者有把握的，也可以制定法律。例如，1979 年党中央提出对外开放的政策时，我们还没有办过中外合资企业，但是借鉴国外的实践，结合列宁在实行新经济政策时提出的租让制，制定了我国第一部对外开放的法律，即中外合资经营企业法，为对外开放提供了重要的法律依据。又如，1982 年修改宪法时，根据邓小平同志提出的“一国两制”的构想，在宪法第三十一条中规定了“国家在必要时得设立特别行政区，在特别行政区内实行的制度，按照具体情况由全国人民代表大会以法律规定”，为解决香港、澳门和台湾问题，实行“一国两制”提供了宪法的依据。

彭真同志一贯强调马克思主义对立法工作的指导，同时又很重视必须加强法学理论研究。他认为法律有它的特殊性和规律性，法律本身有自己的发展历史和体系。因此，法律是一门科学，有自己的体系，立法要有系统的理论指导。他说，宪法是有系统的理论作依据的，有完整的体系，前后一贯，体系严密。许多法律需要从法理上加以研究，才能搞清楚。特别是重要的基本法律，更必须联系法学理论进行研究，立法工作中遇到的一些争议问题解决不了，往往与法理上没有搞清楚有关。比如刑法的罪与非罪的界限问题，量刑的标准问题，理论上搞不清楚就很难作出规定。还有民法，如果没有理论根据，就不好制定。为此，他建议全国人大常委会的工作部门要系统研究法律理论，在制定一些基本法律时，他要求要全面地征求有关法律专家的意见，使制定的基本法律能够有法学理论上的依据。

立法要研究、借鉴古今中外的经验，吸收其中有益的东西为我所用，这是彭真同志很早就提倡的。1954 年，他就提出，对资本主义国家的法律要加以研究，对中国古代的法律也要认真研究。他说，研究问题、立法，不能割断历史。中国古代法有丰富的内容，对它们要加以研究，去其糟粕，取其精华。对外国的法律，不管是社会主义国家的，还是资本主义国家的，不管是英美法系，还是大陆法系，都要参考、借鉴。不同社会制度下的法律，有本质的不同，但也有共同性和继承性。尤其是西方国家制定的一些法律，反映了市场经济和现代化大生产的一般规律，比我们早几百年，我们应当重视，加以研究、借鉴。他提出，我们要抽出两三年的时间，把古今中外有关法律的重要书籍从头到尾看上一遍。1979 年法制委员会刚成立，彭真同志就亲自签发电报给我国一些驻主要西方国家和前苏联的使馆，请他们代为购买所在国家的全套法典。全国人大及其常委会在制定法律时，都专门收集整理国外特别是西方发达国家的有关法律规定，进行分析、研究、比较，作为参考。1982 年修改宪法时，收集了 35 个国家的宪法，对有关条文进行了比较研究，作为制定一部科学严密、体系完整的宪法的借鉴。

彭真同志强调，立法要以最大多数人的最大利益为根据，脑子里要有工人、农民，要面向他们，为了他们。在人民根本利益一致的基础上，人们之间也会有这样那样的矛盾。有关的立法就是要对这些矛盾划一个合理解决的界限，作为准则，要在矛盾的焦点上划杠杠。对单位、个人在社会生活、经济生活中发生的矛盾，都要在与宪法、与各族人民的根本利益不抵触的前提下解决，都要以最大多数人民的最大利益为依据。这是彭真同志提出的立法工作的一条根本原则，对我们处理立法中经常遇到的部门利益、地方利益以及不同群体之间的利益矛盾，有重要的指导意义。现在有些部门在起草法律中片面强调本部门的权力和利益，我们必须根据人民的根本利益和国家的整体利益，而不是根据部门的利益或者一部分人的利益作出法律规定。

彭真同志在强调立法工作要根据党的方针、政策，要借鉴国外的法律，要有法学理论指导时，总是又强调主要要从中国实际出发，解决实际问题，并且以我们的社会实践来检验。他在起草民法时说，只有从我国实际出发，按照社会主义法制原则制定的民法，才能行得通。如果说什么是民法的母亲的话，就法律体系本身来说是宪法，但归根到底，中国的实际是母亲，九百六十万平方公里的十亿人民是母亲。在谈到法自身的体系与实际情况的关系时，他说，立法要从实际出发，同时法也有自己的体系，如果两者不一致怎么办？是法服从实际情况，还是实际情况服从法？谁是母亲，谁是儿子？实际产生法律，实际是母亲，法律、法理是儿子。在谈到借鉴外国的经验与从中国实际出发的关系时，他总是说，立法要吸收古今中外对我们有用的好东西，解放思想，百家争鸣，但必须立足于中国的实际，根据我国的实践经验，基础是本国的实际。因此，立法必须很好地进行调查研究，特别是对重大的、有争议的问题，更需要充分进行调查研究。他还身体力行，在起草工厂法（全民所有制企业法）时，亲自到浙江、上海、江苏和东北三省进行调查研究。他认为东北的企业有日本的管理经验，有苏联的管理经验，上海的企业有西方的管理经验，要研究企业管理的一些重大问题，必须很好地在东北三省、上海进行调查研究。在进行调查研究时，他强调要运用马克思主义立场、观点、方法，调查研究我国现实的情况和历史的情况。他说，看问题，第一要客观，不要主观；第二要全面，不要片面；第三要看本质，不要只看现象。这既是思想方法，又是工作方法，对做好立法工作有重大的指导意义。全国人大常委会立法工作部门在起草、审议重要法律和有较大争议的法律时，都专门组织调查组到地方和基层单位进行调查研究，对起草、审议、修改好法律草案起了重要的作用。

1978年年底，党的十一届三中全会提出发展社会主义民主、健全社会主义法制的任务，这是我国社会主义民主法制建设的历史性转折。当时，经过“文化大革命”“无法无天”的破坏，我国的法制建设真是百废待兴，人心思法。正如邓小平同志指出的，急需集中力量制定民法、刑法、诉讼法以及工厂法、劳动法、森林法、草原法、外国投资法等多种必要的法律。法律条文开始可以粗一点，逐步完善。有比没有好，快搞比慢搞好。彭真同志在抓紧制定有关法律时，又反复思考，认为根据实际需要，立法要搞得快一些，同时考虑到法律要有稳定性、连续性，不能朝令夕改，立法又要搞得好一些。需要在实践中逐步建立必要的立法体制、立法制度和立法程序。他从我国实际情况和需要出发，总结历史的经验教训，提出了一系列改革和完善立法体制的措施，通过修改宪法和制定有关法律把它确立下来。

第一，明确规定了法律的不同的层次、地位和效力。过去制定的法律的地位和效力不够规范，不够明确，有的称法律，有的称法规，有的称法令，有的称政令，界限不是很明确。在起草修改宪法时，彭真同志主持研究，明确规定了全国人大及其常委会制定法律，国务院制定行政法规，省级人大及其常委会制定地方性法规，国务院各部委和省级政府制定规章，这对建立国家统一的立法体制和法律体系具有重大的意义。

第二，扩大全国人大常委会的立法权。一九五四年宪法规定，全国人大是行使国家立法权的唯一机关，全国人大常委会制定法令，不制定法律，很显然不能适应国家立法的需要。1955 年一届全国人大二次会议通过决议，授权全国人大常委会在全国人大闭会期间制定部分性质的法律，即单行法规。1978 年党的十一届三中全会提出发展社会主义民主、健全社会主义法制的任务，需要加快国家的立法工作。因此 1982 年修改的宪法，改变了全国人大是行使立法权的唯一机关的立法体制，规定全国人大及其常委会共同行使国家立法权。全国人大制定刑事、民事、国家机构和其他的基本法律；全国人大常委会制定和修改除应当由全国人大制定的基本法律以外的其他法律，并可对全国人大制定的法律进行部分补充和修改。这是我国立法体制的一个重大改革。实践证明，扩大全国人大常委会的立法权，把大量的立法工作放在全国人大常委会，对加快立法步伐，提高立法质量，起了重大作用。近十五年来，我国制定的法律 80%以上是由全国人大常委会审议通过的。即便是全国人大审议通过的法律，事先也都经过全国人大常委会审议，有的还经过多次审议，在比较成熟后才提交全国人大审议通过的。如果没有这一项改革，我国的立法工作不可能取得显著的成就，也不可能适应改革开放和现代化建设的需要。

第三，赋予省、自治区、直辖市人大及其常委会制定地方性法规的权力。过去，立法权集中在中央，地方没有立法权，这是不能适应我们国家国土辽阔、各地区情况不同的需要的。1979 年，彭真同志主持制定的地方各级人大和政府组织法，赋予省级人大有一定的立法权，规定省、自治区、直辖市人大及其常委会根据本行政区域的具体情况和实际需要，在和宪法、法律、政策、法令、政令不抵触的前提下，可以制定地方性法规，报全国人大常委会和国务院备案。1982 年制定的宪法进一步肯定了这一规定，并在修改后的地方组织法中规定，省、自治区人民政府所在地的市和经国务院批准的较大的市的人大及其常委会，在不同宪法、法律、行政法规和本省、自治区的地方性法规相抵触的前提下，可以制定地方性法规，报省、自治区人大常委会批准后施行。这是我国立法体制的又一项重大改革。彭真同志指出，我们国家大，各地情况千差万别，什么都统到中央不行，都由国家制定法律，而没有地方性法规作补充，不能很好地适应各地的需要。现在规定地方有一定的立法权，有利于各地因地制宜，发挥主动性、积极性，加速整个国家的建设。而且，全国人大及其常委会没有制定的法律，省级人大及其常委会可以先制定地方性法规。不但可以在国家制定法律前适应地方的需要，而且可以为进一步制定国家法律探索经验。地方性法规是国家法律的重要补充，它在法律建设中起了重要作用。从 1979 年至今，各地制定的地方性法规已达 6000 多件。

第四，规定国务院可以制定行政法规，并授权它可以在经济体制改革和对外开放方面制定暂行的规定或者条例。一九五四年宪法规定国务院制定行政措施或者发布政令。1979 年后，随着社会主义法制建设的发展，迫切要求把行政管理纳入法制化的轨道，而现代行政管理的多样化、复杂化，也要求强化它的职能，扩大它的权力。因此，一九八二年宪法规定国务院可以制定行政法规。在我国开始进入全国经济体制改革和对外开放的新形势下，有一系列新问题需要及时作出有法律效力的规定。但是，有些重大问题涉及面广，情况复杂，还缺乏实践经验，立法条件还不成熟。这就产生一个问题：经验不成熟的不能立法，实际工作又不能等。彭真同志经过反复思考，研究了几个方案，最后提出了一个办法，就是授权立法。1985 年六届全国人大三次会议通过了关于授权国务院在经济体制改革和对外开放方面可以制定暂行的规定或者条例的决定。这是从我国当时的实际情况出发加强法制建设的一项重要措施，可以适应实际工作的需要，还可以积累经验，为制定法律做准备，加快经济立法步伐。

第五，明确了对全国人大和全国人大常委会制定的法律，国务院和省级人大及其常委会还可以或者还需要制定实施细则或实施办法。1979 年以来制定的法律，有的因为需要较快制定，但又缺乏实践经验，对一些具体的、细节的、有争议的或者情况容易发生变化的问题，难以作出具体的规定；有的因为我们国家大，各地政治、经济、文化发展很不平衡，法律只能解决基本的问题，不能规定得太细，太细了就难以在全国各地都适用。对此，有的认为法律规定不够具体，不好操作。彭真同志提出，法律制定后，实施中还有许多问题需要解决，一般需要制定实施细则，作出具体规定。在实际工作中，有的根据实际情况和需要，由国务院或省级人大及其常委会制定实施细则或实施办法，有的法律还明文规定，由国务院或省级人大及其常委会制定实施办法。彭真同志很重视实施细则的制定工作，认为实施细则或实施办法是法律的有机组成部分，他还亲自主持起草了中外合资经营企业法实施细则的具体内容建议。

第六，规范全国人大常委会审议法律的程序。过去全国人大常委会审议法律草案，没有规范一定的审议程序。有些法律草案提请常委会审议，有关部门要求在该次常委会会议审议后即提请表决通过。委员们感到时间仓促，来不及对法律草案很好研究，很难表决通过，这种情况一再发生，很难处理。彭真同志反复考虑了这种情况，认为需要规范必要的审议程序，不能再一次一次地临时研究解决办法或者同有关部门一次一次地协调。1983 年 3 月，彭真同志在委员长会议上提出，今后全国人大常委会审议法律草案一般采取如下程序：凡向全国人大常委会提出的法律草案，由委员长会议提出是否列入常委会会议议程的意见，经常委会同意列入议程后，先在常委会会议上听取法律草案的说明并进行初步审议，然后将法律草案交法律委员会和有关的专门委员会进行审议，提出修改建议；同时，常委会组成人员将法律草案和有关资料带回，进行研究，在下次或者以后的常委会会议再对法律草案进行审议。彭真同志还明确提出，要把经过委员长会议通过的这一决定作为委员长会议纪要印发常委会会议作为审议法律草案的程序。1987 年制定常委会议事规则又专门写上了这一条规定。这是完善常委会审议法律草案程序的重大举措。对法律草案实行最少两审的制度，有效地发挥了全国人大及其常委会审议法律草案的作用。这种审议不是走形式，而是具有实质性意义。许多法律草案经审议后作了重要修改和补充，使通过的法律更加完善。彭真同志还认为，常委会要做好法律草案的审议修改工作，规定要经过常委会两次会议审议还是不够的，只由常委会组成人员进行审议也是不够的，还要在常委会两次审议法律草案期间，很好地进行调查研究，广泛听取意见，特别是不同意见和修改意见。彭真同志特别强调，立法工作要采取立法工作部门、实际工作部门和法律专家三结合的办法，做到集思广益，集中集体智慧。多年来，我们在制定重要的基本法律时，例如民法通则、行政诉讼法、国家赔偿法、仲裁法、公司法以及修改刑法、刑事诉讼法等，都坚持采取这种三结合的做法，对起草、修改好法律草案发挥了很大的作用，成为制定重要的基本法律必不可少的步骤。1985 年，全国人大常委会初步审议民法通则草案后，彭真同志提议召开全国所有政法院系民法教授、法学研究机构民法专家、各级法院民庭负责人以及有关部门实际工作者共 180 多人参加的座谈会，对民法通则草案逐条讨论修改，在民法通则草案一百三十一条中，删去十五条，增加四十条，明确了民法是反映社会经济关系的，是调整平等的公民、法人之间的人身、财产、经济关系的，使民法通则成为调整社会主义商品经济关系的基本法律。彭真同志认为，制定重要法律，请法律专家和实际工作者参加，大家一起讨论，共同审议修改，不是简单的技术问题，而是解决立法中理论和实际紧密结合的问题，对做好立法工作具有重大的意义。

三

50 年代，我国制定了宪法和一些法律，但是没有认真遵守和执行。尤其是“文化大革命”搞“无法无天”，人们记忆犹新。

1979年我们国家提出要加强社会主义法制建设，逐步制定一系列的法律，许多人纷纷提出，法律虽然很好，就是担心不能实施。彭真同志在一系列讲话中，有针对性地回答了这个问题。他认为，首要的一条是要把法律交给全体人民掌握。我们的法律是全国各族人民共同利益和意志的集中体现，一旦为广大人民群众所掌握，就会变成强大的物质力量。人民群众运用法律武器，监督国家机关和任何个人依法办事，对违法行为进行斗争，就可以有力地保证法律的贯彻执行。1979年6月，彭真同志在全国人大关于七个法律草案的说明中就提出，为了保证这七部法律的实施，必须在干部和群众中广泛进行宣传教育，使这几部法律逐步做到家喻户晓，人人明白。1985年，在彭真同志主持下，六届全国人大常委会通过了《关于在公民中基本普及法律常识的决议》，提出要把法律交给广大人民群众掌握，使广大人民学法、知法、守法，树立法制观念，学会运用法律武器，同一切违反宪法和法律的行为作斗争，保障公民的合法权益，维护宪法和法律的实施。由此开始了在亿万人民群众中普及法律知识、加强法制教育的宏大工程。彭真同志指出，十亿人民养成人人遵守、维护宪法和法律的观念与习惯，同违反和破坏宪法及法律的行为进行斗争，这是一个伟大的力量。

保证法律的实施，关键在于党的领导。彭真同志反复讲，党领导人民制定宪法和法律，党也领导人民遵守、执行宪法和法律，党也必须在宪法和法律的范围内活动。这是经过“十年内乱”得出的结论。邓小平同志讲，斯大林严重破坏社全主义法制，毛泽东同志就说过，那样的事情在英、法、美这样的西方国家不可能发生。他虽然认识到这一点，但是由于没有在制度上得到解决，以及其他一些原因，仍然导致了“文化大革命”的十年浩劫。这个教训是极其深刻的。1979 年，党中央提出，对国家的法律，从党中央委员会到基层组织，从党中央主席到每个党员，都必须一律遵守。党的十二大通过的党章规定：“党必须在宪法和法律范围内活动。”党的十二大报告指出，这是一项极其重要的原则。从中央到基层，一切党组织和党员的活动都不能同国家的宪法和法律相抵触。一九八二年宪法也规定，“全国各族人民、一切国家机关和武装力量、各政党和各社会团体、各企业事业组织，都必须以宪法为根本的活动准则”，“任何组织或者个人都不得有超越宪法和法律的特权”。这里讲的各政党，是包括中国共产党的。彭真同志说，党章这样规定，宪法也这样规定，这就解决了过去我们国家所没有或者没有明确解决的问题，就解决了社会主义民主和社会主义法制这个关键问题，具有划时代的意义。针对有人提出，是法大还是哪级党委大、哪位首长大的问题，彭真同志说，我们的法律是党和国家的方针和政策的定型化，它是党领导制定的，一些重要的法律草案是经过中共中央政治局原则批准的，是经过全国人大及其常委会按照法定程序审议通过的，它是代表党和全国人民的意志和利益的。有谁比党中央还大、比全国人民代表大会还大呢？党员服从法律，就是服从党的领导，就是服从全国人民。坚持党的领导，遵从人民意志，严格依法办事，三者是一致的、统一的。不论哪级党委，更不论哪个负责人，如果他的意见与法律不一致，那是他个人的意见。谁都得服从法律。党的主席、人大常委会的委员长、政府的总理，谁都要守法。党的十五大进一步提出依法治国，建设社会主义法治国家，这是社会主义民主法制建设极为重要的新发展，具有重大的历史性的意义。我们要贯彻依法治国的方针，切实做到有法可依，有法必依，执法必严，违法必究。经过十八年的努力，国家已经制定了一系列的法律，并且还将进一步加强立法工作。现在，人们感到确保法律的实施还是很大的问题，有法不依，执法不严，违法不究，甚至权大于法、言大于法的现象在一些地方和部门仍然严重存在。全国人大常委会和地方人大常委会在加强法律实施的检查监督方面做了许多工作，还有很重要的一条，就是要落实党也要领导人民遵守宪法和法律，党委应当把确保法律的实施提上党委的议事日程，检查监督行政机关依法行政、依法办事，司法机关依法办案，特别是要坚决纠正违法行为，这对保证法律的实施具有决定性的意义。

公民在法律面前人人平等，这是保证法律实施的一条基本原则。彭真同志早在 1954 年一届全国人大一次会议的发言中，就对这一原则作了深刻的阐述。他说："我们的国家是工人阶级领导的人民民主国家，人人遵守法律，人人在法律面前平等，应当是也必须是全体人民、全体国家工作人员和国家机关行动的指针，不允许有任何超越于法律之外的特权分子。"这个发言批判了那种自以为有一点"功劳"或"苦劳"，就可以超越于法律之外为所欲为的封建特权思想；那种以为法律是只管老百姓和"小人物"的，至于"大干部"、"大人物"遵守不遵守法律无关紧要的思想；那种认为共产党员只要遵守党纪就行，对于法律似乎马虎一点也不要紧的思想。今天重读这个发言，仍然感到它有很强的现实性和针对性。一九八二年宪法恢复了一九五四年宪法关于公民在法律面前一律平等的规定，是十分重要的。彭真同志反复强调，对于违法犯罪的人，不管他资格多老，地位多高，功劳多大，都不能加以纵容和包庇，都应该依法制裁。检察院依法独立行使检察权，法院依法独立进行审判权，只服从法律，以事实为根据，以法律为准绳。不管你是什么人，都要服从法律，在法律面前不承认任何人有任何特权。1980 年，彭真同志担任“两案”审判指导委员会主任，在领导审判林彪、江青两个反革命集团的工作中，他提出必须严格划清罪与非罪的界限，划清路线错误和林彪、江青反革命集团的罪行的界限。彭真同志指出，特别法庭只审判林彪、江青反革命集团的罪行，不审理路线错误，不解决党纪、军纪、政纪问题。党内犯路线错误的，一律都不能判刑。必须以事实为根据，以法律为准绳，重调查研究，重证据，彻底查清林彪、江青集团的罪行，严格依照法定程序进行审判。这一举世瞩目的审判，树立了我们党和国家严肃依法办案的历史性的范例，能够经得起历史的考验，国内外都有很好的反应。

彭真同志非常注意研究宪法和法律实施中遇到的问题，并且及时地采取一些相应的措施。1979 年制定的刑事诉讼法，为了有利于保障公民的人身权利，对公检法机关办理刑事案件的期限作了比较严格的规定，办案期限比原来草案的规定大大缩短，这在一个时期内难以完全做到。彭真同志及时建议全国人大常委会作出了《关于刑事诉讼法实施问题的决定》、《关于实施刑事诉讼法规划问题的决议》、《关于刑事案件办案期限的补充规定》。一九八二年宪法颁布实施后，彭真同志要求政法部门要尽快主动地、系统地检查一次工作中有没有和宪法不符合的问题。凡是与新宪法不符合的，要抓紧时间认真纠正。1983 年 6 月，彭真同志在六届全国人大一次会议上着重讲了动员一切力量从各方面保证宪法实施的问题。他说，一切国家机关都要模范地自觉地遵守宪法，同时要按照各自的职责，同各种违反宪法的行为进行坚决的斗争。一切国家工作人员，特别是各级领导干部，必须认真学习宪法，熟悉宪法的原则和规定，牢固地树立起社会主义法制观念，在各项工作中严格遵守宪法和有关法律的规定，养成依法办事的习惯。凡是藐视宪法和法律，违反宪法和法律的，不管是什么机关，不管是什么干部，都要严肃地批评并责其纠正，直至给予必要的法律制裁。同年 12 月，彭真同志就新宪法颁布一周年向新华社记者发表谈话，再次强调要进一步实施宪法，严格按照宪法办事。

要真正做到有法可依、有法必依、执法必严、违法必究，是一个长期的、艰巨的任务。彭真同志说，旧中国没有民主，那时的法制是反动的法制，没有民主的法制。建国以后，我们在法制建设方面的基础比较薄弱，封建残余思想至今还影响着我们。有的人没有当“长”的时候对民主和法制还觉得重要一点，当了什么首长就对民主和法制不那么热心了，或者不是那么严格了，甚至有点嫌麻烦了，切不要低估封建残余思想的影响。此外，我国经济不发达，许多人文化水平比较低，九亿人民养成依法办事习惯，需要有一个过程。因而，要把社会主义法制真正健全起来，要经过系统的长期的工作。既要抓紧，又要有一点耐心。各级党委、人大、政府、法院、检察院，都要把加强和健全社会主义法制作为一项共同的任务、根本的任务。

四

宪法规定，国家的一切权力属于人民，人民行使国家权力的机关是全国人民代表大会和地方各级人民代表大会。各级人民代表大会都由民主选举产生，对人民负责，受人民监督。各级行政机关、审判机关、检察机关都由人大产生，对人大负责，受人大监督。人民代表大会是全国人民管理国家的基本组织形式，整个国家政权机关是以人民代表大会为基础进行运转的。因此，我们说，人民代表大会制度是我国的根本政治制度。我们要发展社会主义民主，加强社会主义民主政治建设，最基本的是要坚持和完善人民代表大会制度。彭真同志长期主持全国人大常委会的工作，对建立和完善这一制度倾注了大量心血，做出了重大贡献。早在50年代初，我国还未能选举产生人民代表大会，彭真同志就在北京市研究探索召开各界人民代表会议代行人民代表大会的职权，并总结了北京市召开区各界人民代表会议的经验，向毛泽东同志和党中央、华北局写了报告。党中央很快就批转了这个报告，指出："大城市的各区召开人民代表会议是必要的和有益的，请各城市市委考虑实行。"1951年，他在一次讲话中着重指出，现在代行人民代表大会职能的人民代表会议，是全国人民管理国家的基本组织形式，是我们在政权工作中走群众路线的最好的、最有效的、最重要的形式。

1954 年 9 月，一届全国人大一次会议召开，彭真同志当选为全国人大常委会副委员长兼秘书长。他为全国人大及其常委会的立法、监督和机关建设等付出很大努力。在较短的时间内，全国人大及其常委会就制定出了一批重要法律和法令，建立了工作机构。1957 年上半年，根据党中央和毛泽东同志的指示，在彭真同志直接领导下，中共全国人大常委会机关党组，总结实行人民代表大会制度以来的实践经验，借鉴苏联和东欧一些社会主义国家的经验，经过认真研究，提出了一个关于健全人民代表大会制度的方案，主要内容是：全国人大增设八个常设（专门）委员会，在全国人大闭会期间协助常委会进行立法、监督等工作；县级以上地方各级人大设立常委会和常设（专门）委员会，加强对地方各级政权机关的监督；各级人大代表建立同选民或选区固定联系的制度等，并根据这个方案，草拟了修改宪法和人大组织法的议案。这个方案由于反右斗争而被搁置下来，但我们可以看到，1982 年修改宪法规定全国人大设立专门委员会和县级以上地方人大设立常委会，都是这个方案的发展和完善。

1978 年年底，党的十一届三中全会提出发展社会主义民主，健全社会主义法制的历史任务，必须把坚持和完善人民代表大会制度，作为建设社会主义民主政治，使民主制度化、法律化的一个主要内容。党的十一届六中全会决议指出：“逐步建设高度民主的社会主义政治制度，是社会主义革命的根本任务之一。建国以来没有重视这一任务，成了‘文化大革命’得以发生的一个重要条件，这是一个沉痛的教训。必须根据民主集中制的原则加强各级国家机关的建设，使各级人民代表大会及其常设机构成为有权威的人民权力机关。”彭真同志在一系列讲话中深刻指出，人民通过人民代表大会制度，把国家的、民族的前途和命运掌握在自己手里，这是维护人民的根本利益的可靠保证，也是我们的国家能够经得起各种风险的可靠保证。他花了很大精力研究如何进一步健全人民代表大会制度的问题，并且采取了切实步骤和措施来加强和完善人民代表大会制度。概括起来，主要有以下几个方面：

一是改革和完善选举制度。彭真同志认为，我们国家是人民通过选举产生的全国和地方各级人民代表大会行使管理国家权力的，选举是建设社会主义民主政治的基础，是人民行使国家权力的主要方式。为了保障人民自由行使选举权利，1979 年，彭真同志主持制定的选举法和地方各级人大和政府组织法，对我国的选举制度作了重要改革，包括：（一）实行自下而上、自上而下、充分民主地提候选人的办法。选民或代表依法联名提出的候选人和政党、人民团体或主席团提出的候选人都必须提交选民或代表大会代表进行酝酿讨论、民主协商，直至在必要时举行预选来确定正式候选人。（二）将候选人和应选人等额选举的办法改为候选人的名额多于应选人的名额，即实行差额选举制度。这样，选民或者代表可以对候选人有所选择，选出多数选民或代表比较满意的人选，并使多数选民或者代表不满意的候选人不能当选。（三）把直接选举人民代表大会代表的范围扩大到县一级，扩大了人民通过直接选举行使管理国家的权力。选举制度的这些改革，促进了社会主义民主的发展，有利于加强人民群众对国家政权机关和国家工作人员的监督，增强了广大人民群众当家作主的积极性。

二是扩大全国人大常委会的职权，完善全国人大和它的常委会的组织、制度建设。彭真同志主持制定的一九八二年宪法，将原来属于全国人大的一部分职权，交由它的常委会行使，扩大了全国人大常委会制定和修改法律，审查和批准计划和预算的部分调整方案，任免国务院各部部长、各委员会主任的权力。彭真同志指出，由于全国人大代表人数较多，不便经常进行工作、行使职权，将原来属于全国人大的一部分职权交由全国人大常委会行使，是加强人民代表大会制度的有效办法。宪法还规定设立专门委员会，专门委员会可以经常工作，协助全国人大及其常委会起草和审议有关议案。彭真同志认为，大部分议案先由有关专门委员会审议，有助于加强、充实全国人大及其常委会的工作。考虑到常委会行使职权的需要，根据彭真同志建议，宪法规定，委员长、副委员长、秘书长组成委员长会议，处理全国人大常委会的重要日常工作。宪法还规定，人大常委会组成人员不得担任国家行政、审判、检察机关的职务。这是为了有利于加强人大常委会对行政、审判、检察机关的监督，也是为了有利于人大常委会组成人员逐步实行专职化，更好地发挥人大常委会和委员的作用。

三是县级以上地方各级人大设立常委会。这是我国地方政权建设的一项重要改革，也是健全人民代表大会制度的一项重要内容。过去县级以上地方各级人大不设常委会，由人民委员会行使权力机关常设机关和执行机关的职能。历史的经验表明，这种“议行合一”体制不利于发挥权力机关对行政机关的监督作用。从十几年来的实践来看，县级以上地方各级人大设立常委会，对于发挥人民代表大会的作用，具有非常重要的意义。

四是改变农村人民公社的政社合一体制，设立乡人民代表大会和乡人民政府。这样，从全国到乡都设立了人民代表大会，这是完善人民代表大会制度的一个重要方面。同时，还把农村改革中群众创造的村民委员会作为基层群众性自治组织载入了宪法。这是农村基层民主政治建设的一项根本性的措施。彭真同志说，我国人民如何行使民主权利、当家作主？我看最基本的是两个方面：一方面，人民通过他们选出的代表组成各级人大，行使管理国家的权利；另一方面，在基层实行群众自治，由基层群众实行自我教育，自我管理，自我服务，自己管理自己的公共事务和公益事业。居民委员会和村民委员会主任、副主任和委员由居民会议、村民会议直接选举产生，对于发展基层民主，使人民群众充分行使自己的民主权利和当家作主的权利，具有重要的、深远的意义。

彭真同志非常重视人大常委会的组织、制度建设，完善人大常委会的运行机制。1986 年，彭真同志针对人大工作中遇到的几个突出问题，提议由几位副委员长分工负责，对监督问题、人大常委会与代表和代表与选民联系问题、健全人大常委会办事机构问题、学习法律和理论问题，专门进行调查研究。结果写了调查报告，提出了建议，对推进人大工作发挥了重要作用。彭真同志认为，人民代表大会和它的常务委员会，是在党的领导下，代表人民管理国家的。健全人民管理国家的制度，正是为了更好地实现党的领导。在人大及其常委会的工作中，最重要的是要正确处理同政府的关系。在这方面，宪法已有一系列的规定，但还有具体执行问题。彭真同志提出，方针不是“唱对台戏”，但也不是等因奉此，不问是非的橡皮图章。方针是实事求是，以人民的利益为根据，以宪法、法律为准绳，是就是，非就非。对的，就肯定，就支持；错的，就否定，就纠正。要严格依法办事，既不能失职，也不能越权。彭真同志这里所说的不失职，就是说要认真履行宪法赋予人大的职责，对违反法律的事情，人大及其常委会就要管；不管，就是失职。对政府的日常工作，人大及其常委会不要干预，不要越俎代庖，以免干扰宪法规定由政府行使的职权。加强国家权力机关的监督作用，是整个国家机器健全运作所不可缺少的。民主集中制是社会主义制度的一个重要组成部分，人民代表大会必须坚持实行民主集中制原则，也是从内容到形式方面最能体现民主集中制原则的机构。他指出，人大及其常委会的特点是集体行使职权，集体决定问题。在作决定时，无论是委员长还是普通代表或委员，都行使同等的权力，即都只有一票的权力，不是个人说了就可以决定的。过去做党的工作、政府工作的同志，现在改做人大常委会工作，有一个改变工作习惯、工作作风的问题。人大常委会的组成人员要善于调查研究，广泛听取意见，集思广益，力求使作出的决策符合最大多数人的最大利益。彭真同志重视人大常委会机关的建设，他认为人大常委会的组成人员是选举产生的，每次换届选举都会有所改变，为了保持人大常委会工作的连续性，使人大常委会的工作不受常委会组成人员换届选举的影响，需要建设一个类似文官制度的工作班子和工作机构。这样，常委会组成人员即使改选了，有工作机构作基础，经常工作可以连续进行。

县级以上地方各级人大设立常委会，是一件新的事物，大家都很生疏，面临着如何开展工作的问题。彭真同志认为这是健全和完善人民代表大会制度的重要问题。从1980年起，全国人大常委会每年都召开一次或几次各省、自治区、直辖市人大常委会负责人座谈会，研究实践中出现的问题，总结实践经验，解决实际问题。1981年和1984年，党中央两次转发了彭真同志在省级人大常委会负责同志座谈会上的讲话，对指导地方人大工作的开展起了重要作用。在这些讲话中，彭真同志提出，地方人大及其常委会要适应社会主义现代化建设新形势的需要，依照宪法规定，不断探索，积极主动地进行工作。他把省级人大及其常委会的职权概括为四权，即制定和颁布地方性法规权，讨论、决定本地区的重大事项权，人事任免权和监督权。他说，地方人大的权力是相当大的，宪法这样定了，地方组织法这样定了，中央也是这个方针，就这样办。要在中央统一领导下，充分发挥地方的积极性，因地制宜地把事情办好。在历次座谈会上，一些地方人大常委会的负责同志都提出，要明确全国人大常委会和地方人大常委会是领导关系或者是指导关系。应当说，彭真同志在几次地方人大座谈会上的讲话，对地方人大的工作具有重要的指导作用。但是，按照宪法规定，各级人大都是向人民负责的，不是向上级人大负责的。彭真同志经过反复考虑，仍然坚持认为，全国人大常委会同地方人大常委会没有领导关系。建立县级以上地方人大常委会，目的就是下放权力，把中央过分集中的权力分一部分给地方，特别是省一级。全国人大及其常委会对省级人大及其常委会没有领导关系，凡是省级人大及其常委会依法行使自己的职权，只要同宪法、法律不抵触，全国人大及其常委会都不能干预，使地方国家机关的权力真正属于地方，否则就与宪法精神抵触了。比如，省级人大选举、罢免、或者决定任免省级国家机关领导人员，全国人大都不应干预，不好干预，也不必干预。有没有法律监督的责任呢？有。不论省级，还是县级，不管是谁，只要违了法，就要监督。但是法律监督不同于领导关系，或者可以说，从这个意义上讲有指导作用。全国人大常委会和地方人大常委会在工作上是有联系的，应当从多方面加强这种联系，这对工作有益。彭真同志提出，省级人大常委会主任或者一名副主任列席全国人大常委会会议，要形成制度。这样做，可以反映地方的情况和意见，使全国人大常委会制定的法律和通过的决定能够更好地符合实际。地方人大的同志可以更好地了解全国人大常委会制定的法律和决定，便于贯彻执行，同时也可以参照全国人大常委会的工作，加强地方人大常委会的建设。这个办法从 1980 年五届全国人大常委会第十四次会议开始实行，并载入全国人大组织法和全国人大常委会议事规则，是一项行之有效的制度。

彭真同志是我们党和国家德高望重、功勋卓著、深受全国各族人民爱戴的领导人，是我国社会主义法制的主要奠基人。他为社会主义民主法制建设所做出的开创性的卓越贡献，同他在长期革命和社会主义建设事业其他方面所建树的历史功勋一样，将永载史册。他关于社会主义民主法制的一系列重要思想、观点和理论，是我们党和国家的宝贵精神财富。他的革命精神和崇高品德，永远是我们学习的楷模。让我们高举邓小平理论的伟大旗帜，在以江泽民同志为核心的党中央领导下，坚持党的基本路线，遵循宪法的规定，积极推进社会主义民主和法制建设，为建设有中国特色的社会主义强大国家而努力奋斗。

有关审判林彪、江青反革命集团案的几个法律问题

（一九八〇年十二月十日）

新华社北京十二月十日讯　全国人大常委会法制委员会副主任兼秘书长王汉斌今天就有关审判林彪、江青反革命集团案的几个法律问题答新华社记者问。问答内容如下：

问：法院对林彪、江青反革命集团这样特别重大的案件，为什么在正式开庭前不进行预审？公安机关预审、要求起诉后，是否就定案了，检察院检察和法院审判是不是形式？

答：刑事案件的预审，由公安机关负责，不是由法院负责。根据刑事诉讼法规定，公安、检察、法院三机关在处理刑事案件时，是分工负责，互相配合，互相制约的。公安机关负责侦查、拘留、预审；检察院负责批准逮捕和检察、提起公诉；法院负责审判。这次审判林彪、江青反革命集团案，就是依照上述法定程序办事的。

法律要求公、检、法要互相配合，是因为他们的任务是共同的，这就是要准确地打击反革命和其他刑事犯罪行为，保护人

民，维护社会治安秩序，维护安定团结，保障四个现代化的顺利进行。

但是，这三个机关又是互相制约的。公安机关经过侦查、预审后认为有罪，要求逮捕人犯和起诉，检察院可以不批准逮捕，或不提起公诉，或退回公安机关要求补充侦查。检察院起诉的案件，法院对于主要事实不清、证据不足的，可以退回检察院补充侦查，对于不需要判刑的，可以要求检察机关撤回起诉，也可以经审理后判决无罪。例如，今年上半年全国检察机关向法院起诉的案件中，就有近百分之三的案件，法院审理后判决无罪。这次审判林彪、江青反革命集团案主犯，公安预审起诉意见书提出六十条罪行，检察起诉书减为四十八条，将来法院根据法庭调查确定的犯罪事实，可能还会有变化，绝不是公安机关要求起诉就定了案。反过来，公安机关对检察院不批准逮捕或免予起诉的决定，如果不同意，可以要求检察院复议；除了最高人民法院审判的第一审案件外，对各级法院审理的第一审案件，检察院对法院的判决或裁定如果不同意，可以向上级法院提出抗诉。我们规定这样的办案程序，有利于维护法律的正确执行，做到不枉、不纵，既有利于查明犯罪事实，惩罚犯罪分子，又有利于保证无罪的人不受刑事追究。

林彪、江青反革命集团为了推翻无产阶级专政的政权，在“十年动乱”中，砸烂公、检、法，取消检察机关，刑讯逼供，捏造事实，制造伪证，诬陷迫害党和国家领导人以及许多干部、群众，从反面证明了公、检、法三机关互相制约是完全必要的。

问：法院判决前，报刊、电台的报道、评论是否可以认为被告人有罪？是否会影响法院独立审判？

答：这次审判林彪、江青反革命集团案，我国报纸、电台的报道、评论普遍认为林彪、江青反革命集团案主犯罪恶极大，而不是像有的国家的惯例，假定“在法庭判定一个人有罪之前，该人仍属清白”。

按照刑事诉讼法的规定，我国的诉讼程序不是“无罪推定”，也不是“有罪推定”。而是以事实为根据，以法律为准绳。我们不是根据假定推理，而是根据事实，重证据，重调查研究，不轻信口供。刑事诉讼法规定：“证据必须经过查证属实，才能作为定案的根据。”“只有被告人供述，没有其他证据的，不能认定被告人有罪和处以刑罚；没有被告人供述，证据充分确实的，可以认定被告人有罪和处以刑罚。”公、检、法三机关办案，都必须根据事实和法律。

林彪、江青反革命集团横行十年，祸国殃民，诬陷迫害党和国家领导人以及干部、群众达七十多万人，迫害致死达三万多人，并且阴谋杀害毛泽东主席，搞武装政变，武装叛乱，罪恶累累，罪行昭彰，全国亿万人民深受其害。难道在法庭判决之前，还只能假定他们是无罪、清白的吗？！难道深受其害的广大人民就不能通过报纸、电台、电视对林彪、江青一伙的反革命罪行表示义愤、伸张正义吗？！这里讲可以评论的是指那些罪行已很清楚的，对于那些罪行不很清楚的，或者有争议的案件，报纸、电台就不能轻易发表评论了。

当然，在法庭判决之前，报纸、电台评论认为他们有罪，并不是等于在法律上肯定他们有罪。在法律上判定他们是否有罪，要由法庭根据事实和法律，而不是根据报纸、电台的评论进行判决。报纸的报道、评论，并非要干预法院独立审判。

各国的法律制度不同，有的国家在法庭判决前，报纸、电台不能评论被告人是否有罪，有的国家则不是这样。我国的社会主义法制还需要进一步健全和加强。在制定法律时，我们要参考、吸收各国法律对我们有用的东西，参考、吸收我国过去的法律的好的东西。但是，在司法工作方面，例如这次审判林彪、江青反革命集团案，只能依照我国现行法律办事。

问：林彪、江青反革命集团案的主犯罪恶那么大，为什么还允许他们请律师辩护，律师又怎么能为他们辩护？

答：根据刑事诉讼法的规定："被告人有权获得辩护，人民法院有义务保证被告人获得辩护。"被告人可以自己辩护，还可以委托律师为他辩护。林彪、江青反革命集团的主犯，同样享有充分的辩护权。

我国的律师制度是社会主义的律师制度。律师的任务是为委托人提供法律帮助，维护法律的正确实施，维护被告人的合法权益。律师为被告人辩护也必须和公、检、法一样，以事实为根据，以法律为准绳。而不是像旧社会那样，谁有钱，谁给钱多，律师就无条件地为谁辩护，不顾事实和法律，为罪犯开脱罪责，把有罪说成无罪。

那么，律师还为被告人辩护什么呢？刑事诉讼法规定，辩护人的责任，是根据事实和法律提出证明被告人无罪、罪轻或者减轻、免除其刑事责任的材料和意见，维护被告人的合法权益。例如，起诉书中指控的犯罪事实有没有出入，是否有一部分还是全部不是事实，是否构成犯罪，适用什么罪名，是否可以从轻或减轻判刑，律师都可以进行辩护；在法庭调查时，律师通过询问被告人、证人、鉴定人等，从澄清事实的角度为被告辩护。林彪、江青反革命集团案主犯陈伯达、吴法宪、江腾蛟的辩护律师就这样做了。至于事实已很清楚、证据确凿的，律师当然也可以不再发问。但是在法庭辩论时，律师还可以从是否事实到有罪无罪、罪行轻重、量刑轻重全面为被告辩护。

律师根据事实和法律为被告人进行辩护，是否立场有问题呢？不能这样看。我们的法律所以规定律师可以从以上几方面为被告人辩护，是为了保障被告人的合法权益，也是为了有助于法院在审理案件时，能够做到事实清楚，定性准确，量刑恰当，有助于准确地打击敌人，惩罚犯罪，避免错判，是维护国家法律正确实施不可缺少的重要环节。把律师根据事实和法律为被告人进行辩护，说成是“丧失立场”、“为被告人开脱罪责”，是由于对律师的积极作用认识不够，要很好进行宣传解释。

加强法律解释工作*

（一九八一年六月十五日）

第五届全国人民代表大会第二次会议通过几部法律以来，各地、各部门不断提出一些法律问题要求解释。同时，在整顿社会治安工作中，由于对某些法律条文理解不一致、不准确，也影响了法律的正确实施，发生一些该捕不捕，该判不判或者重罪轻判的现象，不利于加强同现行的刑事犯罪活动进行斗争。例如有的把刑法第一百三十二条规定的“故意杀人罪”解释为仅指有预谋的杀人，而把没有预谋的故意杀人，以“无杀人预谋”、“事先没有杀人意图”作为“理由”，不按故意杀人而按故意伤害致人死亡罪判处；有的把刑法第一百三十九条规定的“强奸罪”解释为必须女方有反抗行动，而对于那些在罪犯威胁下被害妇女不敢反抗而被强奸的，不按强奸罪判刑；有的把刑法第一百五十三条盗窃犯“抗拒逮捕”应按抢劫罪判处，解释为仅指抗拒司法人

* 这是王汉斌同志在第五届全国人民代表大会常务委员会第十九次会议上对《关于加强法律解释工作的决议（草案）》所作的说明。

员依法逮捕的，而对行凶抗拒群众捉拿的犯罪分子，不按抢劫罪判处。还有的对写信同台湾敌特机关挂勾，表示要“推翻共产党的统治”，向敌特机关密报我导弹基地、新建空军机场的情报，并向敌特机关索取武器、弹药、发报机等进行反革命破坏活动的，说是为了要钱要物，没有反革命目的，后果不严重，可以不按反革命罪判处，免予追究刑事责任。这些情况说明，加强法律解释工作，对于正确执行法律，健全社会主义法制，具有重要的作用。对这个问题，1955 年 6 月，全国人大常委会曾通过关于解释法律问题的决议，同年七月彭真同志在向第一届全国人大二次会议所作的关于全国人大常委会的工作报告中，又对这个问题作了说明。现在提请全国人大常委会审议的《关于加强法律解释工作的决议（草案）》，除了重申 1955 年决议的规定外，并根据新的情况，作了一些补充。规定对法律、法规的解释，要根据不同情况，分别由全国人大常委会、最高人民法院、最高人民检察院，以及各主管部门，各省、自治区、直辖市人大常委会负责。决议（草案）没有规定的一些有关法律的学术性和常识性的解释问题，可以由《人民日报》、新华社等报刊、广播电台进行解释，一些专家、学者和法律工作者也可以对法律进行宣传解释，但这些宣传解释在法律上没有约束力，不能作为执行法律的依据。

目前，由于林彪、江青反革命集团对社会主义法制的严重破坏，有些人的法制观念比较薄弱。同时，扰乱社会治安的分子，绝大多数是青少年，他们为什么会犯罪，原因很多，也很复杂，但最主要是受了林彪、“四人帮”的毒害，走了邪路。“文化大革命”中，动不动就抄家，武斗，打砸抢，捅刀子，无法无天。现在二十岁左右的人正是在这种环境中成长起来的，有些人不知不觉地中了毒，动不动还搞“文化大革命”那一套，搞打砸抢，甚至把捅刀子不当回事。我国的法制虽然还不够完备，但也不是完全无法可依。建国以来，特别是党的三中全会以来，已经制定了一些重要的基本法律、法令和行政法规。例如，五届全国人大二次会议制定的刑法、刑事诉讼法以及重新公布的治安管理处罚条例、关于劳动教养的决定和对刑法、刑诉法的补充规定等，为打击刑事犯罪，维护治安、巩固安定团结的政治局面，提供了比较系统的法律武器。这些法律、法令，对各种违法犯罪行为，包括对“打砸抢”、冲击、围困、占领机关，非法绑架、扣押、殴打国家工作人员、人民群众和军警人员，破坏、抢夺公私财物，阻拦车辆，堵塞交通，破坏社会秩序、生产秩序、工作秩序、教学科研秩序和人民生活秩序，对随意张贴匿名大、小字报，公然造谣、诬陷、侮辱他人，等等，都有具体处罚的规定。但是，许多干部、群众，甚至司法工作人员，对法律不大熟悉，或者很不熟悉，不会或不善于运用法律武器同违法犯罪行为进行斗争。因此，当前迫切需要结合实际情况和问题，有计划、有针对性地加强社会主义法制宣传教育，进一步肃清林彪、江青反革命集团破坏社会主义法制的流毒，使干部、群众逐步了解有关法律规定，明确哪些行为是违法犯罪的，从而增强法制观念，自觉遵守法律，并对各种违法犯罪行为进行斗争。公安、检察、法院等司法人员更要认真学习法律，熟悉法律，严格依法办事，善于运用法律武器与违法犯罪行为进行斗争，既要防止发生新的冤假错案，又不能使那些现行的刑事犯罪分子，特别是严重危害社会治安的刑事犯罪分子逃脱法律应有的制裁，更不能徇私枉法或徇情枉法。

关于刑诉法和刑法的两个补充规定*

（一九八一年六月十五日）

一、关于死刑案件核准问题的决定（草案）

1979 年制定刑事诉讼法时，为了贯彻少杀的方针和避免发生“文革”中曾经发生的那些不可挽回的冤案、假案、错案，规定死刑一律由最高人民法院核准。但是，1979 年秋以来，全国大中城市不断发生杀人、强奸、抢劫、爆炸、放火等严重危害社会治安的恶性案件。社会治安问题很严重，人民群众很不满意。1979 年 11 月，全国人大常委会第十三次会议讨论了社会治安问题，并决定在 1980 年内，对杀人、强奸、抢劫、放火等严重危害社会治安的现行刑事犯罪分子判处死刑案件的核准权，由最高人民法院授权给省、自治区、直辖市高级人民法院。实践证明，这样做对于及时打击现行刑事犯罪分子，震慑罪犯、教育人民、

---

* 这是王汉斌同志在第五届全国人民代表大会常务委员会第十九次会议上对《关于死刑案件核准问题的决定（草案）》和《关于处理逃跑或重新犯罪的劳改、劳教人员的决定（草案）》所作的说明。

维护社会治安，起到了积极的作用。在当前社会治安的严重情况还没有根本好转的情况下，不少省、自治区、直辖市建议，在最近几年内，对上述几种严重危害社会治安的现行刑事案件判处死刑的，仍然由省、自治区、直辖市高级人民法院核准。我们考虑，这些严重危害社会治安的现行刑事案件，一般案情清楚，证据确凿，不容易搞错。同时在目前这些案件较多的情况下，如果都由最高人民法院核准，很难及时批复，不利于迅速、及时打击严重的、现行的刑事犯罪活动，人民群众很有意见。因此，建议全国人大常委会通过决定，在 1981 年至 1983 年内，对杀人犯、抢劫犯、强奸犯、放火犯、爆炸犯、投毒犯、决水犯需要判处死刑的，仍由省、自治区、直辖市高级人民法院判决或者核准。至于反革命犯、贪污犯等判处死刑的案件，仍须报最高人民法院核准。省、自治区、直辖市高级人民法院一审判处死刑的案件，被告提出上诉的，也仍按法定程序由最高人民法院终审判决。

二、关于处理逃跑或者重新犯罪的劳改、劳教人员的决定（草案）

劳改、劳教人员逃跑或期满释放后，又进行犯罪活动，是当前严重危害社会治安的一个突出问题。北京市今年第一季度处理的案犯中，从劳改、劳教场所逃跑或期满释放又重新犯罪的，占百分之四十二。特别是那些重大恶性案件，很多是这些人干的。如北京北海公园在光天化日之下发生的将划船的三名女学生强行带走，并将其中二人强奸的恶性案件，十一名犯罪分子中，就有九人是从劳教场所逃跑出来的或者是解除劳教、强劳的人员，有的还是“六进宫”、“七进宫”的。这些人作案手段残忍，对社会危害极大。其中不少人还毒害、教唆青少年犯罪，组织或操纵所谓“团伙”为非作歹。广大人民群众强烈要求从严惩办这些屡教不改的违法犯罪分子。因此决定（草案）规定，对于劳改犯刑满释放后又犯罪的、劳教人员解除教养后三年内或者逃跑后五年内又犯罪的，应予从重判处；劳改犯逃跑后又犯罪的，从重或加重判处（以上所讲的重新犯罪，都不包括过失犯罪），对其中家在城市的，还应当注销本人城市户口，送他们到不易进行违法犯罪活动的地方进行劳教或劳改，期满后一般留场就业，不许回大中城市。这样做，不仅对维护城市治安是必要的，同时也可以使这些人较难于重新犯罪，有利于对这些人的教育改造。

目前有些违法犯罪分子，猖狂地对检举人、被害人以及办案的公、检、法人员和制止他们进行违法犯罪活动的人民群众行凶报复，使一些人民群众不敢同犯罪活动进行斗争，甚至有“好人怕坏人”的极不正常的现象。为了打击邪气，扶植正气，支持人民群众和公检法人员同犯罪分子进行斗争，决定（草案）规定，对行凶报复的劳教人员和犯罪分子，应当依法从重或加重判处。

这里需要说明：加重判刑是刑法没有规定的，是对刑法的补充规定。这个规定只适用于决定所列举的两种特定的犯罪分子：一种是劳改犯逃跑后又犯罪的；另一种是劳改罪犯、劳教人员对检举人、被害人和有关的司法人员以及制止他们进行违法犯罪行为的人民群众行凶报复的。对其他犯罪分子，则不能加重判刑。至于如何加重判刑，不是可以无限制地加重，而是罪加一等，即在法定最高刑以上一格判处，如法定最高刑为十年有期徒刑的，可以判处十年以上至十五年的有期徒刑；法定最高刑为十五年有期徒刑的，可以判处无期徒刑；法定最高刑为无期徒刑的，可以判处死刑（包括死刑缓期二年执行）。

关于县级以下人民代表大会代表直接选举的若干规定草案的说明*

（一九八三年三月五日）

1979年五届全国人大二次会议通过的《中华人民共和国全国人民代表大会和地方各级人民代表大会选举法》实施以后，各省、自治区、直辖市都经过试点，于1980年和1981年普遍进行了县级以下直接选举。在选举过程中，许多省、自治区、直辖市制定了选举法实施细则或者实施办法，并且提出一些具体问题，要求作出统一规定。为了便于选举法的实施，原来设想在总结选举经验的基础上制定全国统一的选举通则。现在，从各级人民代表大会代表选举实践来看，需要统一作出具体规定的，基本上都是有关县级以下直接选举的问题，全国和省、自治区、直辖市以及自治州、设区的市的人民代表大会代表选举中的问题，选举法已经有所规定，可以不再制定适用于各级选举的通则。为此，民政部

* 这是王汉斌同志在第五届全国人民代表大会常务委员会第二十六次会议上对《关于县级以下人民代表大会代表直接选举的若干规定（草案）》所作的说明。

和法制委员会根据各地进行县级以下直接选举的实践经验，并参照 1953 年以来有关直接选举的规定，共同拟定了《关于县级以下人民代表大会代表直接选举的若干规定（草案)》。这个草案曾广泛征求各省、自治区、直辖市和中央有关部门的意见，法制委员会也开了两次全体会议进行讨论，并根据各地方、各部门、各方面的意见作了修改。现将草案中的几个主要问题说明如下：

一、选举法对什么人有选举权，什么人没有选举权已经作了规定。但是，对被羁押的正在受侦查、起诉、审判的，受刑事处罚而没有附加剥夺政治权利的，以及正在被劳动教养的和受行政拘留的人，因为他们的人身自由受到不同程度的限制，是否可以行使选举权利，选举法没有具体规定，在实际执行中，各地除对被劳动教养的和受行政拘留的人的做法不大一致外，其他几种人都是暂停行使选举权利。根据宪法规定，年满十八周岁的公民，除依法被剥夺政治权利的人外，都有选举权利。草案规定被判处有期徒刑、拘役、管制而没有附加剥夺政治权利的，以及被劳动教养的和受拘留处罚的人，都可以行使选举权利。现在的问题是，被羁押的正在受侦查、起诉、审判的人，在判决前难以确定是否被剥夺政治权利。从实际情况看，这些人经过审判，大多数不会被剥夺政治权利，有的还可能无罪释放，如果规定暂停行使选举权利，同已判刑但因为没有被剥夺政治权利而仍然可以行使选举权利的人相比，是很难解释得通的。但是，如果对其中因反革命案或者杀人、放火、强奸、抢劫、爆炸等严重刑事犯罪案而被羁押、尚未判决的人，也准予行使选举权利，群众会不满意。因此，草案规定，因反革命案或者其他严重刑事犯罪案被羁押，正在受侦查、起诉、审判的人，经人民检察院或者人民法院决定，在被羁押期间停止行使选举权利；人民检察院或者人民法院没有决定停止选举权利的，则准予行使选举权利。

上述规定对过去的实际做法有较大的改变，在下次直接选举时，需要各地和各有关部门做好必要的准备。有的地方提出，上述正在受羁押、拘役、拘留或者被劳动教养的人参加选举，有些实际问题需要适当解决。为此，草案规定，由选举委员会和执行羁押、拘留或者劳动教养的机关共同决定，这些人可以在流动票箱投票，也可以委托有选举权的亲属或者其他选民代为投票。被判处拘役、受拘留处罚或者被劳动教养的人，也还可以在选举日回原选区参加选举。

二、关于人与户口不在一地的公民参加选举问题。现在不少地方存在着人与户口不在一地的情况，如何处理这部分人参加选举的问题，是牵涉到保障公民充分行使选举权利的问题。各地在选举中的做法大体是：在农村，大部分地区允许长期居住而户口不在当地的具有选民资格的人，就地参加选举。在城市，有的允许这些人在居住地参加选举，较多的则不允许，主要是怕引起要求解决户口迁移问题。经过征求各方面的意见，考虑到为了充分保障公民能够行使选举权利这一公民的基本权利的需要，草案规定，选民在选举期间临时在外地劳动、工作或者居住，不能回原选区参加选举的，经原居住地的选举委员会认可，可以书面委托有选举权的亲属或者其他选民在原选区代为投票。多年居住外地，实际上已经迁居，但是没有转出户口的，在取得原选区选民资格的证明后，可以在现居住地的选区参加选举。对于有些选民可能借此要求解决户口问题的，可以向他们说明，参加选举和迁移户口是两个性质不同的问题，具有选民资格的人参加选举是行使宪法规定的公民的民主权利，而户口迁移则是户籍管理问题，不能混为一谈，选民证不能作为申报户口的根据。

三、关于对选民名单不同意见的申诉由谁受理的问题。草案根据多年来的实践经验，规定由负责进行选民登记的选举委员会受理对于选民名单不同意见的申诉，并作出处理决定。如果申诉人对选举委员会的决定不服，还可以依照民事诉讼法的规定，向人民法院起诉。至于对选举中的违法行为的检举和控告，可以依照选举法的有关规定办理。

四、草案规定，选举委员会可设办事机构，办理选举的具体事务，这是因为在县、乡两级直接选举中，选举的具体事务较多。由于选举办公室是临时机构，选举结束以后即可撤销，在选举结束后一些有关选举的工作问题，过去由民政部门负责处理，是必要的。现在县级以上人大都已设立常委会，宪法和选举法都规定由各级人大常委会主持选举工作，一些选举后仍需办理的有关选举的工作问题，如个别代表的罢免、补选以及有关选举问题的解答等，可以由县级人大常委会直接办理，较为便利。

五、根据直接选举的经验，草案规定，县、自治县的人民政府驻地在市内的，其所属机关、团体和企业事业组织的职工，参加县、自治县的人民代表大会代表的选举，而不参加市、市辖区的人民代表大会代表的选举，以免重复参加选举。

六、有些驻在乡、民族乡、镇的不属于县级以下人民政府领导的企业事业组织的职工人数很多，参加乡、镇一级选举，其代表所占比例很大，而乡、镇一级人民代表大会主要讨论农村问题，这些单位也不很关心。因此，一些地方建议，这些单位可以不参加乡、民族乡、镇的人民代表大会代表的选举。草案根据这个意见，规定这类企业事业组织的职工可以只参加县级人民代表大会代表的选举，而不参加乡、民族乡、镇的人民代表大会代表的选举，由县级人大常委会同有关单位协商决定。当然，如果这些单位愿意参加乡、民族乡、镇的人民代表大会的选举，也是完全可以的。至于某些需要这些单位参加的地方公共事务和公益事业，他们仍是应当参加的。

七、草案规定："选区的大小，按照每一选区选一至三名代表划分。"有的地方提出，基层选举代表，尤其是在城市，除选当地代表外，还需照顾各方面的代表人物，一个选区选一至三名代表不好安排，建议改为按一至五名代表划分选区。从实践经验看，选区划大了，不利于选民行使直接选举的权利，一般以一个选区选一名代表为好，现在规定一个选区可以选一至三名代表，已经考虑到照顾各方面的需要，而且照顾的人数也不宜太多。因此，规定按选一至三名代表划分选区还是可以的。

关于地区和市合并后市人民代表大会提前换届问题*

（一九八三年五月九日）

目前许多省、自治区正在进行地区和市合并或者地区和市合并的试点工作。有些地方提出，由于地区和市合并，市人民代表大会需要提前换届。宪法和《中华人民共和国地方各级人民代表大会和地方各级人民政府组织法》对地方各级人民代表大会的任期有明确的规定，对任期届满以前是否可以提前换届没有规定。由于地区和市合并是个新问题，是我国行政体制和行政机构设置适应于社会主义现代化建设需要的重大改革，为了有利于这一改革的顺利进行，需要考虑提前换届的问题。但是，地区和市合并的具体情况很不相同，有的是大市与地区合并，有的是中、小市与地区合并，而且改革刚刚开始，许多地方正在试点，还缺少实践经验，对市人民代表大会要不要提前换届的问题，目前很难作

---

* 这是王汉斌同志在第五届全国人民代表大会常务委员会第二十七次会议上对《关于地区和市合并后市人民代表大会提前换届问题的决定（草案）》所作的说明。

出统一规定。在上次全国人大常委会会议后，杨尚昆、习仲勋、彭冲三位副委员长主持召开各省、自治区、直辖市人大常委会负责人座谈会，对这个问题进行了讨论，商定提请这次全国人大常委会会议作出决定，规定由于地区和市合并，市人民代表大会需要提前换届的，授权省、自治区的人民代表大会常务委员会决定，并报全国人民代表大会常务委员会备案。

关于修改人民法院组织法、人民检察院组织法的决定等几个法律案的说明*

（一九八三年九月二日）

一、关于修改人民法院组织法和人民检察院组织法的决定草案

1979 年第五届全国人民代表大会第二次会议通过的人民法院组织法和人民检察院组织法，总的是适用的，同时有些规定需要根据宪法和实践经验适当修改。去年以来，法制委员会和最高人民法院、最高人民检察院共同研究起草了《关于修改人民法院组织法和人民检察院组织法的决定（草案）》，并征求了有关部门和各省、自治区、直辖市的意见。修改的几个主要问题是：

（一）人民法院组织法第四条规定："人民法院独立进行审判，只服从法律。"决定草案根据宪法的规定，修改为："人民法院依

---

* 这是王汉斌同志在第六届全国人民代表大会常务委员会第二次会议上对会议审议的几个法律案所作的说明。当时王汉斌同志任全国人大常委会秘书长、法制工作委员会主任。

照法律规定独立行使审判权，不受行政机关、社会团体和个人的干涉。”同原来的规定原则上是相同的，但表述更为确切。

（二）不少法院提出，人民法院组织法第十条第二款规定，第一审案件的合议庭都要有陪审员参加，在实践中有许多困难，特别是请有法律知识的陪审员困难很大，严重影响审判工作的进行，要求作比较灵活的规定。根据这种情况，民事诉讼法（试行）已经规定第一审民事案件的合议庭可以单独由审判员组成，也可以由审判员和陪审员共同组成。新宪法也已不再规定实行陪审制度。决定草案将该款修改为：“人民法院审判第一审案件，由审判员组成合议庭或者由审判员和人民陪审员组成合议庭进行；简单的民事案件、轻微的刑事案件和法律另有规定的案件，可以由审判员一人独任审判。”并相应删去第九条关于人民法院审判第一审案件实行人民陪审员陪审的制度的规定。

（三）人民法院组织法第十三条规定，死刑案件由最高人民法院判决或者核准。为了有利于及时打击严重破坏社会治安的刑事犯罪分子，1981 年 6 月第五届全国人大常委会第十九次会议决定，在 1981 年至 1983 年内，对犯有杀人、抢劫、强奸、爆炸、放火、投毒、决水和破坏交通、电力等设备的罪行需要判决死刑的，由省、自治区、直辖市高级人民法院判决或者核准。实践证明，这样做对于打击、震慑罪犯，维护社会治安，是很有必要的。同时，这些死刑案件，事实比较清楚，不容易发生错案。在社会治安问题仍然严重的情况下，还需要这样办。因此，决定草案将这一条修改为：“死刑案件除由最高人民法院判决的以外，应当报请最高人民法院核准。杀人、强奸、抢劫、爆炸以及其他严重危害公共安全和社会治安判处死刑的案件的核准权，最高人民法院在必要的时候，得授权省、自治区、直辖市的高级人民法院行使。”至于反革命案件和贪污等严重经济犯罪案件判处死刑的，仍然由最高人民法院核准，不能授权地方高级人民法院核准。关于死刑核准权问题，刑法和刑事诉讼法也有规定，拟建议在修改刑法和刑事诉讼法时，作适当的修改。

（四）人民法院组织法第十七条第三款规定：“各级人民法院的司法行政工作由司法行政机关管理。”各级人民法院要求改由法院管理，从实际情况看，国家的司法行政工作，总的应由司法行政机关管理，但法院内部的司法行政工作如果都由司法行政机关管理也有问题，可以由法院和司法行政机关共同研究商定分别管理的办法。考虑到这类工作的分工较易发生变动，为了有利于法律的稳定性，人民法院组织法以不作规定为好。因此，决定草案删去了这一规定，并将第二十二条第三项基层人民法院“在上级司法行政机关授予的职权范围内管理司法行政工作”，第四十二条“各级人民法院的设置、人员编制和办公机构由司法行政机关另行规定”，也都相应删去。同时将第三十七条第一款中助理审判员“由司法行政机关任免”的规定，修改为“由本级人民法院任免”。

（五）人民法院组织法第二十二条第二项规定，人民法院“指导人民调解委员会和人民公社司法助理员的工作”。由于司法助理员是政府的工作人员，应由政府领导，不宜规定同时由基层人民法院指导，决定草案修改为“指导人民调解委员会的工作”。多年来，司法助理员的工作和基层人民法院的工作是密切联系、互相配合的。这一规定修改后，基层人民法院和基层政府司法助理员当然要继续密切配合工作。

（六）一些地方和法律专家提出，对法院的审判人员，除政治条件外，还应当要求具有相当的法律专业知识，以提高审判人员的素质和审判工作水平。根据这个意见，决定草案对人民法院组织法第三十四条补充规定：“人民法院的审判人员必须具有法律专业知识。”现有审判人员可以采取轮训等各种办法，学习法律专业知识。

（七）几年来，基层法院受理的经济纠纷案件日益增多，许多基层法院已设立了经济审判庭。根据这一情况，决定草案将人民法院组织法第十九条第二款中关于“基层人民法院可以设刑事审判庭和民事审判庭”的规定，修改为“基层人民法院可以设刑事审判庭、民事审判庭和经济审判庭”。

（八）专门法院除军事法院外，究竟还需要设立哪些专门法院，以及专门法院的体制、职责和管辖范围等，都还缺乏经验，各方面意见很不一致。这次根据宪法，将人民法院组织法第二条第一款第二项“专门人民法院”修改为“军事法院等专门人民法院”，并删去了第二条第三款“专门人民法院包括：军事法院、铁路运输法院、水上运输法院、森林法院、其他专门法院”的规定。这样修改后的规定较为灵活，除明确必须设立军事法院外，对其他专门法院的设置不作具体规定，可以根据实践，需要设的就设，不需要设的就不设，现在已经设立的铁路运输法院等专门法院的设置、体制、职责和管辖范围问题，仍有不同意见，可由有关部门加以研究解决。

（九）联系人民法院组织法有关专门法院的规定的修改，修改“检察院组织法”的决定草案，将人民检察院组织法第二条第一款修改为“中华人民共和国设立最高人民检察院、地方各级人民检察院和军事检察院等专门人民检察院”，并删去第四款“专门人民检察院包括：军事检察院、铁路运输检察院、水上运输检察院、其他专门检察院”的规定。

（十）人民检察院组织法规定，各级人民检察院检察长、副检察长和检察委员会委员的任免，须报请上级人民检察院检察长提请该级人大常委会批准。各地反映报批的名单太多，人大常委会难以一一审批，宪法已规定全国人大常委会只批准省一级人民检察院检察长的任免，不必批准省级副检察长和检察委员会委员的任免。决定草案根据这一精神，将第二十二条第二款修改为：“省、自治区、直辖市人民检察院检察长的任免，须报最高人民检察院检察长提请全国人民代表大会常务委员会批准。”并将第二十三条第二款修改为：“自治州、省辖市、县、市、市辖区人民检察院检察长的任免，须报上一级人民检察院检察长提请该级人民代表大会常务委员会批准。”

二、关于严惩严重危害社会治安的犯罪分子的决定草案[①]

几年来，社会治安问题一直很严重。各级政府和公安、司

---

① 《关于严惩严重危害社会治安的犯罪分子的决定》已纳入1997年3月14日第八届全国人民代表大会第五次会议修订的《中华人民共和国刑法》中，自修订的刑法施行之日起，予以废止。

法机关做了很多工作，采取了许多措施，虽然有所好转，但总的说没有解决问题，目前许多地方社会治安情况仍然很不好。从主观上来说，主要原因是，对严重危害社会治安的犯罪分子打击不力，不坚决，对相当多的犯罪分子该捕不捕，该判不判，该重判的没有重判。

对杀人、强奸、抢劫、爆炸和其他一些严重危害公共安全的犯罪案件，刑法都规定了可以判处死刑。对这些严重犯罪分子，应当依法从重惩处。同时，这几年出现了一些严重犯罪的情况，性质恶劣，危害严重，民愤极大，应当判处死刑，但是按照刑法的有关规定不能判处死刑，需要修改、补充。主要是：第一，流氓犯罪集团的首要分子或者携带凶器进行流氓犯罪活动，情节严重的；或者进行流氓犯罪活动性质恶劣、危害特别严重的，如上海控江路流氓分子聚众在光天化日之下污辱残害妇女那样的恶性案件。第二，采取残忍的手段，如挖双眼，砍四肢，用镪水等化学药品严重毁人容貌等故意伤害致人重伤或者死亡的；或者对检举、揭发、拘捕犯罪分子和制止犯罪行为的国家工作人员和公民行凶伤害的。第三，拐卖人口的犯罪分子往往兼犯有强奸罪行，按照数罪并罚的规定，是可以依法判处死刑的。对于虽然没有兼犯强奸罪的拐卖人口集团的首要分子或者拐卖人口情节特别严重的，因为危害很大，也可以判处死刑。第四，非法制造、买卖、运输或者盗窃、抢夺枪支、弹药、爆炸物，供犯罪使用，情节特别严重的，或者造成严重后果的。这些犯罪活动与当前发生的一些危害很大的恶性案件关系很大，严惩这些罪犯，对于预防枪杀、爆炸等恶性犯罪活动，是十分必要的。第五，组织反动会道门，利用封建迷信，进行反革命活动和骗奸妇女、害死人命、扰乱社会秩序等严重危害社会治安的。第六，引诱、容留、强迫妇女卖淫，情节特别严重的。早已绝迹的卖淫的旧社会的丑恶现象，在一些地区又重新出现，并且有发展的趋势。有的老鸨利诱、威逼几十名、上百名妇女卖淫，应当判处极刑。第七，有一些老流氓、惯犯、教唆犯猖狂地传授犯罪方法，教唆青少年犯罪，对社会危害极大。更为恶劣的是，他们在劳动教养或者在服刑劳改期间也进行这类犯罪活动，以致一些劳教、劳改场所成了"犯罪技术传习所"。对这种犯罪不严厉惩处，是不可能搞好社会治安的。根据上述情况，法制委员会经与最高人民法院、最高人民检察院、公安部等有关部门研究，并征求了各省、自治区、直辖市政法各部门的意见，起草了决定草案，规定对上述前六种罪犯，可以在刑法规定的最高刑以上处刑，直至判处死刑；并对传授犯罪方法的处刑作了具体规定。刑法公布已经四年多，实践中发现有的规定不够完善，有的规定由于情况的发展变化，已经不能适应或者不能完全适应，需要修改、补充。去年全国人大常委会已经通过了关于严惩严重经济犯罪的决定，这次主要对当前需要严惩的几种严重危害社会治安的犯罪作出修改补充决定。今后还需要进一步研究修改补充。

决定草案对这些严重危害社会治安的犯罪分子规定可以判处最严厉的刑罚，是符合广大人民的愿望的，是会大得人心的。我们决不能容许那种社会治安失控、人民群众没有安全感、妇女夜间不敢单独上班走路的严重现象的存在。对严重危害社会治安的犯罪分子，只有坚决予以打击，才能震慑犯罪分子，打击犯罪分子的嚣张气焰；才能保护广大人民生命、财产的安全；才能教育、挽救那些轻微违法犯罪分子，使他们能够悬崖勒马，改恶从善；才能争取社会治安较快地根本好转，保障四化建设的顺利进行。

三、关于迅速审判严重危害社会治安的犯罪分子的程序的决定草案

目前，广大群众对社会上一些犯罪分子在光天化日之下明目张胆地进行杀人、强奸、抢劫、爆炸等犯罪活动，极为愤慨，强烈要求坚决迅速予以镇压。

刑事诉讼法第一百一十条规定，法院必须在开庭审判七日以前将起诉书副本送达被告人，在开庭三日以前将传票、通知书分别送达当事人和检察院、辩护人等；第一百三十一条规定，不服判决的上诉和抗诉的期限为十日。这些规定对于反革命案件和贪污等一般刑事案件，仍然是适用的。但是，对于杀人、强奸、抢劫、爆炸和其他严重危害公共安全应当判处死刑的犯罪分子，如果仍然都按照这两条规定去办，一些需要并且可以迅速审判的案件，就不能迅速及时审判，不利于打击犯罪分子的嚣张气焰，发挥刑罚的威慑作用，不利于维护社会治安和保护人民生命财产的安全。考虑到这些犯罪分子与反革命犯和贪污犯等一般刑事罪犯不同，主要犯罪事实容易较快查清，有些还是在犯罪时当场被拘捕的，不容易发生错案，可以迅速及时判决。因此，法制委员会经与最高人民法院、最高人民检察院、司法部等有关部门研究，并征求了各省、自治区、直辖市政法各部门的意见，起草了决定

草案，对刑事诉讼法的上述两条规定作了补充性的修改，规定对杀人、强奸、抢劫、爆炸和其他严重危害公共安全应当判处死刑的犯罪分子，主要犯罪事实清楚、证据确凿、民愤极大的，可以不受刑事诉讼法第一百一十条规定的关于起诉书副本送达被告人期限以及各项传票、通知书送达期限的限制；被告人的上诉期限和人民检察院的抗诉期限，由刑事诉讼法第一百三十一条规定的十日改为三日。[①] 当然，对于案情比较复杂、主要犯罪事实还不完全清楚的案件，就不能适用这个决定的程序；对于反革命案件和贪污等其他一般刑事犯罪案件，仍然应该按照刑事诉讼法的上述规定进行审理。

四、关于国家安全机关行使公安机关的侦查、拘留、预审和执行逮捕的职权的决定草案

第六届全国人民代表大会第一次会议决定设立的国家安全机关，为了保卫国家安全和进行反间谍斗争，需要行使侦查、拘留、预审和执行逮捕的职权。按照我国宪法和法律的规定，这些职权是由公安机关行使的。例如：宪法第三十七条规定，逮捕由公安机关执行；第四十条规定，因国家安全或者追查刑事犯罪的需要，由公安机关或者检察机关依照法律规定的程序对通信进行检查。刑事诉讼法规定，公安机关行使侦查、拘留、预审、执行逮捕的职权。考虑到新成立的国家安全机关，承担原由公安机关

① 1996 年 3 月对刑事诉讼法的修改，规定不服判决的上诉和抗诉的期限为十日，不服裁定的上诉和抗诉的期限为五日，从接到判决书、裁定书的第二日起算。

主管的间谍、特务案件的侦查工作，是国家公安机关的性质，因而应当相应行使宪法和法律规定的公安机关的侦查、拘留、预审和执行逮捕的职权。为此，法制委员会同国家安全部和公安部共同拟订了决定草案。

有关县级以下人大代表直接选举工作的几个法律问题的意见*

（一九八四年三月十三日）

一、正在服刑的罪犯和被羁押的人的选举权利应当如何处理？

1983年3月全国人大常委会通过的《关于县级以下人民代表大会代表直接选举的若干规定》，对于已被判刑的罪犯和被羁押正在受侦查、起诉、审判的人的选举权利问题，作了新的规定。最近不少地方提出，在当前严厉打击严重危害社会治安的刑事犯罪活动的情况下，对已判刑的刑事罪犯和被羁押的人不应给予选举权利或应暂停行使选举权利。我们研究，这个规定是根据宪法有关公民选举权利的规定的原则规定的，各地在选举工作中仍应执行。还有的提出，对被羁押、尚未判决的严重破坏社会秩序的

---

* 这是王汉斌同志在各省、自治区、直辖市人大常委会负责人座谈会上的讲话。1984年4月7日，全国人大常委会办公厅将这个讲话印发各省、自治区、直辖市人大常委会，在县、乡直接选举工作中研究执行。

人可以暂停行使选举权利，对已判决的严重破坏社会秩序的罪犯也不能给予选举权利。这是有道理的。由于过去对有些已判处的罪犯没有注意依法判处附加剥夺政治权利，经同最高人民法院、最高人民检察院、公安部、司法部、民政部商议，提出以下几点意见：

第一，今后对于反革命罪犯和判处死刑、无期徒刑的其他罪犯，各级人民法院在判决时，应当依照刑法第五十二条、第五十三条的规定，一律同时判处附加剥夺政治权利；对于严重破坏社会秩序的罪犯，依照刑法第五十二条的规定，凡是需要剥夺政治权利的，也应依法同时判处附加剥夺政治权利。

第二，对正在服刑的反革命罪犯和被判处死刑、无期徒刑的其他罪犯，凡是没有附加剥夺政治权利的，应当由法院依照审判监督程序，判处附加剥夺政治权利；被判处有期徒刑（包括原判死缓、无期徒刑后减为有期徒刑的）现正在服刑的故意杀人、强奸、放火、爆炸、投毒、抢劫、流氓、盗窃（重大）等严重破坏社会秩序的罪犯，凡是需要剥夺选举权利的，也可由第二审法院依照审判监督程序，判处附加剥夺政治权利。如果原来是第一审生效的案件，应当由上一级人民法院提审；如果原来是第二审生效的案件，应当由第二审人民法院再审（“刑事诉讼法”第一百五十条规定，依照审判监督程序，由“上级人民法院提审的案件，应当依照第二审程序进行审判，所作的判决、裁定，是终审的判决、裁定”）。采取这一程序补判附加剥夺政治权利，即为终审判决，不能上诉，可以简化工作程序。

第三，对这次严厉打击严重危害社会治安的刑事犯罪活动中因反革命案或者严重破坏社会秩序案被羁押正在受侦查、起诉、审判的人，应依照《关于县级以下人民代表大会代表直接选举的若干规定》，经人民检察院或者人民法院决定，在被羁押期间停止行使选举权利；其他未经人民检察院或人民法院决定停止行使选举权利的，应准予行使选举权利。

以上意见，拟再同最高人民法院、最高人民检察院、公安部、司法部、民政部商议，联合通知各地研究执行。

二、有些民族自治地方由于人口的变化，实行区域自治的民族的代表的比例，按选举法第十六条的规定，比过去减少较多，是否可以制定单行条例改变这一规定？

选举法关于少数民族聚居地方代表比例的规定，是对少数民族聚居地方、包括民族自治地方专门作的规定，因此，民族自治地方的自治机关不能制定单行条例改变规定的代表的比例。同时，实行区域自治的民族代表名额的比例，按选举法的规定，是指选举时必须保证做到的法定的比例，有些选区或选举单位愿意超过法定比例，多选举一些实行区域自治的民族的公民为代表，也是可以的。因而，这个规定是要求实际选举的结果不能低于法定的比例，但是可以高于法定的比例。

三、有些地方在政社分开工作中，以大队建乡，乡的数量大量增加，按选举法第十条规定，人口特少的乡至少应分配一名县人大代表，这样代表名额过多，要突破原来内部规定的县人大代表的名额总数怎么办？

1979年通过的选举法规定，人口特少的人民公社也应有一名县人大代表。1982年根据宪法修改选举法时，将条文中的“人民公社”一律改为“乡、民族乡”。现在政社分开后，有些地方不是一社一乡，而是在原管理区或大队建乡，乡的数量增加了，如果每个乡至少都要有一名县人大代表，县人大代表的名额会增加得过多。我们考虑，选举法第十条规定的“乡”，指的是和原公社范围相当的乡，根据这一情况，对建小乡的，可以考虑暂时将原公社范围内的几个乡划为一个选区，在这个范围内应有代表参加。“人口特少的乡也应有代表参加”的规定，指的也是人口特少的原人民公社范围内的一个乡或几个乡也应有代表参加。至于需要相应修改选举法的问题，我们拟再研究。

四、地市合并后，有的市领导了几个县，但原来的市区部分没有设区，如何产生市人大代表?

市辖县后，原城区部分可经省、自治区人民政府批准设立区政权。县和城区的人大代表，由选民直接选举；市人大代表由县、区人大选举。不设区政权，有些问题不好解决。

五、人民解放军是否参加乡、镇人民代表大会代表的选举?

按照全国人大常委会《关于县级以下人民代表大会代表直接选举的若干规定》第七条“驻在乡、民族乡、镇的不属于县级以下人民政府领导的企业事业组织的职工，可以只参加县级人民代表大会代表的选举，不参加乡、民族乡、镇的人民代表大会代表的选举”的精神，解放军驻地在乡、镇的，可以只参加当地县级人民代表大会代表的选举，不参加乡、民族乡、镇的人大代表的选举。

六、人民武装警察部队如何参加县级选举?

1983年1月15日，全国人大常委会办公厅给各省、自治区、直辖市人大常委会通知:“各省（市、区）在选举第六届全国人大代表时，要结合本省（市、区）的具体情况，适当考虑选举人民武装警察部队的代表。”人民武装警察部队参加县级人大代表选举，仍可按照这一通知的精神办理。

七、选举法第三十八条规定，当选代表的名额少于应选代表的名额，对不足的名额进行第二轮选举时，以得票多的当选，但是得票数不得少于“选票的三分之一”。这是指全体选民的三分之一，还是参加投票的选民的三分之一?

按照选举法第三十八条全文的规定，第三款所说的“三分之一”，是指选区全体选民或者选举单位全体代表的三分之一，而不是参加投票人数的三分之一。

八、代表资格审查委员会如何产生?由地方人民代表大会选举，还是由地方人大常委会产生?

1982年通过的全国人民代表大会组织法对全国人大代表资格

的审查作了改变，把过去由全国人大在开会后设立全国人大代表资格审查委员会进行审查的办法，改为由主持代表选举的全国人大常委会设立代表资格审查委员会在全国人大开会前进行审查。

地方组织法第十三条规定，“地方各级人民代表大会举行会议的时候，可以设立代表资格审查委员会。”这里规定的是大会“可以”设，还有灵活的余地。习仲勋同志在五届全国人大五次会议主席团会议上关于审查四个法律案的几点说明中说：“对修改地方组织法的若干规定的决议草案，一些代表要求增加一些具体规定，如地方人大设立专门委员会，提出议案、质询、罢免的程序，等等。我们反复考虑这些问题，各地情况很不相同，实践经验也不多，现在很难作统一规定。是否各省、自治区、直辖市可以根据宪法、全国人大组织法和地方组织法的精神，从本地区的实际情况出发自己作出暂行规定，将来可以根据各地经验再作补充修改。”根据习仲勋同志的说明，各地可以参照全国人大的做法，由地方人大常委会设立代表资格审查委员会，也可以仍由大会设立代表资格审查委员会。这个问题可由各省、自治区、直辖市决定。地方组织法是否需要修改，以后再研究。

九、正副乡、镇长是否必须从乡、镇人民代表大会代表中选出？

法律对此没有规定。由于正副省长、正副县长不一定都是代表，正副乡、镇长可以是乡、镇人民代表大会代表，也可以不是代表。有的地方提出，正副乡、镇长应该都是代表，可以在选举时予以安排，但不作法律规定。

十、地方组织法第二十六条规定，县级以上地方各级人大常委会的组成人员不得担任国家行政机关、审判机关和检察机关的职务，是指这些机关的领导职务还是各种职务？是否包括下级这些机关的职务？人民政府厅、局的总工程师是否属行政职务？

地方组织法第二十六条规定，人大常委会的组成人员不得担任国家行政机关、审判机关和检察机关的职务，不仅是指本级的国家行政机关、审判机关和检察机关的领导职务，而且是指各级国家行政机关、审判机关和检察机关的职务。人民政府厅、局的总工程师属行政职务，地方各级人大常委会组成人员不得兼任。

十一、地方组织法第十六条规定，选举地方国家机关领导人员时，可以经过预选产生候选人名单，然后进行选举。预选时的候选人的人数可否同应选人数相等？预选后产生的候选人名单同应选人数应该差额还是等额？

地方各级人民代表大会选举地方国家机关领导人员时，大会主席团或者代表联合都可以提名候选人，除提名人要求撤回或者被提名人要求、经过提名人同意撤销的以外，都应当列入候选人名单。如果大会主席团提出的预选名单是等额而代表又确实提不出别的候选人，这个名单可以作为预选名单。但是，如果在主席团名单之外代表又联合提出别的候选人，主席团必须将这些候选人都列入预选名单。经过预选，应当根据票数多少确定正式候选人名单。正式候选人名单可以差额，也可以等额。[①]

十二、在机构改革、领导班子调整过程中，有些地方国家机构的组成人员变动较大，应如何办理法律手续？

地方国家机构领导班子调整后，凡是按规定需由人大选举或人大常委会决定任免的，应当依照法律规定程序办理任免手续，有的地方未经人大选举或人大常委会决定就公布任命，是违背地方组织法的。

省长、副省长、市长、副市长、县长、副县长等以及法院院长、检察院检察长和人大常委会的组成人员，应由本级人民代表大会选举。在地方人大闭会期间，本级人大常委会可以决定任免个别副省长、副市长、副县长；如果省长、市长、县长等需要调整，可以由本人提出辞职，由人大常委会决定代理的人选。如果副省长、副市长、副县长等一次变动较多，不能由人大常委会决定任免，而应召开地方人大会议进行选举。

十三、省、自治区、直辖市负责县、乡两级直接选举工作的机构设在哪里？

选举法规定，县、乡两级设选举委员会，主持本级人大代表的选举。县级选举委员会受本级人大常委会的领导，乡、民族

① 1986年12月对地方组织法的修改，删去了关于预选的规定。规定地方国家机关正职领导人员的候选人数一般应多一人，进行差额选举；如果提名的候选人只有一人，也可以等额选举。对副职领导人员，规定必须实行差额选举。

乡、镇的选举委员会受本级人民政府领导。

根据实际情况，省、自治区、直辖市的人大常委会指导县、乡直接选举工作是必要的。现在有的省、自治区、直辖市的人大常委会设立选举办公室，有的设选举委员会，有的设选举工作领导（指导）小组。选举工作办事机构一般都由民政等有关部门的干部参加，有的设在人大常委会，有的设在民政部门。这些做法都是可行的。

搞好选举工作，最重要的是要依靠各级党委加强领导，还要很好地总结过去选举工作中一些行之有效的做法和经验，如首先训练参加选举工作的干部和骨干，认真学习选举法（包括“关于县级以下人大代表直接选举的若干规定”），宣传选举法，使广大干部和选民都能自觉地依照选举法进行选举，避免和纠正违背选举法的做法。

第二次县乡直接选举工作提出一些法律问题

（一九八四年五月十四日）

我国第二次县、乡直接选举工作正在逐步展开。这是加强地方政权建设的一件大事，这项工作的进展是健康的，是取得了成绩的。但由于这项工作牵涉面广，工作量大，政策性强，而且又和政社分开的工作结合进行，因而各地在工作中也提出了一些法律问题需要解答。为此，全国人大常委会秘书长兼法制工作委员会主任王汉斌回答了新华社记者提出的问题。

问：有些民族自治地方由于人口的变化，实行区域自治的民族的代表的比例，按《中华人民共和国全国人民代表大会和地方各级人民代表大会选举法》第十六条的规定，比过去减少较多，是否可以制定单行条例改变这一规定？

答：选举法关于少数民族聚居地方代表比例的规定，是对少数民族聚居地方、包括民族自治地方专门作的规定，因此，民族自治地方的自治机关不能制定单行条例改变规定的代表的比例。同时，实行区域自治的民族代表名额的比例，按选举法的规定，是指选举时必须保证做到的法定的比例，有些选区或选举单位愿意超过法定比例，多选举一些实行区域自治的民族的公民为代表，也是可以的。因而，这个规定是要求实际选举的结果不能低于法定的比例，但是可以高于法定的比例。

问：有些地方在政社分开工作中，以大队建乡，乡的数量大量增加，按选举法第十条规定，人口特少的乡至少应分配一名县人大代表，这样代表名额就过多了，怎么办？

答：1979 年通过的选举法规定，人口特少的人民公社也应有一名县人大代表。1982 年根据宪法修改选举法时，将条文中的“人民公社”一律改为“乡、民族乡”。现在政社分开后，有些地方不是一社一乡，而是在原管理区或大队建乡，乡的数量增加了，如果每个乡至少都要有一名县人大代表，县人大代表的名额会增加得过多。选举法第十条规定的“乡”，指的是和原公社范围相当的乡，根据这一情况，对建小乡的，可以暂时将原公社范围内的几个乡划为一个选区，在这个范围内应有代表参加。选举法中关于“人口特少的乡也应有代表参加”的规定，指的也是人口特少的原人民公社范围内的一个乡或几个乡也应有县人大代表。

问：地市合并后，有的市领导了几个县，但原来的市区部分没有设区，如何产生市人大代表？

答：市辖县后，原城区部分可经省、自治区人民政府批准设立区政权。县和城区的人大代表，由选民直接选举，市人大代表由县、区人大选举。

问：人民解放军是否参加乡、镇人民代表大会代表的选举？

答：按照全国人大常委会《关于县级以下人民代表大会代表

直接选举的若干规定》第七条“驻在乡、民族乡、镇的不属于县级以下人民政府领导的企业事业组织的职工，可以只参加县级人民代表大会代表的选举，不参加乡、民族乡、镇的人民代表大会代表的选举”的精神，解放军驻地在乡、镇的，可以只参加当地县级人民代表大会代表的选举，不参加乡、民族乡、镇的人大代表的选举。

问：人民武装警察部队如何参加县级选举？

答：1983 年 1 月 15 日，全国人大常委会办公厅给各省、自治区、直辖市人大常委会通知，指出：“各省（市、区）在选举第六届全国人大代表时，要结合本省（市、区）的具体情况，适当考虑选举人民武装警察部队的代表。”人民武装警察部队参加县级人大代表选举，可按照这一通知的精神办理。

问：选举法第三十八条规定，当选代表的名额少于应选代表的名额，对不足的名额进行第二轮选举时，以得票多的当选，但是得票数不得少于“选票的三分之一”。这是指全体选民的三分之一，还是参加投票的选民的三分之一？

答：按照选举法第三十八条全文规定，第三款所说“三分之一”，是指选区全体选民或者选举单位全体代表的三分之一，而不是参加投票人数的三分之一。

问：正副乡、镇长是否必须从乡、镇人民代表大会代表中选出？

答：法律对此没有规定。由于正副省长、正副县长不一定都是代表，正副乡、镇长可以是乡、镇人民代表大会代表，也可以不是代表。

问：《中华人民共和国地方各级人民代表大会和地方各级人

民政府组织法》第二十六条规定，县级以上地方各级人大常委会的组成人员不得担任国家行政机关、审判机关和检察机关的职务，是指这些机关的领导职务还是各种职务？是否包括下级这些机关的职务？人民政府厅、局的总工程师是否属行政职务？

答：地方组织法第二十六条规定，人大常委会的组成人员不得担任国家行政机关、审判机关和检察机关的职务，不仅是指本级的国家行政机关、审判机关和检察机关的领导职务，而且是指各级国家行政机关、审判机关和检察机关的职务。人民政府厅、局的总工程师属行政职务，地方各级人大常委会组成人员不得兼任。

问：地方组织法第十六条规定，选举地方国家机关领导人员时，可以经过预选产生候选人名单，然后进行选举。预选时的候选人的人数可否同应选人数相等？预选后产生的候选人名单同应选人数应该差额还是等额？

答：地方各级人民代表大会选举地方国家机关领导人员时，大会主席团或者代表联合都可以提名候选人，除提名人要求撤回或者被提名人要求、经过提名人同意撤销的以外，都应当列入候选人名单。如果大会主席团提出的预选名单是等额而代表又确实提不出别的候选人，这个名单可以作为预选名单。但是，如果在主席团名单之外代表又联合提出别的候选人，主席团必须将这些候选人都列入预选名单。经过预选，应当根据票数多少确定正式候选人名单。正式候选人名单可以差额，也可以等额。[①]

---

① 1986年12月对地方组织法的修改，删去了关于预选的规定。规定地方国家机关正职领导人员的候选人数一般应多一人，进行差额选举；如果提名的候选人只有一人，也可以等额选举。对副职领导人员，规定必须实行差额选举。

问：在机构改革、领导班子调整过程中，有些地方国家机构的组成人员变动较大，应如何办理法律手续？

答：地方国家机构领导班子调整后，凡是按规定需由人大选举或人大常委会决定任免的，应当依照法律规定程序办理任免手续。

省长、副省长、市长、副市长、县长、副县长等以及法院院长、检察院检察长和人大常委会的组成人员，应由本级人民代表大会选举。在地方人大闭会期间，本级人大常委会可以决定任免个别副省长、副市长、副县长；如果省长、市长、县长等需要调整，本人可以提出辞职，由人大常委会决定代理的人选。如果副省长、副市长、副县长等一次变动较多，则不能由人大常委会决定任免，而应召开地方人大会议进行选举。

关于第六届全国人民代表大会第二次会议代表提出的议案的处理意见的报告*

（一九八四年五月二十九日）

大会主席团：

本次会议收到代表团提出的议案 30 件，30 名以上代表联合提出的议案 84 件，共 114 件。其中，属于政法方面的 34 件，属于财政经济方面的 49 件，属于教育、科学、文化、卫生方面的 31 件。这些议案，对我国社会主义法制建设、政权建设、经济建设、教育科学文化卫生等方面提出了很重要的意见。经大会秘书处同各专门委员会商议，建议将 44 件议案交有关的专门委员会审议，提出是否列入全国人大或常委会的会议议程的意见，由全国人大常委会审议决定。另有 70 件属于对各方面的工作提出的批评、建议和意见，拟按全国人大组织法的规定，由全国人大常委会办公厅交有关部门研究处理，并负责答复。现将具体处理意见报告如下：

* 这是王汉斌同志在第六届全国人民代表大会第二次会议主席团第三次会议上的报告。

一、拟交专门委员会审议的 44 件

（一）交法律委员会审议的 21 件

1. 张厘等 53 名代表：建议采取有力措施保证宪法、法律的贯彻实施（第 22 号）；

2. 黑龙江省代表团、青海省代表团、赵明坚等 35 名代表、冯征等 30 名代表：建议修改、补充刑法的某些条款（第 9 号，55 号，78 号，90 号，共四件）；

3. 青海省代表团：建议修改刑事诉讼法第 92 条、97 条、125 条（第 56 号，57 号，共两件）；

4. 黑龙江省代表团：建议修改、补充地方组织法的若干条文（第 8 号）；

5. 王化成等 59 名代表、林作楫等 39 名代表、李世杰等 32 名代表：建议制定关于全国人大代表工作条例或规定（第 23 号，95 号，109 号，共三件）；

6. 宁夏回族自治区代表团：要求尽快颁布律师法（第 2 号）；

7. 宁夏回族自治区代表团：建议制定关于刑满释放和劳教期满人员继续留场就业的法律（第 3 号）；

8. 李文卿等 30 名代表、于努苏夫·艾山等 31 名代表、马秉臣等 30 名代表、杨国宇等三十名代表：建议制定保护军队财产的法律（第 82 号，84 号，86 号，93 号，共四件）；

9. 温元凯等 37 名代表：建议制定“中华人民共和国公民人身保护法”（第 65 号）；

10. 温元凯等 38 名代表：建议在我国企业全面建立法人制度

（第 65 号）；

11. 康立泽等 32 名代表：建议制定边境管理法（第 87 号）；

12. 叶笃正等 42 名代表：建议制定浪费惩治法（第 64 号）。

（二）交财经委员会审议的 14 件

1. 白士明等 30 名代表：建议尽快制定个体经济法（第 7 号）；

2. 方明等 32 名代表：建议制定“乡镇企业法”（第 16 号）；

3. 刘纪元等 34 名代表：建议制定“重大引进和进口项目法”（第 60 号）；

4. 周执中等 48 名代表：建议制定“内河交通安全法”（第 67 号）；

5. 冯德明等 33 名代表、刘允中等 67 名代表：建议研究三峡水利枢纽工程对长江上游的经济及生态环境的影响（第 25 号，108 号，共两件）；

6. 陈钢等 32 名代表：建议开发四川的攀西地区（第 110 号）；

7. 韦纯束等 55 名代表、西藏自治区代表团、周荣昌等 32 名代表：建议调高广西、内蒙古自治区工资类别和西藏的干部、职工的生活待遇（第 13 号，34 号，99 号，共三件）；

8. 杨永瑾等 50 名代表、王凤林等 36 名代表、夏宗明等 32 名代表：建议修改现行国家干部、职工退休办法的规定（第 77 号，94 号，113 号，共三件）；

9. 李才等 30 名代表：请求从速解决丹江口水库移民的遗留问题（第 41 号）。

（三）交教科文卫委员会审议的 8 件

1. 李缵仁等 30 名代表：建议制定“普通教育税征收法”（第 27 号）；

2. 吴锡军等 31 名代表：建议增加科技教育经费，制定“促进科技进步法”（第 45 号）；

3. 李松堂等 33 名代表：建议把教育事业提高到与能源交通同等地位（第 51 号）；

4. 高润华等 32 名代表、段苏权等 32 名代表：建议增加教育经费（第 80 号，92 号，共两件）；

5. 江时等 54 名代表、高润华等 32 名代表：建议提高中小学教师和民办教师的地位和待遇（第 61 号，81 号，共两件）；

6. 王大任等 42 名代表：建议将 9 月 1 日定为教师节（第 101 号）。

（四）交民族委员会审议的 1 件

何郝炬等 34 名代表：建议改善四川省少数民族地区的经济待遇（第 112 号）。

二、拟交有关部门研究处理的 70 件

（一）政法方面 13 件

1. 湖南省代表团：要求全国人大常委会加强对地方人大常委

会工作的指导（第 20 号）；

2. 辛显令等 37 名代表：建议充分发挥全国人大代表的作用（第 102 号）；

3. 刘立封等 30 名代表：建议制定“现役军人优待条例”（第 88 号）；

4. 王定烈等 31 名代表：建议制定“优待军属条例”（第 14 号）；

5. 李希庚等 30 名代表：要求妥善安置军队离休、退休转业干部（第 91 号）；

6. 杨国宇等 33 名代表：要求解决现役军人家属住房困难问题（第 85 号）；

7. 王定烈等 35 名代表：建议将在战备训练中牺牲的飞行人员定为烈士（第 18 号）；

8. 芦增雨等 31 名代表：要求提高公安干警的福利待遇（第 79 号）；

9. 罗尚才等 52 名代表：要求国家对贵州省按民族自治区待遇（第 70 号）；

10. 夏宗明等 32 名代表：要求批准成立川东南土家族苗族自治州（第 26 号）；

11. 钟赛花等 32 名代表：建议设立畲族自治县（第 69 号）；

12. 安德等 34 名代表：要求将加格达奇、松岭两地划归内蒙古自治区（第 59 号）；

13. 庄世平等 31 名代表：建议简化港澳同胞出入境手续（第 30 号）。

（二）财政经济方面 34 件

1. 王定烈等 34 名代表：建议尽快制定“军工产品生产法”（第15 号）；

2. 张楚然等 30 名代表：建议加强立法保证基本建设用地（第83 号）；

3. 施嘉明等 30 名代表：请求对四川省凉山、甘孜、阿坝三个自治州放宽政策，加速发展经济建设（第 107 号）；

4. 西藏自治区代表团：建议放宽政策发展边境民间贸易（第38 号）；

5. 西藏自治区代表团：要求迅速建立西藏自治区航空公司（第 33 号）；

6. 西藏自治区代表团：要求保质保量按时完成修建青藏公路（第 32 号）；

7. 王家恒等 37 名代表：建议把“东方大港”的建设列为国家开发项目（第 73 号）；

8. 卢声亮等 35 名代表：建议修建金（华）温（州）铁路（第71 号）；

9. 曾世麟等 32 名代表：要求把云南铁路建设列入“七五”计划（第 75 号）；

10. 金潮甫等 31 名代表：请求中央帮助烟台改造邮电通信设备（第 11 号）；

11. 宁夏回族自治区代表团：建议将宁夏列入以山西为中心的煤炭重化工基地规划范围（第 6 号）；

12. 陕西省代表团：建议加快开发陕西神府煤田（第47号）；

13. 湖南省代表团：要求帮助湖南解决能源问题（第21号）；

14. 湖北省代表团：要求调减湖北省照明电价（第44号）；

15. 江西省代表团：建议在江西建立核电站（第74号）；

16. 宁夏回族自治区代表团：建议将大坝电厂建设列入“七五”计划（第4号）；

17. 普朝柱等70名代表：请求将漫湾水电站建设列入“七五”计划（第12号）；

18. 连永智等33名代表：要求修建观音阁水库（第53号）；

19. 河南省代表团：建议尽快拆除安徽省临泉县的阻水工程（第10号）；

20. 宁夏回族自治区代表团：建议从速确定黄河黑山峡河段高坝一级开发方案（第5号）；

21. 甘肃省代表团：建议尽快确定黄河黑山峡河段低坝二级开发方案（第31号）；

22. 河南省代表团：建议停止使用北金堤黄河滞洪区（第98号）；

23. 刘有光等30名代表：建议三线和边远地区国防科技工业企事业单位实行事业津贴（第89号）；

24. 湖北省代表团：要求解决湖北省革命老根据地建设资金问题（第43号）；

25. 马允武等32名代表：建议对四川维尼龙厂进行技术改造（第28号）；

26. 何波等32名代表：要求将昆明市列为对外开放试点城市

（第76号）；

27.陕西省代表团：建议把西安市作为内地开放城市的试点（第58号）；

28.逄树春等32名代表：请求减免上海市郊区粮食征购任务（第39号）；

29.戴念慈等39名代表：建议把住房建设作为专项列入国家计划（第40号）；

30.季文美等31名代表：建议提高房租发给房贴（第49号）；

31.山西省代表团：关于重点工程的城镇设施配套问题（第37号）；

32.绒木塔等32名代表：建议国家对熊猫保护区的人民给予经济支持（第111号）；

33.山西省代表团：要求帮助山西省治理环境污染（第36号）；

34.高素芳等33名代表：建议加强对环卫工人的劳动保护和制定环卫作业标准（第29号）。

（三）文教、科技、卫生方面23件

1.徐僖等39名代表：建议调整高等院校的科类结构和专业设置（第114号）；

2.陈景润等31名代表：建议对重点大学进行调整（第68号）；

3.李庆逵等32名代表：建议将南京大学列入第一批加快建设的重点大学（第46号）；

4.吾甫尔·阿不都拉等37名代表：建议将新疆工学院扩建为全国重点综合性大学（第106号）；

5. 曾呈奎等 30 名代表：建议创办青岛大学（第 103 号）；

6. 钟赛花等 32 名代表：建议增加少数民族教育事业投资（第 72 号）；

7. 陈宜瑜等 36 名代表：建议改革现行高等院校取分制度（第 66 号）；

8. 彭六安等 31 名代表：关于办学不包分配，加速培养人才的建议（第 52 号）；

9. 西藏自治区代表团：关于从社会上吸收知识分子的问题（第 35 号）；

10. 崔国良等 31 名代表：建议高等院校扩大对边疆地区的招生名额（第 100 号）；

11. 吾甫尔·阿不都拉等 30 名代表：建议选派新疆维吾尔自治区的少数民族学生出国留学（第 105 号）；

12. 肖衍雄等 59 名代表：建议尽快评定中小学教师的职称（第 62 号）；

13. 叶鹏等 30 名代表：建议制定自学申请答辩授予学位的办法（第 97 号）；

14. 新疆维吾尔自治区代表团：请求把新疆深部地质构造研究列入国家重点科技攻关项目（第 17 号）；

15. 甘肃省代表团：建议国家在兰州建立辐射应用研究中心（第 24 号）；

16. 王根长等 32 名代表：要求将湖北随州市擂鼓墩古墓区列为国家重点文物保护单位（第 42 号）；

17. 陕西省代表团：建议扩大发掘秦始皇陵（第 48 号）；

18. 除运北等42名代表：建议成立中国民间工艺美术研究院和筹建中国民间工艺美术博物馆（第50号）；

19. 吾甫尔·阿不都拉等31名代表：建议从国外进口维吾尔族等民族文字的科技图书资料（第104号）；

20. 李怡森等32名代表：建议制定“计划生育法”（第1号）；

21. 卢惠霖等85名代表：建议制定“优生法”（第19号）；

22. 石冠卿等30名代表：建议加速发展我国传统医学（第96号）；

23. 董建华等32名代表：建议制定“中医法”（第54号）。

此外，截至5月28日，大会秘书处收到代表提出的建议、批评和意见2248件。对这些建议、批评和意见，全国人大常委会办公厅已组织力量进行整理，将于近期召开有关部门负责人会议，研究处理办法，并交由各承办单位负责答复代表。

以上当否，请审议。

第六届全国人民代表大会第二次会议秘书处

1984年5月28日

关于刑事办案期限的几点意见*

（一九八四年七月）

根据对北京市、宣武区公检法机关一九八三年上半年执行刑事办案期限的情况和问题的调查分析，现将我们关于刑事办案期限问题的意见报告如下：

一、刑诉法关于刑事办案期限的规定基本上是适用的。从北京市总的情况看，1983 年上半年，在规定的侦查羁押、审查起诉、一审、二审期限内办理终结的分别达到 97.7%、99.5%、90.2%和 87.9%。因此，从一九八四年一月一日开始，公检法机关办理刑事案件，原则上都应按照刑诉法规定的期限办理。

二、有些案件未能在规定的期限内办理终结，多数是由于工作中的问题造成的。因此，要解决超限问题，首要的是要认真分析超限的原因，总结办案的经验教训，采取切实有效的措施，改进工作，解决工作中的一些问题。主要是：

1. 逮捕问题。必须严格执行刑诉法第四十条的规定，把好批

---

* 这是王汉斌同志主持起草的调研报告。

捕关，“对主要犯罪事实已经查清，可能判处徒刑以上刑罚的人犯，采取取保候审、监视居住等方法，尚不足以防止发生社会危险性，而有逮捕必要的，应即依法逮捕。”凡是主要犯罪事实没有查清的，或者贪污受贿等经济案件，可以采取取保候审、监视居住等方法，而不致发生社会危险性的都不应逮捕，必须改进和加强捕前的侦查工作，改变以捕代侦，以审代查，先审后查，靠掏口供取证的做法。这是解决工作被动、羁押超限的关键。

2. 证据问题。证明案件真实情况的一切事实都是证据。一个案件，只要有确实的基本的证据，基本的情节清楚，就可以定性定罪，一个案件几桩罪行，只要主要罪行证据确凿，也可以定罪，不能什么都查，要求把每个人犯犯罪的全部细节都搞清楚，每个证据都拿到手。调查取证应力避繁琐，无论侦查、起诉或审理，都要防止因纠缠一些与案件关系不大的枝节问题而耽误案件的处理。

3. 公检法机关的配合协调问题。公检法必须在党委领导下，分工负责，主动地互相配合，实行互相制约，依法办事，提高办案质量和效率。对于重大、疑难案件，党内应当实行联合办公，依照法律规定程序各司其职。不能因为意见分歧，互相推诿扯皮，致使案件长期拖延，办不下去。

4. 二审改判或发回原审法院重新审判的案件，由二审法院依照法律规定，独立作出终审判决或裁定，不应因有关方面意见分歧而反复磋商，延误审理。

5. 附带民事诉讼一般应当同刑事案件一并审判。但当民事诉讼部分需要协商调解而延迟审判时，可以先对刑事案件进行宣判，由同一法院继续审理附带民事诉讼。

6. 案件审批问题。除重大、疑难案件需请党委审批外，一般应当由公检法依法办理。不必上报审批。需要审批的应简化审批手续。有关领导机关也应提高工作效率，及时审批，以免使案件久拖不结。

7. 追赃问题。赃款赃物在侦查羁押期间应尽可能追回，但不追回就不让起诉则是不适当的。

出现工作中的问题，造成办案超限的最基本的原因是办案人员水平较低、力量不足。因此，要解决超限问题，在大力改进工作的同时，必须从根本上加强政法队伍的建设，充实办案力量，提高办案人员的业务素质和工作能力，提高办案的质量和效率，并逐步改善办案条件（如增建法庭、配备必要的交通工具等）。

三、有些问题，影响办案期限，规定不明确的需要明确，规定不合理的应当改变。

1. 需要做精神病鉴定的案件，在得出确定的鉴定结论以前，可不计办案期限。对此需要作出明确的法律规定。

2. 侦查羁押中发现重要新罪需要查证的，应重新计算侦查羁押期限。

3. 二审自诉案件的审理期限问题。刑诉法第一百二十五条只规定了一审公诉案件的审限，第一百四十二条对二审审限的规定是只适用于公诉案件，还是包括自诉案件在内，则不明确。鉴于自诉案件要尽量调解，缓和矛盾，不宜热处理，以不规定审限为宜。第一百四十二条应只适用于公诉案件。

4. 调查取证也应体现“法律面前人人平等”。规定对知名人士、高干以及他们的家属子女调查取证必须经过特殊的审批程序，造成取证困难，极不合理，应当改变。1980 年 9 月中央办公厅转发刘复之、凌云同志《关于在对林彪、江青一伙审判工作中依法调查取证的请示报告》时，明确指出“今后在办案工作中，必须严格依法办事，公安、检察机关可以直接向证人询问调查，法院可以传唤证人出庭作证，而不应该受被调查人、证人身份的限制”。应严格按此精神执行。

四、从目前实际情况出发，除审查起诉期限可以按照刑诉法第九十七条规定执行外，还有极少数案件不能在规定的侦查羁押、一审、二审期限内办结，需要有点灵活性的规定。

为了防止把没有办结的案件笼统算作“复杂案件”报请延长，需要对延长侦查羁押、一审、二审期限分别规定一些具体的杠杠，我们的意见是：

（一）按照刑诉法第四十条规定逮捕的人犯，在刑诉法第九十二条第一款规定的期限（三个月）届满时未能侦结，具有下列情形之一的，可以适当延长侦查羁押期限。

1. 案情复杂，牵涉面广，侦查中，主犯逃跑，抓获归案，予以逮捕后，因调查取证工作量大，未能在规定期限内侦结的。

2. 严重危害国家利益、社会治安和人民生命安全的犯罪分子，因调查取证困难，羁押期限内未能侦结，又不能交保候审的。

3. 集团犯罪或共同犯罪，同案犯在逃，影响查清主要犯罪事实的。

（二）人民法院一审的公诉案件，在刑诉法第一百二十五条规定的期限届满时未能宣判，具有下列情形之一的，可以延期审理期限。

1. 需要调取新的物证，重新鉴定或者勘验的。

2. 案件事实不清，取证不充分，或者发现新的事实，需要法院自行调查的。

3. 案情复杂，牵涉面广，案卷多或赃证物的清点、核对、折价工作量很大，规定期限内未能审结的。

（三）人民法院二审案件，在刑诉法第一百四十二条规定的期限届满时未能作出终审判决、裁定，具有下列情形之一的，可以延长审理期限。

1. 改判或者发回原审法院重新审判的案件，有较大争议，需要二审法院自行调查的。

2. 原判死刑的案件，发现疑点，需二审法院再做调查的。

3. 案情复杂，牵涉面广、案卷多，规定期限内未能审结的。

五、关于延长期限的审批程序和延长时间问题。

刑诉法第九十二条第二款规定，特别重大、复杂的刑事案件，在第一款规定期限内不能侦结的，须由最高人民检察院报请全国人大常委会批准延长侦查羁押期限。1981 年《全国人大常委会关于刑事案件办案期限问题的决定》规定：在 1981 年至 1983 年内，可以由省、自治区、直辖市的人大常委会决定或者批准适当延长办案期限。鉴于人大常委会是国家权力机关，它按照宪法规定监督人民检察院和人民法院的工作，不直接处理日常的司法业务，对检察院、法院报请批准具体案件的延期审理，没有设置相应的办事机构，也不能开会讨论审批，实际上是来者不拒，盖个印即行批准。因此，建议从 1984 年开始，延长办案期限改由相应的上级检察院或法院审批，改变由人大常委会审批的规定（另一意见：县、地级公检法申请延长侦查羁押、审判期限，均报省级检察院或法院审批）。

1981 年全国人大常委会关于刑事案件办案期限的决定中，没有延长次数和时间的限制，那是因为授权省、自治区、直辖市人大常委会可以作一般性的规定，现在授权检察院、法院决定延长期限，就需要有更明确的规定，否则无限期地加以延长，就使刑诉法关于办案期限的规定失去意义。为此，建议规定侦查羁押期限的延长时间最多不超过三个月。一审、二审延期最多不超过一个月。如个别特别重大、复杂的案件，在规定延长时间届满时仍然不能办结，则必须报请最高人民检察院或者最高人民法院批准延期。

六、采取何种法律形式？有两个方案，一是对刑诉法有关条款加以修改补充；二是由人大常委会再作一个关于刑事办案期限问题的决定。我们考虑，如修改刑诉法，不限于侦查羁押、审判期限问题，还牵涉到其他一些规定是否现在就修改的问题。还需进一步调查研究，从长计议，不能只考虑当前需要。由于 1981 年全国人大常委会的决定已经届满，从今年开始，超限问题如何办，当前急需作出规定。因此，我们认为，还是采取由全国人大常委会作决定的方式比较及时、适宜。

要认真执行刑事案件办案期限的规定*

（一九八四年七月四日）

关于刑事案件的办案期限问题，1980 年 2 月，全国人大常委会根据最高人民检察院、最高人民法院的建议，决定如果案件过多，办案人员不足，不能依照刑事诉讼法规定的关于侦查、起诉、一审、二审的期限办理的，在 1980 年内，可以由省级人大常委会批准延长办案期限。1981 年 9 月，全国人大常委会又根据最高人民检察院和最高人民法院的建议，规定少数案情复杂或者交通不便的边远地区的刑事案件，在 1983 年底以前，可以由省级人大常委会决定或者批准适当延长办案期限。几年来，公检法机关增强了办案力量，改进了工作，绝大部分刑事案件都能在规定的办案期限内办结。有少数案件没有在规定期限内办结，主要的也是可以经过改进工作加以解决的。大体上有以下几种情况：1. 切实改进和加强捕前的侦查工作，改变以捕代侦，以审代查，

* 这是王汉斌同志在第六届全国人民代表大会常务委员会第六次会议上对《关于刑事案件办案期限的补充规定（草案）》所作的说明。

先捕后查的做法，以免久审不下，超过侦查羁押期限。2. 切实改进调查取证工作，避免繁琐哲学，对那些基本犯罪事实已经查清、基本证据确凿的案件的一些不影响定罪判刑的枝节问题，不能要求全部查清，致使案件久拖不决。3. 公检法机关和一审、二审法院应当依法各司其职，不必强求一致，避免久商不决，互相推诿扯皮。4. 最根本的是要加强公安、司法人员的法制观念，严格依法办事，同时注意总结经验，努力改进工作，提高办案质量和效率。

因此，刑事案件一般应当按照刑事诉讼法规定的期限办理。但是，也有极少数案件比较特殊，难以在规定的办案期限内办结。同时，办案过程中的某些程序的办理期限问题，刑事诉讼法没有明确规定。为此，全国人大常委会法制工作委员会和公安部、最高人民检察院、最高人民法院进行了一些调查研究，起草了关于刑事案件办案期限问题的补充规定。现在，我对草案的几个问题说明如下。

一、草案第一条规定，重大的犯罪集团案件和流窜作案的重大复杂案件，不能在刑事诉讼法规定的侦查、审理期限内办结的，可以经过省级检察院或省高级法院批准适当延长办案期限。这是考虑到这两类案件同案犯较多，或者罪犯活动范围广，案情较复杂，办案中调查、审理一般比较费时费事，需要适当延长办案期限。有的同志提出，重大、复杂的经济犯罪案件也可以延长办案期限。经过反复研究，考虑到如果被告人被羁押受侦查、起诉、审理的时间太长，最后审判无罪，是涉及公民的人身权利的问题。1979 年制定刑事诉讼法时，关于办案期限的规定，就是按照在可能范围内尽量压缩羁押期限的精神，经公、检、法三机关研究后慎重确定的。经济犯罪案件和渎职罪、过失罪等，一般没有行凶、杀人、爆炸、放火等危害社会、人身安全的危险，可以采取取保候审、监视居住等办法。这样按照本决定草案第四条和第五条的规定，就可以不受办案期限的限制。至于经济犯罪案件中，走私犯罪案情重大而有危险性的，一般都是犯罪集团案件，需要延长办案期限的，可以依照本规定第一条办理。

二、各省、自治区都有一些交通十分不便的边远地区，对这些地区的刑事案件的调查审理困难较大，有些重大复杂案件难以在规定的办案期限内办结。因此，草案第二条规定：交通十分不便的边远地区的重大复杂的案件，可以由省、自治区人大常委会决定适当延长办案期限。

三、草案第三条规定，在侦查期间，发现被告另有重要罪行需要查证的，可以经人民检察院批准或者决定补充侦查，重新计算侦查羁押期限。这里所说的“另有重要罪行”，是指那些与原来立案的罪行性质不同，触犯刑法其他条款可以立案的重要罪行，而不包括那些在同一罪行中发现新的犯罪事实，与原来立案的只有量的差别的罪行。草案规定重新计算侦查羁押或者审理期限，为的是可以不必另行立案，连同原来的罪行一并调查审理，有利于提高办案的质量和效率。

四、草案第四条规定：“对于被羁押正在受侦查、起诉、一审、二审的被告人，不能在刑事诉讼法规定的期限内办结，采取保候审、监视居住的办法对社会没有危险性的，可以取保候审或者监视居住。取保候审或者监视居住的期间，不计入刑事诉讼法规定的办案期限。”作出这样明确的规定，各地就可以将已经逮捕但是未能按期办结的对社会没有危险的在押人犯，采取取保候审、监视居住的办法，继续进行调查审理。这样既保证司法机关有必要的时间查明犯罪事实，而又不必延长办案中的羁押期限。对一些经济犯罪、渎职罪、过失犯罪都可以采取这个办法。至于刑事案件被告人未被羁押的，对起诉和审理的期限，不好限制过严。因此，草案规定，被告人未被羁押的案件，不受刑诉法规定的起诉、一审、二审期限的限制。但是，不论被告人是未被羁押或是被解除羁押、取保候审的案件，均应抓紧调查审理，不能中断，不能因不受规定的办案期限的限制而搁置不办或久拖不结。

五、关于一审法院退回检察院补充侦查、二审法院发回更审的案件的办案期限问题，刑诉法没有具体规定，各地做法也不一样。为了防止补查、更审仓促从事或者时间拖得过长，避免各行其是，草案规定，人民法院退回检察院补充侦查的，检察院应当在一个月以内补充侦查完毕，移送法院后，法院重新计算审理期限。二审法院发回重新审判的案件，原审法院可以从收到发回案件之日起，重新计算审理期限。这两条规定是刑事诉讼法没有明确规定的。

六、关于对被告人作精神病鉴定的案件如何计算办案期限的问题，刑诉法没有具体规定。考虑到作精神病鉴定往往需要反复检查，费时较多，因此，草案规定，作精神病鉴定的期间，不计入办案期限。

这个补充规定草案通过以后，公、检、法机关要严格按照刑事诉讼法和补充规定办案，继续努力提高工作效率，在保证办案质量的前提下，尽可能缩短办案时间。至于对严重刑事犯罪案件，仍应按照依法从重从快的方针和全国人大常委会的有关决定办理。

关于授权国务院在经济体制改革和对外开放方面可以制定暂行的规定或者条例的问题*

（一九八五年四月三日）

目前，以城市为重点的经济体制改革和对外开放正在展开。这是很深刻的变革，牵涉面很广。为了使工作有条不紊地进行，办事有章可循，有许多新问题需要及时作出有法律效力的规定。其中，立法条件成熟的，应当及时制定法律；属于行政法规范围内的，可以由国务院抓紧制定行政法规。但是，还有不少新的复杂问题超出由行政法规调整的范围，目前还缺乏必要的实践经验，需要探索、试验，由全国人大和全国人大常委会制定或者补充、修改法律的条件还不成熟，实际工作又不能等待。这个问题如果不妥善地解决，就会妨碍经济体制改革和对外开放的顺利进

* 这是王汉斌同志在第六届全国人民代表大会第三次会议上所作的《关于授权国务院在经济体制改革和对外开放方面可以制定暂行的规定或者条例的决定（草案）》的说明。

行。多年来的实践证明，对于新的重大问题、重要改革，一般都需要先进行群众性的探索、试验，经过社会实践检验的阶段。然后总结实践经验，全面权衡利弊，把成功的政策定型化，制定法律。根据上述考虑，1984 年 9 月，全国人大常委会通过关于授权国务院改革工商税制发布有关税收条例草案试行的决定，后经委员长会议又反复研究，并同有关方面商议，考虑到宪法已有关于经济体制改革和对外开放的原则规定，六届全国人大二次会议关于政府工作报告的决议也批准了国务院对经济体制改革和对外开放方面所采取的政策和措施，对某些需要在现行有关法律的基础上作出灵活的变通的规定的问题。如外商在沿海开放城市投资办厂，在税收方面可以享受比现行税法更加优惠的待遇，可以授权国务院先制定暂行的规定或者条例。这样做，不仅可以适应当前某些实际工作需要，而且可以积累经验，为全国人大和全国人大常委会制定或者补充、修改法律做准备，有利于加快经济立法工作。为此，根据委员长会议的意见，全国人大常委会法制工作委员会起草了关于授权国务院在经济体制改革和对外开放方面可以制定暂行的规定或者条例的决定草案，经六届全国人大常委会第九次会议审议，决定提请六届全国人大三次会议审议。现在，我对决定草案作以下几点说明：

第一，决定草案授权国务院必要时可以根据宪法，在同有关法律和全国人大及其常委会的有关决定的基本原则不相抵触的前提下，制定暂行的规定或者条例。这就是说，授权国务院可以根据现行有关法律和全国人大、全国人大常委会的有关决定的总的精神，制定灵活的变通的暂行规定或者暂行条例。如果同现行有关法律或者全国人大及其常委会的有关决定的基本原则相抵触，则必须由全国人大或者全国人大常委会决定。这样规定，既允许在一定范围内有一定的灵活性，又在基本原则上保持了社会主义法制的统一，在当前经济体制改革和对外开放中是必要的。

第二，上述授权国务院可以对现行法律的某些具体规定制定灵活的变通的暂行规定或者暂行条例的范围，只限于经济体制改革和对外开放方面的问题，其他不属于这两方面的法律问题，如涉及刑法、刑诉法的问题等，不包括在内。

第三，这些规定或者条例是暂行的，经过实践检验，条件成熟时，再由全国人大或者全国人大常委会制定法律或者作出补充、修改有关法律的决定。在制定或者补充、修改有关法律时，还需要相应规定，凡是依照国务院的暂行规定或者暂行条例同外商签订的经济合同继续有效，直到合同期满为止。

第四，上述授权的依据是宪法第八十九条关于国务院职权的规定："全国人民代表大会和全国人民代表大会常务委员会授予的其他职权。"并根据这一规定将决定草案提请全国人大审议。

关于《中华人民共和国继承法（草案）》的说明*

（一九八五年四月三日）

继承法是民法的重要组成部分。1979 年 11 月法制委员会成立了由有关部门和政法院系、研究机构专家参加的民法起草小组，进行了大量的调查研究，反复征求各地各方面的意见，起草了民法草案，前后修改了四稿，其中有一编是财产继承权编。因为民法牵涉面很广、很复杂，我国经济体制还在进行改革的过程中，目前还难以制定完整的民法。这几年，对其中比较成熟的部分，先作为单行法提请全国人大和全国人大常委会审议，现已制定了婚姻法、经济合同法、涉外经济合同法、专利法和商标法，还有民法总则和版权法正在起草。

《中华人民共和国继承法（草案）》是由全国人大常委会法制工作委员会会同最高人民法院在民法草案（四稿）财产继承权编

* 这是王汉斌同志在第六届全国人民代表大会第三次会议上所作的关于《中华人民共和国继承法（草案）》的说明。

的基础上，进一步研究修改拟订的。在修改拟订过程中，全国人大常委会法工委到福建、广东、北京、陕西、甘肃等地进行了调查，收集有关继承的案例，总结实践经验，特别是近几年法院审理继承案件的实践经验，并多次召开有关单位和专家参加的各种座谈会进行研究，还参考外国的有关资料。去年 9 月，全国人大常委会法工委将草案印发各省、自治区、直辖市人大常委会，全国政协和中央有关部门、单位以及政法院系、研究机构专家征求意见，进行修改。今年提请全国人大常委会第九次、第十次会议进行审议和修改，决定提请六届全国人大三次会议审议。现将草案的几个主要问题说明如下：

一、关于制定继承法的意义

我国社会主义经济制度的基础是生产资料的社会主义公有制，即社会主义全民所有制和社会主义集体所有制，同时还有城乡劳动者个体经济作为社会主义公有制经济必要的补充。我国公民合法的私有财产，包括个人所有的合法的生活资料和法律允许个人所有的生产资料，都受到宪法和法律的保护。这就产生了个人合法财产的继承权的问题。从实际情况来看，建国以来，包括生产资料所有制的社会主义改造基本完成以后，甚至“文化大革命”中错误地批判所谓资产阶级法权时，群众中一直承认个人合法财产的继承权。继 1954 年宪法之后，1982 年宪法重新规定国家依照法律规定保护公民的私有财产的继承权，这是拨乱反正的一个重要方面。

近几年来，随着城乡经济的发展，公民个人的收入和财产增加了，继承问题在群众中越来越受重视，继承纠纷也逐年增加。根据宪法关于保护继承权的规定，总结我国处理遗产继承的经验和民间好的做法，制定继承法，以便于妥善处理遗产继承，避免或减少遗产纠纷，有利于发扬养老育幼的好传统，促进家庭成员之间的和睦团结互助和社会安定，也有利于调动积极因素，促进社会主义经济的发展。

二、关于遗产的范围

草案规定，遗产是公民死亡时遗留的个人的合法财产，并且列举了公民个人合法财产包括的内容。多年来，我国公民的个人财产主要是生活资料。党的十一届三中全会以来，随着搞活经济方针的贯彻及城乡生产责任制的推行，目前已有很大一部分公民拥有一定数量的合法的生产资料。对法律允许公民所有的生活资料和生产资料，应当允许继承。同时，草案还规定，公民的著作权（版权）和专利权中的财产权利在有关法律规定的期限内允许继承。

几年来，随着经济体制改革的开展，城乡出现了各种形式的个人承包，承包的范围不仅有土地、荒山、鱼塘、果园的经营管理权，而且有小企业的经营管理权。根据草案的规定，个人承包的荒山、荒地和全民或者集体的企业等的所有权，属于全民或者集体所有，不能继承。个人承包应得的收益，如承包后种的树、养的鱼、种的庄稼、承包企业取得的个人收入等，属于承包人所有，应当允许继承。关于承包权能否继承问题，考虑到承包是合同关系，家庭承包的，户主死亡，并不发生承包权转移问题。个人承包的有两种情况：有的如对小企业的承包，纯属由本人承包企业的经营管理，子女不能继续承包；有的如承包荒山植树，收益周期长，承包期限长，承包人死后应允许子女继续承包。但是，这种继续承包不能按照遗产继承的办法。如果按照遗产继承的办法，那么同一顺序的几个继承人，不管是否务农，不管是否有条件，都要均等承包，这对生产是不利的。因此，草案规定，个人承包应得的个人收益，依照本法规定继承。个人承包依照法律允许由继承人继续承包的，按照承包合同办理。

过去遗产一般不多，没有征收遗产税。现在有些遗产数额较大，而且有增长的趋势，征收遗产税问题需要研究，如果要征收遗产税，可以另行制定有关税法。

三、关于保护妇女的继承权

宪法规定“中华人民共和国妇女在政治的、经济的、文化的、社会的和家庭的生活等各方面享有同男子平等的权利”，还规定“国家保护妇女的权利和利益”。由于几千年来封建思想的影响还没有完全肃清，在某些地区，特别是农村，妇女的继承权还得不到保障。主要表现在两个方面：一是女儿的合法继承权往往不能实现；二是丧偶的妇女的继承权得不到保障，寡妇再嫁带产，往往受到阻挠。针对这种情况，草案规定：第一，继承权男女平等，在同一亲等中，男女都有平等的继承权，原则上不因性别不同而权利不同，如儿子与女儿、父亲与母亲、兄弟与姐妹等。第二，夫妻在婚姻关系存续期间所得的共同所有的财产，除有约定的以外，如果分割遗产，应当先将共同所有的一半分出为配偶所有，其余的为被继承人的遗产，然后再由配偶和同一顺序的其他继承人对遗产进行分配。第三，为了不得阻挠寡妇带产再嫁，规定夫妻一方死亡后另一方再婚的，有权处分所继承的财产，任何人不得干涉。同时，考虑到我国农村的实际情况，草案作了一些灵活规定：第一，对被继承人尽了主要扶养义务或者与被继承人共同生活的继承人，可以多分遗产；第二，继承人协商同意的，遗产分配也可以不均等。这样可以在男女继承权原则平等的基础上，适应某些复杂的实际情况，适当灵活处理，较为可行。

四、关于扶养老幼

宪法规定“成年子女有赡养扶助父母的义务”，“禁止虐待老人”。继承法草案为了贯彻这个精神，从继承权、继承遗产的份额等各方面作了规定：第一，继承人如果故意杀害被继承人或者遗弃被继承人和虐待被继承人情节严重的，丧失继承权。第二，有扶养能力和条件的继承人，不尽扶养义务的，应当不分或者少分。第三，对被继承人尽了主要扶养义务或者与被继承人共同生活的继承人，分配遗产时，可以多分。第四，继承人以外的对死者生前扶养较多的人，可以分给适当的遗产。第五，丧偶儿媳赡养公、婆直至其死亡，丧偶女婿赡养岳父、岳母直至其死亡，为第一顺序继承人。这些规定，都是为了有利于更好地赡养老人。

在民间，特别是农村，有的老人与扶养人签订遗赠扶养协议，规定扶养人承担扶养老人的义务，享有受遗赠的权利。有些地方缺乏劳动能力又缺乏生活来源的公民与所在集体所有制组织签订“五保”协议，规定集体所有制组织承担供养“五保户”生养死葬的义务，“五保户”死亡后，遗产归集体所有制组织所有。实践证明，从我国目前实际情况出发，采取这些办法，有利于对老人的照顾、扶养，对老人安度晚年很有好处。草案将这些好的做法，用法律形式加以肯定。赡养、敬重、照顾老人是我国人民的好传统，在社会主义制度下应予发扬而不应减弱。继承法上述的规定，具有中国的特点。

为了有利于抚养未成年子女和照顾不能独立生活的继承人，草案规定：第一，对生活有特殊困难的缺乏劳动能力的继承人，分配遗产时，应当予以照顾。第二，对继承人以外的依靠被继承人生前扶养的缺乏劳动能力又没有生活来源的人，可以分给他们适当的遗产。第三，遗嘱应当对缺乏劳动能力又没有生活来源的继承人保留必要的遗产份额。第四，遗产分割时，应当保留胎儿的继承份额。第五，非婚生子女、养子女和有抚养关系的继子女，享有和婚生子女一样的继承权。第六，被继承人的子女先于被继承人死亡的，由被继承人的子女的晚辈直系血亲代位继承。这些规定，是符合社会主义原则和我国实际情况的。

五、关于法定继承人和继承顺序

草案规定继承人分为两个继承顺序：第一顺序是配偶、子女、父母；第二顺序是兄弟姐妹、祖父母、外祖父母。在有第一顺序的继承人继承时，第二顺序的继承人不能继承；没有第一顺序的继承人继承时，再由第二顺序的继承人继承。

六、关于遗嘱继承

近年来遗嘱逐渐增多。据统计，全国公证遗嘱1982年为1980年的十五倍，1983年比1982年增加28%，1984年比1983年增加19%。草案规定，公民可以立遗嘱将遗产给予法定继承人中的一人或者数人继承，也可以把遗产赠给国家、集体或者法定继承人以外的人。继承人、受遗赠人所得遗产份额多少，按遗嘱执行。为了避免发生纠纷，草案还对立继承遗嘱的方式、见证等作了具体规定。

七、关于遗产处理

在我国，当父母一方尚在时，遗产往往先不分割，待父母双亡后子女才分割。分割遗产时注重互谅互让，协商处理。这些民间习惯是好的。但是，各个家庭的情况不同，不好规定统一的分割时间和分割办法。因此，草案规定，继承人应当本着互谅互让、和睦团结的精神，协商处理继承问题。遗产分割的时间、办法和份额，由继承人协商确定。协商不成的，可以由人民调解委员会调解或者向人民法院起诉。

八、关于少数民族的继承问题

我国有五十五个少数民族，各少数民族风俗习惯很不相同，草案规定民族自治地方的人民代表大会可以根据本法的原则，结合当地民族财产继承的具体情况，制定变通的或者补充的规定。自治区的规定，报全国人大常委会备案。自治州、自治县的规定，报省或者自治区的人大常委会批准后生效，并报全国人大常委会备案。

九、关于涉外继承

草案参考一些国家的规定，为了便于施行，规定中国公民继承在中华人民共和国境外的遗产或者继承在中华人民共和国境内的外国人的遗产，动产适用被继承人住所地法律，不动产适用不动产所在地法律。

各位代表，继承法是一部重要的民事法律，涉及家家户户、男女老少，颁布以后应当广泛进行宣传。为了保持家庭、财产的稳定，避免发生不必要的动荡，本法生效以前，遗产已经做了处理的，不再重新处理。本法生效以前尚未处理的，以及本法生效以后发生的继承关系，适用本法。

谈香港基本法与中国法制*

（一九八五年六月十四日）

1985 年 6 月 14 日上午 10 点至 12 点，全国人大常委会秘书长、全国人大常委会法制工作委员会主任、基本法起草委员会副主任委员王汉斌在北京人民大会堂小山东厅会见香港《镜报》月刊主编林文，并就香港基本法、中国法制等问题进行交谈。谈话涉及香港基本法起草委员会与咨询委员会的性质、地位，基本法的内容，基本法的解释权，宪法第三十一条的用意，香港未来的政体，以及中国立法原则，“依法治国”与“党的领导”等问题。

下面是王汉斌秘书长与《镜报》月刊主编林文的谈话记录。

起草委员或许会增加

问：六届全国人大常委会第十一次会议正在举行，你在百忙

---

* 这是王汉斌同志会见香港《镜报》月刊主编林文先生时谈话的节录，曾刊载于香港《镜报》1985 年第 7 期。

中接受《镜报》的访问，首先我代表《镜报》表示感谢。

答：你要求陈丕显副委员长见你，他说他比较忙，要我替他见你。你这次来京有什么要求呢?

问：我希望就当前海外人士比较关心的几个问题向高层领导人求证。一个是香港基本法；一个是中国法制的现状。

答：香港基本法，你想了解哪些问题?

问：请你先谈谈基本法起草委员会人选是根据什么原则确定的，怎么协商出来的?

答：这个问题，彭冲副委员长的“说明”都谈到了。现在选定的59人，内地的包括三个方面：有关部门负责人15名，各界知名人士10名，法律界人士11名。有关部门负责人，包括港澳办、外交办、法律委员会、法制工作委员会等部门都有人参加。法律界人士有北大、人大、法学研究所的知名法学家，还有社会知名人士。在总人数中，香港人有23名，占了近五分之二，是比较多的。这个名单反复考虑了好几个月了，六届人大三次会议前就酝酿协商了，当时已有初步名单，但不成熟，没有提出来。

确定人选的标准，邓小平同志讲，只有一个，就是爱祖国、爱香港。香港人很关心在起草委员会中有多大的发言权。我们确定名单时就考虑到如何符合港人的愿望。在八个副主任委员中，港人就占了四位。香港人选也相当广泛，有立法、行政局的，还有按察司的，与港府方面比较接近的人都有了。还有两个大学的校长，甚至宗教界人士都考虑到了。

咨询委员会地位超脱

问：除基本法起草委员会外，还有基本法咨询委员会。咨询委员会的地位如何呢？是否与起草委员会平行？

答：基本法咨询委员会与基本法起草委员会的性质不一样。起草委员会是人大常委会决定设立的，它向人大常委会负责，有法律赋予的一定职权，负有起草基本法的职责。至于咨询委员会，咨询，就是顾问，提建议，要么你提建议，要么请你提建议。比如，香港未来的政制，中英联合声明中没有明确规定，咨询委员会就可以提建议。它的地位比较超脱，可以更开放一些，各种意见都可以提。有了咨询委员会，可以更多地听取港人的意见。我个人考虑，咨询委员会民间性质好。可委托起草委员中的几位香港委员出面筹备，不由内地人士出面。基本法起草委员会名单公布后，要开一个成立大会，有关咨询委员会的问题会在那时商讨。概括地说，咨询委员会不是附属于起草委员会，它是独立的，和起草委员会平行的，但并非官方的。

解释权分总体与具体

问：香港人，尤其是法律界人士，很关心基本法解释权的问题。将来基本法的解释权，有无可能部分赋予香港法院？

答：基本法解释权问题还要考虑。彭真委员长上次接见港澳记者时已经讲了，基本法解释权属于全国人大常委会。宪法和全国人大组织法都规定，宪法和法律的解释权归全国人大常委会。一九五四年宪法曾规定，人大才有解释权，但人大会议一年才开一次，不能适应需要。所以，一九八二年宪法规定，解释权归人大常委会。将来的基本法，总体上也要作这样的规定。但在具体方面有无灵活性，需要研究。人大常委会有个关于法律解释的决议，分层次，对法律不清楚和补充性的解释，归人大常委会，但在法律的适用方面，最高人民法院、最高人民检察院都可以解释。也就是立法性的解释归人大常委会，实施方面的解释归高院、高检。将来基本法的解释权可否参照这个原则，还需要研究。但立法方面的解释权还是要归人大常委会。

我们国家不是“三权分立”的政体，不适用英美法体系。美国宪法的解释权归最高人民法院。我们违宪不违宪由人大常委会解释。我们是行政、立法、司法都向全国人大及其常委会负责。

基本法内容不宜太细

问：香港有些人士提出，基本法的内容应当订得详细一些，因为如果太原则，可能因解释不同而引起争议。你认为这个意见可取吗？

答：基本法的内容从简或从详，香港有争论。我们的立法是从简，外国是从详。中英联合声明在简、详问题上也有过分歧，英国认为要详细，我们主张从简。对基本法的内容，彭真委员长也讲了，不能太细。因为情况在不断变化，太细反而不好。我们的法律体制是倾向简明，具体问题再由单行法规去补充。我们除宪法外，有人大组织法、国务院组织法、选举法，还有直接选举的若干规定，等等，这些都是对宪法的补充。有些国家把这些规定通通写进宪法，搞得很庞大。有的国家，宪法几十万字。我们的宪法不到三万字。基本上比较简明扼要，其他不足之处再由单行法规去补充。这是我们在立法方面不同于其他国家的地方。

宪法第三十一条有两个含义

问：还有一个问题，是关于基本法的法理根据。海外有些人士认为，从宪法学观点看，一九八二年宪法第三十一条“语焉不详”，如果宪法中有关“四个坚持”、“法制统一”的规定也适用于香港的话，基本法随时成为违宪文件，所以，建议适当修宪。你认为有可能吗？

答：前年，在一次宴会上，香港记者追问过这个问题，我以为聊天，结果第二天报纸登出来了。之所以认为矛盾，主要是对我们立宪的过程、意图不了解。宪法订立第三十一条，包含两个意思。

第一，这一条是专门为解决台湾、香港、澳门问题而设的。一九八二年彭真同志在宪法修改草案的报告中就说：“去年国庆前夕，全国人民代表大会常务委员会委员长叶剑英同志发表谈话指出，实现和平统一后，台湾可以作为特别行政区，享有高度的自治权。这种自治权，包括台湾现行社会、经济制度不变，生活方式不变，同外国的经济、文化关系不变等等。考虑到这种特殊情况的需要，宪法修改草案第三十一条规定：‘国家在必要时得设立特别行政区。在特别行政区内实行的制度按照具体情况由全国人民代表大会以法律规定。’在维护国家的主权、统一和领土完整的原则方面，我们是决不含糊的。同时，在具体政策、措施方面，我们又有很大的灵活性，充分照顾台湾地方的现实情况和台湾人民以及各方面人士的意愿。这是我们处理这类问题的基本立场。”当时港澳舆论分析，认为宪法第三十一条适用港澳问题。是对的。彭真同志报告只提台湾，未提香港，那是因为当时香港问题的中英谈判尚未开始，不方便明确地讲。

第二，宪法第三十一条规定：“在特别行政区内实行的制度按照具体情况由全国人民代表大会以法律规定。”意思就是将来香港实行的制度可以不受宪法序言关于四项基本原则的约束，可以不受其限制。香港人想不开，以为序言一定要遵守。其实，宪法第三十一条就是例外条款。同时，宪法第六十二条又规定，全国人大有权“决定特别行政区的设立及其制度”。意思就是有权决定香港实行资本主义制度。所以，香港实行资本主义制度是宪法规定的，宪法允许的。

我们研究宪法的时候，一开始就研究台湾、香港问题，就考虑到要从实际出发，所以写了第三十一条，把“一国两制”的构想以宪法形式固定下来。因此，不是因为写了第三十一条而与宪法矛盾，恰恰相反，正是宪法赋予实行“一国两制”的权力。当时我们已经很明确了，在香港不能实行社会主义，要维持现状，否则吓跑了香港人。对台湾也是如此，不是武力解放，就不能改变其制度。但我们内地还是实行社会主义制度。

既然第三十一条与宪法没有矛盾，也就谈不上修宪。我个人认为，宪法要有稳定性，至少在五年内不能考虑修改。而在本世纪内，恐怕也不会再有第六部宪法了。

香港未来政制待研究

问：香港政府正在积极推行代议政制。中国外交部曾经声明对此中国政府不承担任何义务。那么，将来基本法规定的香港政制如果与代议政制矛盾，怎么解决呢?

答：这个问题现在说不清楚。我们对推行代议政制也不表示意见。恐怕要在起草基本法的过程中去研究。中英联合声明对香港未来的社会制度、经济制度、生活方式、法律制度都有规定，就是“政制”这部分没有。这部分需要费很大力气去研究。我们现在的工作是搜集材料。几个月前我就拜托有关部门把香港政制的材料好好集中、研究。香港的政治结构，我们看也是很复杂的。现在，一是调查研究，一是听取意见。怎么办，现在还说不出来。

问：有人建议，起草基本法时应尽早确定香港未来的政制，以便代议政制能够有所遵循。你认为这个建议值得考虑吗?

答：我看这部分最难办，先制定的可能性也不大。别的都有谱，就是“政制”还没有谱。原则上，我们认为香港未来的政制是我们中国的事，要由基本法来确定。

对法律不完备的解释

问：海外许多人士有一个共同的看法，认为香港的稳定有赖于内地的稳定，而内地的稳定则有赖于法制的不断健全。中共十一届三中全会以后，法制观念有重大发展，从“党大于法”转变到“党要守法”，但经济体制改革以来，强调按照“关于经济体制改革的决定”办事，立法又跟不上，有些法律又不完备，不具体，改革未能在法律范围内进行，“党大于法”的思想又有抬头。至于有法不依的现象仍然相当严重。不知有关方面注意到这种倾向没有？

答：应该说，自 1979 年以后，法制建设有了很大进展。首先，从立法方面看，全国人大及其常委会制定的法律有四十五部，人大常委会修改的法律四十来部，共八十多部。国务院定了六百多部行政法规，省、市、自治区定的地方法规也有六百多部。加起来一千三四百部。所以，主要方面还是有法可依的，有关国家机构的法律是完备的，只差一项乡人民政府组织法。宪法也较完备，国内外不少人士认为一九八二年宪法具有中国特色，与资本主义不同，和社会主义比，也具有特点。一九八二年宪法是研究了三十多个国家的宪法后定出来的。可以说具有中国特色。

其次，已经有了刑法、刑事诉讼法、民事诉讼法。也有了律师条例。现在只差一项民法。已经起草了第四稿，虽然尚未产生，但已有单行法。民法太复杂。拿破仑法典一千多条，包罗万象。一下子无所不包，搞不出来。所以我们决定先搞单行法，已经制定了经济合同法、继承法、婚姻法、专利法、商标法。再把版权法、民法总则搞出来，民法的基本内容就都有了。这两项法律，明年搞不出来，后年一定要搞出来。民法从一九七九年开始起草，进入第六年了，有点谱了。争取明年人大会议上提出来。

再有就是经济与行政方面的立法。经济立法这几年一直是重点，搞了二十来个，其中与对外经济有关的八个，即合资企业法、外资企业法、商标法、专利法、合资企业所得税法、个人所得税法、涉外经济合同法、广东经济特区条例。外国人说我们立法不完备，其实在基本方面已经有法律。外国人关心的合作经营、独资经营、公司法，正在抓紧起草。

另外，海关法也搞了好几年了，接近成熟。破产法有争论，在研究。教育、科技立法差些，也搞了学位条例。

海外说我们法律不完备、不具体。有一个情况需要说明。我们立法有个原则，就是法律要“言简意赅”。在最基本方面要有法律规范，但不像外国搞得那么细，不足之处再定细则，国务院可定细则，地方也可以定，细则还不能解决的，就在经济合同中规定，我们承认经济合同的法律效力，只要合同是经过政府批准的。我们认为，基本法律定得太细不一定好。因为太具体的东西容易改变；太细了也不好掌握。经验不成熟的也不能勉强定。法律是成熟的政策的定型化。不成熟的你定了，朝令夕改，更不好。

总的来说，我们有一段时间不重视法律，“文革”根本不要法，毛主席叫“无法无天”，那还要什么法，现在改变了无法可依的状况。但我们倾向于法律不能搞得太多太繁，不能像西方那样，什么事都要法，如美国没有律师几乎什么事都办不成，这也不好。

大陆法制处于过渡期

问：法律是定了不少，问题在于怎样实施。现在主要问题是有法不依、执法不严。处理经济犯罪，往往是打苍蝇不打老虎。这种状况不纠正，法制的权威就树不起来。

答：现在不依法办事，执法不严的现象确实有。为什么呢？彭真委员长去年一月在一次人大常委会会议上说，现在是处在从依靠政策管理国家进到不仅依靠政策而且要依靠法制管理国家的大转变的过渡阶段。一九五七年以后觉得法律约束人了，“文革”无法无天，造成了法制观念普遍差的现象，一下子难改，要有个过程。现在就是处在大转变的过渡期。但是中央对法制是坚持的。十一届三中全会提出“有法可依，有法必依，执法必严，违法必究”。这是总结了三十年的经验教训得出来的，不会改变，也不会有任何松动。彭真委员长不久前在日本大阪就讲过，发展法制是我国一项根本任务。现在强调法制是有血的教训的，花了很大代价得来的。宪法规定各政党都必须遵守宪法和法律。政党就包括中国共产党。党章规定党必须在宪法和法律范围内活动。共产党要守法，这个规定在所有社会主义国家的宪法中都没有。把“党要守法”写进宪法，表明法制的方向不会变。社会上对法律的观念也在提高。现在法律书籍是畅销书，刑法、刑事诉讼法买不到，《中国法制报》销量猛涨。

问：但是许多干部根本不重视法律。

答：干部中有许多人不熟悉法律，不依法办事不行的观念还没有树立起来。正因如此，首次全国法制宣传教育工作会议正在召开，司法部、中宣部在主持，各省、市、自治区四百多人参加。会议会作决定。依我看，这不是三五年可以解决的，真正树立依法办事的观念要有个过程。现在不依法办事的现象还是不少，我们人大常委会要加强监督。六届全国人大三次会议对常委会提出两条重要批评：一条是对政府工作监督不够，说赤字原来预计三十亿，怎么变成五十亿，你们常委会也不管。批评得对。再一条是说法律不遵守你们常委会也不管。管是要管，比如选举中的违法现象要纠正，但也不是说马上就可以解决问题。

问：现在许多干部，问题来了，根本没有想到要依靠宪法，依靠法律去解决，而是上级政策来了他才照做。是不是这样子？

答：对，不过有些干部已经逐渐改变了过去的作风。王任重副委员长就说，他过去当省委书记，都是自己认为该怎么做就去做，现在不行了，得带一本宪法，遇到事要先看看宪法怎么规定的再说话。现在是，在常委会工作的干部比较重视法律，政府部门的干部就不如常委会的干部重视。

问：所以，法制宣传教育的重点应在干部，在上层。

答：对，首先是干部，尤其是各级领导干部。现在是这么提的。要用五年时间向领导干部补法律知识。

“以法治国”与“党的领导”

问：据说对“以法治国”的提法有争议，不可以这样提吗？是不是怕影响“党的领导”？

答：现在的提法是“依法治国”，就是依靠法制管理国家的意思。

问：什么时候开始用这个提法？

答：这是去年一月彭真委员长在人大常委会的讲话中提出的。他说，要从过去主要依靠政策过渡到不仅要依靠政策而且要依靠法制管理国家。政策还是要的，光有法还不行。但是还要依靠法制。那四句话是必须遵守的：有法可依，有法必依，执法必严，违法必究。宪法第五条有一句话：“一切违反宪法和法律的行为，必须予以追究。”在五届全国人大五次会议上讨论修宪时，有个代表提出要加上这句话，最后加上去了。

有法律就要依法律办事，包括中共中央、国务院都不能作违背法律的决定。但法律还没有规定的，就要依靠政策。我们制定法律的原则都是中共中央作出的，大家都清楚的。法律是党中央领导制定的，依法办事与党的领导没有矛盾。彭真委员长说，党领导人民制定法律，党也要领导人民遵守法律，这就是实现党的领导。

水货、套汇与“打老虎”

问：你刚才说已定了好几部涉外经济法律。但据我所了解，香港不少国货商，碰到水货冲击就毫无办法，合同订了也不执行。

答：过去闭关锁国，现在对外开放，八仙过海，各显神通。慢慢要让他归法管，也是要一个过程。外贸体制要改革，水货也是这里面的一个问题。

问：水货冲击很大。

答：海外对这方面的意见很大。你们《镜报》上期还刊登一篇文章，批评对外开放的失误（按：指《镜报》五月号《中国对外开放的漏洞与失误》一文），我看过，某些话不怎么好听，但良药苦口利于病，讲得有道理。海外对这方面意见多得不得了，其中许多意见有道理。

问：海外人士觉得内地还是以人治为主，法律定了很多，但似乎没见怎么认真地执行。往往是热一阵子，就把法治冲到不知什么地方去了。

答：最后还是要依法，不能再以人代法了。但是，要有过程。要依靠法制管理国家，阻力是不少的，确实不少。

人大监督作用要加强

问：为什么人大常委会不能在这方面更好地树立权威？

答：选举方面我们就管了、监督了。有管了的，有管不好的，也有没管的。三种情况都有。

问：有一种现象，党员干部犯了罪，要党内处分了，开除党籍了，公检法三机关才敢审理。

答：现在倒过来了，法院判了刑了，你那里要不要开除党籍。当然不是都倒过来了。

问：有倒过来的，也有没倒过来的。还是没倒过来的多。

答：现行法律规定，法院行使审判职权。党委不管具体案子了。法院审案有两句话：以事实为根据，以法律为准绳。这两句话是好的。你赞成不赞成呀？

问：对我们国家来说，还是比较适合的。但是，执行起来，往往党委的意志干扰太多。

答：委员长讲是大转变的过渡时期嘛。中国没有经过资产阶级民主这个阶段，所以，封建的东西比较多。许多问题在资本主义国家是不可能发生的，但却在我们国家发生。例如，党中央可以撤销国家主席的职务（按：指“文革”时期），在资本主义国家怎么可能。但我们就是可以。当时我是“黑帮”，在“牛棚”更不敢说什么。一千个拥护，一万个拥护，非常英明，非常正确。现在想想，很可笑。可是当时还觉得党中央有这个权。又比如，彭真是人大选举的副委员长，党中央就下令把他关起来了。宪法规定得清清楚楚，逮捕人大代表要经过人大常委会批准，党中央怎么有权力下令抓委员长呢！这种事情以后是绝对不能再发生了。

关于彭真委员长访日情况的报告*

（一九八五年六月十五日）

4月21日至29日，彭真委员长和夫人应日本众、参两院议长的邀请，对日本进行了友好访问。现在，我受彭真委员长委托，就这次访问向全国人大常委会作如下汇报。

一

这次彭真委员长访日是中日邦交正常化以后，我国主要国家领导人对日的又一次重要访问，也是全国人大常委会委员长首次访日，是两国关系中的一件大事。

日本国会、政府和各界人士对彭真委员长这次访问非常重视，给予隆重、热情、友好的接待，规格很高。在东京期间安排委员长住迎宾馆，在国会发表演讲，这都打破了以往日本国会接待贵宾的惯例。安全保卫方面，日方花了很大力量，出动警察等

---

* 这是王汉斌同志在第六届全国人民代表大会常务委员会第十一次会议上所作的报告。

等安全保卫人员两万人次，沿途戒严，空中直升机巡逻。日本众、参两院议长在彭真委员长抵达宾馆后，立即前来拜会；第二天分别会见，并联合设宴招待；彭真委员长离开东京前，两议长又到宾馆话别。日本天皇也会见了委员长。中曾根首相、安倍外相分别同委员长会谈并设宴招待。出席中曾根首相午宴的有日本两院议长、副议长、最高裁判所长官、执政党自民党副总裁二阶堂和社会党、公明党、新自由俱乐部的党首等政界重要人物。彭真委员长在国会演讲时，众、参两院议长共同主持，中曾根首相、安倍外相和朝野各党派议员四百人出席，基本上坐满了有五百一十一个席位的众院会场，二楼旁听席上还有将近五百人。日中友好六团体联合举行欢迎委员长的招待会，出席的各界友好人士达一千二百多人。使馆为委员长访问举行答谢酒会，出席的有两院议长，三木、铃木前首相，二阶堂副总裁，还有几位在野党领导人和四位现内阁大臣，共二百多人。彭真委员长在东京举行的记者招待会，出席记者之多，出乎主人意料之外，达二百四十五人，坐满了会场。这些都说明日方对委员长访日和中日友好的重视。

彭真委员长还访问了大阪、神户、京都，同当地府、县、市领导人和各界代表进行了接触，会见了东京和关西财界领导人，参观了松下电器公司科技馆，参观了神户人工岛和京都历史古迹二条城，游览了风光秀丽的岚山，并向周恩来总理诗碑献了鲜花。委员长还在东京和大阪接见了我使、领馆同志，旅日侨胞和留学生代表，并向他们讲了话。九天当中，彭真委员长出席、参加了二十多场活动，会见日本朝野各界人士三千多人。访问进行得很顺利，获得了圆满成功。

日本国会和政府、各党派和各界人士对彭真委员长这次访日给予很高评价，认为是“继赵总理和胡总书记访日后中日关系上的又一件大事，访日圆满成功，对进一步巩固和发展两国友好合作关系，具有重大意义”。各界对我重视发展对日关系反应强烈，说中国党、政和人大最高负责人相继访日，表明两国有着非常友好的关系。委员长在中、日两国政治、经济等各个领域的关系深化、发展的时刻，对日本进行了成功的“扎扎实实”的访问，标志着两国关系的“成熟”。日本人民对委员长“真心实意”的欢迎，说明两国关系发展“顺利”、“稳定”。一些日本朋友反映，委员长谈吐“诚恳、坦率”，使人感到亲切。日本红十字会会长林敬三说，委员长的谈吐、风貌符合东方人的道德观念，特别是他不平凡的经历和区别对象热心做工作的精神，使人感到十分亲切。日中友好议员联盟前会长、前法相古井喜实认为，委员长访日成功，给日本各界留下了很好的印象。

二

彭真委员长提出，这次访日不只是进行礼节性的友好访问，更重要的是要为促进中日友好合作关系的发展多做工作，巩固和发展中日睦邻友好关系，使两国人民世世代代友好下去。委员长在半年前就召集有关方面负责同志收集研究有关材料并起草主要讲话稿。他阅读了《激荡的百年史》（吉田茂著）、《战后日本的崛起》两本书和大量有关日本的资料。委员长在日本国会的演讲，是这次访问的主旨讲话，着重讲了如何使中日两国世世代代友好下去的问题，在东京会见财界着重讲全面发展中日经济合作关系，在大阪会见关西财界着重讲我国如何从法律上保证对外开放的顺利进行。这三篇主要讲话稿都是彭真委员长亲自主持起草或研究修改的。彭真委员长还亲自准备了同中曾根首相的谈话要点和在首相午宴上的讲话。对这些讲话，委员长要求要从大的方面讲，回答日方的问题，言简意赅，不要空论、泛论，让对方容易听进去。几篇主要讲话都有分量，有针对性，有说服力，取得了好的效果。这些讲话和谈话主要有以下内容：

（一）现在，中日两国关系是近百年来最好的。这是这个时期极为错综复杂的矛盾、曲折的历史发展的结果，是中日两国伟大人民长期奋斗的结果，是中日两国关系历史经验教训的结晶。这是来之不易的。我们应当倍加珍惜，共同努力，用实际行动巩固和发展两国睦邻友好关系，使它世世代代发展下去。

日众、参两院议长在会见时都主动提到，日本要对两国间过去一段不幸时期“深刻反省”。委员长表示，回顾历史的目的是为了吸取经验教训，过去的就让它过去了，重要的是要向前看。

（二）要长期、稳定地发展中日友好，必须在平等互利的基础上全面发展经济合作关系。要发展贸易关系，也要在投资、技术合作方面发展关系。在这方面，中日两国各有长短，日本有先进的生产技术，中国也有日本需要的东西，可以互相取长补短，互相补充，以有余补不足，促进两国经济的发展，这是两国的共同需要，对双方都有利。只要双方从全局、长远看问题，中日之间在经济、贸易、投资、技术等方面全面合作的前景是非常广阔的。

在同中曾根首相和东京财界领导人会见时，委员长还指出，我们发展经济，首先依靠我们自己的力量，自力更生。同时，也要实行对外开放，利用外资，引进先进技术。在这方面，中日两国合作的潜力还很大。去年，中日两国贸易额占我国对外贸易总额的四分之一，但日本在我国的累计投资额还不到外商在华累计投资总额的百分之十；在我国建国以来从国外引进技术中，来自日本的也不到百分之十，居美国、联邦德国、英国、法国之后。显然，同美国、西欧相比，日本在这方面还有很大发展的余地。

（三）中国经济发展起来，竞争能力自然也会有所增强，但这只是事物的一个方面。更重要的是，中国的经济发展了，对外经济合作的范围和规模也将相应扩大，贸易额也会进一步增加。现在经济发达国家之间的贸易额在它们的整个对外贸易中所占的比重很大，就是证明。中国人口占世界的四分之一，一九八四年的对外贸易额只占世界的百分之一，只有五百亿美元。这反映出，我们国家经济还不发达。如果中国每年对外贸易额能够随着经济的发展而成倍地增长，对世界、对日本显然也是有利的。同时，中国经济发展了，日本也还会进一步发展，双方还可以在竞争中不断扩大经济贸易技术合作，而且技术合作还可以带动贸易的发展，促进各自的发展和繁荣。

（四）发展社会主义民主、健全社会主义法制，是我国面临的一项根本任务。为了从法律上保障我国对外开放的顺利进行，我国宪法对引进和保护外资作了专门规定，还制定了一批涉外的法律。可以说，从主要的方面来看，外商在我国的经济活动是有法律保障的。有些具体问题，还可以由双方在合同中规定。我国法律规定，中外双方依法签订的合同是具有法律约束力的。现在我国政局稳定，经济持续发展，法制正在逐步完备，从全局和根本的方面看，我国的投资环境是良好的。同时，我们还正在进一步从法律和行政方面，从加强基础设施建设等方面，不断改善投资环境。我们双方需要加强研究、解决各自存在的问题，共同为推动两国经济技术合作的进一步发展而努力。

（五）我国正在进行改革、开放、搞活，这不是哪个人的主观愿望，而是客观规律的反映，是从总结我国三十多年的经验得出的结论，受到全国人民拥护，并已载入宪法。去年底，在改革过程中发生了一些问题，已在抓紧解决。今后，由于缺乏经验，还会出现这样那样的问题，但改革、开放的原则和方向不会因领导人的改变而改变，不会因领导人看法和注意力的改变而改变，不会因在实际工作中出现问题和困难而改变。

（六）中国的现代化建设需要长期和平的国际环境。维护世界和平，是中日两国人民面临的共同任务。中日两国都是大国，在国际社会中占有重要的地位。持久地巩固和发展中日睦邻友好合作关系，不仅符合两国人民的利益，而且对于维护亚洲太平洋地区和世界的和平，具有重大的意义。

彭真委员长在日本国会的演讲，日方反应强烈。中曾根首相、安倍外相带头鼓掌，全场热烈鼓掌达十四次之多。众院议长坂田道太说，委员长的演讲具有重大意义，将记录在中日友好关系史上。日中友好议员联盟副会长渡部一郎（公明党）说，委员长在国会上的演说非常好。日中友好，对日本来说，是生死存亡的问题。日中两国决不能再战，要永远友好下去，不仅我们这一代友好，还要教育我们的儿子、孙子、重孙子，世世代代友好下去。一些经济界人士和记者反映，当日本经济界面临日美摩擦加剧，更加重视中国市场而又为中国经济最近出现的问题感到疑虑时，彭真委员长通过各种场合，强调中日经济关系要同政治关系相适应，资本、技术合作要同贸易关系相适应，并从法制观点上阐明中国的对外开放政策和经济改革的方向不变，有说服力，在一定程度上消除了日方的疑虑。中曾根首相表示，日本政府和民间今后也要齐心协力，继续进行力所能及的合作。经团联会长稻山嘉宽说，日本愿为中国的经济振兴计划提供尽可能的协助。日本国际贸促会会长、前外相樱内义雄说，日本方面不仅要增加出口，而且应当协助中国努力实现经济现代化，使中国方面的出口有所增加。从这种意义上来说，成立中国方面所希望的合办企业和促进技术的转让是很重要的。

彭真委员长离开东京之前，举行了一次记者招待会，这是委员长访日的一项重要活动。日本记者在招待会上提了以下一些比较敏感、复杂的问题：1. 中国有人认为日本对办合资企业不积极，阁下对此有何看法？ 2. 彭真委员长在已故毛泽东主席于一九六六年发动的“文化大革命”中成为一个很大的受害者，想听听委员长对毛主席发动的“文化大革命”的意见。3. 你对中苏关系的改善作何展望？中共与苏共是否会实现党的关系正常化？你对戈尔巴乔夫新政权有什么看法？ 4. 一九六六年日共宫本总书记访华时，中共方面是彭真委员长同他进行会谈的。从那时以来，两党关系中断了十九年。你对两党关系正常化有什么看法？

5. 不久以前，中国与南朝鲜之间发生了鱼雷艇事件，南朝鲜迅速予以解决。今后两国关系将会如何？中国是否参加一九八八年在南朝鲜举行的奥运会？ 6. 由于经济出了一些问题，产生了新的不正之风，中国正在进一步加强管理，这对对外开放、引进外资会带来什么影响？彭真委员长对记者的问题，提一个，答一个，历时一个小时，最后记者们热烈鼓掌。日本记者俱乐部新井明理事长和岩琦玄道课长反映，与会记者对这次招待会十分满意，评价极高。认为虽然有些问题不好回答，但委员长回答问题认真、详细，没有外交辞令，讲得坦率明快，分析透彻，内容充实，不愧为久经风霜的老革命家。有的说，委员长在“文化大革命”中有那样坎坷的经历，仍然以如此广阔的心胸说这不过是历史的小小的插曲，真是令人感动。

三

这次访问回来后，彭真委员长指出，访日期间，我们想说的话都说了，今后我们方面的工作要加强，要做好。我们初步考虑有以下三点建议：

（一）为了适应中日两国友好关系的发展，今后有必要加强同日本国会议员及国会内各种组织的联系和交往。一方面从人大角度多做工作，为两国人民世代友好发挥作用，一方面也可对日本进行系统考察和研究，参考、借鉴日本国会在立法等方面的经验，为我国现代化建设服务。

（二）健全法制是改革经济体制、实行对外开放的重要保证。这次出访，突出感到外国人对我国领导人的讲话虽然是重视的，但他们更重视我们的法律。同外国人打交道，法律不完备不行。涉外经济立法是利用外资和引进先进技术的基本条件，要加快涉外经济立法工作，从法制角度推动和保证对外开放政策的贯彻执行。法制工作委员会要会同法律委员会、财经委员会认真研究，把问题集中起来，梳梳辫子，按照需要与可能，先搞什么，后搞什么，拟订大体的计划，把国务院有关部门、驻外使馆和经济特区、开放城市的力量都动员起来，把迫切需要的涉外经济法律尽可能快地搞出来。

（三）全面发展中日经济、技术合作关系，在我们方面需要努力创造一个良好的投资环境，切实解决一些实际问题。东京财界领导人在同彭真委员长座谈中提出我国土地使用费过高，驻华人员住房、办公用房困难、费用高等具体问题，建议有关部门对日方在投资环境上提出的各种意见统一进行分析研究，具体解决。有些属于改进工作作风、提高工作效率的问题，应该抓紧解决。有些属于基础设施差的问题，要求很快加以普遍改善有困难，可以先从条件好的地区和城市开始，逐步把引进外资和先进技术的工作推开。

关于《中华人民共和国民法通则（草案）》的说明*

（一九八六年四月二日）

民法是国家的基本法律之一。制定民法是国家法制建设的一件大事。它对于保障公民和法人在民事活动中的合法权益，适应改革、开放、搞活的需要，加强运用法律手段管理经济，保障社会主义现代化建设事业的顺利进行，具有重要意义。

五十年代，全国人大常委会曾着手起草民法。一九七九年，法制委员会专门组成民法起草小组，到一九八二年起草了民法草案四稿。由于民法牵涉范围很广泛，很复杂，经济体制改革刚开始，我们还缺乏经验，制定完整的民法典的条件还不成熟，只好先将那些急需的、比较成熟的部分，制定单行法。几年来，陆续制定了一批民事的或者与调整民事关系有关的经济合同法、涉外经济合同法、专利法、商标法、婚姻法、继承法等。但是，民事

* 这是王汉斌同志在第六届全国人民代表大会第四次会议上所作的关于《中华人民共和国民法通则（草案）》的说明。

活动中的一些共同性的问题，如公民和法人的法律地位、民事法律行为、民事代理、民事权利、民事责任、时效等，还缺乏法律规定。同时，这几年民事纠纷，特别是经济纠纷大量增加，迫切需要制定共同遵循的规范，使民事活动可以有所遵循，调整民事关系有法可依。总结几年来制定有关的单行法律、进行经济体制改革、对外开放和人民法院审理民事、经济纠纷案件的实践经验，参考我国处理民事关系的民间习惯，现在已有可能对民事活动中一些共同性的问题作出法律规定，但是仍然有些问题还看得不很清楚，考虑到民法通则还不是民法典，草案可以对比较成熟或者比较有把握的问题作出规定，一些还不成熟、把握不大的问题，可以暂不规定。

根据这个原则，法制工作委员会会同最高人民法院和一些法律专家经过反复调查研究，广泛征求法律专家、中央有关部门、各地方以及法律院系、研究单位的意见，参考国外有关法律资料，在民法草案（四稿）的基础上，起草了民法通则草案，于一九八五年十一月提请全国人大常委会第十三次会议进行初步审议。会后，法律委员会和法制工作委员会又召开了有全国民法专家、各级人民法院民庭、经济庭一些负责干部以及中央有关部门和各省、自治区、直辖市人大常委会有关负责同志一百八十多人参加的座谈会；还邀请在京的经济法专家座谈；并再次将草案印发中央有关部门、各省、自治区、直辖市人大常委会和法律院、系师生征求意见，结合全国人大常委会委员初步审议提出的意见，对草案的许多条款作了修改和补充。全国人大常委会第十五次会议审议决定将民法通则草案提交六届全国人大四次会议审议。现在，我将草案的主要内容和问题说明如下。

一、关于民法通则的基本原则和调整范围

1．民法是反映社会经济关系的，民法的准则是以法律形式表现了社会的经济生活条件。我国民法是社会主义的民法，是为社会主义经济基础服务的。民法通则的规定，要从我国的实际情况出发，体现社会主义原则，研究改革、开放、搞活的新情况、新问题和新经验，规定民事活动共同遵循的准则，并体现我国社会主义经济的某些特色，包括有计划的商品经济，发展横向经济联系，扩大国营企业自主权，社会主义公有制经济基础上个人或集体的承包经营，以及作为社会主义公有制经济的必要补充的个体经济等。因此，民法通则在公民、法人、所有权、承包经营权、民事责任、民事权利等方面，应当有反映这些特色的规定，使它成为具有中国特色的社会主义民法。

2．草案规定，民法调整作为平等主体的公民之间、法人之间、公民和法人之间的财产关系和人身关系。这一规定体现了民法的两条基本原则：第一，民法有很大一部分是以法律形式反映商品经济关系的，而商品交换的当事人的地位和权利是平等的，在民事关系中当事人的法律地位平等是民法的基本原则。第二，民法主要调整平等主体间的财产关系，即横向的财产、经济关系。政府对经济的管理，国家和企业之间以及企业内部等纵向经济关系或者行政管理关系，不是平等主体之间的经济关系，主要由有关经济法、行政法调整，民法基本上不作规定。

3．民法还要调整属于民事范围内的人身关系。公民的名誉

权、肖像权、生命健康权、法人的名称权、名誉权等，不仅受刑法的保护，而且也应受民法的保护。

4．民事关系的核心是民事权利和义务。民法通则应当规定民事活动的基本原则、民事权利主体、民事权利和义务的内容、民事权利的取得和行使，以及民事权利的保护、民事责任等。

二、关于法人

法人和自然人一样，是民事权利的主体。它是具有民事权利能力和民事行为能力，依法独立享有民事权利和承担民事义务的组织。党的十二届三中全会决定，要使国营企业“成为具有一定权利和义务的法人”。建立法人制度，对于经济体制改革和对外开放，具有重要作用。草案提出法人应当具备以下四个条件：第一，依法成立，即开办的企业或者成立的机关、事业单位和社会团体符合法律规定，为法律所允许的。第二，有必要的财产或者经费。至于哪类企业需要多少数额的自有资金，可以另行规定。第三，有自己的名称和组织机构。第四，能够独立承担民事责任。那些没有必要的财产、机构，买空卖空、牟取暴利的所谓公司或中心，不具备法人条件，不但不能成为法人，该取缔的还应当依法取缔。

我国社会主义经济制度的基础是生产资料的社会主义公有制，即全民所有制和劳动群众集体所有制，城乡劳动者个体经济是社会主义公有制经济必要的补充。企业法人主要是全民所有制企业和集体所有制企业，城乡劳动者个体经济在民事活动中的法律地位、权利、义务、责任，适用公民个人的规定。同时，在我国境内设立的中外合资经营企业、中外合作经营企业、外资企业，符合法人条件的，经我国有关主管机关批准，向法人登记机关登记，取得中国法人资格。

关于企业法人在债务方面承担民事责任问题，全民所有制企业法人由于它的财产属于全民所有，企业不能完全独立处分，但又必须独立承担民事责任。因此，草案规定，以国家交由它经营管理的全部财产承担民事责任，国家对全民所有制企业法人的债务不另行承担责任。集体所有制企业法人，以它所有的财产承担民事责任。

草案还规定企业法人如有超出登记机关核定的业务范围从事非法经营的，向登记机关、监督机关隐瞒真实情况、弄虚作假的，抽逃资金、隐匿财产逃避债务的，以及从事法律禁止的活动，损害国家利益和社会公共利益的，除由企业法人承担民事责任外，对法定代表人还可以给予行政处分，并可以责令赔偿、罚款，情节严重构成犯罪的，依法追究刑事责任。这对于防止违法经营和不正之风、维护社会主义经济秩序，是有必要的。

除企业法人外，草案还规定，机关、事业单位、社会团体在民事活动中具备法人条件的，也可以取得法人资格，享有民事权利，承担民事义务。

为了有利于企业之间和企业、事业单位之间横向联营的健康发展，草案作了以下规定：第一，企业之间和企业、事业单位之间联营，组成新的经济实体，独立承担民事责任、具备法人条件的，依法向工商行政管理机关核准登记，取得法人资格。第二，企业之间和企业、事业单位之间共同经营、不具备法人条件的，由联营各方按照出资比例或者协议，以各自所有的或者经营管理的财产承担责任，依照法律或者协议规定负有连带责任的，应当承担连带责任。第三，企业之间和企业、事业单位之间联营，按照合同各自独立经营的，其权利义务由合同规定，各自承担民事责任。由于目前企业之间、企业事业单位之间各种形式的横向联营正在发展，草案对此只作一些原则规定，有些问题还看得不很清楚的，暂不规定，以便企业之间、企业事业单位之间的横向联营有灵活发展的余地。

三、关于个体工商户、农村承包经营户、个人合伙

全国现有个体工商业一千多万户，农村有大量承包经营户从事商品生产和经营。为了保障他们的合法权益，明确经济责任，以利于个体工商户和农村承包经营户的健康发展，草案规定：第一，个体工商户、农村承包经营户的合法权益，受法律保护。第二，个体工商户的债务，个人经营的，以个人财产承担，家庭经营的，以家庭财产承担。农村承包经营户的债务，以共同生活的家庭成员的财产承担。

随着经济的发展，有不少个体劳动者合伙经营，财产由合伙统一管理和使用，合伙经营，共同劳动，分享收益，分担责任。现在这种个人合伙内部、外部责任不清，存在的经济纠纷也比较多，为此，草案规定：第一，合伙人应当对出资数额、盈余分配、债务承担、入伙退伙、合伙的终止等事项，订立书面协议。第二，合伙的债务，由合伙人按照出资比例或者协议的规定承担，除法律另有规定的以外，还应当承担连带责任，偿还合伙债

务超过自己应当承担数额的合伙人，有权向其他合伙人追偿。此外，还有的个人合伙已经发展成为带有集体经济性质的组织，因为情况比较复杂，而且还正在发展，草案未作规定。

四、关于民事法律行为

为了使公民和法人在进行民事活动时，有必要的共同遵循的准则，避免和减少民事纠纷，防止违法投机分子钻空子，草案规定：第一，当事人法律地位平等，遵循自愿原则。这一点与行政关系中的上下级关系不同。第二，遵循公平、等价有偿、诚实信用的原则。规定民事法律行为自成立时起，即具有法律约束力。第三，遵守法律，尊重社会公德，不得损害社会公共利益。目前，在国内和涉外经济活动中，都发生过一些采取行贿受贿等违法手段或者以权谋私，使国家、集体遭受损失的情况。为此，草案规定，违背法律、社会公共利益的，恶意串通，损害国家、集体或者他人利益的民事行为无效。第四，不得破坏国家经济计划、扰乱社会经济秩序，经济合同不得违背国家指令性计划。

随着商品经济的发展，代理活动越来越多，有不少代理活动手续混乱、权限不清、责任不明，无权代理、越权代理等问题时有发生。草案对这些问题作了相应的规定，并规定了代理人和被代理人在各种情况下各自承担应负的民事责任。

五、关于民事权利

公民、法人的民事权利主要包括：财产所有权；债权；著作权（版权）、专利权、商标权等知识产权；人身权等。草案规定，公民、法人的合法权益受法律保护，任何组织或者个人不得侵犯。

财产所有权是民事权利中最重要的一项权利。草案强调要保护全民和集体所有的财产，禁止任何组织或者个人侵占、破坏。同时规定保护公民的合法财产，禁止任何组织或者个人侵占、破坏或者非法查封、扣押、冻结、没收。

经营权、使用权是与所有权有密切关系而又可以和所有权适当分开的重要财产权。草案根据经济体制改革的经验规定：第一，国营企业对国家授予它经营管理的财产享有经营权，受法律保护。第二，国家所有的土地、矿藏、水面、森林、山岭、草原、荒地、滩涂，可以固定由集体经济组织长期使用，国家保护其使用、收益的权利。第三，集体所有的以及固定由集体使用的国家所有的土地、矿藏、水面、森林、山岭、草原、荒地、滩涂，可以由个人或者集体承包经营，国家依法保护其承包经营权。草案对公民承包乡镇企业，集体或者公民承包小型全民所有制企业未作规定，可由有关经济法律另行规定。第四，根据农村改革出现的新情况，拟规定农村集体所有的土地属村农民集体所有，由村农业合作社等村农业集体经济组织或者村民委员会管理；已经属于乡（镇）集体经济组织所有的属乡（镇）农民集体所有。

草案规定，公民、法人依法享有的著作权（版权）、专利权、商标权、发现权、发明权，受法律保护，不得剽窃、假冒或者以其他方式侵犯。这对促进我国科学技术发展和文化事业的繁荣，引进外国的先进科学技术，都是有必要的。

六、关于民事责任

为了切实保障公民和法人的民事权利，草案规定公民、法人由于过错侵害社会主义公共财产，侵害他人财产、人身权利的，违反合同或者不履行债务的，应当承担民事责任。我们一般采取过错责任的原则，即对有过错的行为承担民事责任。但是，有一些虽然没有过错的行为，法律规定应当承担民事责任的，也应当承担民事责任。

草案对几种民事责任专门作了规定：第一，国家机关或者国家工作人员在执行职务中，侵犯公民、法人合法权益造成损害的，应当承担民事责任。这是宪法已有规定的。它不但是为了保护公民、法人的合法权益，而且是为了有利于促进国家机关和国家工作人员改进工作、纠正不正之风和官僚主义。至于具体执行问题，还需要另行规定。第二，因产品质量不合格造成他人财产、人身损害的，产品制造者和销售者应当依法承担民事责任。运输者、仓储者对此负有责任的，产品制造者和销售者有权要求赔偿损失。这样可以保护消费者的利益，也有利于促进改进产品质量。第三，当事人一方由于上级机关的原因，不能履行合同的，仍然应当依照合同规定向另一方赔偿损失或者采取其他合理补救措施，再由有关上级机关对其因此受到的损失负责处理。

七、关于涉外民事关系的法律适用

我国实行对外开放的政策，国际交往日益扩大，涉外民事纠纷不断增加，迫切需要对法院处理涉外民事、经济纠纷时适用法律问题作出规定。草案总结我国处理这些问题的实践经验，参照国际惯例规定：第一，中华人民共和国缔结或者参加的国际条约同中华人民共和国的民事法律有不同规定的，适用国际条约的规定，但中华人民共和国声明保留的条款除外。中华人民共和国法律和中华人民共和国缔结或者参加的国际条约没有规定的，可以适用国际惯例。第二，在中华人民共和国领域内的涉外民事活动适用中华人民共和国法律，法律另有规定的除外。第三，涉外经济合同的当事人可以共同选择合同适用的法律，但是我国法律另有规定的除外。如在中国境内履行的中外合资经营企业合同、中外合作经营企业合同、中外合作勘探开发自然资源合同，适用我国的法律。第四，依照民法通则规定适用外国法律或者国际惯例的，不得违背中华人民共和国的社会公共利益。这些规定既有利于对外开放，又能维护我国主权和利益。

八、鉴于各少数民族风俗习惯不同，情况各异，草案规定，民族自治地方的人民代表大会可以根据本法规定的原则，结合当地民族的特点，制定变通的或者补充的单行条例或者规定。

关于人大代表名额和差额选举的问题*

（一九八六年六月二十五日）

今天，我对减少代表名额和差额选举问题发表一些大胆的看法，也许是不得人心的。因为大多数人都是主张增加人大代表名额，而不是减少名额；对差额选举也有不同的看法。我今天的意见有不妥当的，可以改，也可以推翻，如果不行就仍维持现在的做法。

一、关于人大代表名额问题

1979年制定选举法时，就想把人大代表的名额减少一些，可是减不下来。我们提出，为了便于开会、讨论问题，人大代表减少一些效率会更高一些。可大家提出，要照顾各地方、各方面，还有少数民族也要照顾。由于各地对减少代表名额都有意见，只好原则规定，人大代表的具体名额由各省、自治区、直辖市自己确定。结果造成各地人大代表人数不断增加。现在全国省级人大

---

* 这是王汉斌同志在省、自治区、直辖市人大常委会负责人座谈会上的讲话。

代表就有24543名，其中29个省、自治区、直辖市中，人大代表人数超过1000人的就有6个；在800到999人之间的有13个；在600到799人之间的有4个；在400到599人之间的有6个，最少的是青海省，也有代表450名。人大代表的名额确实是多了。

我们现在考虑，借这次全国换届选举的机会，对各级人大代表名额作出统一规范，将代表名额减少一些。首先是统一规范，代表名额问题也要科学化、规范化，解决各自为政的问题，改变人口少的地方人大代表多，人口多的地方代表反而少的状况。第二，党政各部门的负责人大多数可以不提名为人大代表候选人，减少党政干部人大代表名额。第三，一些平时工作很忙，基本没有时间参加代表活动的专业人员，也可以不提名代表候选人。第四，一些年事已高，担任过多届人大代表的现任代表可以不再连任。这样从以上几个方面适当减少人大代表名额，是完全可行的。

减少代表名额也涉及到政治体制改革。要从政治体制的高度来考虑减少人大代表名额问题。从精简、效能出发，减少人大代表名额可以便于开会，讨论问题，使人民代表大会能够认真地而不是敷衍地履行职责，能够卓有成效地工作。人大代表名额减少了，就必然涉及代表结构的调整，这也是个改革。要提高对人大代表素质的要求，改变人大代表和各级人大常委会组成人员的智力结构和年龄结构。人大代表应该是社会活动家，具有一定的文化程度，有一定的议政能力和高度的参政热情。人大代表不是荣誉职务，不能只讲安排照顾。单纯从安排照顾出发选举代表，会影响人民代表大会和人大代表的形象。人大代表名额少了，人大代表的标准高了，就要选举那些能够代表人民行使管理国家事务的人当代表，使各级人民代表大会更好地发挥职能作用，履行宪法赋予的权利。代表真正履行了代表职权，人大代表在人民群众眼中的分量也就提高了。

现在有一种矛盾现象：一方面喊人大开会多了，一年一次大会，两个月一次常委会，感到开会是麻烦，是负担；另一方面却又嫌人大代表名额少，要增加代表。主要是要照顾方方面面。可见增加代表名额并不一定是为了更好地发挥人大代表的作用，更好地行使人民代表大会的职权。人大代表中有些照顾是必要的，比如说对少数民族就需要照顾。但是要照顾到方方面面，照顾得太细，就需要研究。比如，人大代表中要有优秀的运动员，但不能足球、排球、乒乓球、长跑、短跑、跳高等各个项目都要有人来当人大代表。照顾可以只考虑几个大的方面，如党外人士、妇女、少数民族、科技界、文艺界等，不能要求各行各业都照顾到。有的还提出，人大代表也要照顾到各个地方，每个县、每个乡，甚至每个自然村都要有人大代表，人大代表的人数自然就多了。

怎么减？就是作出统一规范，定出一个确定人大代表名额的客观标准，按地区、按人口，把人大代表名额规范化、科学化。具体地讲就是给各级人大代表的名额确定一个基数，比如省级300名、设区的市和自治州200名、县级100名、乡镇30名。这个基数并不按照人口的增加而增加。在这个基数的基础上，再按人口数的多少确定具体的代表名额。如省级每15万人增加一名代表、设市的市和自治州每2.5万人增加一名代表、县级每0.5万人增加一名代表、乡镇每0.15万人增加一名代表。级别基数加上按地区人口数增加的代表数，就是本级人大代表的名额。这样人口多的地方代表就会多一些，最多不超过1000名；人口少的地方代表名额也不至于太少，算上对少数民族照顾的名额，这些地方人大代表名额并不会减多少。计算下来，各级人大代表名额比现在实际的名额要减少了，但比1953年第一次确定的地方人大代表名额还要多一些，比国外议会议员的名额就更多了。关于代表的名额，我们提出了具体的建议，都写在文件草稿中，请大家研究是否可行。

把人大代表的名额减下来，是否能够做到？有的讲难度很大。征求意见的时候，不少地方的同志不赞成代表名额减少，或者说原则上同意减少，一到具体测算名额时，就感觉名额少了。有的提出代表名额减多少，可由地方自己定。有的建议全国人大常委会只规定省级人大代表名额，省级以下各级人大代表名额由省级人大常委会决定。我们考虑，全国还是统一的规范为好，这里关键是个认识问题和下决心的问题。我们要建设什么样的人民代表大会？要不要建设一个有权威、有成效的人民代表大会？我们需要从这个高度考虑和认识减少人大代表名额问题。

上面讲的一些话可能有不合适的地方，主要是希望大家实事求是地认真探讨这个问题，对它的必要性和可行性都需要作一番研究，仅仅具有必要性而在实践中行不通也不行。这次对各级人大代表的规范，先以中央文件的形式下发各地执行。经过一段时间的实践，如果可行，再作出法律规定。

二、关于差额选举问题

选举是人民行使当家作主的基本权利，是人民最基本的政治权利之一。选举有等额选举，也有差额选举。我们原来实行的等额选举做法，是照抄苏联的，实行起来弊端很多。我们1979年制定的选举法和地方组织法第一次规定了对人大代表和地方国家机关领导人员实行差额选举。1980年2月，党的十一届五中全会《关于党内政治生活的若干准则》提出党内实行差额选举。这是我们党和国家总结历史的经验和教训，对我国选举制度的一项重大改革。实践证明，实行差额选举有利于选民、代表根据自己的意愿行使民主权利，有利于发扬人民民主，对代表和干部也有监督的作用。

对政府领导人员是否要实行差额选举，一直有不同意见。有的人嫌麻烦，根本不赞成选举，认为由上级任命就可以了。应该看到，选举和任命这两种形式是不同的，最大的不同在于，选举产生的人员要向选举他的选民和代表负责，而任命的官员可以只向任命他的机关负责。等额选举实际上是任命。实行等额选举，往往只能选列入候选人名单上的人，尽管你说可以在名单以外另选他人，可往往是个形式，除了极个别“从票箱里跳出来的”以外，候选人名单以外提出来的人选，一般不可能当选。

那些坚持等额选举的意见，主要理由就是要保证党委或者上级提名的候选人当选。保证党委或者上级提名的人选当选是必要的，但是也不能讲要绝对保证。如果多数或者大多数代表不赞成，也一定要保证当选就有问题。进行选举要多做代表的工作，使代表了解候选人的情况，争取代表的同意，使选举结果与党委的初衷相一致，这是我们所要争取达到的目标。但是如果代表不赞成，而一定要代表赞成，那选举不就是走形式吗？还要选举干什么？人大代表行使当家作主的权利还不是一句空话，代表就没有什么民主权利可言。

保证当选的做法，实质上是把选举变成了任命，容易造成选民、代表对当选人事实上无法监督，只能由上级监督。而当选的干部就会只对上级负责，造成对上级负责与对人民负责的分离。一些人听上面的话，不听群众的意见；只要是上级决定的，即使有问题也不考虑群众的反应，群众提意见他也可以不听，因为他可以对群众不负责任。长此以往，极容易滋生脱离群众的官僚主义作风。

我们党是执政党，党管干部是个原则。我们党长期领导中国革命和建设，在广大人民群众中是有威信的。因此，我们党提出的候选人名单，绝大多数干部群众都是拥护的，一般都是能够当选的。在选举中出现个别不能当选的情况，并不影响我们党的威信，反而对我们党的威信的树立有好处。兼听则明，党的形象会更好。选民、代表帮助我们党考察干部，选出群众最满意的人，对激励当选的人做好工作，努力贯彻党的路线方针政策有积极的作用。党中央、中组部一再强调，选拔干部要走群众路线，任用干部之前要进行民意测验，要得到大多数群众的赞同。进行选举，选民、代表投票，是另一种形式的民意测验，也是走群众路线。多数选民、代表赞成了，就会投票选你；没有选上的，也是表达了多数选民、代表的意见。

考虑保证党委提名的候选人当选，还有一个重要原因是要安排、照顾各个方面，党内、党外、妇女、科技、性别、年龄等等，如果有一个人没有当选，这个班子就好像缺少一块，工作无法干了。这个问题需要我们从改进工作出发予以解决。党委或者上级提名的候选人名单，一定要经过反复酝酿，把党委的考虑向代表讲清楚，将候选人的情况尽可能详细地介绍给代表，使代表的大多数都了解、都接受。同时可以考虑采取一些技术性的办法，如把党委提名的候选人排在名单的前面，代表联名提出的人选排在名单的后面等。我们把细致的工作做在前头，一般情况下，党委提出的人选是可以保证“当选”的。

搞好选举工作，关键是坚持差额选举。我们在选举中要注意做到以下几点：一是选民或代表依法联名提出的候选人，都必须列入候选人名单。二是如果实行预选，代表提出的候选人也必须列入候选人名单，不能等额预选。经过预选确定的正式候选人，可以差额选举，也可以等额选举。[①] 三是不经过预选，大会主席团不得去掉任何依法提出的候选人。也就是说，大会主席团也无权将代表联名提出的候选人不列入候选人名单。四是选民、代表提不出候选人是否就搞等额选举？据我们了解，在选举中选民、代表还是能够提出候选人人选的，主要问题是让不让人家提。因为在一个省、一个市，特别是在一个县的范围内，群众对我们的干部还是有所了解的，哪个好哪个不好，群众心里是有数的。这里有个发扬民主的问题，要鼓励代表提出自己认为更为合适的人选来。选举要充分体现选举人的意志，充分发扬民主，让代表真正行使自己的民主权利。选举应当实行候选人多于应选人的差额

① 1986 年 12 月对地方组织法的修改，删去了关于预选的规定。规定正职领导人员的候选人数一般应多一人，进行差额选举；如果提名的候选人只有一人，也可以进行等额选举。对副职领导人员，规定必须实行差额选举。

选举办法，不得规定必须选举某个人或不得选举某个人。个别有特殊情况的人选，需要由组织上推荐选上的，也必须确实取得多数选举人的同意。

最后讲一个问题，就是对县乡换届选举的时间要不要作出统一规定。前面我已经讲了，选举要制度化、规范化，统一规定县乡换届选举时间也是制度化、规范化的重要内容。上次全国人大常委会作出决定，全国县乡换届选举要在 1984 年底完成。按照这个决定，全国下一次换届选举应该在 1987 年进行。上次换届选举的法定时间是 1984 年，因此，不管 1983 年换届的，还是 1985 年换届的，县乡统一在 1987 年进行新的换届选举。有的讲我 1985 年换届的，1987 年又换届，任期都不够。这恰好说明了需要作出统一规定。总要有一次把它找齐，否则明年换届选举时全国还是不能统一。省级上次统一规定是 1983 年初换届选举，与全国人大的换届时间衔接起来。这样，1987 年底或者 1988 年初，全国省一级统一换届选举。需要强调的是，设区的市、自治州的换届选举将来也要过渡到统一的时间。

以上是我个人一些不成熟的看法，可能有的讲得不对，但还是有些根据才讲的，请大家进一步研究。

关于加强人大工作的几个问题*

（一九八六年七月二十七日）

党的十一届三中全会以来，人大及其常委会的工作进入了一个重要的历史发展时期。党的十一届六中全会决议指出，要使各级人民代表大会及其常设机构成为有权威的人民权力机关。新宪法对完善人民代表大会制度作出了一系列重要规定，对健全我国社会主义民主和法制，加强各级国家权力机关的建设，具有深远的历史意义。

这几年，各级人大及其常委会的工作逐步有所改进和加强。全国人大及其常委会制定和通过了一系列重要法律，努力建设具有中国特色的社会主义法律体系；依法审议、决定重大事项，对行政、审判、检察机关的工作进行监督，选举和任免国家工作人员，体现了人民管理国家事务的权力，推动了社会主义物质文明和精神文明的建设；加强了人大常委会的组织制度建设和各专门委员会的工作。人大及其常委会的地位和作用越来越受到重视。广大人民群众和各级人大代表对人大及其常委会的工作寄予很高

---

* 这是王汉斌同志主持起草的一个报告稿。

的期望，强烈要求人大及其常委会发挥国家权力机关应有的作用，这是加强和改进人大及其常委会工作的强大动力。

我们国家五十年代就建立了人民代表大会制度，也积累了一些经验，但是按照建设高度的社会主义民主和健全的法制的要求来建设人大，还是一个新课题；地方各级人大常委会是近几年才建立的，还缺少经验；人大及其常委会工作中遇到不少问题和困难，我们工作中也有不少缺点和问题。现在，中央提出政治体制改革，按照新宪法行使职权的六届人大任期即将届满，将要进行换届选举，人大及其常委会的工作正处在一个重要的转折关头。我们应该在这个关键时刻认真总结和改进人大和人大常委会的工作，进一步开展人大工作的新局面。这是建设高度民主、高度文明的社会主义国家的需要，是健全和完善国家政治体制，保障社会主义现代化建设顺利进行的需要。

一、加强社会主义民主和法制建设是我们党和国家面临的一项迫切的根本的任务

党的十一届三中全会提出了发展社会主义民主、健全社会主义法制的任务。最近，邓小平同志又强调指出，要一手抓建设，一手抓法制。这是对建国以来历史经验教训的科学总结，反映了我国历史发展的必然规律，是指导我国社会主义发展的一个极为重要的方针。

经过几年的努力，我们在社会主义民主和法制建设方面取得了重大进展。全党和全国人民越来越深刻地认识到，发展社会主义民主，健全社会主义法制，是同我们社会主义国家的性质不可

分的，是政治体制改革的重要方面，是维护国家长治久安、进行经济体制改革和四化建设，实现社会主义现代化的根本保证，也是建设现代化的社会主义国家的根本标志。

但是，应当看到，建设高度的社会主义民主和健全的法制，是一个长时期的任务，现在距离这个目标还有较大的差距。由于我们国家长期受封建主义思想影响，缺乏民主和法制的传统，由于旧的习惯势力的影响，在民主和法制建设方面还存在不少问题、困难和阻力，我们的社会主义民主和法制还不够完善，在现实生活中存在着理论上广泛的民主同实践中还不充分的民主的矛盾。

我国的社会主义民主是比资本主义民主“更高类型的民主”。我们党和国家政权是代表人民利益、为人民服务的，这是资本主义民主不能比拟的。但是，人民群众认为我们的民主和法制建设还有这样那样的问题，存在着这样那样的缺陷。其中，有一个很重要的问题是，我们民主的形式、民主的制度还不健全，还需要进一步采取一系列相应的措施和步骤。我们需要重视，民主是一种国家形式，是国家根本的政治制度而不仅是一种手段。要用令人信服的事实来证明我们的社会主义民主，不但在内容上而且在形式上确实比资本主义民主更广泛、更充分、更优越。这是人大及其常委会的基本任务，也是全党全国人民的一项根本任务，是建设具有中国特色的社会主义的一个主要内容。

二、发展社会主义民主，使民主制度化、法律化，最重要的是健全人民代表大会制度

宪法规定，我国的一切权力属于人民。人民行使国家权力的

机关是各级人民代表大会及其常务委员会。这几年，由于党中央的重视和加强领导，人大及其常委会在国家政治生活的各个方面发挥了越来越重要的作用。但是，人们还认为，人大及其常委会还没有充分履行宪法所赋予的职权，还没有很好地成为有权威的国家权力机关。

我国的人民代表大会制度，既不同于资本主义国家议会的模式，也不同于苏联及其他一些社会主义国家议会的模式，人大常委会同政府不能唱对台戏，也不能只是走形式的“橡皮图章”。我们的人大同政府的根本任务、根本目标是一致的，是互相配合、互相支持的。但是，也有不同的分工，不同的职责，不同的作用。属于人大和人大常委会职权范围内的事项，应依法提请人大或人大常委会审议决定；属于政府职权范围内的事项，原则上应由政府处理，人大和人大常委会一般不要作决定，不要不适当地干预政府职权范围内的工作。

人大和人大常委会工作的特点是集体行使职权，集体决定问题。在审议议案和决定问题时，要体现人民行使管理国家的权力，体现人民民主的权利，就要提倡广开言路，畅所欲言，各抒己见。提倡知无不言，言无不尽，言者无罪，闻者足戒！要在坚持四项基本原则的前提下，允许对党的具体方针、具体政策、具体措施，包括对党中央的决定和中央负责同志的讲话提出不同的意见。不论是赞成的还是反对的，包括难听的话，都要听。即使不那么正确的意见，听了也有好处。重视和尊重不同的意见，是建设高度的社会主义民主制度和健全国家政治生活所不可缺少的。正如邓小平同志指出的，一个执政的无产阶级政党，就怕听不到人民的声音，最可怕的是鸦雀无声。党员代表也允许这样做，但在表决时，必须服从党的最后决定。我们认为这样做，有利于发扬民主，集思广益；有利于健全决策机制，减少失误；有利于健全人民代表大会制度，发挥代表大会应有的作用；也有利于运用国家机制的制衡作用调节国家政治的、社会的、经济的种种矛盾。

人大是按照民主集中制原则进行工作的，需要特别注意民主的程序、民主的形式、民主的制度，按照少数服从多数的原则决定问题。多数人不赞成的，可以说服解释，但不要勉强要求通过。讨论有关人事任免的事项也应这样办。现在有的地方在讨论人事任免时根据多数代表或委员的意见撤回原定人选，反映很好。这样做，既体现了人民当家作主的民主精神，也提高了党的威信。如果多数代表或委员不同意，还要硬性要求通过，这不仅违背了民主制原则，也不符合党中央一再强调的选拔干部要经过民意测验的精神和我们党一贯倡导的群众路线。

三、为了发展社会主义民主，必须加强社会主义法制建设

党的十一届三中全会强调提出，为了保障人民民主，必须加强社会主义法制，使民主制度化、法律化，使这种制度和法律具有稳定性、连续性和极大的权威，做到有法可依，有法必依，执法必严，违法必究。邓小平同志也指出，“必须使民主制度化、法律化，使这种制度和法律不因领导人的改变而改变，不因领导人看法和注意力的改变而改变。”党章规定，“党必须在宪法和法

律范围内活动。”宪法规定，“任何组织或者个人都不得有超越宪法和法律的特权。”这是我们建设社会主义法制的根本指导思想，我们一定要坚定不移地贯彻落实。

党的十一届三中全会以来，社会主义法制建设已有显著的进展。全国人大及其常委会相继制定了新宪法和五十部法律，通过补充、修改法律的决议和有关法律问题的决定四十八部，国务院制定了四百多部行政法规，各省、自治区、直辖市人大及其常委会制定了七百多部地方性法规。民法、刑法、诉讼法和国家机构方面的法律基本都制定了，也制定了一批重要的有关经济方面的基本法律，我们在政治生活、社会生活、经济生活的基本方面已不是无法可依，而是有法可依。但是，我们的法律还不够完备，主要是经济法、行政法不完备，还不适应经济体制改革和“四化”建设的需要。现代国家管理的事务越来越复杂，为了使国家管理走上法制的轨道，需要制定的经济法、行政法还很多，我们必须继续抓紧这方面的立法工作。

当前的突出问题是，已经制定的法律还没有得到充分的遵守和执行。不少干部，包括一些负责干部，法制观念薄弱，以言代法，以权代法，徇私枉法的事时有发生，有法不依、执法不严的现象在一些方面还很严重。有的不尊重人民或代表行使民主选举的权利，不注意支持国家权力机关行使职权，对依法应经人大选举或人大常委会任命的人选，未经人大任命就宣布任免，或者硬性要求保证党委提名的人选当选或任命；在处理党员干部违法乱纪、违法失职问题时，只作党纪处理，而忽视依法应予追究的法律责任；有的部门和地方为了局部利益，往往“以罚代刑”，应该追究刑事责任的也不追究；有的法律已经制定了，但在处理问题时却不考虑依法办事等等。人民群众强烈要求加强对法律实施的监督，要求切实做到有法必依，执法必严，违法必究。

我们还处在从过去战争时期主要依靠政策，过渡到现在不仅依靠政策，还要依靠法制管理国家的大转变时期。要做到严格依法办事，还需要一个过程。根本的问题是教育人，要加强法制教育，提高广大干部和群众的法制观念。去年，全国人大常委会通过了基本普及法律常识的决议，党中央、国务院发了专门指示，要求在全国范围内开展普法工作，把法律武器交给人民群众，使每个公民和干部都知法守法，树立法制观念，学会运用法律武器同一切违反宪法和法律的行为作斗争，保障公民的合法权益，维护宪法和法律的实施。现在，全国普及法律常识工作开展得很好，中央政治局、书记处以及各部门、各地方的许多领导同志带头听法律课，对普法教育起到很大的促进作用，表明这一决策非常符合群众愿望和实际需要，对法制建设将要发挥重大深远的影响。

当前，还要特别强调各级党委重视依法办事，重视监督法律的实施。党中央早已明确，党领导人民制定宪法和法律，也领导人民遵守和执行宪法和法律，现在必须抓紧落实。党委要注意依法办事，在研究决定问题时，要先了解法律有没有规定；是否符合法律规定；依照法律规定应当怎么办。对有法不依、执法不严的问题要注意检查、纠正。有的要提醒注意，有的要批评纠正，对严重违法行为还应追究责任，甚至刑事责任。

此外，人大及其常委会、行政、司法机关都要注意依法办事。人大常委会作为监督国家法律实施的机关，更应加强对法律实施的检查、监督。对严重违法而又不好解决的问题，应及时报告中央或同级党委解决。常委会自身要特别强调严格依法办事，坚决避免和纠正任何不符合法律规定的做法。

四、加强人大及其常委会的组织制度建设

为了使人大及其常委会成为有权威的国家权力机关，履行宪法赋予的职权，还必须加强人大及其常委会的组织制度建设。

要改进人大常委会的组成。全国人大常委会专职委员应逐步增至占常委会组成人员的三分之二左右，地方各级人大常委会的专职委员应增至一半左右。为了保持人大工作的连续性，常委会主任或副主任应有年纪较轻能连任两届的人选。现在各地普遍反映，考虑到人大常委会在国家政治生活中的重要地位和作用，应有人大常委会党员主任或副主任参加同级党委常委。这几年地方各级人大常委会的组成人员变动过多，在机构改革的过程中有需要，今后应尽量避免。常委会主任、副主任以及委员应能任满一届，不能任满一届的不安排为候选人。已经当选的，即使任内年龄过限，也要任满一届。身体不好，不能坚持工作的，不宜安排为常委会组成人员。

还要适当改变代表的组成。现在各级人大代表名额过多，不便于开会、讨论问题，也不利于发扬民主，不便于代表大会很好地行使职权。代表名额过多的主要原因是考虑安排照顾太多，而对代表大会如何有成效地进行工作考虑不够。为了把人大建设成为有权威又有效能的国家权力机关，需要按照精简和效能的原则，适当减少代表名额，这是政治体制改革的一项措施。可以只

照顾几个主要方面（党外、妇女、少数民族、科技界、教育界、文艺界等），不要各行各业、方方面面都照顾；党政各部门的负责人如非工作需要可以不安排为代表候选人；上届代表根据党内政治生活的若干准则的精神，有一部分可以不安排连任。要考虑代表条件，代表应有一定的社会活动能力和议政能力，能够行使代表的职责，不要单纯作为荣誉职务照顾安排。

要为代表和委员更好地行使职权提供必要的条件，如审议议案时提供有关资料；安排经常的分散和必要的集中相结合的多种形式的视察；在代表比较集中的城市可以建立代表组，以便组织安排代表进行视察和其他活动。还要按照干部四化的要求配备好办事机构的工作人员，建立精干、有效能的办事机构，以便更好地为人大和常委会开展工作服务。

五、改善和加强党对人大工作的领导

现在党中央提出要进行政治体制改革，一个重要内容是解决党政不分、以党代政、权力过分集中的问题。一些同志提出，党对人大的领导也有一个适应新的历史情况和任务、相应改善领导方式和领导方法的问题，我们认为这是需要加以考虑的。

党的十一届三中全会以来，党中央一再强调，党是国家生活的领导者，而不是管理者。党对国家生活的领导，主要是政治思想的领导，路线、方针、政策的领导，而不是党委决定一切，包揽一切，不是党委直接向人民群众发号施令。关系到国家和人民的大事，光是党内作出决定还不行，还要通过国家的形式，变成国家的意志。经过国家权力机关或者行政机关的决定，才能更好地组织人民群众建设新生活，并对各级国家机关和人民群众发挥有约束力的作用。人大及其常委会必须坚决贯彻党的路线、方针、政策，但在具体决定问题时，应当尊重多数代表或委员的意志。完全属于法律范围的问题，有关部门可以按照法律规定和法律程序去办。党委干预过多，不利于在人民群众中树立法制观念。

党政分工，包括党同政府的分工，也包括党同国家权力机关的分工。党章中规定，“党必须保证国家的立法、司法、行政机关，经济、文化组织和人民团体积极主动地、独立负责地、协调一致地工作。”这就明确了党不好代替国家机关、经济组织和群众团体的职能，而应该发挥他们各自的不同作用。宪法和组织法所规定的人大及其常委会的地位和职权，全党都应尊重，并应切实保证国家权力机关依法行使职权。坚持党的领导同发挥国家权力机关的作用是一致的，改善党对人大工作的领导，不是削弱党的领导，而是为了更好地实现党的领导。从根本上说，各级人大及其常委会要能发挥作用，改善和加强党的领导是关键。各级人大及其常委会要坚持尊重党的领导，服从党的领导，讨论、决定重大问题必须事先向党委请示报告，工作中遇到人大常委会自身解决不了的问题要随时报请党委帮助解决。

关于我国社会主义法制建设的几个问题*

（一九八六年九月十三日）

党的十一届三中全会总结建国以来的历史经验，提出发展社会主义民主，健全社会主义法制，使民主制度化、法律化，这是我们国家面临的一项根本任务。今年初，邓小平同志说，搞四个现代化建设，一定要有两手，即一手抓建设，一手抓法制。最近又说，我们现在的重点是端正党风，但对全局来说是抓法制，把法制建设提到极为重要的位置。几年来，我国法制建设有了重大进展，最主要的是制定了新宪法和一系列基本的、重要的法律，使国家生活、经济生活、社会生活逐步走上法制的轨道。我在这里讲四个问题。

---

* 这是王汉斌同志在全国人大常委会法制工作委员会和国务院法制局举办的第一期全国立法工作干部培训班上作的报告。

一、关于新宪法

新宪法对发展社会主义民主、健全社会主义法制作了一系列重要的规定，对国家政治体制作了一系列重要的改革。最近中央提出，经济体制改革要以政治体制改革作保证。要坚定不移地进行经济体制改革，坚定不移地进行政治体制改革。还提出，我们所有的改革最终能不能成功，还是决定于政治体制改革。政治体制改革是个十分重要的问题。宪法为政治体制改革迈出了重要的步伐。从三个方面讲：

（一）关于国家体制的重要规定和改革

1. 恢复设立国家主席。国家主席是一九七五年和一九七八年宪法取消的，恢复设立国家主席也是拨乱反正。当初要不要设立国家主席有不同的考虑，后来邓小平同志讲了，我们这么大的国家，不设国家主席不行。如果有外国元首来了，谁来接待？所以，设国家主席对开展对外交往也是很重要的。

2. 国家设立中央军事委员会，领导全国武装力量。全国人大是国家最高权力机关。一九七八年宪法只规定中共中央主席担任中央军委主席，对军队和人大的关系没有规定。军队和国家的关系不明确，不清楚。新宪法规定国家设立中央军事委员会，军委对人大及人大常委会负责，这就明确了军队同国家的关系。从法律上明确人民解放军是国家的军队，这是一个很重要的修改。

3. 规定国务院实行总理负责制，各部、委实行部长、主任负责制，各省、市实行省长、市长负责制。明确行政部门实行首长负责制，副职都是协助正职工作的，不能像过去一些机关，人人都有否决权，不好办事。这是行政领导体制的重要改革，权、责明确统一，出问题找部长，对提高行政效能有重要作用。现在实行厂长负责制，也是这样，权、责统一。行政部门实行首长负责制，也要有集体领导，也要集思广益。因此，宪法又规定了国务院有国务院全体会议、常务会议，各部门有部务会议、委务会议，把集体领导同首长负责制结合起来。

4. 规定国家领导人连续任职不得超过两届（十年），废除实际存在的领导职务终身制。

5. 国务院设立审计机关，在总理领导下，依法独立行使审计监督权。地方各级政府也相应设立审计机关。审计机关上下级有领导关系，有一定的垂直领导关系，这是保证有效行使审计监督制度所必须的。建立审计制度，对预算的执行实行审计监督，是保证国家预算正确执行的重要制度。许多国家都有这种制度，南斯拉夫就有这样的制度。我国长期没有设立审计机关，致使预算的制定和执行中的一些问题（例如，基建项目实际投资往往大大超过预算），长期不好解决。因此，建立审计制度，也是健全国家行政机制的重要的改革措施。

（二）健全和完善人民代表大会制度

我们讲，民主制度化、法律化，很重要的就是健全和完善人民代表大会制度。如果说我们国家有那么个机关，主要搞民主与法制建设，那就是全国人大。民主与法制建设是全国人大的首要任务。新宪法对完善人民代表大会制度有一系列新的重要规定。

1．扩大人大常委会的职权。全国人大代表有2978人，不能经常开会，不扩大人大常委会的职权，就不能适应民主、法制建设的需要。新宪法对扩大人大常委会职权有一系列规定，主要是规定常委会有制定除刑事、民事、国家机构和其他的基本法律以外的法律的权力。过去一九五四年宪法规定，人大制定法律，常委会制定法令。这次明确了人大常委会同样可以制定法律，而且在同全国人大制定的法律的基本原则不抵触的前提下，还可以对这些基本的法律作部分的补充和修改。根据这一规定，几年来，人大常委会制定了大量的单行法。一九八三年以来，制定了25部法律，其中19部是常委会通过的。另外，常委会还通过了一系列修改、补充法律的决定。人大制定的法院组织法、检察院组织法和刑法、刑事诉讼法的某些修改，都是常委会通过的。扩大人大常委会的立法权是加强法制建设很重要的步骤。还有对国家预算、国家计划，可以作部分修改。这也是扩大常委会的权力，是根据实践，一九八〇年调整时，国家预算作了比较大的调整。当时就有这个问题，人大通过的预算，国务院改了是个问题，常委会要改也没有依据。所以这次宪法就明确了，常委会可作部分调整，遇到特殊情况，根据这个规定就可以办事。关于人事任免，这次有个重要规定，人大常委会可以任命全体国务院的部长、主任。过去规定常委会只可以个别任免。这几年来，特别是机构改革以后，人事调整比较多，只个别任免就不能适应实际需要。国务院总理、副总理、国务委员，规定要由大会任免，这是为了保证国家领导核心的稳定。扩大人大常委会职权主要是上面讲的三个方面。

为了保证人大和人大常委会有效地行使职权，宪法规定人大设立六个专门委员会；常委会的组成人员不得兼任国家行政机关、审判机关、检察机关的职务，实际上要求常委会委员大部分是专职的。几年来的实践证明，这两条规定对常委会发挥权力机关的作用有重要意义，是不可缺少的，同时也是组织上的保证。这届常委会工作比过去有进展，比较活跃，这是很重要的因素。例如常委会委员大部分为专职，在构成上也有较大改变。现在人大常委会组成人员，包括委员长、副委员长共一百五十五人，其中担任过副部长以上职务的共一百零四人，占三分之二，许多老部长有丰富的经验。因此，常委会议事水平大大提高，特别是审议法律案，意见都很中肯，跟过去大不相同。最近对破产法的讨论，许多委员提的意见很有研究，好多都是经济部门的老部长，提了很多意见。六届人大四次会议又把在京的常委会委员补进专门委员会，以便更好地发挥委员的作用。一年开五六次常委会会议，还有视察活动，比过去活动增加了。最近对三峡工程争论很厉害，财经委员会在王任重副委员长主持下，专门召开会议，听取关于三峡工程的汇报。

2. 规定县级以上地方人大设立常委会。过去是人民委员会，既是人大的常设机关，又是人民政府的委员会，权力机关对政府的监督职能就受到影响。设立人大常委会是地方政权建设的一项重要改革，对政府工作有一定的制衡作用，对正确决策、减少失误有好处。最近湖南省人大常委会对公路建设占地不依法办事问题进行了讨论，提交政府研究解决。所以，有个机关发挥制衡作用，对改进工作有好处。

3. 省级人大及其常委会有权制定地方性法规，包括全国人大还没有制定的法律，地方也可以先制定有关的地方性法规，扩大地方的权力。有立法权，这是很重要的一个权力。我们的国家大，情况复杂，地方没有一定的立法权是不行的。几年来，省级人大制定了700多部地方性法规，可见很有必要。现在，大家还缺乏经验，将来地方性法规的数量会是很大的。沿海地区和内地、大城市和小城市、开放城市和不开放城市，都有很多不同之处。现在不是研究修改地方组织法吗？最近正在研究扩大较大的市的立法权问题。

4. 县、乡两级人大代表由直接选举产生。过去是乡、镇、市基层直接选举，现在扩大到县，是民主制度的一个发展。

"斯大林宪法"中说的选举的普遍、平等、直接、无记名四大特点，我们不能都做到。县级以上还是间接选举为好，这是历史原因造成的。因为我国在长期革命斗争中形成了统一战线，实行间接选举，便于照顾各方面，如党外人士、妇女、少数民族、各界（科学界、教育界、文艺界）等。如果直接选举，难以照顾到这些方方面面。

5. 实行差额选举。这样规定有利于选民和代表根据自己的意愿行使民主选举权利，有利于发扬人民民主。等额选举虽说可以另选别人，但实际上别人是选不出来的，与委任制差不多。差额选举，选举人有选择余地。实践表明，党委提出的候选人，一般能选上；选不上的，就是群众意见多的、不满意的人，这样的人选不上恐怕有好处，这对干部也是一种监督，还有助于党委处理某些难题。现在的干部任免制度，安排照顾的因素考虑得不少，有的干部本来不行，却要求在安排使用上给予照顾。有了差额选举制度以后，大家不选你，这就没说的，不然不好办。现在，波兰搞差额选举，匈牙利也是，除少数必须保证外，都差额选举，差额选举下来很厉害，原来的政治局委员、书记处书记、前任总理、部长，都有落选的。南斯拉夫也搞差额选举。现在看来，搞差额选举是一个进步。有人说选不上是“陪绑”，这是缺乏民主选举习惯的表现，或者是气话。外国人选举，落选的向当选的祝贺，人家不觉得什么，咱们还是个习惯问题。究竟是被提名光荣，还是不被提名光荣，是很明显的。我看被提名很不容易，外国竞选，被提名并不简单。

6. 改变农村人民公社政社合一的体制。现在看来是天经地义，当初作这一决定很不容易，邹瑜同志做了大量调查，彭真同志专门找杜润生、李友九、陈希同等同志到北戴河研究，确定修改。实践证明，政社分开，对农村改革、推行大包干责任制是很必要的。

（三）确立法制的统一和法制的权威

宪法序言中规定：“全国各族人民、一切国家机关和武装力量、各政党和各社会团体、各企事业组织，都必须以宪法为根本的活动准则，并且负有维护宪法尊严、保证宪法实施的职责。”宪法总纲中规定：“国家维护社会主义法制的统一和尊严。”“一切法律、行政法规和地方性法规都不得同宪法相抵触。”“任何组织或者个人都不得有超越宪法和法律的特权。”“一切违反宪法和法律的行为，必须予以追究。”（最后这句话是五届人大五次会议

讨论中加上的）

党的十二大通过的新党章规定，“党必须在宪法和法律范围内活动。”这条很重要，党也不能违法，更不能违宪。

胡耀邦同志在十二大政治报告中强调这是一项极其重要的原则，从中央到基层，一切党组织和党员的活动都不能同国家宪法和法律相抵触。

党和国家分别在党章和宪法中作出这样的规定，是我国加强社会主义法制建设的根本保证。

几年来，有人讨论人治、法治问题。邓小平同志指出，为了保障人民民主，必须加强法制。必须使民主制度化、法律化，使这种制度和法律不因领导人的改变而改变，不因领导人的看法和注意力的改变而改变。这是加强社会主义法制极为重要的标志。法律总是人制定的，也是人执行的，这同法治并不矛盾，不能由此说明这是人治，这不是区别法治、人治的标志，最重要的标志是“两个不变”。如果不是这样，如果我们的制度和法律可以因为领导人的改变而改变，可以因为领导人的看法和注意力的改变而改变，即所谓“人存政举、人亡政息”，那就不是法治而是人治了。

宪法的这些规定，反映了全党、全国人民从历史经验中，特别是“文化大革命”的教训中认识到的一条重要真理：发展社会主义民主，健全社会主义法制，是关系到我们国家能不能长治久安，能不能经得起各种风险，保障社会主义现代化建设顺利进行的一个极为重要的问题，反映了我国历史发展的必然规律，也是我国社会主义发展的必然规律。一九五四年我们不就有宪法了吗？如果一九五四年宪法得到遵守，也不会造成后来“文化大革命”的历史悲剧。

坚持按照宪法办事，像党中央可以直接决定撤销国家主席，可以直接下令逮捕国务院副总理、全国人大常委会副委员长那样荒谬的事就不会重演了。

新宪法为健全社会主义法制奠定了良好的基础，是我国发展社会主义民主、健全社会主义法制的一个里程碑，是具有中国社会主义特色的社会主义宪法，国内外反映都很好。

按照新宪法，这几年，人大和人大常委会在国家政治生活、经济生活、文化生活、社会生活中，发挥着越来越重要的作用。人大代表的呼声受到党和政府的高度重视。如几次人大会议上代表提出增加教育经费问题，引起了重视。这两三年，教育经费增长幅度较大，今年人大常委会委员提出议案，要增加教育经费 15 个亿。议案提出后，第二天赵总理就责成财政部、计委研究解决办法，国务院多次进行研究，最后增加了 13 个亿，可见还是很重视的。今年人大会议上代表对农业投资问题提了很多意见，总理报告对此专门作了修改。人大和人大常委会立法工作的成就是显著的。广大人民、代表对人大及常委会寄予很大期望，这是发展、健全人民代表大会制度的强大压力和动力。现在人大和人大常委会问题还很多，组织建设、制度建设还没有完全走上轨道，还没有很好履行宪法赋予人大的职权，充分发挥权力机关的作用。最近，彭真同志专门提出人大建设的几个问题：一个是监督问题，特别是法律监督；一个是人大常委会和代表如何联系，人大常委会委员和代表跟群众又怎样联系的问题；再一个是人大常委会机构如何建设的问题，请地方同志帮助共同研究解决。

中央对人大工作十分重视，胡耀邦同志亲自批示，中央正在研究起草一个人大工作的文件。

二、关于几年来的立法工作

党的十一届三中全会以来，全国人大和人大常委会制定了 53 部法律，通过补充、修改法律的决议和有关法律问题的决定 49 部、共 102 部。同一时期，国务院制定了 400 多部行政法规（不包括各部委制定的规章），各省、自治区、直辖市的人大及其常委会制定了 700 多部地方性法规。这 700 多部法规定得怎么样，我们没有力量去研究。不过，确有跟法律抵触的，怎么办，就是请来参加学习的各地同志注意，发现有抵触的就自己去解决。任何与法律抵触的法规都是无效的，到法院打官司，法院不承认这种规定。如果法院承认，用以审案，判决是违法的。

宪法规定，全国人大制定刑事、民事、国家机构的和其他方面的基本法律。从这一点看来，这几年，我国刑事的、民事的和国家机构方面的基本法律大体都已制定了。

（一）在刑事法律方面

一九七九年，制定了我国建国以来的第一部刑法，以后又制定了惩治军人违反职责罪暂行条例。刑法很难产，从一九五四年开始起草，到五七年搞了二十二稿，提交全国人大讨论过，毛主席也审查过。一九六三年搞到三十三稿，但一直没有通过。

一九七九年制定刑法，第一次使法院办理刑事案件完全有法可依，这是加强法制建设极为重要的法律。

刑法规定，刑法的任务是惩罚犯罪、保护人民。不只是惩罚，还有保护的一面，这是容易被忽视的。最近通过的治安管理处罚条例，一方面要维护社会秩序，要有必要的惩罚手段保证强制执行；另一方面也要保护公民的合法权益不受侵犯，首先是公安机关不能任意侵犯公民的合法权益，特别是人身权利，这一点也容易被忽视。这次规定公安人员侵犯了公民的合法权益也要依法追究责任。刑法还有一些重要规定，首先从法律上明确了人民民主专政即无产阶级专政。当时有争论，有人认为只能提无产阶级专政，不能提人民民主专政，彭真同志坚持要从法律上作明确的规定，强调人民民主专政。刑法还规定要保护三种所有制，包括个人合法所有的生产资料。明确了三种所有制（全民、集体、个人）各自在一定范围内有其必要性。并针对十年内乱大搞刑讯逼供、打砸抢、非法拘禁、诬陷迫害、侮辱诽谤他人等情况，作出了严禁和惩治这些犯罪的规定。这对保障公民的人身权利、民主权利和其他权利是极为重要的，是总结“文化大革命”的教训、拨乱反正的重要规定。例如刑法规定诬告犯罪，要参照所诬陷的罪行的性质、情节、后果判刑。有人说诬告反坐是封建的，在经过“文革”，许多同志被诬陷而坐牢以后，能再允许诬陷不追究刑事责任吗？彭真同志常讲，刑法的一些规定，没有经过“文革”，是制定不出来的。

（二）在民事法律方面

民法是调整民事关系的法律，是国家很重要的基本法律。在西方国家，宪法以下就是民法。刑法是摆在民法后面的。制定民法是国家法制建设的一件大事，这是牵涉到家家户户切身利益的大法。

通常说的拿破仑法典，就是法国民法典，一共 35 章，还有总则，2281 条。

制定民法难度较大，我们过去没有民法的观念，民事纠纷靠调解，完整的民法一下搞不出来。几年来，陆续制定了一些民事的或与调整民事关系有关的法律：经济合同法、涉外经济合同法、专利法、商标法、婚姻法、继承法等。有人说经济合同法不是民法，我不赞成。民法有契约编，契约是什么，不就是合同吗?

今年四月，全国人大常委会会议通过了民法通则。这是一件大事。它比拿破仑法典简单多了，9 章 156 条，刚才讲的 6 个法律 286 条，共 442 条，是比较简单的。现在民法应包括的内容，主要差版权法没有制定出来。

民法通则对民事活动中一系列共同性问题作了规定。规定了民法调整平等主体的公民之间、法人之间、公民和法人之间的财产关系和人身关系，明确了民法调整平等主体的横向的财产关系、经济关系和人身关系，这条规定是民法的核心。

民法是反映社会经济关系的，有很大一部分内容是反映商品经济关系的。如关于法人的规定，关于民事权利、民事义务的规定，都是反映商品经济关系的。商品交换的原则是等价交换，它要求当事人的地位和权利是平等的。你有卖不卖的权利，我有买不买的权利。商业部门搞商品搭配就不符合商品交换的平等原则。因此，平等的原则是民法的基本原则，也是发展社会主义商品经济所必须规定的极为重要的原则。

民法又是调整横向的财产、经济关系的，现在强调横向经济联合，其中一些问题就要靠民法调整。民法通则有关规定对发展横向联合具有重要的意义。纵向的经济关系，国家对经济的管理，行政主管部门对所属企业的管理，厂长对企业的管理，由经济法、行政法调整。多年来，民法专家、经济法专家对民法、经济法的调整范围争论很大，其他社会主义国家也有这个问题。较多的国家认为民法是调整横的关系。我们把民法与经济法分开，经济法管纵的关系，民法管横的关系。这次民法通则作了原则规定，从法律理论和实践上看都是比较适宜的。

民法通则还根据经济体制改革的实践，对公民、法人、个体工商户、承包经营户、个人合伙和企业联营的民事权利和民事责任作了规定，使开展民事活动，调整民事关系可以有所遵循，处理民事纠纷有法可依，而且对发展社会主义商品经济、加强运用法律手段管理经济，具有重要的作用。

（三）在诉讼方面的法律

一九七九年制定了刑事诉讼法，一九八三年制定了民事诉讼法（试行），使我国的诉讼程序有法可依。

刑事诉讼法规定公、检、法三家在办理刑事案件中，分工负责，公安机关管侦查、执行逮捕、预审，检察机关管批准逮捕和检察（包括侦查）、起诉，法院管审判。三个工序互相配合、互相制约。还规定非经检察院、法院批准或决定，任何机关、包括公安机关无权捕人。这也是总结“文革”的教训，党委不能直接下令捕人。

刑事诉讼法规定我国刑事诉讼的基本原则是“以事实为根据，以法律为准绳”。判决要重证据，重调查研究，不轻信口供，规定有证据无口供可以判，你不承认也可以判，有口供无证据不能判。这是总结“文革”的教训。有人不是讲无罪推定吗？我们的刑事诉讼原则，既不是无罪推定，也不是有罪推定，有罪无罪要以最后的判决为准。从诉讼程序方面保证刑法的正确执行，对防止冤、假、错案是非常重要的。

民事诉讼法（试行）用法律形式肯定了我国处理民事纠纷的成功经验和制度。规定要既便利法院办案，又便于人民诉讼和着重调解，以利增强人民团结的原则。规定了巡回审判、就地办案，肯定了我国长期以来行之有效的、把调解作为法院处理民事纠纷的必经程序，肯定了人民调解委员会在处理民事纠纷中的法律地位。这也是我国法律的特色，是外国没有的。

为了建立、健全司法诉讼制度，允许被告辩护，一九八一年还制定了律师暂行条例，恢复律师制度，这也是拨乱反正、健全法制的重大措施。律师制度是一九五七年反右后取消的。

律师暂行条例规定我国的律师是国家的法律工作者，这一点有不同意见。作这样的规定是同律师的基本任务相联系的。我国律师的职责不是像资本主义国家的律师那样，只代表当事人的利益，只要帮助当事人打赢官司就行。我们的律师只能代表当事人的合法利益，更重要的是要和司法机关一样维护国家法律的正确实施，也要以事实为根据，以法律为准绳。这是防止冤假错案的极为重要的制度。

现在还有些司法人员对恢复律师制度很不理解，说什么律师专门是为坏人辩护，同检察院、法院作对的，有的辩不过律师，甚至把律师赶出法庭，还有的逮捕律师。这是对律师制度的积极意义缺乏理解的表现。有的认为，辩护得不对就是包庇，甚至按包庇罪逮捕，是错误的。律师制度是健全法制不可缺少的一个重要环节。

刑法、刑事诉讼法、律师条例是审判“四人帮”的法律依据。审判“四人帮”的实践证明，这几部法律是适合我国国情的。

民法、民事诉讼法、刑法、刑事诉讼法，号称仅次于宪法的二级大法，现在我国基本上都有了。

（四）国家机构方面的法律

宪法规定的国家机构：全国人大、国务院、地方各级人大和各级人民政府、人民法院、人民检察院，都有了专门的组织法。

还制定了选举法、民族区域自治法。因此，国家机构方面的法律也已基本完备，对健全国家机关的组织和工作制度，对国家机器的正常运转，保证国家有效地组织和领导社会主义建设事业，具有重要作用。

民族区域自治法的制定，是第一次用完整的法律形式把我国的民族区域自治制度固定下来，对维护我们多民族国家的团结和统一是极其重要的法律。民族区域自治，是我们的创造。它的基本原则是民族自治地方享有自主管理内部事务的权利，经济、文化建设、财政，在不同宪法、法律、计划指导原则抵触的情况下，可以由自治机关自己安排，还可以制定变通的单行条例，制定特殊政策、灵活措施，对上级的决定认为对自治地方不合适的，有权报上级暂不执行或变通执行，这些都是不同于一般地区的很重要的民族自治权利。

根据上述宪法规定需要制定的民事的、刑事的、诉讼的、国家机构方面的基本法律大体都有了。

同时，为了适应“开放、搞活、改革”的需要，运用法律手段管理经济，保障和促进经济建设的顺利进行，几年来，人大及其常委会都把制定有关经济方面的法律作为立法工作的重点。在已经制定的53部法律中，经济方面的法律有26部，占了差不多一半。

1. 为了加强国家对社会经济活动实行统一的监督管理，制定了统计法、计量法、会计法。这是搞好国家对经济管理的基础。列宁强调苏维埃政权必须实行计算和监督，强调没有计算和监督，劳动者的政权，劳动者的自由，就不能维持下去，把它提到很重要的位置。我们这几部法律也是搞好经济活动中的计算和监督的基础。

2. 为了适应对外开放，发展对外经济、技术合作的需要，制定了中外合资经营企业法、中外合资经营企业所得税法、外资企业法、外国企业所得税法、个人所得税法、专利法、商标法、涉外经济合同法、海上交通安全法、广东省经济特区条例等涉外法律。这些法律对外国投资企业的经营管理、招收职工、税收优惠、利润汇出、产品内销、专利和商标权的保护，合同争议的仲裁和适用中国的或外国的法律等方面，都根据平等互利和保障外商合法权益的原则作了规定。外资企业法还规定，对外资企业不搞国有化和征收，特殊情况下要征收时也要给予合理的补偿，这也是外国人比较关心的，有利于引进外国资本、技术和管理经验。

此外，中国公民出境入境管理法、外国人入境出境管理法，分别作出了便利出、入境的规定。中国人出境，除法定特殊情况（如判刑的、正在受审判的）外，只要对方接受都可以去。这些规定对发展对外经济、科技、文化交流，具有促进作用。还有国籍法和外交特权与豁免条例，也是有关涉外的重要法律。国籍法明确规定我国不承认双重国籍，对发展对外关系有重要作用。

3. 为了加强对自然资源的保护、开发和合理利用，适应社会主义建设和人民生活的需要，制定了森林法、草原法、渔业法、矿产资源法、土地管理法。主要是根据“改革、搞活、管好”的方针，把经济改革的成功经验用法律形式固定下来。例如根据所有权和经营、使用权可以适当分开的原则，规定全民所有的林地、草原、水面、滩涂、矿产、土地，可以固定由集体经营、使用，集体所有的，或者全民所有由集体固定使用的，可以由个人承包经营。把承包经营制度用法律形式作出明确规定（森林法规定，谁种谁有，过去全民所有制单位植树造林，不管谁的，一般都归林业部门所有）。同时，对资源的保护和管理作了必要的规定，把资源的保护和合理开发利用结合起来。这里提出一个问题：是否只要开发，不要管理、保护？那不是。许多资源是不能再生的，一次性开发了就没有了。资源受破坏是无法弥补的。最近地矿部就矿产资源法实施问题开了个会，国务委员、科委主任宋健在讲话中说，破坏应该留给子孙后代的资源是一种犯罪行为，这讲得很好。

4. 为了保护和改善生活环境和生态环境，防治污染和其他公害，制定了环境保护法（试行）、海洋环境保护法、水污染防治法等。根据我国的实际情况，对防治污染作了一系列重要的规定。例如规定新建企业必须同时搞好防治三废的设施，排污必须交费，并采取防治污染的措施，对污染造成的损害要进行赔偿、罚款等。这几部法律通过以后，有一定的效果，但是一些规定不是很硬，现在污染还很严重，据说北京的污染已达到当年雾伦敦的水平。有一年伦敦因大气污染死了几千人，从那以后，英国作出了一些规定。我们恐怕也需要研究采取一些硬措施才行。防治污染就要花钱，应和国家预算结合起来考虑。

5. 为了保护人民身体健康，制定了食品卫生法（试行）、药品管理法。此外还制定了学位条例、文物保护法、义务教育法，以及兵役法、居民身份证条例、消防条例等行政法，但这方面法律比较少，是薄弱环节。

这几年，法制建设有了很大进展。国家的政治生活、经济生活、社会生活基本的、主要的方面已不是无法可依，而是有法可依。但是，经济的、行政的法律还不完备或者很不完备。现代国家管理的事务越来越复杂，越来越需要依靠法律管理国家事务，使国家机关和人民有共同遵循的规范。需要制定一系列的经济法、行政法，当前迫切的是要适应开放、改革的需要，进一步制定一系列的经济法，包括对外经济合作方面的法律。

现在正抓紧制定海关法、海商法、公司法、破产法、国营工业企业法、劳动法、中外合作经营企业法等，教育、科技文化方面的法律也需要大大加强，立法任务还是繁重的。我们还要继续加强立法工作，主要是加强制定经济法、行政法的工作，为建设具有中国特色的社会主义法律体系而努力。

在这里，对行政法说几句。过去较长的时间内，提经济法较多，很少提或不提行政法，现在看，制定行政法很重要，是依靠法律管理国家所必需的。一些有关经济方面的法律，如海上交通安全法、药品管理法、食品卫生法，实际也是行政法。陶希晋同志最近发表谈话，说要制定行政法、行政诉讼法。这个问题正在研究，找了一些专家征求意见，拟先搞行政诉讼法，没有三五年搞不出来，至于统一的行政法典，就更难了，听说世界上只有一两部，绝大多数国家都没有。行政法可能先搞单行法，这方面要制定的法律很多。民法就是这样办的。

三、立法工作需要注意的几个问题

（一）立法要采取积极负责、积极慎重的方针

最根本的是要以宪法为根据，以四项基本原则为总的指导思想。大家都清楚，不多说，讲几个具体问题。

法律还不完备，需要制定的法律还很多，特别是经济法、行政法。因此，必须积极抓紧。同时，又必须采取严肃、慎重的方针。

法律是党和国家政策的定型化，是把实践证明行之有效的政策，用法律形式固定下来。

党的十一届三中全会指出，要使法律具有稳定性、连续性和极大的权威性。要做到这一点，就应该在制定法律时采取严肃、

慎重的态度，成熟一个，制定一个，不成熟的、还没有把握的，不能勉强制定。要尽量避免仓促制定，被迫频繁修改或作大的修改（外国人常说我们政策多变），影响法律的稳定性、严肃性和连续性。

同时，经过实践和由于情况的变化，法律是会有需要修改补充的。几年来，为适应情况变化发展的需要，常委会通过了二十多件补充、修改法律的决议、决定，对刑法、刑事诉讼法、国家机构方面的法律，以及经济的、行政的法律，作了一些必要的修改和补充。

但是，修改法律一定要慎重，不能轻易修改，更不能朝令夕改。

当前，在对外开放和经济体制改革中，有许多新问题需要及时作出有法律效力的规定，但还缺乏必要的实践经验，制定或修改法律有困难。有些政策还在实践中，有些问题还看得不很清楚，需要有探索、试验阶段。同时，没有法律规定，又不好开展工作。这个问题如不很好解决，就会妨碍改革、开放的顺利进行。为此，去年四月，六届全国人大三次会议专门作出决定，授权国务院在经济体制改革和对外开放方面，根据宪法，在同有关法律和全国人大及其常委会有关决定的基本原则不抵触的前提下，可以制定暂行条例或者规定，对现行法律作出一些灵活、变通的规定。这个授权决定扩大了国务院在这方面的立法权。

根据这个精神，全国人大常委会先后通过了《关于授权国务院对职工退休退职办法进行部分修改和补充的决定》、《关于授权国务院改革工商税制发布有关税收条例草案试行的决定》。

国务院根据这个精神，制定了关于经济特区和沿海十四个港口城市减征、免征企业所得税和工商统一税的暂行规定。

这一授权决定，既适应当前某些实际工作的需要，还可以积累经验，为制定或补充、修改法律做准备，有利于加快经济立法，适应对内搞活，对外开放，经济体制改革的要求，是积极负责地加强法制建设的一项重要措施。有了这个授权决定，国务院就可以放开手脚制定行政法规，如华侨投资优惠的规定，问题比较复杂，由国务院作出暂行规定，就比较合适。

（二）立法要借鉴古今中外一切好的有益的东西，但最根本的是要从我国的实际情况出发

法律是一门科学，是人类社会实践经验的总结。对于古今中外的法律，我们都要加以研究，去其糟粕，取其精华。在拟订法律草案时，从中吸收一切好的对我们有用的东西。一九五七年批判说法律没有继承性，这个论点是站不住的，法律是有继承性的。

我们一直很重视研究外国法律。一九七九年，法委刚成立时，彭真同志就让电请我驻苏联、东欧和西方一些主要国家的使馆，为我们代买外国全套法律方面的书籍。现在西方一些主要国家重要的法律著作和法律刊物，我们都要想办法把它搞全。

在修改宪法时就系统地研究、整理了三十五个国家的宪法，对有关条款的规定都进行对比研究，编了两本书。例如，对国家元首与武装部队的关系的规定，就苏、法、英、美、意、西德的规定都作了专门的研究。

在制定法律时，也都要研究国外的有关规定，进行比较分

析，有的内容也可以抄（像环保法的某些内容）。有些国际通用的惯例，我们都可以参考、借鉴，有的也可以抄。这次通过的外交特权与豁免条例基本上是参考维也纳公约。法委编的《法制参考资料》，就是根据制定法律的需要，收集、研究、整理了一系列有关的参考资料，主要是外国有关的法律资料，一些要研究、有争论的问题，《法制参考资料》都登，如破产法，关于破产的界限，西方主要国家，波兰、匈牙利、南斯拉夫、苏联等国是怎样规定的，我们都专门作了研究。我们还把这些参考资料编成《法制参考资料汇编》，内部发行，已经出版两辑，同志们可以看到。我们要研究、借鉴外国的法律，但最根本、最重要的是从我国的实际情况出发，总结我们自己的实践经验，制定适合我国实际情况和需要的法律，不能不考虑实际情况，机械地照抄、照搬外国的东西。实践是检验真理的唯一标准。我们的法律，必须根据实际，根据实践制定和检验。在制定民法时，彭真同志讲，制定民法，既要研究法律理论，又要从实际出发，而且实际同理论相比，实际是母亲。我们的专利法、继承法、民法通则等法律，都具有中国的特色。我们的专利法，外国评论说是把西方的保护专利权和社会主义国家全民所有制的关系巧妙地结合了起来。

（三）法律要简明扼要，言简意赅，不能要求太细

这几年制定的法律，一般都比较简要，只作一些基本的规定，有人说我们的法律太简单，这有两个方面的原因：一是过去在制定法律方面经验少，规定太细，没有把握，容易造成执行中的困难，遇到具体问题，争议就更多，意见很难统一。因此，法

律只能对重要的、基本的问题作出规定。二是我们不赞成法律定得太细、太繁琐，群众不易理解，掌握不了。美国的法律不胜其数，老百姓根本无法掌握，如果没有律师，根本没办法过日子。法律简明扼要，便于广大群众掌握、运用，这也是我国法律的一个优点，避免了重蹈某些国家法律泛滥成灾的覆辙。日本的中曾根、伊东正义就跟彭真同志说，日本的法律太多，有些人靠法律大发其财，出现了“法匪”。南斯拉夫南共主席团特别顾问特尔切克来，我给他介绍我们的立法工作情况时谈到了这条精神，他说你们现在搞得好，当初我们就没注意这个问题，认为法律定得越多、越细越好。现在南斯拉夫法律太多，泛滥成灾了。

我国法律比较简要，所以还要有实施细则，没有细则，法律是难以实施的，细则的好处是有了问题修改起来比较方便灵活。一般的国务院可以制定实施细则，有的省一级也可以制定细则，如选举法、森林法、矿产资源法、地方组织法。有些具体法规，由地方制定细则好。还有在涉外经济关系方面，好些法律已有细则，如中外合资经营企业法，还有一些细则没有规定，可以由合同规定。法律规定，依法签订的合同具有法律效力。要重信用，守合同，合同是不能违反的。即使以后法律修改了，原来的合同仍然有效。

（四）立法要做好调查研究，依靠各地方、各部门、各方面的集体智慧和集体经验

宪法的修改，就是一个范例。从一九八〇年九月至一九八二年十二月，一共用了二十六个月，最先是把一九五四年、

一九七八年宪法印发征求意见，说明以五四宪法为基础修改，哪些加，哪些减，让大家提意见，还召开了一系列座谈会听取各方面意见，然后提出修改的各种方案，彭真同志亲自抓修改工作。宪法修改委员会开过五次全体会议，三次逐条讨论、修改，两次各讨论了九天，一次讨论了五天，共开了二十三天。草案出来后，党中央政治局、书记处原则批准（先后讨论八次）后，又交全民讨论四个月，几乎每条都有修改，直到人大会议通过时，又有三十多处涉及内容的修改。例如，“一切违反宪法和法律的行为，必须予以追究。”这个规定就是大会讨论时加的。

制定法律，除重点进行调查研究以外，还要注意广泛听取各地方、各部门以及教学研究单位的法律专家和从事实际工作的同志的意见，作为制定法律的一个基本制度。彭真同志讲，制定法律要理论工作者和实际工作者相结合。在座的都是实际工作者。还特别强调，要特别注意听取不同的意见，好的意见要吸收，不能吸收的也要研究清楚，这样制定的法律，就比较有把握，实践中就比较能够行得通。

制定民法通则，全国人大常委会法工委除先后到七个省、直辖市调查研究外，去年两次把草案印发各省、自治区、直辖市、中央有关部门，还特别发给法律院系、研究单位征求意见。法委还开了三次有民法专家、法院民庭、经济庭和中央各部门有关同志参加的座谈会，最后一次还有地方人大常委会同志参加：第一次八天、40 多人，第二次十三天、18 人，第三次十一天、180 多人。还两次专门邀请在京的经济法专家座谈两天，反复研究、修改。民法通则草案在提交全国人大常委会审议以后，还增加 40

条，删去15条，原来的草案131条，现增加到156条。其他条款文字修改还不在内。人大讨论通过前，还请几位专家一起根据代表意见研究修改，特别从法律规范上帮助修改。还专门就农村集体所有制的土地归谁所有的问题，征求各省、自治区、直辖市党委的意见，还专门请北京市委找县委同志征求意见。广泛吸收法律专家和法律院系师生参加制定法律的工作，这是邓小平同志提出的，法律院校师生对法学理论是有研究的，吸收参加立法工作，也是培养法律队伍的有效途径。将来制定一些重要法律，都要请法律院校师生、研究单位的专家提意见，这要作为立法的一个基本工作方法。

只有坚持调查研究、广泛听取各地方、各部门和法律专家的意见，集思广益，依靠各方面的经验和集体的智慧，理论联系实际，在高度民主的基础上把正确的意见集中起来，这样制定的法律才能比较符合实际，切实可行，这应该成为制定法律的基本方法。

四、关于有法必依、执法必严的问题

现在，人大代表、人民群众有一种强烈的呼声，说法律制定得不少了，到底执行得怎样？他们要求人大及人大常委会不但要管立法，而且还要管执法。

党的十一届三中全会以来，人们的法制观念增强了，不注意依法办事的现象也有较大转变，但有法不依，执法不严仍然是当前法制建设的一个严重问题。

人大常委会每年的工作报告都要检讨，对法律监督抓得不够，监督不力，不依法办事的现象仍然严重存在。

彭真同志讲，我们现在正处在从主要依靠政策到不仅依靠政策，还要依靠法制管理国家的大转变时期，在转变过程中，难免会有不习惯、不适应、不重视，甚至嫌麻烦、不喜欢依法办事的问题。

当前值得注意的有以下一些问题。

（一）习惯于党委决定一切，党委说了算，不注意尊重人民行使选举的民主权利，不注意支持国家权力机关依法行使职权，对依法应经人大选举或人大常委会任免的，未经人大或人大常委会决定就宣布任免

在选举或任命国家机关负责人时硬性要求保证党委提名的人选的当选或任免。有的对党委提名的人选没有通过，就加以指责，说是党性问题、党的观念问题，有的甚至还要追究责任，要处分。

现在党中央提出要改革政治体制，要党政分开，党政分工，确实非常重要，我们现在讲改革、讲民主、法制，党的领导也有一个相适应的问题，也有改善党的领导问题，恐怕不能都按“文革”前的老做法，不能像“文革”前一切都由党委说了算。党章规定，党必须在宪法和法律范围内活动，这同过去就不一样。党委决定，还要看是否符合宪法和法律，不符合宪法和法律的不能

算，这是无效的。党中央很注意这个问题，任免干部后面都有一条要经人大或人大常委会决定后才能公布。

还有，比方说，党委提名的人选，咱们现在一般叫党派团体联合提名或者主席团提名，实质上是党委提名。如果多数代表、多数委员、多数选民不赞成，为什么一定要保证当选或任命呢？党中央、中组部一再指示选拔干部应该走群众路线，要采取民意测验，多数代表、委员、选民的意见，是不是也是走群众路线的一种方式？是不是也是一种民意测验呢？我们不讲权力机关，民意测验也是要考虑的。

一九八四年中央九号文件明确规定，党委提名的人选，人大代表和人大常委会组成人员有权提出不同意见。我们理解这里应包括党员，也可以提出不同意见。对这些意见，有关党委应该认真加以考虑。如意见有道理，应重新考虑人选（有个省提请任命一个民政厅厅长，人大常委会提出意见，说这个人年岁大，文化也不高，副厅长是少数民族，年轻，40 多岁，上过大学，为什么不可以提？省委就考虑了，另行提请任命这位副厅长为厅长的人选）。如认为人选不宜改变，或提的意见不全面或与事实有出入，应耐心说明、解释，如多数仍不同意，不要勉强要求保证通过。中央的规定是很明确的，不能硬性保证当选。

现在，许多地方党委已注意这个问题，干部任免不依法办事的现象大有好转。例如，吉林省委对选举两位副省长、法院院长、检察院检察长的问题的处理，代表反映很好，认为省委为维护民主、法制作了很好的榜样。

（二）在整顿党风时，“风”和“罪”分不清，在处理党员干部违法乱纪、违法失职问题上，容易只作党纪处理，而忽视依法追究法律责任

比如，对包庇、纵容违法犯罪的所谓“关系网”、“保护伞”，法律对包庇罪是有明确规定的，实际上很少见到追究法律责任。

对严重不负责任，玩忽职守，使公共财产、国家和人民利益遭受重大损失的渎职罪、玩忽职守罪，实际上往往说成是严重官僚主义便蒙混过去了。例如那年有个市的纺织品仓库大批丝绸腐烂损坏，造成严重损失，找不出该由谁负责，没有追究任何人的刑事责任。

还有对基层干部、公安干警，非法拘禁、搜查或用刑拷打公民的侵犯人身权利的违法犯罪行为，也往往没有依法追究刑事责任。刚才讲了，《人民日报》登了短评，对诬陷别人强奸的只给党纪处理、不追究刑事责任提出意见。强奸如成立是要判刑的，按刑法规定，应追究诬陷罪。

对这些问题，往往以各种各样的理由开脱，如“没有装入腰包”、“为了工作”、“官僚主义”、“也有客观原因、不都是他的责任”、“他也辛辛苦苦做了不少工作”等等，把违法犯罪当作不正之风。

当然，有的情节较轻，可以党纪处理。有的情节严重，已经构成犯罪，只给党纪处理，是不够的，也没有依法追究刑事责任。香港报纸批评我们常常以党纪代替国法，不符合法制精神，恐怕不是完全没有道理。最近邓小平同志讲，完全属于法律范围

的问题，党干预过多，就会妨碍在人民中树立法制观念。

前些时候，北京市处理南苑蔬菜冷库干部玩忽职守使储存的蔬菜腐烂变质百万余斤，给国家造成30万元的重大经济损失，构成玩忽职守的渎职罪一案，有的职工思想不通，说经理没有干坏事，为什么要逮捕他，不知道渎职罪就是犯罪。市委书记李锡铭同志亲自做工作，《人民日报》登了头版头条，还有评论，可见抓得对，对干部、群众也是一次很好的法制教育。

（三）涉及部门的、地方的局部利益，也容易不依法处理。比较突出的是“以罚代刑”

去年前九个月，海关查获走私案件一万八千多件，私货价值近四亿元，其中单位走私大案一千六百多件，涉及私货价值三亿四千七百万元。但是，移送法院的仅七十二件，涉及私货价值仅四百九十五万元。

有个市去年查处获利万元以上的走私案二十件，投机倒把案三十七件，倒卖外汇大案十件，获利万元以上的哄抬物价案三十九件。但头十个月没有一件起诉到法院。一九八二年讨论关于严惩破坏经济的罪犯的决定时，有的意见很强烈，说是刑法对走私、投机倒把处刑太轻，非要规定可以处死刑不可。决定虽然规定了情节特别严重的可以判死刑，现在还是连刑事责任都不追究。

以罚代刑，这个问题长期有争议，我看也是有点善财难舍。因为，罚没可以留成使用，告到法院，就都要上缴国库。今年一月，全国人大常委会会议上讨论“两高”报告时，委员们提了很多意见，财政部根据人大常委会委员的意见作出决定，取消罚没提留办法，规定罚没一律上缴国库，有关机关办案经费由财政另行拨款，是很有必要的，对端正党风也是重要的，这里面产生的弊病确实不少。

（四）关于法制观念问题，这方面问题仍然很大

有的法律制定了，但在处理问题时却不考虑法律有什么规定，把法律扔到一边，不考虑有法就应依法办事的问题。

例如，会计法是财政部起草的，去年已经生效，前些时候，财政部召开的会计法实施情况座谈会反映，去年财政、税收大检查，查出偷税、漏税，截留税利一百多亿元，有关主管部门却没有要求依照会计法的规定，追究行政责任、刑事责任。

对偷税、漏税，情况发展很严重，查出来也都以补税、罚款了事。有个市去年对4900（工商）户统计，几年来偷税4.9亿元，没有一件依法追究刑事责任。据说主要是漏税，恐怕也有故意偷税的。

去年发生的晋江陈埭镇假药案，还有贩卖有害有毒食品、冒牌名酒，是触犯药品管理法、食品卫生法、商标法的，恰好都有法可依。

药品管理法对什么是假药、什么是劣药，对制造、贩卖假药、劣药应如何追究责任都有规定，但有的有关机关下发的文件，不提这几个法律，甚至《人民日报》的评论员文章也没有提。

商标法对商标专用权的保护和使用他人注册商标有专门的规定，不能随便用人家的注册商标，最奇怪的是有关主管部门竟然

不愿意保护所属企业的商标专用权。最突出是上海的大前门烟、梅林罐头厂的商标专用权被侵犯，在国外的信誉也被破坏了，竟然投告无门，上级主管部门也不支持。

经济合同法问题也较多，但对违反合同认真依照合同法追究责任的很少。一是不敢得罪，二是不愿追究。反正损失是国家的，也不是自己的，何必得罪人，以后不好办事。例如，与铁道部门、电力部门打交道都很害怕。商标、合同纠纷有的涉及地方利益，被告所在地的法院常常不愿管，拒不受理。前些时有起轰动北京的黄牛案。河南的一个农民牵十五头牛到北京来告状，他卖给武阳县化肥厂的焦炭，钱没给够，还差十几万，怎么交涉也不行，到县法院告状，法院受理了，县长出来干涉，说我这个化肥厂赔钱，欠我县里的钱都还不起，不准还给县外，这个农民告到北京来，最后中央过问，胡耀邦同志批了，王兆国同志打电话，问题才解决。

有的领导同志讲话，也不考虑是否符合法律。例如，说对违反合同要严重处理，这还是老话，没有法时可以这样说，有了法也这样说，就不够了。合同法对违反合同应承担什么责任都有规定，这位领导同志就是不提应该依照经济合同法有关规定严肃处理。

还有的领导同志讲话办事，不考虑是否符合法律，法律是否许可。例如，有的地方领导同志甚至县的领导同志随便对外商宣布可以减免这样、那样的税收，而不考虑他是否有权作这样的决定，是否违法。中外合资企业所得税法、外国企业所得税法都是国家的法律，你地方有什么权力随便改呢？这就是法制观念问题。

（五）附带讲一个提法问题

我们常说“杀一儆百”、“抓典型”、“要典型处理”，从严格的法制观念来讲，这个提法是可以讨论的。如果是指教育那些接近违法犯罪边缘的人，悬崖勒马，这样讲是可以的。如果办案，就要法律面前人人平等，同样的犯罪行为就必须同样判刑，不能只办一个，抓典型。外国人讲法律是很讲究案例的，如美国、英国的案例都是具有法律效力的，英国叫习惯法，习惯法就是案例。我们很希望最高人民法院搞出一批案例。我们法委买了注释美国法典六百卷，每一条都附有案例，以后遇到同样的案件也要一样判处。讲法制，讲依法办事，有一百就要判一百。不能杀一儆百或者只抓典型。那还是搞政治运动的老一套。

不是说“一阵风”，躲过风头就没事了嘛，依法办事就不能一阵风。

发生这些问题，有社会、历史原因，也有思想认识问题。社会历史原因是主要的。

邓小平同志讲过，“旧中国留给我们的封建专制传统多，民主法制传统很少。”这是最重要的原因。

过去革命战争时期，党、军队和群众主要依靠政策办事。当时没有掌握国家政权，谈不到依法办事。建国以后，要从过去依靠政策，过渡到不仅依靠政策，还要依靠建立、健全法制，依法办事，管理国家。这是一个历史阶段的过渡，没有一个长期的实践过程不容易做到。

我们许多同志是过去战争时期参加革命的，或多或少地养成了那时办事的一些观念和习惯，比如只讲政策，不讲法律，遇事由党委决定，对党的领导形式比较习惯，对通过国家形式不大习惯，对还要依法办事不大适应。

还有一个文化水平问题。列宁讲过，在文盲充斥的国家是不能建成社会主义的。讲民主、法制，没有一定的文化，也是不行的。列宁也讲过，对官僚主义，没有文化也是不能解决的。所以十亿人的国家树立法制观念，人人遵守法律、依法办事，需要有一个过程，也还有个习惯问题，是需要长期努力的过程。万里同志在政法工作会议上讲要二十年，我看没有十年、二十年的努力是不行的。

现在怎么办？我看主要是要抓两条：

一条，也是最根本的一条，党委要重视，要抓。中央早就明确，党领导人民制定宪法和法律，党也领导人民遵守、执行宪法和法律。这里的关键是落实问题。党委要真正把这件事抓起来，遵守、执行宪法和法律。吉林、北京的情况都说明这一点。云南省人大常委会主任刘明辉同志对我说，人大的问题最要紧的还得找党委作主，遇到难题，要请示党委。

是否可以建议，党委在考虑决定问题时，要先问三个问题：一是有没有法律规定；二是依照法律规定应如何处理；三是我们这样、那样处理是否符合法律规定。

斯大林关于苏联社会主义经济问题那本书还专门讲要征求法律专家的意见。

还有对违法必究，党委不管也行不通。当然不是都要追究法律责任，有的教育、批评、提醒，也有的要纠正，党委不管就不好办。

再一条，依靠群众，把法律武器交给群众。

去年，全国人大常委会通过普及法律常识的决定，党中央、国务院发了专门指示，这样做意义非常重大、深远。国内外都很重视，认为关系重大。从今年来看，普及法律常识工作进展很好，中央各部委、各省市、自治区特别是党中央领导同志带头听法律课，这是一个很大的推动力，收到很好的效果。

对普及法律常识的决议，常委会讨论通过时，作了重要修改，原来只提：学法、知法、守法，提高法制观念；常委会修改增加：学会运用法律武器，同一切违反宪法和法律的行为作斗争，保障公民的合法权益，维护宪法和法律的实施。这是很重要的修改。不只让人民群众守法，还要人民群众积极地同违法行为作斗争，维护宪法和法律的贯彻实施。

这次培训班人数不多，但任务重大，要学习有关法律，也要交流起草、拟订法律草案的经验，学习后，要参与立法，也要推动执法，做普及法律常识的宣传者、播种者。我们采取自学为主、互教互学、教学相长的方法，是比较好的方法，是抗大、陕北公学的传统。希望参加学习的同志能在加强法制建设方面发挥更大的作用，发挥带头作用，桥梁作用，骨干作用。

以上讲的都是个人认识，不妥的地方请同志们批评指正。

修改选举法和地方组织法的主要内容*

（一九八六年十一月十五日）

《中华人民共和国全国人民代表大会和地方各级人民代表大会选举法》和《中华人民共和国地方各级人民代表大会和地方各级人民政府组织法》是1979年重新制定的。这两部法律的贯彻实施，对改进选举工作，发展社会主义民主、加强地方政权建设，发挥了很大的作用。

全国人大常委会第十七次会议根据宪法和选举法的规定，决定县、乡两级人民代表大会代表应在1987年年底以前进行换届选举。许多地方人大常委会提出，为了便于换届选举工作的顺利进行和进一步加强地方政权建设，建议对选举法和地方组织法作一些补充和修改。1982年制定新宪法，同时通过了修改选举法和地方组织法的决议，一些地方提出应作更充分的修改。由于当时对一些问题还看得不很清楚，意见也不大一致，只根据宪法作了

---

* 这是王汉斌同志在第六届全国人民代表大会常务委员会第十八次会议上所作的关于修改《中华人民共和国全国人民代表大会和地方各级人民代表大会选举法》和《中华人民共和国地方各级人民代表大会和地方各级人民政府组织法》的说明。

一些必要的修改。六届全国人大以来，黑龙江、安徽等省代表团和一些代表在历次大会上分别提出修改选举法和地方组织法的议案和建议，根据这几年来的实践经验和实际需要，已有条件对选举法和地方组织法作进一步的补充、修改。

今年四月，全国人大常委会法制工作委员会先请各地对选举法和地方组织法提出修改意见，汇总研究提出修改方案，于六月下旬由彭冲副委员长主持召开各省、自治区、直辖市人大常委会负责同志座谈会讨论修改后，又印发各省、自治区，直辖市和中央有关部委征求意见，在此基础上起草了关于修改选举法和地方组织法的决定草案。根据宪法关于在全国人民代表大会闭会期间，全国人大常委会对大会制定的法律，在不同该法律的基本原则相抵触的前提下，可以进行部分补充和修改的规定，提请全国人大常委会审议。

现在，我就这两个决定草案的主要内容，分别说明如下：

一、关于《中华人民共和国全国人民代表大会和地方各级人民代表大会选举法》，主要有以下修改

（一）简化选民登记手续

各地普遍反映，每次选举都普遍进行选民登记，工作量很大，耗费时间长，建议简化选民登记手续，可采用一次登记、选民资格长期有效的办法。因此，草案将选民登记的规定修改为："选民登记按选区进行，经登记确认的选民资格长期有效，每次选举前对上次选民登记以后新满十八周岁的、被剥夺政治权利期满后恢复政治权利的选民，予以登记；对选民经登记后迁出原选

区的，列入新迁入的选区的选民名单；对死亡的和依照法律被剥夺政治权利的人，从选民名单上除名。”

（二）关于代表候选人的提名

选举法规定，“任何选民或者代表，有三人以上附议”，可以推荐代表候选人；由选民直接选举的代表候选人名额，应多于应选代表名额“二分之一至一倍”。根据一些地方的意见，为了便于进行选举，草案修改为“选民或者代表，十人以上联名，可以推荐代表候选人”；由选民直接选举的代表候选人应多于应选代表名额“三分之一至一倍”。

（三）关于少数民族代表

为了照顾聚居境内人数较少的少数民族，选举法规定：“聚居境内同一少数民族的总人口数不及境内总人口数百分之十五的，每一代表所代表的人口数可以比当地人民代表大会每一代表所代表的人口数少二分之一。”对聚居境内同一少数民族的总人口数占境内总人口数百分之十五以上的，选举法规定“每一代表所代表的人口数应相当于当地人民代表大会每一代表所代表的人口数”。这样，占境内总人口数百分之十五以上不满百分之三十的少数民族产生的代表的名额，有可能少于不及境内总人口数百分之十五的少数民族产生的代表，显然是有问题的，因此修改为：“聚居境内同一少数民族的总人口数占境内总人口数百分之十五以上、不足百分之三十的，每一代表所代表的人口数，可以适当少于当地人民代表大会每一代表所代表的人口数，但该少数民族的代表名额不得超过代表总名额的百分之三十。”“聚居境内同一少数民族的总人口数占境内总人口数百分之三十以上的，每一代表所代表的人口数应相当于当地人民代表大会每一代表所代表的人口数。”

（四）关于华侨回国期间参加选举问题

选举法对华侨参加选举问题未作具体规定，在上两次县级以下直接选举工作中，有的华侨回国期间正值选举，提出要求参加当地的基层直接选举，当地也允许参加。为了从法律上明确这一问题，草案补充规定：“旅居国外的中华人民共和国公民在县级以下人民代表大会代表选举期间在国内的，可以参加原籍地或者出国前居住地的选举。”

（五）关于委托投票

投票选举是选民行使管理国家事务的重要政治权利，原则上应由选民亲自投票。有的选民在选举期间临时外出、患病或有其他特殊情况不能亲自去投票，可以委托其他选民代为投票。鉴于有些地方在执行过程中，一个选民接受很多人委托，容易发生弊病，草案补充规定：“每一选民接受的委托不得超过三人。”

（六）关于直接选举的人大代表候选人得票多少才能当选的问题

选举法规定：“各级人民代表大会的代表候选人，获得选区全体选民或者选举单位的代表过半数的选票时，始得当选。”在实际执行中，有些选区候选人较多，在选举中获得过半数选民选票当选代表的名额少于应选代表的名额，需要进行第二次甚至第三次选举，工作量很大，也影响选民参加选举的积极性。考虑到我国1953年选举法曾规定候选人获得参加投票人的过半数选票即可当选，世界上许多国家也是采用获得过半数选票或多数选票即可当选的办法，草案将这条规定修改为，在直接选举县和乡、镇人大代表时，选区全体选民的过半数参加投票，选举有效；代表候选人获得过半数的选票，始得当选。县级以上的地方各级人民代表大会选举上一级人大代表时，仍维持候选人获得全体代表过半数的选票始得当选的规定。

（七）在 1984 年县级以下人大代表的直接选举工作中，各省、自治区、直辖市的人大常委会分别设立了选举委员会、选举办公室或选举工作领导小组，对县、乡直接选举工作进行指导，取得了较好的效果。因此，草案补充规定，省、自治区、直辖市、设区的市、自治州的人大常委会指导本行政区域内县级以下人大代表的选举工作。

（八）关于代表的辞职、代表的补选和罢免的具体程序，选举法没有规定，这次作了补充规定。

二、关于《中华人民共和国地方各级人民代表大会和地方各级人民政府组织法》，主要有以下修改

（一）关于较大的市制定地方性法规的问题

地方组织法规定，省、自治区的人民政府所在地的市和经国务院批准的较大的市的人大常委会，“可以拟订本市需要的地方性法规草案，提请省、自治区的人民代表大会常务委员会审议制定。”草案建议适当扩大较大的市制定地方性法规的权力，规定省、自治区人民政府所在地的市和经国务院批准的较大的市的人大及其常委会，可以在同宪法、法律、行政法规和本省、自治区的地方性法规不相抵触的前提下，制定本市需要的地方性法规，

报省、自治区的人大常委会批准后施行。并建议省、自治区简化审批程序，只要同宪法、法律、行政法规和本省、自治区的地方性法规没有抵触，原则上应尽快批准。

（二）关于地方国家机关领导人的差额选举问题

地方组织法规定，对地方国家机关领导人员实行差额选举。实践证明，差额选举有利于代表行使民主的选举权利，对干部也有监督作用。为了进一步搞好差额选举，修改草案规定："人民代表大会常务委员会副主任、副省长、自治区副主席、副市长、副州长、副县长、副区长的候选人数应比应选人数多五分之一至二分之一，人民代表大会常务委员会委员的候选人数应比应选人数多十分之一至五分之一，进行差额选举。""人民代表大会常务委员会主任、省长、自治区主席、市长、州长、县长、区长、人民法院院长、人民检察院检察长的候选人数一般应多一人，进行差额选举；如果提名的候选人只有一人，也可以等额选举。"同时，为了更好地贯彻差额选举的原则，草案将"选举可以采用候选人数多于应选人数的办法；也可以经过预选产生候选人名单，然后进行选举"的规定删去，改为"如果提名的候选人超过上述差额比例，由主席团将全部候选人名单提交全体代表酝酿、讨论，根据较多数代表的意见，确定正式候选人名单"。

（三）关于地方国家机关领导人员撤职的问题

地方组织法规定人大有权罢免地方国家机关领导人员，对人大常委会只规定了有权免职，没有规定可以罢免或者撤职。在实际工作中，还存在因犯错误需要由人大常委会决定撤职的，这同正常的免职不同，草案补充规定，"人大常委会有权撤销个别政府副职领导人员和由它任命的其他组成人员以及法院审判人员、检察院检察人员的职务。”

（四）关于省、自治区、直辖市、自治州、设区的市的人大常委会设秘书长问题

现在，各省、自治区、直辖市、自治州、设区的市的人大常委会普遍设了秘书长。根据各地意见，为了加强人大常委会的工作，草案补充规定，“省、自治区、直辖市、自治州、设区的市的人大常委会设秘书长。秘书长是地方人大常委会和主任会议的成员。”

（五）关于中级法院院长、检察院分院检察长的任免问题

地方组织法规定，地区中级法院院长、检察院分院检察长以及直辖市内设立的中级法院院长、检察院分院检察长，由省、自治区、直辖市的人民代表大会选举。根据一些地方的建议，为简化上述人员的任免手续，草案修改为“由省、自治区、直辖市的人大常委会任免”。法院组织法第三十五条第二款、检察院组织法第二十二条第一款作相应的修改。

（六）关于县级以上地方各级人民政府常务会议和全体会议

县级以上地方各级人民政府的组成人员人数较多，经常召开政府全体会议不大方便。为便于各级政府进行工作，参照国务院组织法的规定，草案提出“将县级以上地方各级人民政府会议分为常务会议和全体会议，省、自治区、直辖市、自治州、设区的市的人民政府常务会议分别由省长、副省长，自治区主席、副主席，市长、副市长，州长、副州长和秘书长组成，县、自治县、不设区的市、市辖区的人民政府常务会议分别由县长、副县长，

市长、副市长，区长、副区长组成”。

（七）关于省级人民政府派出机关问题

地方组织法规定，省、自治区的人民政府在必要的时候，经国务院批准，可以设立若干行政公署，作为派出机关。建国后地区一级一直设专员公署，“文化大革命”后改为行政公署。现在有的地区行政公署的机构越来越大，而派出机构不是一级政权，应当尽量精简，有的建议仍改为专员公署，因为意见还不一致，草案修改为“省、自治区的人民政府在必要的时候，经国务院批准，可以设派出机关，较为灵活机动”。

（八）根据宪法，参照全国人大组织法的规定，草案对地方各级人大及其常委会设立专门委员会和代表资格审查委员会，提议案、质询案、罢免案和提出询问等程序，代表在人大和人大常委会会议上的发言和表决不受法律追究，以及县级以上地方人民政府设立审计机关等问题，作了具体规定。

（九）考虑到各地的情况不同，为了使各地能因地制宜地执行地方组织法，草案补充规定，“省、自治区、直辖市的人大常委会可以根据本法和实际情况，对执行中的问题作具体规定。”

关于县级以下人民代表大会换届选举工作若干问题的意见*

（一九八六年十一月十八日）

一九七九年以来，在全国范围内进行了两次县级以下人大代表直接选举工作。在各级党委和各级人大常委会的领导下，依靠广大干部、群众的共同努力，选举工作取得了很大成绩，但是也还存在一些缺点和问题，需要解决。按照选举法的规定，一九八四年县、乡直接选举产生的县、乡两级人民代表大会代表的任期将于一九八七年届满。全国人大常委会第十七次会议已决定一九八七年底以前进行换届选举。搞好这次换届选举工作，对

---

* 这是王汉斌同志起草的中共全国人大常委会机关党组向中央书记处的报告。中央书记处十二月八日批示：各省、自治区、直辖市党委，各大军区、省军区、野战军党委，中央各部委，国家机关各部委党组，军委各总部、各军兵种党委，各人民团体党组："全国人大常委会党组《关于县级以下人民代表大会换届选举工作若干问题的意见》，已经中央书记处原则同意。现转发你们，请参照执行。中央书记处认为，要从政治体制改革的角度考虑一九八七年县、乡两级人民代表大会和全国人民代表大会的换届选举工作。要提高代表的素质，改变代表和各级人大常委会组成人员的知识结构、年龄结构，更好地发挥各级人民代表大会的国家权力机关职能的作用，真正有效地行使宪法赋予的职权。"当时王汉斌同志任全国人大常委会机关党组书记、全国人大常委会秘书长、法制工作委员会主任。

于进一步发扬社会主义民主，调动广大人民当家作主、管理国家的积极性，加强基层政权建设，健全选举制度和人民代表大会制度，进行政治体制改革，促进社会主义现代化建设事业的顺利进行，具有重要的意义。现根据上两次选举工作的经验，对选举工作中一些需要解决的问题提出以下意见。

一、县、乡两级换届选举工作的时间

根据六届全国人大常委会第十七次会议关于县、乡两级人大代表选举时间的决定，全国县、乡两级人民代表大会应在一九八七年年底以前进行换届选举。

县、乡两级人大代表选举完成后的两个月内，应召集新的一届人民代表大会第一次会议。

二、选区划分

选区大小仍按每一选区选一至三名代表划分，不能扩大。因为选区过大，不便于选民行使民主的选举权利。一个选区应选代表超过三名的，不符合法律关于划分选区的规定，选举无效。

划分选区应当以每一代表所代表的人口数大体相等为原则。县直机关所在选区的人口数应同其他选区人口数大体相等；人数少于一般选区的，应与其他选区合并。不能为了照顾县直机关多选代表而使该选区代表所代表的人口数少于其他选区。

三、简化选民登记手续

目前，各地普遍反映选民登记工作量很大，耗费时间长，建议简化选民登记手续。可以采取一次登记、选民资格长期有效的办法，每次选举前只对上次选举以后新满十八周岁的、恢复政治权利的予以登记；对从其他选区迁入的选民，列入选民名单；对迁出本选区的、死亡的和依照法律被剥夺政治权利的人，从选民名单中除名。

选民名单仍应在选举日前三十天公布。在这期间应抓紧进行代表候选人的酝酿、提名和确定正式代表候选人名单等工作，争取选民名单公布三十天后即可进行选举。这样做，群众性的选举活动可以争取在一个月至一个半月内结束。

对于公布的选民名单有不同意见的，可以向选举委员会提出申诉。选举委员会对申诉意见，应在三日内作出处理决定。申诉人如果对处理决定不服，可以在选举日的五天以前向人民法院起诉，人民法院应在选举日前作出判决。人民法院的判决为最后判决。

四、代表候选人的提出

提名代表候选人，应充分发扬民主，由选民反复酝酿协商。党派、团体可以联合推荐代表候选人；选民也可以联名提出代表候选人。选举法规定选民一人提名、三人附议就可以提出代表候选人，有些地方反映，这样提出的候选人过多，过于分散。拟改为选举县、不设区的市、市辖区和乡、镇人民代表大会代表时，选民十人以上联名可以提出代表候选人。

选民十人以上联名提出的代表候选人，应同党派、团体联合推荐的代表候选人一起列入代表候选人名单。

五、选举方式问题

为了有利于选民、代表根据自己意愿行使民主选举的权利，必须按照选举法的规定，坚持实行差额选举。县、乡代表候选人的名额应比应选代表名额多三分之一至一倍。如果提出的候选人过多、过于分散，应经过选民反复酝酿、协商，根据较多数选民的意见确定正式候选人名单。

党派、团体联合推荐的代表候选人，包括需要照顾的方面的候选人，如果选民不了解，应当向选民作说明解释；经过说明解释工作，如果多数选民不赞成，可以不列入代表候选人名单。民主选举应该充分尊重选民的意愿。对任何候选人，不能勉强要求选民保证其当选，不要硬性规定代表构成的比例。

六、代表资格审查问题

代表资格审查，主要是审查选举中各个环节是否符合选举法和地方组织法的规定。例如，代表候选人名额是否符合法定的差额比例；选民十人以上联名提出的代表候选人是否都列入了代表候选人名单进行酝酿协商，是否有未经依法提名的人列入代表候选人名单；一个选区选出的代表是否超过了规定的应选代表名额；当选代表是否获得法定票数，是否按得票较多的原则确定的，等等。对符合法律规定的，确认代表当选资格有效；不符合法律规定的，代表当选资格无效。

七、关于判处有期徒刑而没有附加剥夺政治权利等几种人的参加选举问题

根据全国人大常委会《关于县级以下人民代表大会代表直接选举的若干规定》，对于已被判处有期徒刑、拘役、管制而没有附加剥夺政治权利的，被羁押、正在受侦查、起诉、审判和人民检察院或者人民法院没有决定停止行使选举权利的，正在取保候审或者被监视居住的，正在被劳动教养的，正在受拘留处罚的，应当准予行使选举权利。这是根据宪法关于公民的基本权利所作的规定，不宜改变。各级人民法院在审理刑事案件时，对于依法应当判决剥夺政治权利的，应当依法判决剥夺政治权利。

这些人员中已经注销城市户口并不得回原城市的，在现住地参加选举。没有注销城市户口的，或者家在农村的，可以委托原户口所在地的选区中有选举权的亲属或者其他选民代为投票，或者在流动票箱投票。被判处拘役、受拘留处罚或者被劳动教养的人，可以在选举日回原选区参加选举，也可以委任有选举权的亲属或者其他选民代为投票。采用哪种方式参加选举，由选举委员会和执行监禁、羁押、拘留或者劳动教养的机关共同决定。

八、代表素质问题

要使各级人民代表大会真正成为有权威的国家权力机关，有效地行使宪法赋予的职权，人大代表应有一定的社会活动能力和议政能力，能够模范地遵守宪法和法律，履行代表的职责，同人民群众保持密切联系，反映人民的意见和要求，代表人民的意

志，参与讨论和决定重大问题。不要单纯作为荣誉职务，照顾安排。

九、县级人大常委会组成人员问题

为了加强县级人大常委会的工作，县级人大常委会中专职委员的比例可以适当增加，一般以占常委会委员的三分之一为宜。

常委会主任、副主任以及委员应能任满一届。不能任满一届的，不应提名为候选人。已经当选的，即使任内年龄过限，也要任满一届。

为了保持人大工作的连续性，常委会主任或副主任应有年纪较轻能连任两届的人选。

身体不好、基本上不能坚持工作的，不宜安排为常委会组成人员。

十、选举县级国家机关负责人问题

根据地方组织法第十六条的规定，选举地方各级人大常委会、人民政府、法院、检察院负责人时，大会主席团或者代表十人以上联名都可以提出候选人。主席团必须将所提候选人一律提交代表酝酿协商，实行差额选举。

选举县级人大常委会副主任、人民政府副职负责人，候选人数应比应选人数多一人至三人。人大常委会委员的候选人数应比应选人数多十分之一至五分之一。如果主席团提出的候选人和代表联名提出的候选人超过上述差额，由主席团将全部候选人名单提交全体代表酝酿、协商，根据较多数代表的意见确定正式候选人名单。不再实行预选和经过预选进行等额选举的办法。

选举人大常委会主任和政府的正职负责人、法院院长、检察院检察长、主席团和代表十人以上联名提出的候选人，都应提交代表讨论，经过代表酝酿协商，根据较多数代表的意见，确定正式候选人名单，实行差额选举。如果主席团和代表只提出一名候选人，确实没有提出其他候选人时，可以实行等额选举。

十一、选举的具体组织领导工作

一九八四年选举，省、自治区、直辖市的人大常委会在指导县、乡直接选举工作时，有的设立选举委员会或选举办公室，有的设立选举工作领导小组，吸收民政等有关部门参加，实践证明效果是好的，这次选举仍然可以这样做。设区的市、自治州的人大常委会也需要指导本行政区内县级以下人大代表的选举工作。

十二、宣传报道问题

要加强对选举工作的宣传。请中央宣传部把有关选举宣传工作列入宣传计划，新华社、《人民日报》和地方宣传部门都要加强对选举工作的报道。

十三、加强各级党委对选举工作的领导

县、乡换届选举工作是关系到广大人民行使当家作主的民主权利和加强地方政权建设的大事。建议各级党委切实加强领导，

防止选举走过场。

县、乡换届选举工作搞得好不好，关键在于选举工作是否充分体现和发扬了社会主义民主，充分动员群众，依靠群众，真正尊重选民的意志，保障他们行使民主的选举权利。建议各级党委要大力加强社会主义民主和法制的教育，克服一些干部中存在的嫌麻烦、图省事、不讲民主的旧思想和习惯势力。要特别注意依法办事，严格依照选举法和地方组织法的有关规定进行选举，对任何违反选举法、地方组织法的做法要及时纠正。

建议各级党委要把选举工作作为一个阶段的主要工作，统筹安排部署。要指定一位党委的主要负责人分管这项工作，组织力量，保证选举工作的顺利进行。

以上意见涉及需要修改选举法、地方组织法的，将另行提请全国人大常委会审议决定作相应的修改，按照全国人大常委会的决定执行。

关于地方各级人大代表名额问题的请示*

（一九八六年十一月十八日）

关于地方各级人大代表名额问题，一九五三年选举法曾作了规定，以后各地名额不断增加。一九七九年和一九八二年修改选举法草案对代表名额都作了规定，目的是限制代表名额，使人数不要过多。因为有些地方有不同意见，改为由省、自治区、直辖市人大常委会按照便于召开会议、讨论问题和解决问题并且使各民族、各地区、各方面都能有适当数量的代表的原则自行决定。当时彭真同志即指出："经验证明，代表人数太多了，并不便于代表们充分讨论和决定问题。""代表大会人数不要太多，既

---

* 这是王汉斌同志起草的中共全国人大常委会机关党组向中央书记处的报告。中央书记处十二月八日批示：各省、自治区、直辖市党委，各大军区、省军区、野战军党委，中央各部委，国家机关各部委党组，军委各总部，各军兵种党委，各人民团体党组："中央书记处原则同意全国人大常委会机关党组《关于地方各级人大代表名额问题的请示》，现转发给你们。中央书记处认为，为了有利于各级人民代表大会有效地行使宪法规定的国家权力机关的职权，按照选举法的有关规定和精简、效能的原则，适当减少地方各级人大代表名额是适宜的。关于县、乡两级人大代表的名额，请参照这个方案研究执行。"

要包括各方面的代表，又要便于开会讨论、决定问题才好。”“现在代表人数恐怕是偏多了，恐怕还是稍少一点好。”一九八〇年中央批转民政部党组的报告（中发〔1980〕60号）提出县级人大代表名额不宜过多，建议最多不要超过四百五十名。实际执行结果，各级人大代表名额都大大超过上述规定。例如省人大代表名额一九七九年选举法草案规定一般为一百至六百名，人口在五千万以上的不得超过九百四十五名，比一九五三年选举法规定的名额多了一半多，现在最多的一千四百七十五名，还有五个省超过一千名。又如县人大代表名额一九七九年选举法草案规定一般为四十五名到三百八十五名，最多不得超过四百五十名，现在最多的五百七十四名。同时，由于代表名额分配没有统一规范，也出现一些不平衡现象。例如有些人口少的省、县的代表名额比人口多的省、县多：新疆维吾尔自治区人口一千三百六十一万人，区人大代表六百六十七名，而吉林省人口二千二百九十八万人，省人大代表五百八十八名；云南省有的县人口不足二十万，代表二百六十九名，而湖北省有的县人口在五十万以上，代表二百四十一名。还有些人口相差不多的省、县，但代表名额悬殊较大：福建省人口二千七百一十三万人，省人大代表五百七十七名，山西省人口二千六百二十六万人，省人大代表九百二十一名；人口不足二十万人的县的人大代表数，甘肃省最多的一百七十名，宁夏回族自治区最多的二百四十三名。

我们根据精简、效能、便于开会、讨论决定问题的原则，参照一九七九年以来历次关于人大代表名额的规定，拟订了适当减少地方各级人大代表名额的方案。在今年六月下旬由彭冲同志主持召开的省、自治区、直辖市人大常委会负责人座谈会上讨论修改后，又印发各省、自治区、直辖市征求意见，进一步作了修改。为了使人大代表名额的分配规范化，有客观的依据，这个方案提出按行政区和按人口数相结合的办法确定人大代表名额，具体办法是：

1．省、自治区、直辖市人大代表以三百名为基数，省、自治区人口每十五万人增加一名代表，代表名额少的三百一十五名，多的九百八十名（为照顾民族较多的云南、新疆、广西、贵州、青海，可以另加百分之五的名额）；直辖市人口每二点五万人增加一名代表，代表名额少的六百二十五名，多的七百九十名。

2．设区的市、自治州人大代表以二百名为基数，每二点五万人增加一名代表，代表名额少的二百零五名，多的七百六十名。

3．县、自治县、不设区的市、市辖区人大代表以一百名为基数，每零点五万人增加一名代表，代表名额少的一百零一名，多的四百五十名（人口在五万以下的县可以少于一百名）。

4．乡、镇人大代表以三十名为基数，每零点一五万人增加一名代表，代表名额少的三十一名，多的一百三十名。

按照这个方案，省、自治区、直辖市下一届代表名额同本届代表名额相比，多的减少百分之四十八，少的减少百分之十七。设区的市下一届代表名额同本届代表名额相比，多的减少百分之五十六，少的没有减少，略有增加。县级下一届代表名额同本届代表名额相比，多的减少百分之五十三，少的减少百分之七。乡、镇下一届代表名额同本届代表名额相比，多的减少百分之六十三，少的没有减少，略有增加。下一届代表名额同本届代表名额相比，总的减少幅度较大，但同一九七九年、一九八〇年、一九八二年的方案规定的名额差不多，比一九五三年选举法的规定仍有较多的增加。

关于代表名额能否减少的问题，我们的意见是，除工人、农民代表应保持适当比例以外，可以考虑从以下几个方面适当减少：（1）安排照顾的方方面面不要太细，可以只照顾几个大的方面（党外、妇女、少数民族、科技界、教育界、文艺界等），不能要求各行各业都照顾到；（2）党政各部门的负责人大多数可以不提名为代表候选人（党政主要负责人仍应提名为代表候选人）；（3）有一部分现任代表可以不再连任；（4）一些基本没有时间参加代表活动的专业人员，不宜提名为代表候选人。

经过征求意见，各地一般赞成适当减少代表名额，并且认为从以上几个方面适当减少代表名额是可行的。但有的认为减得多了一些；有的提出减多少，可由地方自定；有的建议全国人大常委会只规定省级人大代表名额，省以下由各省、自治区、直辖市人大常委会规定；有的建议由全国人大常委会规定总的原则，具体名额由各省、自治区、直辖市人大常委会决定。我们考虑，全国还是有统一的规范为好，建议中央原则批准把这个方案内部下达，由各省、自治区、直辖市人大常委会参照执行，或者参照这个方案的精神，自行决定适当减少地方各级人大代表名额。

依法办事尊重选民行使民主权利

（一九八六年十二月二十八日）

新华社北京12月27日电　全国人大常委会秘书长、法制工作委员会主任王汉斌日前就全国县、乡两级人大代表换届选举工作的指导方针和具体办法回答了新华社记者提出的问题。

这次县、乡两级人大代表换届选举是根据全国人大常委会的决定举行的。1986年9月5日，全国人大常委会第十七次会议决定，县、乡两级人民代表大会代表应在1987年底以前进行换届选举；1986年12月2日，全国人大常委会第十八次会议通过了《关于修改〈全国人民代表大会和地方各级人民代表大会选举法〉的决定》和《关于修改〈中华人民共和国地方各级人民代表大会和地方各级人民政府组织法〉的决定》。目前，已经开始进行选举的地方，多数比较注意严格依法办事，充分发扬民主，尊重选民行使民主的选举权利，选举工作基本上是搞得好的。有的地方、有的干部由于对选举法及有关法律不熟悉、不了解，或者怕麻烦、图省事，发生一些不民主、不依法办事的现象；有的干部、群众对如何依法进行选举提出一些问题，要求解答。为此，记者访问了王汉斌同志，就县、乡选举的一些问题，请王汉斌作了答复。

问：这次县、乡选举的指导方针是什么？

答：这次县、乡换届直接选举工作，需要联系政治体制改革的精神加以考虑，在民主制度化、法律化，完善我国民主的选举制度方面有所发展。为此，六届全国人大常委会第十八次会议通过了关于修改选举法、地方组织法的决定。根据这两个决定的精神，这次选举必须切实注意保障选民能够根据自己的意愿，行使民主的选举权利。选谁不选谁必须充分尊重选民的意愿，以保证选出多数或绝大多数选民比较满意的代表。

问：选举法对代表候选人的提名有什么规定，以保障选民的民主权利？

答：提名代表候选人，要严格执行选举法关于代表候选人提名的各项规定。各政党、各人民团体可以联合或者单独推荐候选人；选民十人以上联名，也可以推荐代表候选人；如有选民自己愿意当候选人的，也可以经由选民十人以上联合提名。各政党、团体提出的或选民联名提出的候选人，都必须列入初步候选人名单，由选举委员会汇总公布，并应充分发扬民主，由各该选区的选民小组反复酝酿协商，根据较多数选民的意见，确定正式代表候选人名单。不能采取由领导或上级指定候选人、强迫选民投票的做法。也不得拒绝将选民联名依法提出的候选人列入初步候选人名单。各政党、团体联合或者单独提出的候选人，如果没有获得较多数选民同意，不能列入正式候选人名单。

问：对县、乡两级人大代表的选举，是否规定代表的构成和各种代表比例？

答：县、乡两级人民代表大会代表选举，需要照顾各方面都有适当的代表，可以由各政党、人民团体联合或者单独提名候选人，但仍然应该尊重选民意愿，经过选民充分酝酿协商，获得较多数选民同意，才能列入正式候选人名单，不能要求保证当选，也不能硬性规定代表构成和各种代表比例，不能指定某一选区必须选出某一特定的民族、性别、职业、成分的代表。

问：选民是否能够了解代表候选人的情况？

答：选举法规定，推荐候选人的政党、人民团体和选民应向选举委员会介绍候选人的情况。选举委员会和推荐代表候选人的政党、人民团体和选民，可以在选民小组会议上介绍代表候选人的情况。依照这个规定的精神，还可以根据选民的意见，介绍候选人和选民见面，回答选民提出的问题和意见，以增进选民对候选人的了解。但是在选举日必须停止对代表候选人的介绍。

问：选举法规定实行差额选举，对代表候选人的差额有哪些具体规定？

答：这次修改选举法，进一步明确必须坚持差额选举，不能搞等额预选或者等额选举。规定全国和地方各级人民代表大会代表候选人的名额，应多于应选代表的名额。由选民直接选举的县、乡两级人大代表候选人名额，应比应选代表名额多三分之一至一倍；由县级以上地方各级人民代表大会选举上一级人民代表大会代表候选人的名额，应比应选代表名额多五分之一至二分之一。

问：选举法对公布选民名单、代表候选人名单的程序有什么具体规定?

答：选举法规定，选民名单应在选举日的三十日以前公布；各选区选民和各政党、各人民团体提名推荐的代表候选人，由选举委员会汇总后，在选举日的二十日以前公布；根据较多数选民的意见确定的正式代表候选人名单，应在选举日的五日以前公布。选举法规定的必须在选举日以前二十天公布初步候选人名单，在选举日以前五天公布正式候选人名单，指的是公布初步候选人名单，最迟不得晚于选举日前二十天，公布正式候选人名单，最迟不得晚于选举日前五天，不是指的公布初步候选人名单后的第二十天、公布正式候选人名单后的第五天就必须进行选举。

这些规定的目的是要保证选民有足够的时间酝酿协商提名和确定代表候选人，不能赶进度，仓促草率进行选举。如果选民意见较多，应适当延长酝酿、提名、协商候选人的时间，并在此基础上确定正式投票选举的日期。

问：这次选举对代表的条件有什么要求?

答：按照选举法的规定，年满十八周岁的中华人民共和国的公民，不分民族、种族、性别、职业、家庭出身、宗教信仰、教育程度、财产状况和居住期限，除依法被剥夺政治权利的人以外，都有选举权和被选举权，此外没有规定代表的条件。从各级人大工作的实践来看，为了使各级人民代表大会真正成为有权威的国家权力机关，能够有效地行使宪法赋予的职权，需要考虑提高代表的素质，改善代表的知识结构、年龄结构。在酝酿提名代表候选人时，建议提名的人选应有一定的社会活动能力和议政能力，能够模范地遵守宪法和法律，履行代表的职责，同人民群众保持密切联系，反映人民的意见和要求，代表人民的意志，参与讨论和决定重大问题。不要把人大代表单纯作为荣誉职务来照顾安排。

问：这次修改选举法，对各级人大代表名额有什么新的规定？

答：这次修改选举法，把全国人大代表名额由不得超过三千五百名减为不得超过三千名。许多省、自治区、直辖市人大常委会也规定适当减少县、乡两级人大代表名额。我们认为，为了便于人大开会讨论问题和解决问题，有效地行使宪法赋予的职权，各级人大根据精简、效能的原则，适当减少代表名额是适宜的。

问：对选区划分的原则有什么规定？

答：全国人大常委会关于县级以下人民代表大会代表直接选举的若干规定中明确规定，选区的大小，按照每一选区选一至三名代表划分。有的建议扩大选区，增加每个选区应选代表的名额，我们没有同意这个意见，认为选区不宜扩大。因为选区过大，不便于选民行使民主的选举权利。一个选区应选代表如果超过三名，是不符合法律关于划分选区的规定的，应宣告选举无效。

问：县、乡直接选举的人大代表候选人得票多少才能当选？

答：选举法规定，选区全体选民的过半数参加投票，选举有效。代表候选人获得参加选举的选民过半数的选票，始得当选。没有获得参加投票的过半数选票的不能当选。获得过半数选票的当选代表的名额超过应选代表名额时，以得票多的当选。获得过半数选票的当选代表的名额少于应选代表的名额时，不足的名额应当在没有当选的代表候选人中另行选举，并做好重新选举的各项准备工作。县级以上的地方各级人民代表大会选举上一级人大代表时，仍然保持候选人获得全体代表过半数的选票始得当选的规定。

问：代表资格审查的内容是什么？

答：代表资格审查，主要是审查选举中各个环节是否符合选举法的规定。例如，代表候选人名额是否符合法定的差额比例；选民十人以上联名提出的代表候选人是否都列入代表候选人名单进行酝酿协商；正式代表候选人名单是否按照较多数选民的意见确定；是否有未经依法提名的人列入代表候选人名单；一个选区选出的代表是否超过了规定的应选代表名额；当选代表是否获得法定票数；是否由得票较多的当选，等等。对符合法律规定的，确认代表当选资格有效；不符合法律规定的，代表当选资格无效。

问：您认为在这次县、乡换届直接选举工作中还应该注意哪些问题？

答：县、乡换届选举工作是关系到广大人民行使当家作主的民主权利和加强地方政权建设的大事。县、乡换届选举工作搞得好不好，关键在于选举工作是否充分体现和发扬了社会主义民主，充分动员群众，真正尊重选民的意志，保障他们行使民主的选举权利。各级人大常委会、选举委员会（选举办公室）要充分重视搞好选举是建设高度社会主义民主的重要环节，不能搞形式，走过场。要很好地组织力量，精心领导或指导这次选举工作，及时发现问题，解决问题，及时研究、慎重处理选民对选举工作提出的问题和意见。要组织训练参加选举工作的干部，认真学习选举法和地方组织法，注意严格依法办事，并对选民普遍宣传选举法。在选举工作中，要首先进行试点，然后有计划有步骤地逐步铺开。要十分注意依照选举法规定的法律程序和民主程序办事，防止和纠正指定代表、强迫选民画圈等不民主、简单生硬以及其他任何不符合法律规定的做法，保证搞好这次县、乡两级换届选举工作。

最后，王汉斌表示，现在的选举办法是适合我国当前实际情况，适应我国当前发展社会主义民主，健全社会主义法制，顺利进行社会主义现代化建设的需要的。随着我国政治、经济、文化的发展和政治体制改革的进行，我国的选举制度在实践中也还需要进一步改进和完善。各方面人士如果提出改进选举的意见和建议，我们都将认真加以研究。

关于中国的社会主义法制建设问题

——在美国亚洲协会的讲话

（一九八七年五月二十六日）

尊敬的主席先生：

尊敬的女士们、先生们、朋友们：

这次我们全国人大常委会法律代表团应美国律师协会的邀请到贵国访问，今天能有机会同美国亚洲协会的朋友们见面，就法律方面交流情况，交换意见，感到非常荣幸，并借此机会向美国律师协会和托马斯主席的盛情邀请表示衷心的感谢。

现在，我想向朋友们介绍我国在健全社会主义法制方面所作的努力。

中华人民共和国成立三十多年来，取得了很大的发展。但是，我们在前进中也有过失误，特别是“文化大革命”的严重错误。总结历史的教训，主要有两点：一是没有在革命胜利后集中力量发展经济；二是没有切实建设社会主义民主政治。

正是在总结建国以来正反两方面历史经验的基础上，我们国家一方面确定把全国工作重点转移到以经济建设为中心的社会主义现代化建设，另一方面又把发展社会主义民主、健全社会主义法制作为国家的一项历史性的根本任务，明确提出：为了保障人民民主，必须加强社会主义法制，使民主制度化、法律化，使这种制度和法律具有稳定性、连续性和极大的权威，做到有法可依、有法必依、执法必严、违法必究，所有公民在法律面前一律平等。同时，中国共产党党章还规定了“党必须在宪法和法律的范围内活动”，这是我国社会主义法制思想的重大发展和突破。

根据发展社会主义民主、健全社会主义法制的要求，1979 年以来，我国社会主义法制建设取得了显著进展。全国人大及其常委会制定了 57 部法律，通过了 55 个修改、补充法律的决定和有关法律问题的决定。特别是 1982 年制定了新宪法，为我国社会主义民主、法制建设奠定了基础。此外，几年来我国国务院还制定了 500 多部行政法规，各省、自治区、直辖市也制定了 800 多部地方性法规。

现在，我们已经有了一部具有中国特色的、适应社会主义现代化建设需要的新宪法，有关国家机构、刑事、民事、诉讼程序等方面的基本法律大体上都有了，还制定了一批重要的经济法和一些行政法。可以说，在国家政治生活、经济生活和社会生活的基本的、主要的方面，我国已经不是无法可依，而是有法可依。

为了从法律上保障我国改革、开放和现代化建设的顺利进行，这几年我们制定的法律中，有关经济方面的法律占一半，其中有关涉外的经济法律又占有重要的地位。

我国宪法规定，“中华人民共和国允许外国的企业和其他经济组织或者个人依照中华人民共和国法律的规定在中国投资，同中国的企业或者其他经济组织进行各种形式的经济合作”，“它们的合法的权利和利益受中华人民共和国法律的保护”。在国家的根本法中明确规定鼓励外国投资，这在社会主义国家和西方国家的宪法中都是很少有的。

根据宪法的规定，几年来我们制定了中外合资经营企业法、外资企业法、中外合资经营企业所得税法、外国企业所得税法、涉外经济合同法、专利法、商标法、海关法等重要法律。这些法律根据平等互利的原则和保护外商正当权益的精神，规定外商可以在中国投资，兴办中外合资经营企业、中外合作经营企业和外资企业。这些企业在生产经营管理和招收职工等方面，都有自主决定的权利。外商在中国的投资、获得的利润和其他合法权益，包括经我国主管部门批准的专利权和商标专用权，受我国法律的保护。外国投资者可以依法享受较低的所得税税率和减免所得税等优惠待遇，可以在批准的合同范围内在中国市场销售产品，可以向国外汇出利润、工资等合法收入。国家对外国投资企业不实行国有化和征收；在特殊情况下，根据社会公共利益的需要实行征收时，必须依照法律程序，并给予相应的补偿。处理涉外经济合同争议，当事人可以根据合同或协议提交中国仲裁机构或者其他仲裁机构仲裁。同时，除法律另有规定外，当事人还可以选择适用的法律，也就是说，他们可以选择适用中国的法律，也可以选择适用外国的法律。我国的民法通则和民事诉讼法还规定，中华人民共和国缔结或者参加的国际条约同中华人民共和国民事法律有不同规定的，适用国际条约的规定，但我国声明保留的条款除外。外国人在我国法院起诉、应诉，同中华人民共和国公民有同等的诉讼权利和义务。此外，为了便于发展对外交往，我国还制定了国籍法、外国人和中国公民出入境管理法、外交特权与豁免条例等行政法。可以说，从基本的方面来看，外商在我国进行经济活动，是有法律保障的。

当然，我国的法律现在还不够完备，主要是经济法、行政法还不完备。我们正在抓紧制定一些重要的法律，如版权法、公司法、中外合作经营企业法、技术合同法、全民所有制工业企业法等。一个很现实的问题是，当前改革、开放正在全面、深入地发展，许多问题需要及时作出有法律效力的规定，但又缺乏必要的经验，立法条件还不成熟。为了解决这个问题，1985 年 4 月，六届全国人大三次会议专门作了一个决定，授权国务院在经济体制改革和对外开放方面，必要时可以制定暂行的条例或者规定。这个决定授权国务院可以在不违背宪法和不违背法律基本原则的前提下，制定变通的暂行条例或者暂行规定，实际上是授予国务院某些立法的权力。国务院也根据这个决定的精神制定了一些暂行条例或规定，如关于经济特区和沿海 14 个开放城市对外国投资企业减免所得税和工商统一税的暂行规定、关于鼓励外商投资的规定（即 22 条）、关于改革工商税制的暂行规定等。这样做，既适应了某些实际工作的需要，又可以积累经验，为制定或者修改、补充法律做准备，加快经济立法。

有些外国朋友感到中国法律不够具体。我们的做法是把实践证明是成功的政策，用法律的形式肯定下来，作出基本的规定。有些具体问题，我们另行制定实施细则或实施办法（我国已有 21 部法律另行制定了 50 个实施细则或实施办法）和其他行政法规，作出较详细的具体的规定。另外，当事人对法律没有规定的一些具体问题，还可以在签订的合同中加以规定。我国涉外经济合同法规定，合同依法成立，即具有法律约束力。即使将来有新的法律规定时，仍然可以按照合同的规定执行。

在这里，我再介绍一下全国人大及其常委会制定法律的程序。

根据我国宪法的规定，全国人大是国家最高权力机关和立法机关，全国人大和全国人大常委会行使国家立法权。全国人大有权修改宪法，制定和修改刑事、民事、国家机构的和其他的基本法律。全国人大常委会有权制定和修改除应当由全国人大制定的法律以外的其他法律；在全国人大闭会期间，对全国人大制定的法律进行部分补充和修改，但是不得同该法律的基本原则相抵触。

国务院有权根据宪法和法律，制定行政法规。

省、自治区、直辖市人大及其常委会，在不同宪法、法律、行政法规相抵触的前提下，有权制定地方性法规。

八年来，我们全国人大和人大常委会制定的法律，大多数是由国务院拟订的，主要是有关国家经济、行政管理方面的法律；少数是由全国人大常委会的工作机构拟订的，主要是有关民事、刑事、诉讼程序和国家机构方面的法律。这些法律草案提请全国人大常委会审议时，首先由国务院或人大常委会拟订法律草案的部门向常委会作说明，经常委会初步审议后，交由法律委员会审议修改，提出审议修改报告，再由常委会进一步审议修改通过。在审议过程中，常委会都把法律草案普遍发给各省和中央有关部门以及有关法律专家征求意见，并有重点地进行调查研究，对一些重大的或者意见比较多的法律草案，还召开专门会议讨论修改。

例如：制定民法通则，全国人大常委会两次把草案印发各省、中央有关部门和法律院系、法学研究单位、法律专家教授，广泛征求意见，并先后组织调查组到7个省、市进行调查研究，还三次召开有民法专家，法院民庭、经济庭和中央有关部门等实际工作负责人参加的专门会议，前后共开了三十天，反复进行讨论修改。

审议企业破产法草案，除将草案印发各地广泛征求意见外，常委会委员长、几位副委员长和部分委员亲自到7个省、市作调查，还召开了12个省、市人大常委会、政府和中央有关部门负责人专门会议，共开了八天会议讨论修改。

常委会在审议法律的过程中，还特别注意听取各种不同的意见，尊重不同的意见，尽量吸收好的不同的意见或者各种不同意见合理的内容。如果对一些重要条款争论较大，有较多的人不同意，常委会就暂不付表决，不勉强通过，进一步调查研究，讨论修改，待修改意见得到大多数或绝大多数赞成后，再提请会议表决通过。

企业破产法因为不同意见较多，常委会讨论了三次，最后作了五条重大修改，以101票赞成、9票弃权通过。

治安管理处罚条例，有一条处罚规定在表决前争论很大，会议决定暂不付表决，在会后继续研究作了修改，然后以95票赞成、8票弃权通过。

实践表明，全国人大及其常委会在审议法律草案的过程中，对一些重要条款争论激烈，有时有较多的委员或代表有不同的意见，是由于条文规定还有问题或者还不完善，而不是有什么改革派、保守派，不是有根本对立的两种不同意见。上述破产法、治安管理处罚条例经过修改通过，就说明了这一点。我们国家在讨论法律过程中，有各种各样的不同意见，有的争论很激烈，但目标是一致的，都是为了完善法律，为了搞好我国的社会主义法制建设。

最后，我想讲讲朋友们关心的我国对外开放政策问题。

大家知道，我国正在集中力量进行社会主义现代化建设。为了加速实现现代化的宏伟目标，我们主要依靠自力更生，充分发挥我国现有的物质力量和技术力量的作用，同时实行对外开放，积极发展对外经济关系，利用外资，引进外国先进的科学技术和管理经验。最近有人议论，中国的对外开放政策会不会变。历史将会表明，这种怀疑是不必要的。我们的对外开放政策，不是哪个人的主观愿望，也不是什么一时的权宜之计，而是我们总结建国三十多年的基本经验，从国家和人民的根本利益出发，所作出的重大决策。同时，正如一些美国朋友所说的，我们所处的地球越来越小了，今天世界各国的联系已经越来越密切，谁也离不开谁。中国也好，国际社会也好，正反两个方面的经验都证明：实行开放，发展就会快些；闭关锁国，发展就慢。因此，我们的对外开放政策受到全国人民的拥护，已经成为我国的一项长期的基本的国策，载入了宪法，并且已经制定和正在陆续制定一系列相应的法律，把这一经过实践检验证明是成功的政策进一步具体用法律形式固定下来，不会因为领导人的改变而改变，不会因为领导人的看法和注意力的改变而改变，也不会因为在实际工作中出现这样那样的问题和困难而改变。现在的问题是开放得还不够，需要更加开放。

当前，我国有关对外开放方面的一些法律，在实施过程中，也还存在着这样那样的一些问题。例如外商投资企业的外汇平衡问题，部分产品内销问题，还有改善投资环境问题等，我国已专门作出关于中外合资经营企业外汇收支平衡问题的规定和鼓励外商投资的规定（即22条），对解决这些问题进一步作了一些规定。但是，问题还没有完全解决，需要继续作出努力，也需要有一个逐步解决的过程。希望我们双方都能加强研究相互存在的问题，积极加以解决。

各位朋友，在发展对外经济关系方面，我们一向重视发展对美国的经济关系。现在，中国的对外贸易数量还比较少，去年只有700多亿美元。但是从长远看，中国有10亿多人口的市场，如果我们的经济发展了，我们的对外贸易就有可能成倍地增长，中美贸易从70年代初的每年几亿美元增加到现在的七八十亿美元，就是最好的证明。我国有相当丰富的资源，有有待开发的巨大市场。美国有雄厚的资金，有先进的科学技术和管理经验。发展两国之间的经济、贸易、技术合作，对中美两国和两国人民都是有利的。我们相信，在双方共同努力下，中美两国经济、贸易、技术合作将会有美好的前景。

谢谢各位。

在中美贸易投资法律讨论会上的发言

（一九八七年八月十七日）

主席，

朋友们、同志们：

今天，中美两国法律界和经济界的朋友们共聚一堂，就有关贸易、投资的法律问题进行交流和探讨，这对两国在平等互利的基础上把我们之间的经济、贸易、技术合作，从广度和深度上推向前进，是十分有益的。现在，我很荣幸地在这里向朋友们介绍我国在社会主义法制建设，特别是加强有关涉外经济立法方面所作的努力。

中华人民共和国成立以来，取得了很大的发展。但是，我们在前进中也曾经有过失误，特别是“文化大革命”的严重错误。总结历史的教训，主要有两点：一是没有在革命胜利后集中力量发展经济，二是没有切实建设社会主义民主政治。

正是在总结建国以来正反两方面历史经验的基础上，1979 年以来，我们国家一方面确定把全国工作重点转移到以经济建设为中心的社会主义现代化建设，另一方面又把发展社会主义民主、健全社会主义法制作为国家的一项历史性的根本任务，明确提出：为了保障人民民主，必须加强社会主义法制，使民主制度化、法律化，使这种制度和法律具有稳定性、连续性和极大的权威，做到有法可依、有法必依、执法必严、违法必究，所有公民在法律面前一律平等。同时，中国共产党党章还规定了“党必须在宪法和法律的范围内活动”，这是我国社会主义法制思想的重大发展和突破。

根据发展社会主义民主、健全社会主义法制的要求，1979 年以来，我国社会主义法制建设取得了显著进展。全国人大及其常委会制定了 58 部法律，通过了 56 个修改、补充法律的决定和有关法律问题的决定。特别是 1982 年制定了新宪法，为我国社会主义民主、法制建设奠定了基础。此外，几年来我国国务院还制定了 500 多部行政法规，各省、自治区、直辖市也制定了 949 部地方性法规。

现在，我们已经有了一部具有中国特色的、适应社会主义现代化建设需要的新宪法，有关民事、刑事、诉讼程序和国家机构等方面的基本法律大体上都有了，还制定了一批重要的经济法和一些行政法。可以说，在国家政治生活、经济生活和社会生活的基本的、主要的方面，我国已经不是无法可依，而是有法可依。

为了从法律上保障我国改革、开放和现代化建设的顺利进行，这几年我们制定的法律中，有关经济方面的法律占一半，其中有关涉外的经济法律又占有重要的地位。

我国宪法规定，“中华人民共和国允许外国的企业和其他经济组织或者个人依照中华人民共和国法律的规定在中国投资，同中国的企业或者其他经济组织进行各种形式的经济合作”，“它们的合法的权利和利益受中华人民共和国法律的保护”。在国家的根本法中明确规定鼓励外国投资，这在社会主义国家和西方国家的宪法中都是很少有的。

根据宪法规定的原则，几年来我国先后制定了中外合资经营企业法、外资企业法、中外合资经营企业所得税法、外国企业所得税法、涉外经济合同法、专利法、商标法、海关法等重要法律。这些法律根据平等互利的原则和保护外商正当权益的精神，规定外商可以在中国投资，举办中外合资经营企业、中外合作经营企业和外资企业。这些企业在生产经营管理和招收职工等方面，都有自主决定的权利。外商在中国的投资、获得的利润和其他合法权益，包括经我国主管部门批准的专利权和商标专用权，受我国法律的保护。外国投资者可以依法享受较低的所得税税率和减免所得税等优惠待遇，可以在批准的合同范围内在中国市场销售产品，可以向国外汇出利润、工资等合法收入。国家对外国投资企业不实行国有化和征收；在特殊情况下，根据社会公共利益的需要实行征收时，必须依照法律程序，并给予相应的补偿。处理涉外经济合同争议，除法律另有规定外，当事人可以选择适用的法律，也就是说，他们可以选择适用中国的法律，也可以选择适用外国的法律，并可以根据合同或者协议提交中国仲裁机构或者外国的仲裁机构仲裁。我国的民法通则和民事诉讼法还规定，中华人民共和国缔结或者参加的国际条约同中华人民共和国民事法律有不同规定的，适用国际条约的规定，但是我国声明保留的条款除外。外国人在我国法院起诉、应诉，同中华人民共和国公民有同等的诉讼权利和义务。此外，为了便于发展对外交往，我国还制定了国籍法、外国人和中国公民出入境管理法、外交特权与豁免条例等行政法。可以说，从基本的方面来看，外商在我国进行经济活动，是有法律保障的。

当然，我国的法律现在还不够完备，主要是经济法、行政法还不完备。我们正在抓紧制定一些重要的法律，如版权法、公司法、中外合作经营企业法、海商法、全民所有制工业企业法等。一个很现实的问题是，当前改革、开放正在全面、深入地发展，许多问题需要及时作出有法律效力的规定，但又缺乏必要的经验，立法条件还不成熟。为了解决这个问题，1985 年 4 月，六届全国人大三次会议专门作了一个决定，授权国务院在经济体制改革和对外开放方面，必要时可以制定暂行的条例或者规定。这个决定授权国务院可以在不违背宪法和不违背法律基本原则的前提下，制定变通的暂行条例或者暂行规定，以适应我国改革、开放过程中的实际需要。国务院根据这个决定的精神已经制定了一些暂行条例或规定，如关于经济特区和沿海 14 个开放城市对外国投资企业减免所得税和工商统一税的暂行规定、关于鼓励外商投资的规定（即 22 条）、关于改革工商税制的暂行规定等。这样做，有利于改革、开放的顺利进行，又可以积累经验，为制定或者修改、补充法律做准备，加快经济立法。

有些外国朋友感到中国法律不够具体。我们的做法是把实践证明是成功的政策，用法律的形式肯定下来，作出基本的规定。有些具体问题，我们另行制定实施细则或实施办法和其他行政法规，作出较详细的具体的规定（我国已有 21 部法律另行制定了

50 个实施细则或实施办法）。另外，当事人对法律没有规定的一些具体问题，还可以在签订的合同中加以规定。我国涉外经济合同法规定，合同依法成立，即具有法律约束力。即使将来有新的法律规定时，仍然可以按照合同的规定执行。

各位朋友，对外开放作为我国的一项长期的基本的国策载入了宪法，并且已经制定和正在陆续制定一系列相应的法律，把这一经过实践检验证明是成功的政策进一步用具体的法律形式固定下来，不会因为领导人的改变而改变，不会因为领导人的看法和注意力的改变而改变，也不会因为在实际工作中出现这样那样的问题和困难而改变。当然，我国有关对外开放方面的一些法律，在实施过程中，也还存在着这样那样的一些问题，如外国投资企业的外汇平衡问题，部分产品内销问题，还有改善投资环境问题等，我国已专门作出关于中外合资经营企业外汇收支平衡问题的规定和鼓励外商投资的规定（即 22 条），对解决这些问题进一步作了一些规定。但是，问题还没有完全解决，需要继续作出努力，也需要有一个逐步解决的过程。希望我们双方都能加强研究相互存在的问题，积极加以解决。

各位朋友，在发展对外经济关系方面，我们一向重视发展对美国的经济关系。去年，贵国已经成为我国的第三大贸易伙伴，并在对华投资总额中居第二位。现在，中国的对外贸易数量还比较少，去年只有 700 多亿美元。但是从长远看，中国有 10 亿多人口的市场，如果我们的经济发展了，我们的对外贸易就有可能成倍地增长，中美贸易从 70 年代的每年几亿美元增加到现在的七八十亿美元，就是最好的证明。我国有相当丰富的资源，有有待开发的巨大市场，美国有雄厚的资金，有先进的科学技术和管理经验。发展两国之间的经济、贸易、技术合作关系，对中美两国和两国人民都是有利的。我们相信，在双方共同努力下，中美两国经济、贸易、技术合作关系的发展将会有广阔的前景。

谢谢各位。

进一步健全全国人大常委会的工作制度*

（一九八七年八月二十八日）

全国人民代表大会常务委员会议事规则（草案）是根据宪法和全国人民代表大会组织法，结合五届全国人大以来常委会工作的实践经验拟订的。这个议事规则的制定，对于进一步健全全国人大常委会的工作制度，便于委员更好地依法行使职权，提高常委会的议事效率，是迫切需要的。

1981 年，全国人大常委会办公厅就开始研究起草全国人大常委会议事规则，当时由于经验不足，对有些问题还看不很清楚，条件还不成熟。几年来，全国人大常委会逐步积累了经验，根据委员长会议和委员们的意见，全国人大常委会法制工作委员会和办公厅草拟了全国人民代表大会常务委员会议事规则（讨论稿），于 7 月间印发全国人大常委会组成人员，各专门委员会，各省、

* 这是王汉斌同志在第六届全国人民代表大会常务委员会第二十二次会议上所作的关于《中华人民共和国全国人民代表大会常务委员会议事规则（草案）》的说明。

自治区、直辖市人大常委会征求意见，并根据各方面提出的意见，作了补充、修改，提请常委会审议。现将草案的几个问题说明如下：

一、为了便于委员们在常委会会议前做好准备，草案规定："常务委员会举行会议，一般应当在会议举行七日以前，将开会日期、建议会议讨论的主要事项，通知常务委员会组成人员。"许多委员提出，每次会议审议的议案也应提前发给委员，这个意见是有道理的，常委会办公厅应当尽量这样做。但是，考虑到目前有些议案还难以提前印发，建议暂不作法律规定。

二、几年来，全国人大常委会举行会议时，按照全国人民代表大会组织法的规定，各省、自治区、直辖市人大常委会派主任或主持工作的副主任一人列席会议，参加讨论。实践证明，这样做效果很好，可以加强全国人大常委会和各省、自治区、直辖市人大常委会的联系，更好地听取地方的意见，对常委会审议各项议案很有帮助。因此，草案对此作了专门的规定。同时，为了加强全国人大常委会同全国人大代表的联系，草案还规定："必要的时候，可以邀请有关的全国人民代表大会代表列席会议。"

三、草案规定："常务委员会举行会议的时候，分别召开全体会议、分组会议和联组会议。"根据这几年的经验，分组会议对各项议题进行审议和讨论，委员们可以比较充分地发表意见，是常委会审议议案的主要方式。同时，这几年常务委员会在分组会议审议的基础上，召开联组会议，听取专门委员会的审议意见，交流分组会议审议的情况，进一步对议案的主要问题进行讨论，集思广益，求得比较一致的意见。实践证明，这是一种行之有效的好的做法。草案将分组会议、联组会议用法律形式肯定了下来，是很有必要的。

四、草案根据几年来全国人大常委会在审议议案方面积累的经验，作了如下规定：1．对列入会议议程的法律草案，常委会先听取说明、初步审议后，交法律委员会和有关专门委员会审议，由法律委员会向下次或者以后的常委会会议提出审议结果的报告。这样可以使常委会和有关的专门委员会有必要的时间，对法律草案进行审议修改。2．对列入议程的议案，提议案的机关、有关专门委员会、常委会有关工作部门应当提供有关的资料，对任命案，提请任命的机关应当介绍有关情况，使常委会组成人员能够了解有关情况和问题，便于进行审议。3．议案一般要经过常委会全体会议听取说明、分组会议审议、专门委员会审议、联组会议审议，再进行表决。如果议案还有重大问题需要进一步研究，可以经联组会议讨论决定，本次会议暂不付表决，交专门委员会进一步审议，提出审议报告。规定这些程序，都是为了常委会能够对议案进行比较充分、有效的审议，使通过的议案和法律能够比较切实可行。

五、不少委员建议，为了使委员们都能有机会发表意见，提高会议效率，希望对发言时间作出规定。因此，草案规定："常务委员会组成人员和列席会议的人员在全体会议上的发言，一般不超过十分钟；在联组会议上，第一次发言一般不超过十五分钟，第二次对同一问题的发言一般不超过十分钟。"为了使委员们在分组会议上能够充分发表意见，对分组会议上的发言，没有限定时间。需要说明的是，对议案的说明、议案审议结果的报告、工作报告和专题发言，不包括在上述限制发言时间的范围之内。

全国人大常委会法制工作委员会关于对1978年底以前颁布的法律进行清理的情况和意见的报告*

（一九八七年十一月十一日）

全国人民代表大会常务委员会：

根据全国五届人大三次会议上全国人大常委会工作报告提出清理建国以来颁布的法律的要求，全国人大常委会法制工作委员会对1978年底以前颁布的法律（包括有关法律问题的决定）进行了清理。现将清理的情况和处理意见报告如下：

据统计，从1949年9月至1978年底，由中国人民政治协商会议第一届全体会议、中央人民政府委员会、全国人民代表大会及其常务委员会制定或者批准的法律共有134件，我们会同有关部门对这些法律逐件进行了研究，并征求一些法律专家的意见。在清理的134件法律中，已经失效的有111件（见附件一），继续有效或者继续有效正在研究修改的有23件。已经失效的111

* 这个报告是王汉斌同志主持起草的。

件法律分为以下四种情况：

（一）已由新法规定废止的 11 件。

（二）已有新法代替的 41 件。

（三）由于调整对象变化或者情况变化而不再适用或者已经停止施行的 29 件。

（四）对某一特定问题作出的具有法律效力的决定、条例，已经过时的 30 件。

对现已失去法律效力的 111 件法律，除已由新法规定废止的 11 件以外，对其余的 100 件，建议全国人大常委会明确这些法律已经不再适用，但是过去根据这些法律对有关问题做出的处理仍然是有效的。

此外，在 1978 年底以前，全国人大常委会批准民族自治地方的人民代表大会和人民委员会组织条例 48 件（见附件二），因新宪法、地方各级人民代表大会和地方各级人民政府组织法和民族区域自治法已经制定，各民族自治地方人民代表大会都已成立常务委员会，各自治地方都已经或正在另行制定自治条例，上述组织条例已因情况变化而不再适用。

以上报告和附件一、附件二，请审议。

附件一：1978 年底以前颁布的已经失效的法律目录（111 件）

附件二：1978 年底以前全国人民代表大会常务委员会批准的已经不再适用的民族自治地方的组织条例目录（48 件）

全国人大常委会法制工作委员会

1987 年 11 月 11 日

附件一：

1978 年底以前颁布的已经失效的法律目录（111 件）

一、已由新法规定废止的 11 件

1．新解放区农业税暂行条例（1950 年 9 月中央人民政府委员会通过）

2．中华人民共和国婚姻法（1950 年 4 月中央人民政府委员会通过）

3．中华人民共和国逮捕拘留条例（1954 年 12 月全国人大常委会通过）

4．中华人民共和国治安管理处罚条例（1957 年 10 月全国人大常委会通过）

5．消防监督条例（1957 年 11 月全国人大常委会原则批准）

6．国务院关于工人、职员回家探亲的假期和工资待遇的暂行规定（1957 年 11 月全国人大常委会批准）

7．中华人民共和国国境卫生检疫条例（1957 年 12 月全国人大常委会通过）

8．国务院关于调整获利较大的经济作物的农业税附加比例的规定（1957 年 12 月全国人大常委会原则批准）

9．国家建设征用土地办法（1958 年 1 月全国人大常委会原则批准）

10．商标管理条例（1963 年 3 月全国人大常委会批准）

11．中华人民共和国第五届全国人民代表大会第一次会议关于中华人民共和国国歌的决定（1978年3月通过）

二、已有新法代替的41件

1．中华人民共和国惩治反革命条例（1951年2月中央人民政府委员会批准）

2．中华人民共和国人民法院暂行组织条例（1951年9月中央人民政府委员会通过）

3．中央人民政府最高人民检察署暂行组织条例（1951年9月中央人民政府委员会通过）

4．各级地方人民检察署组织通则（1951年9月中央人民政府委员会通过）

5．中华人民共和国惩治贪污条例（1952年4月中央人民政府委员会批准）

6．中央人民政府政务院关于与外国订立条约、协定、议定书、合同等的统一办法之决定（1952年8月中央人民政府委员会批准）

7．中华人民共和国民族区域自治实施纲要（1952年8月中央人民政府委员会批准）

8．中华人民共和国民兵组织暂行条例（1952年11月中央人民政府主席批准）

9．中华人民共和国全国人民代表大会及地方各级人民代表大会选举法（1953年2月中央人民政府委员会通过）

10. 中华人民共和国全国人民代表大会组织法（1954 年 9 月全国人大通过）

11. 中华人民共和国国务院组织法（1954 年 9 月全国人大通过）

12. 中华人民共和国地方各级人民代表大会和地方各级人民委员会组织法（1954 年 9 月全国人大通过）

13. 中华人民共和国人民法院组织法（1954 年 9 月全国人大通过）

14. 中华人民共和国人民检察院组织法（1954 年 9 月全国人大通过）

15. 中华人民共和国第一届全国人民代表大会第一次会议关于中华人民共和国现行法律、法令继续有效的决议（1954 年 9 月通过）

16. 全国人民代表大会常务委员会关于同外国缔结条约的批准手续的决定（1954 年 10 月通过）

17. 中国人民解放军军官服役条例（1955 年 2 月全国人大常委会通过）

18. 全国人民代表大会常务委员会关于解释法律问题的决议（1955 年 6 月通过）

19. 中华人民共和国第一届全国人民代表大会第二次会议关于授权常务委员会制定单行法规的决议（1955 年 7 月通过）

20. 中华人民共和国第一届全国人民代表大会第二次会议关于撤销热河省西康省并修改中华人民共和国地方各级人民代表大会和地方各级人民委员会组织法第二十五条第二款第一项规定的

决议（1955年7月通过）

21．中华人民共和国第一届全国人民代表大会第二次会议关于撤销燃料工业部设立煤炭工业部电力工业部石油工业部农产品采购部并修改中华人民共和国国务院组织法第二条第一款条文的决议（1955年7月通过）

22．中华人民共和国兵役法（1955年7月全国人大通过）

23．全国人民代表大会常务委员会关于在地方各级人民代表大会闭会期间省长自治区主席市长州长县长区长乡长镇长和地方各级人民法院院长缺额补充问题的决定（1955年11月通过）

24．全国人民代表大会常务委员会关于自治州人民代表大会和人民委员会每届任期问题的决定（1956年5月通过）

25．全国人民代表大会常务委员会关于县市市辖区乡民族乡镇人民代表大会代表名额等问题的决定（1956年5月通过）

26．全国人民代表大会常务委员会关于不公开进行审理的案件的决定（1956年5月通过）

27．中华人民共和国第一届全国人民代表大会第三次会议关于修改中华人民共和国地方各级人民代表大会和地方各级人民委员会组织法第二十五条第二款第四项第五项规定的决议（1956年6月通过）

28．全国人民代表大会常务委员会关于对反革命分子的管制一律由人民法院判决的决定（1956年11月通过）

29．中华人民共和国第一届全国人民代表大会第四次会议关于死刑案件由最高人民法院判决或者核准的决议（1957年7月通过）

30．全国人民代表大会常务委员会关于死刑案件由最高人民法院判决或者核准的决议如何执行问题给最高人民法院的批复（1957 年 9 月批复）

31．全国人民代表大会常务委员会关于省、直辖市人民代表大会会议可以每年举行一次的决定（1957 年 11 月通过）

32．国务院关于工人、职员退休处理的暂行规定（1957 年 11 月全国人大常委会原则批准）

33．国务院关于工人职员退职处理的暂行规定（1958 年 3 月全国人大常委会原则批准）

34．全国人民代表大会常务委员会关于地方各级人民代表大会代表名额问题的决定（1958 年 3 月通过）

35．全国人民代表大会常务委员会关于直辖市和较大的市可以领导县自治县的决定（1959 年 9 月通过）

36．全国人民代表大会常务委员会关于最高人民法院和地方各级人民法院助理审判员任免问题的决定（1960 年 1 月通过）

37．中国人民解放军军官服役条例（1963 年 9 月全国人大常委会修正通过）

38．外国人入境出境过境居留旅行管理条例（1964 年 3 月全国人大常委会批准）

39．全国人民代表大会常务委员会关于军士和兵的现役期限的决定（1965 年 1 月通过）

40．关于兵役制问题的决定（1978 年 3 月全国人大常委会批准）

41．全国人民代表大会常务委员会关于省人民代表大会闭会

期间省人民检察院检察长产生程序的决定（1978年5月通过）

三、由于调整对象变化或者情况变化而不再适用或者已经停止施行的29件

1．中华人民共和国中央人民政府组织法（1949年9月中国人民政治协商会议第一届全体会议通过）

2．中国人民政治协商会议组织法（1949年9月中国人民政治协商会议第一届全体会议通过）

3．省各界人民代表会议组织通则（1949年12月中央人民政府委员会通过）

4．市各界人民代表会议组织通则（1949年12月中央人民政府委员会通过）

5．县各界人民代表会议组织通则（1949年12月中央人民政府委员会通过）

6．中央人民政府政务院及所属各机关组织通则（1949年12月中央人民政府委员会通过）

7．中华人民共和国土地改革法（1950年6月中央人民政府委员会通过）

8．人民法庭组织通则（1950年7月中央人民政府主席批准）

9．中央人民政府任免国家机关工作人员暂行条例（1951年11月中央人民政府委员会批准）

10．各级人民政府民族事务委员会试行组织通则（1952年8月中央人民政府主席批准）

11．全国人民代表大会常务委员会关于地方各级人民委员会的组成人员是否限于本级人民代表大会代表问题的决定（1955年11月通过）

12．全国人民代表大会常务委员会关于地方各级人民法院院长人民检察院检察长可否兼任各级人民委员会的组成人员问题的决定（1955年11月通过）

13．农业生产合作社示范章程（1956年3月全国人大常委会通过）

14．文化娱乐税条例（1956年5月全国人大常委会通过）

15．高级农业生产合作社示范章程（1956年6月全国人大通过）

16．全国人民代表大会常务委员会关于增加农业生产合作社社员自留地的决定（1957年6月通过）

17．华侨投资于国营华侨投资公司的优待办法（1957年8月全国人大常委会批准）

18．县级以上人民委员会任免国家机关工作人员条例（1957年11月全国人大常委会通过）

19．国务院关于改进工业管理体制的规定（1957年11月全国人大常委会原则批准）

20．国务院关于改进商业管理体制的规定（1957年11月全国人大常委会原则批准）

21．国务院关于改进财政管理体制的规定（1957年11月全国人大常委会原则批准）

22．国务院关于国营、公私合营、合作经营、个体经营的企

业和事业单位的学徒的学习期限和生活补贴的暂行规定（1957年11月全国人大常委会原则批准）

23．国务院关于企业、事业单位和国家机关中普通工和勤杂工的工资待遇的暂行规定（1957年11月全国人大常委会原则批准）

24．全国人民代表大会常务委员会关于适当提高高级农业生产合作社公积金比例的决定（1958年1月通过）

25．国务院关于农业生产合作社股份基金的补充规定（1958年1月全国人大常委会原则批准）

26．国务院关于改进税收管理体制的规定（1958年6月全国人大常委会原则批准）

27．全国人民代表大会常务委员会关于批准设立最高人民法院西藏分院和最高人民检察院西藏分院的决议（1958年6月通过）

28．全国农业发展纲要（1960年4月全国人民代表大会通过）

29．民族自治地方财政管理暂行办法（1958年6月全国人大常委会原则批准）

四、对特定问题作出具有法律效力的决定、条例，已经过时的30件

（一）关于某一届人民代表大会任期、召开时间、代表名额、选举时间的决定9件

1．中央人民政府委员会关于召开全国人民代表大会及地方各级人民代表大会的决议（1953年1月通过）

2．全国人民代表大会常务委员会关于省县乡改变建制后本届人民代表大会代表名额问题的决定（1955 年 3 月通过）

3．全国人民代表大会常务委员会关于第一届地方各级人民代表大会任期问题的决定（1955 年 3 月通过）

4．全国人民代表大会常务委员会关于 1956 年直辖市和县以下各级人民代表大会代表选举时间的决定（1956 年 5 月通过）

5．中华人民共和国第一届全国人民代表大会第四次会议关于第二届全国人民代表大会代表选举问题的决议（1957 年 7 月通过）

6．全国人民代表大会常务委员会关于 1958 年直辖市和县以下各级人民代表大会代表选举时间的决定（1957 年 11 月通过）

7．全国人民代表大会常务委员会关于第二届全国人民代表大会代表选举时间和第二届全国人民代表大会第一次会议召开时间的决定（1958 年 6 月通过）

8．中华人民共和国第二届全国人民代表大会第四次会议关于第三届全国人民代表大会代表名额和选举问题的决议（1963 年 12 月通过）

9．第三届全国人民代表大会少数民族代表名额分配方案（1964 年 7 月全国人大常委会批准）

（二）关于公债条例 7 件

1．关于发行人民胜利折实公债的决定（1949 年 12 月中央人民政府委员会通过）

2．1954 年国家经济建设公债条例（1953 年 12 月中央人民政府委员会通过）

3．1955年国家经济建设公债条例（1954年12月全国人大常委会通过）

4．1956年国家经济建设公债条例（1955年11月全国人大常委会通过）

5．1957年国家经济建设公债条例（1956年12月全国人大常委会通过）

6．1958年国家经济建设公债条例（1957年11月全国人大常委会通过）

7．中华人民共和国地方经济建设公债条例（1958年6月全国人大常委会通过）

（三）关于宽大处理战争罪犯、残余反革命分子和特赦战犯的决定9件

1．全国人民代表大会常务委员会关于处理在押日本侵略中国战争中战争犯罪分子的决定（1956年4月通过）

2．全国人民代表大会常务委员会关于宽大处理和安置城市残余反革命分子的决定（1956年11月通过）

3．全国人民代表大会常务委员会关于特赦确实改恶从善的罪犯的决定（1959年9月通过）

4．全国人民代表大会常务委员会关于特赦确实改恶从善的蒋介石集团和伪满洲国的战争罪犯的决定（1960年11月通过）

5．全国人民代表大会常务委员会关于特赦确实改恶从善的蒋介石集团和伪满洲国的战争罪犯的决定（1961年12月通过）

6．全国人民代表大会常务委员会关于特赦确实改恶从善的蒋介石集团、伪满洲国和伪蒙疆自治政府的战争罪犯的决定

（1963 年 3 月通过）

7．全国人民代表大会常务委员会关于特赦确实改恶从善的蒋介石集团、伪满洲国和伪蒙疆自治政府的战争罪犯的决定（1964 年 12 月通过）

8．全国人民代表大会常务委员会关于特赦确实改恶从善的蒋介石集团、伪满洲国和伪蒙疆自治政府的战争罪犯的决定（1966 年 3 月通过）

9．全国人民代表大会常务委员会关于特赦释放全部在押战争罪犯的决定（1975 年 3 月通过）

（四）关于授予勋章奖章和军衔的决定、条例 5 件

1．中华人民共和国授予中国人民解放军在中国人民革命战争时期有功人员的勋章奖章条例（1955 年 2 月全国人大常委会通过）

2．全国人民代表大会常务委员会关于规定勋章奖章授予中国人民解放军在中国人民革命战争时期有功人员的决议（1955 年 2 月通过）

3．全国人民代表大会常务委员会关于规定勋章奖章授予中国人民解放军在保卫祖国和进行国防现代化建设中有功人员的决议（1955 年 2 月通过）

4．全国人民代表大会常务委员会关于授予中国人民志愿军抗美援朝保家卫国有功人员勋章奖章的决议（1955 年 2 月通过）

5．全国人民代表大会常务委员会关于取消中国人民解放军军衔制度的决定（1965 年 5 月通过）

附件二：

1978年底以前全国人民代表大会常务委员会批准的已经不再适用的民族自治地方的组织条例目录（48件）

一、自治区的组织条例6件

1．内蒙古自治区各级人民代表大会和各级人民委员会组织条例（1955年11月全国人大常委会批准）

2．新疆维吾尔自治区各级人民代表大会和各级人民委员会组织条例（1956年7月全国人大常委会批准）

3．西藏自治区筹备委员会组织简则（1956年9月全国人大常委会批准）

4．西藏自治区各级人民代表大会选举条例（1963年3月全国人大常委会批准）

5．广西僮族自治区人民代表大会和人民委员会组织条例（1958年7月全国人大常委会批准）

6．宁夏回族自治区人民代表大会和人民委员会组织条例（1959年11月全国人大常委会批准）

二、自治州的组织条例22件

1．湘西苗族自治州人民代表大会组织条例（1956年5月全国人大常委会批准）

2．湘西苗族自治州人民委员会组织条例（1956年5月全国

人大常委会批准）

3．湘西土家族苗族自治州人民代表大会和人民委员会组织条例（1959 年 11 月全国人大常委会批准）

4．黔东南苗族侗族自治州人民代表大会组织条例（1957 年 6 月全国人大常委会批准）

5．黔东南苗族侗族自治州人民委员会组织条例（1957 年 6 月全国人大常委会批准）

6．黔南布依族苗族自治州人民代表大会组织条例（1957 年 6 月全国人大常委会批准）

7．黔南布依族苗族自治州人民委员会组织条例（1957 年 6 月全国人大常委会批准）

8．云南省大理白族自治州人民代表大会和人民委员会组织条例（1957 年 6 月全国人大常委会批准）

9．云南省文山僮族苗族自治州各级人民代表大会和各级人民委员会组织条例（1959 年 11 月全国人大常委会批准）

10．云南省红河哈尼族彝族自治州人民代表大会和人民委员会组织条例（1959 年 11 月全国人大常委会批准）

11．云南省楚雄彝族自治州人民代表大会和人民委员会组织条例（1959 年 11 月全国人大常委会批准）

12．云南省怒江傈僳族自治州人民代表大会和人民委员会组织条例（1959 年 11 月全国人大常委会批准）

13．吉林省延边朝鲜族自治州各级人民代表大会和各级人民委员会组织条例（1957 年 3 月全国人大常委会批准）

14．甘肃省临夏回族自治州各级人民代表大会和各级人民委

员会组织条例（1958年9月全国人大常委会批准）

15．甘肃省甘南藏族自治州人民代表大会和人民委员会组织条例（1958年9月全国人大常委会批准）

16．新疆维吾尔自治区伊犁哈萨克自治州各级人民代表大会和各级人民委员会组织条例（1958年6月全国人大常委会批准）

17．新疆维吾尔自治区克孜勒苏柯尔克孜自治州各级人民代表大会和各级人民委员会组织条例（1966年3月全国人大常委会批准）

18．新疆维吾尔自治区巴音郭楞蒙古自治州人民代表大会和人民委员会组织条例（1966年3月全国人大常委会批准）

19．青海省果洛藏族自治州各级人民代表大会和各级人民委员会组织条例（1964年12月全国人大常委会批准）

20．青海省海南藏族自治州各级人民代表大会和各级人民委员会组织条例（1966年3月全国人大常委会批准）

21．四川省凉山彝族自治州各级人民代表大会和各级人民委员会组织条例（1965年8月全国人大常委会批准）

22．四川省甘孜藏族自治州各级人民代表大会和各级人民委员会组织条例（1965年8月全国人大常委会批准）

三、自治县的组织条例20件

1．河北省孟村回族自治县人民代表大会和人民委员会组织条例（1956年7月全国人大常委会批准）

2．河北省大厂回族自治县人民代表大会和人民委员会组织条例（1956年7月全国人大常委会批准）

3．湖南省江华瑶族自治县人民代表大会和人民委员会组织条例（1956 年 7 月全国人大常委会批准）

4．湖南省通道侗族自治县人民代表大会和人民委员会组织条例（1959 年 4 月全国人大常委会批准）

5．湖南省新晃侗族自治县人民代表大会和人民委员会组织条例（1959 年 4 月全国人大常委会批准）

6．湖南省城步苗族自治县人民代表大会和人民委员会组织条例（1959 年 4 月全国人大常委会批准）

7．黑龙江省杜尔伯特蒙古族自治县人民代表大会和人民委员会组织条例（1957 年 6 月全国人大常委会批准）

8．吉林省前郭尔罗斯蒙古族自治县人民代表大会和人民委员会组织条例（1957 年 11 月全国人大常委会批准）

9．贵州省三都水族自治县人民代表大会和人民委员会组织条例（1958 年 3 月全国人大常委会批准）

10．贵州省松桃苗族自治县人民代表大会组织条例（1958 年 3 月全国人大常委会批准）

11．贵州省松桃苗族自治县人民委员会组织条例（1958 年 3 月全国人大常委会批准）

12．贵州省镇宁布依族苗族自治县人民代表大会和人民委员会组织条例（1964 年 12 月全国人大常委会批准）

13．辽宁省喀喇沁左翼蒙古族自治县人民代表大会和人民委员会组织条例（1959 年 11 月全国人大常委会批准）

14．辽宁省阜新蒙古族自治县人民代表大会和人民委员会组织条例（1959 年 11 月全国人大常委会批准）

15．云南省丽江纳西族自治县人民代表大会和人民委员会组织条例（1962 年 11 月全国人大常委会批准）

16．云南省屏边苗族自治县人民代表大会和人民委员会组织条例（1964 年 12 月全国人大常委会批准）

17．云南省河口瑶族自治县人民代表大会和人民委员会组织条例（1964 年 12 月全国人大常委会批准）

18．广东省连山僮族瑶族自治县人民代表大会和人民委员会组织条例（1964 年 12 月全国人大常委会批准）

19．内蒙古自治区鄂温克族自治旗人民代表大会和人民委员会组织条例（1964 年 12 月全国人大常委会批准）

20．内蒙古自治区莫力达瓦达斡尔族自治旗人民代表大会和人民委员会组织条例（1964 年 12 月全国人大常委会批准）

关于惩治走私罪和惩治贪污罪贿赂罪两个补充规定草案的说明*

（一九八七年十一月十七日）

1982 年 3 月全国人大常委会通过的《关于严惩严重破坏经济的罪犯的决定》，对于打击严重破坏经济的犯罪活动，保障改革、开放和社会主义四化建设的顺利进行，起了很大作用。为了更好地执行刑法和《决定》，按照一手抓改革、开放、搞活，一手抓打击经济犯罪的精神，1982 年，法制委员会对经济体制改革和对外开放过程中在经济犯罪方面出现的新情况、新问题进行了调查研究，在总结审判实践经验的基础上，起草了《关于惩治走私罪的补充规定（草案）》和《关于惩治贪污罪贿赂罪的补充规定（草案）》。1986 年以来，法制工作委员会又多次征求各省、自治区、直辖市和中央有关部门的意见，进行了修改。各地方和有关部门认为这两个补充规定草案基本符合实际需要，对打击走私罪、贪

* 这是王汉斌同志在第六届全国人民代表大会常务委员会第二十三次会议上所作的关于惩治走私罪和惩治贪污罪贿赂罪两个补充规定草案的说明。

污罪、贿赂罪很有必要，希望早日提请全国人大常委会审议。现将草案的几个主要问题说明如下。

一、关于惩治走私罪的补充规定（草案）[①]

（一）关于严惩严重破坏经济的罪犯的决定已规定，对走私犯罪情节特别严重的，最高刑罚可以判处死刑。草案具体规定对以下几种情节特别严重的走私犯罪判处死刑：1．走私毒品、武器、弹药、仿造的货币、黄金、白银等贵重金属、珍贵文物、珍贵动物及其制品的；2．走私其他货物、物品价额在五十万元以上的；3．武装掩护走私的。

（二）关于走私淫秽物品问题。根据海关法的规定，草案将是否“以牟利或者传播为目的”作为区别罪与非罪的界限。走私淫秽物品对社会危害很大，名方面强烈要求予以严厉打击，因此草案规定，走私淫秽物品情节严重的，最高刑罚可以判处无期徒刑。这与世界各国的有关规定相比，是比较重的处罚。

（三）关于走私货物、物品数额多少应当判刑问题。根据我国实际情况，草案规定，走私本规定第一条至第三条所列严禁出入境的物品的，原则上都要判刑。其中数额很小不需要判刑的，可以依照刑法第十条关于“情节显著轻微危害不大的，不认为是犯罪”的规定，不予判刑，而由海关依照海关法处理。对走私本

① 1997年3月14日，第八届全国人民代表大会第五次会议对刑法进行了修订。关于惩治走私罪的补充规定已纳入修订后的刑法，或者已不适用的，自1997年10月1日修订的刑法施行之日起，予以废止。

规定第一条至第三条规定以外的货物、物品的，草案规定，走私货物、物品价额在二万元以上的，原则上应当判刑。考虑到走私案件的情况有很大不同，地区之间的差别也很大，为适应这些不同的情况，草案又规定，走私货物、物品价额在二万元以上不满五万元、情节较轻的，可以不判刑，由海关依照海关法处理。

（四）关于单位走私。近几年有的企业事业单位和机关、团体走私数额很大，危害严重，需要追究刑事责任。但这些案件往往是领导“点头”的或者单位领导集体决定的，又打着“为公不为私”的招牌，往往难以追究刑事责任，各地普遍要求明确规定刑罚，同时考虑到单位走私与个人走私也有所不同。因此，草案规定，企业事业单位、机关、团体，走私本规定第一条至第三条规定以外的货物、物品价额在三十万元以上的，除没收其走私货物、物品和违法所得外，对该单位判处罚金，并对直接负责的主管人员和其他责任人员，处五年以下有期徒刑或者拘役；价额不满三十万元的，由海关没收货物、物品和违法所得，可以并处罚款；对直接负责的主管人员和其他责任人员，可由主管机关酌情予以行政处分。

由于走私毒品、武器等物品的危害较大，草案规定，单位走私这些物品的，对直接负责的主管人员和其他责任人员，依照对个人犯走私罪的处罚规定处罚。

近几年，有些犯罪分子以本单位的名义为掩护进行走私，然后共同分取违法所得，不能按单位走私处罚。因此，草案规定：企业事业单位、机关、团体走私，违法所得归个人所有的，或者以企业事业单位、机关、团体的名义进行走私，共同分取违法所得的，对其直接负责的主管人员和其他责任人员，按照对个人犯走私罪的处罚规定处罚。

（五）关于走私集团和共犯。走私共犯特别是走私集团，危害性很大，过去对主犯往往只按照他个人走私货物、物品的价额处刑，显然处刑轻了。因此，草案规定：对走私集团和其他共同走私犯中的主犯，按照共同走私货物、物品的总价额处罚。

（六）关于贩私。近几年来，贩私活动比较严重。贩私虽然和直接走私不完全相同，但有密切联系，危害性也很大。实践中，对于贩私有的按投机倒把处理，有的按走私处理。为了明确界限，草案根据海关法，规定下列两种行为按走私罪论处：1．直接向走私人非法收购国家禁止进口物品的，或者直接向走私人非法收购走私进口的其他货物、物品，数额较大的。2．在内海、领海运输、收购、贩卖国家禁止进口物品的，或者运输、收购、贩卖国家限制进出口的货物、物品，数额较大，没有合法证明的。

（七）几年来，单位和个人违反外汇管理法规进行犯罪活动的情况比较严重，这种犯罪活动有时又和走私犯罪有关，各地要求规定刑罚，以便审判时有所遵循。因此，草案规定：全民所有制企业事业单位、机关、团体违反外汇管理法规，在境外把出口货物取得的外汇或者以其他方式取得的外汇，未经国家批准在境外开立外汇存款账户，或者不按照国家规定调回国内，或者把国家拨给的外汇擅自出售牟利，数额在三十万元以上的，除对该单位判处罚金外，并对直接负责的主管人员和其他责任人员处五年以下有期徒刑或者拘役；数额不满三十万元的，由外汇管理机关依照外汇管理法规强制收兑外汇、没收违法所得，可以并处罚款，并由主管部门给予行政处分。

为了打击倒买倒卖外汇牟利的投机倒把犯罪行为，草案还规定：企业事业单位、机关、团体或者个人倒卖外汇牟利，情节严重的，按照投机倒把罪处罚。至于依照国家规定，通过合法途径，调剂外汇余缺的是正常的经济活动，不是投机倒把。

（八）为了防止和纠正处理罚没收入中的混乱现象，草案规定：处理走私案件没收的财物和罚金收入，全部上缴国库，不得提成，不得私自处理。私分没收的财物和罚金收入的，以贪污论处。

二、关于惩治贪污罪贿赂罪的补充规定（草案）①

（一）关于贪污。刑法对贪污罪的量刑标准，没有具体数额规定，各地感到不好掌握。根据几年来的审判实践经验，草案按照贪污的不同数额分别规定了四种不同的量刑标准。关于判处死刑的界限，草案规定，个人贪污数额在五万元以上，情节特别严重的，判处死刑，并处没收财产。关于追究刑事责任的数额界限，草案规定，贪污二千元以上的，一般应当判刑。但贪污数额在两千元以上不满五千元，犯罪后自首、立功或者有悔改表现积极退赃的，可以减轻或者免予刑事处罚。贪污数额不满二千元，

① 1997年3月14日，第八届全国人民代表大会第五次会议对刑法进行了修订。关于惩治贪污罪贿赂罪的补充规定已纳入修订后的刑法，或者已不适用的，自1997年10月1日修订的刑法施行之日起，予以废止。

情节较重的，可以判刑；情节较轻的，可以不判刑，由主管部门酌情给予行政处分。

（二）关于挪用公款。目前，有些个人长期挪用公款或者挪用公款进行非法活动、营利活动，情况比较严重，各地要求明确规定刑罚。因此，草案规定：国家工作人员、集体经济组织工作人员或者其他经手、管理公共财物的人员，利用职权或者工作便利，挪用公款归私人使用，数额较大，超过六个月的，或者挪用公款进行非法活动、营利活动的，以贪污罪论处。

（三）关于受贿。草案规定：国家工作人员、集体经济组织工作人员或者其他从事公务的人员，利用职权或者工作便利，索取他人财物的，或者非法收受他人财物为他人谋取利益，是受贿罪。这里规定“索取他人财物”、“非法收受他人财物为他人谋取利益”，构成受贿罪，以区别不正之风与受贿犯罪的界限。

考虑到受贿后果往往较贪污严重，索贿比受贿情节更恶劣，因此，草案规定：受贿数额在一万元以上，使国家利益遭受重大损失的，处无期徒刑或者死刑，并处没收财产；对索贿的从重处罚。

（四）关于行贿。近几年，行贿问题比较严重，有的不法分子通过行贿谋取大量非法利益，使国家或者集体利益遭受重大损失。刑法对行贿罪规定处三年以下有期徒刑或者拘役，已远远不能适应这种情况。因此，草案规定：为谋取非法利益，向国家工作人员、集体经济组织工作人员或者其他从事公务的人员行贿的，处五年以下有期徒刑或者拘役，或者由主管部门酌情予以行政处分；行贿和谋取非法利益数额较大，使国家利益或者集体利益遭受重大损失的，处五年以上有期徒刑；情节特别严重的，处无期徒刑，并处没收财产。

（五）关于回扣、手续费。近几年，有些走私、诈骗、投机倒把罪犯甚至有些企业单位，常常采取给经办人员回扣、手续费等手段，谋取非法利益，使国家遭受严重经济损失。这实质上也是行贿。对此，草案规定：在经济往来中，违反国家规定，给予国家工作人员、集体经济组织工作人员或者其他从事公务的人员回扣、手续费的，以行贿论处；国家工作人员、集体经济组织工作人员或者其他从事公务的人员，在经济往来中，违反国家规定收受各种名义的回扣、手续费，归个人所有的，以受贿论处。至于本单位对采购、推销人员按规定给予一定报酬和奖金的，如果有问题，属于滥发奖金问题，同对方给个人回扣的性质不同，不适用这一规定。

（六）关于单位行贿。近几年，不少企业事业单位通过行贿进行投机倒把、套购倒卖甚至诈骗活动，推销劣货、次货、假货，严重损害国家和人民的利益。这些犯罪活动往往是经过单位领导同意或集体决定的，由于没有法律规定，司法机关感到难以追究法律责任。因此，草案规定：全民所有制企业事业单位、机关、团体为谋取非法利益而行贿或者给予国家工作人员、集体经济组织工作人员和其他从事公务的人员回扣、手续费，或者非法索取、收受他人财物为他人谋取非法利益，情节严重的，对直接负责的主管人员和其他责任人员，处五年以下有期徒刑或者拘役；情节较轻的，由主管部门酌情予以行政处分。其他企业事业单位为谋取非法利益而行贿或者给予国家工作人员、集体经济组织工作人员和其他从事公务的人员回扣、手续费的，对直接负责的主管人员和其他责任人员，参照本规定第八条的规定处罚。

（七）近几年，国家工作人员中出现了个别财产来源不明的“暴发户”，或者支出明显超过合法收入，差额巨大，不是几千元，而是几万元，十几万元，甚至更多，本人又不能说明财产的合法来源，显然是来自非法途径。对这种情况，首先应当查清是贪污、受贿、走私、投机倒把或者其他犯罪所得，依照刑法有关规定处罚。但有的很难查清具体犯罪事实，因为没有法律规定，不好处理，使罪犯逍遥法外。事实上，国家工作人员财产超过合法收入差额巨大而不能说明来源的，就是一种犯罪事实，一些国家和地区的法律规定这种情况属于犯罪。因此，草案规定：国家工作人员的财产或者支出明显超过合法收入，差额巨大的，可以责令说明来源。本人不能说明其来源是合法的，差额部分以非法所得论，处五年以下有期徒刑或者拘役，并处没收其财产的差额部分。应当说明，一些国家规定公务员应当申报财产收入，我国对国家工作人员是否建立申报财产制度问题，需在其他有关法律中研究解决，本规定只是对其财产或者支出明显超过其合法收入，差额巨大的，才要求说明来源。本人所在单位、上级主管机关、国家监察机关和检察机关都可以责令其说明来源，但如果要依照本规定处理，必须由检察机关依法起诉，由人民法院依法判决。

（八）关于追缴和没收赃款赃物。近年来，有些地方不注意追缴和没收赃款赃物，致使有些犯罪分子虽然被判刑，释放后仍能享有非法所得，“痛苦一阵子，享受一辈子”，甚至以其非法所得继续犯罪，群众很有意见。为防止和纠正这种情况，草案规定：贪污、挪用的公共财物一律追缴；贿赂财物及其非法所得一律没收。追缴的贪污、挪用财物，退回原单位；依法不应退回原单位的，上缴国库。没收的财物的收入，一律上缴国库。

关于《中华人民共和国全民所有制工业企业法（草案）》审议结果的报告*

（一九八八年四月九日）

第七届全国人民代表大会第一次会议全体代表，从 3 月 31 日至 4 月 5 日，对《中华人民共和国全民所有制工业企业法（草案）》进行了认真的审议，提出了许多很好的意见。代表们认为：全民所有制工业企业法是一个重要的基本法律，草案总结了改革的成功经验，对企业的若干重大问题作出了法律规定，体现了党的十三大精神，必将对深化改革起重要的推动作用。代表们认为，这个法律草案基本成熟，建议本次大会修改后通过颁布。

法律委员会于 4 月 5 日、6 日召开会议，根据各代表团的审议意见和六届全国人大常委会第二十五次会议的审议意见，对法

* 这是王汉斌同志在第七届全国人民代表大会第一次会议主席团第六次会议上所作的关于《中华人民共和国全民所有制工业企业法（草案）》审议结果的报告。时任全国人大法律委员会主任委员。

律草案逐条进行了审议。法律委员会认为，这个法律草案经过较长时间的调查研究，广泛征求了各方面的意见，并且经过多次审议修改，基本可行。同时，建议根据代表和常委会委员的意见作一些修改，并在主席团常务主席会议上作了汇报和讨论修改。修改建议如下：

一、草案第四十五条规定，“厂长在企业中处于中心地位，依法对企业负有全面责任”，“厂长领导企业的生产、经营管理工作和精神文明建设”。有些代表提出，厂长对企业的精神文明建设应当负责，但是企业的精神文明建设包括的范围很广，规定都由厂长领导有困难，也不利于厂长集中精力抓好企业的生产经营管理工作。因此，建议将上述规定修改为：“厂长在企业中处于中心地位，对企业的物质文明建设和精神文明建设负有全面责任。”

二、草案第五十六条规定，政府有关部门“运用经济、法律和必要的行政手段对企业实行管理和监督”。有些代表提出，政府有关部门应当依照法律、法规对企业实行管理和监督，运用“必要的行政手段”的提法，容易给政府部门随意干预企业的生产经营活动留下口子。因此，建议将上述规定修改为，政府有关部门“依照法律、法规的规定，对企业实行管理和监督”。

三、草案第四十四条第三款规定，“政府主管部门委任或者招聘的厂长，由政府主管部门免职、解聘。”有些代表提出，政府主管部门免除厂长职务，也应当征求职工的意见。因此，建议将上述规定修改为：“政府主管部门委任或者招聘的厂长，由政府主管部门免职或者解聘，并须征求职工代表的意见。”

四、草案第十九条第（二）项规定，企业由“政府主管部门决定解散”而终止。有些代表提出，解散企业，应当由政府部门依照法律、法规的规定作出决定，不能随意决定。因此，建议将“政府主管部门决定解散”修改为“政府主管部门依照法律、法规的规定决定解散”。

五、有些代表建议，对企业中的妇联、科协等群众组织的地位和作用应作出规定。从法律角度考虑，最好在企业法中不对企业中的群众组织一一作出规定，因此建议删去草案第十一条关于共青团的规定，在草案第十条中增加一款：“企业应当充分发挥青年职工、女职工和科学技术人员的作用。”根据这一规定，共青团、妇联、科协等群众组织需要在企业中加强这些方面的工作。

六、草案第四十二条规定，“企业应当加强思想政治教育、法制教育、科学文化和技术业务培训，提高职工队伍的素质。”有些代表提出，企业法应当增加关于加强国防教育的内容。因此，建议将草案第四十二条修改为：“企业应当加强思想政治教育、法制教育、国防教育、科学文化教育和技术业务培训，提高职工队伍的素质。”

七、草案第六十七条规定，“国务院有关主管部门根据本法制定实施条例，报国务院批准施行。”有些代表提出，企业法是一个重要的法律，应当由国务院制定统一的实施条例。因此，建议将这一条修改为，“国务院根据本法制定实施条例。”

八、有些代表提出，应规定民族自治地方可以根据本法制定变通规定。因此建议增加规定，“自治区人民代表大会常务委员会可以根据本法和《中华人民共和国民族区域自治法》的原则，结合当地的特点，制定实施办法，报全国人民代表大会常务委员会备案。”

这里还有三点说明：

（一）草案第七条规定，“中国共产党在企业中的基层组织，对党和国家的方针、政策在本企业的贯彻执行实行保证监督。”有些代表认为，这一条规定不够具体，建议对企业党组织的具体任务也作出规定；有些代表认为，本法不应对企业党组织作出规定；有些代表认为本条可以不作改动。考虑到草案对企业党组织的地位和作用已经作了规定，党组织在企业中的具体工作任务，从法律角度来看，最好由中共中央作出规定，不好由法律规定，因此，建议对草案第七条可不作修改。

（二）有些代表提出，应明确副厂长由厂长任免。法律委员会讨论认为，草案已规定副厂级行政领导干部由厂长提请政府主管部门任免，这次修改又增加规定政府主管部门根据厂长提议任免、奖惩副厂级行政领导干部，已经明确了副厂长只能由厂长提请任免，不能由政府主管部门直接任免，建议可以不作修改。

（三）有些代表提出，目前改革正在进行，草案有些规定还不够成熟，建议先颁布试行。考虑到试行厂长负责制已有四年，企业法经过多年广泛征求意见，反复修改，对企业改革的若干重大问题作出了规定，为深化改革提供了法律依据和法律保障，同时为今后改革留有较大的余地，多数代表也建议早日颁布施行。因此，建议可不规定试行。

关于法律委员会统一审议法律草案问题的一封信

（一九八八年五月十八日）

彭冲同志并报万里同志：

对常委会工作要点（征求意见稿）关于立法工作第六项“进一步完备法律案的提出和审议程序”，我们研究后有以下意见：

1.“要点”提出要改变法律委员会统一审议法律草案的做法，应先修改有关法律。

2. 习仲勋同志在五届全国人大五次会议上关于全国人大组织法的说明中指出，“为了有利于维护法制的统一，避免各项法律互相矛盾、互不衔接，草案规定，法律委员会统一审议向全国人大或者它的常委会提出的法律草案。”几年来的实践证明，这样做是对的，对维护法制统一、搞好全国人大和常委会的立法工作很有必要。

法律委员会在立法工作方面同其他专门委员会应有不同的职能，正如民族委员会审议自治区报请全国人大常委会批准的自治区的自治条例和单行条例，向全国人大常委会提出报告，财经委员会在审议国家预决算方面，教科文卫委员会在文教工作方面同法律委员会和其他专门委员会有不同的职能一样，法律委员会统一审议法律草案，是同其他专门委员会不同的职能分工，而不是谁高谁低的问题。

3．“要点”提出要改变法律委员会统一审议法律草案的做法，又提出专门委员会审议法律草案后，还要法律委员会进行“复审”，这样规定是职责不清，容易互相扯皮，引起混乱，贻误工作。法律委员会也不宜担负“复审”的工作，不能凌驾于各专门委员会之上。

4．如果改变法律委员会统一审议法律草案的做法，建议对法律草案只交付一个专门委员会审议，尽量避免交付两个专门委员会审议，以免互相扯皮。

5．如要交付两个专门委员会审议，需要规定两个专门委员会有不同意见或提出审议报告后的处理程序，建议两个专门委员会的审议报告均报请秘书长审定或协调。

6．“要点”提出专门委员会可以让法制工作委员会提供有关的资料、介绍情况等，即法制工作委员会要为各专门委员会审议法律草案服务。这里应当说明，法工委一直为各专门委员会审议有关法律草案提供资料，法制工作委员会副主任和有关室的负责人曾专门到教科文卫委员会、财经委员会、民族委员会汇报专利法、企业法、破产法、大气污染防治法、矿产资源法、草原法等有关法律草案的情况、问题和修改意见。

7．几年来，各专门委员会对法律草案的审议意见，不止是向法律委员会提出，常委会秘书长一般都将其作为会议正式文件印发常委会会议或大会主席团（也可能有疏忽未印的）。全国人大常委会议事规则也已规定“将其他有关专门委员会的审议意见印发常务委员会会议”。

8.“要点”对法律案审议程序的意见，实际上不利于常委会搞好立法工作，建议慎重考虑，不要仓促决定。

以上意见当否，请审示。

王汉斌

1988 年 5 月 18 日

关于行政诉讼法草案需要研究的几个问题*

（一九八八年十二月十三日）

今天我们召开专门讨论、研究、修改行政诉讼法草案的会议。我先讲三点：

一、关于会议的要求

行政诉讼法是国家很重要的一部基本法律。党的十三大报告专门提出要制定行政诉讼法，充分表明制定这个法律对于健全民主法制具有很重要的意义。

根据这部法律的重要性和党的十三大报告提出的“重大情况让人民知道，重大问题经人民讨论”的精神，七届全国人大常委会第四次会议决定将草案全文公布，广泛征求人民群众的意见。一个多月来，各界人士，各部门、各地方以及法律界、人民群众提出了许多修改意见，说明大家关心这部法律，这是很可喜的。

* 这是王汉斌同志在行政诉讼法草案修改座谈会上所作的发言。

应该说，制定专门法律，规定“民可以告官”，这是政治体制改革的一项新内容，我们的经验还不多，我国过去对这样的法律研究也不够，很需要集思广益。因此，我们召开这次专门会议，请一些各级法院、中央各有关部门、各省、自治区、直辖市人大常委会有关负责同志和法律专家参加，在初步征求意见的基础上，依靠集体智慧，共同努力，把行政诉讼法草案逐条进行讨论研究修改。

二、汇报征求意见中提出的需要研究的一些问题

为了便于讨论修改，我先汇报一下一个月来征求意见中提出的意见还有较大分歧的一些问题，需要研究如何修改。

（一）关于受案范围。不少人提出，受案范围在草案规定的基础上再适当扩大。如侵犯企业的经营自主权，摊派、滥收费、劳动教养、收容审查等是否可以列入受案范围。也有的提出，案件受理范围宽了，执行起来难度很大，可以逐步扩大。现在提出扩大范围的，还要从我国的实际情况出发，考虑哪些是可行的，如果实际难于执行也可以暂不作规定。

（二）关于复议前置问题。是复议前置还是复议与向法院起诉由当事人选择，向上级申诉还是可以直接向法院起诉。行政机关和法院的同志多主张复议前置。也有的提出，还要考虑便利公民提起诉讼。

两种方案：1. 法律规定复议前置的以外，可以自行选择；2. 行政机关哪些应当先经过行政复议，哪些可以由公民、组织选择行政复议或者直接上法院起诉，能否画出几个杠杠。

（三）法院能否变更行政机关处理决定的问题。草案规定，显失公平的可以变更，行政处罚轻重问题，法院能否变更，行政部门和法院仍有分歧。

（四）关于当事人提起诉讼后，当事人能否自行撤诉，或者行政机关能否改变原来作出的处理决定，使当事人撤诉。行政机关的同志认为可以这样规定。法院同志认为，这样规定可能会增加行政机关行使行政权力的随意性，不利于严肃执法，甚至可能助长一些弊端，例如，行政部门可能对当事人施加压力，迫使当事人自行撤诉。

（五）关于规章能否作为判案依据。行政机关和法院的同志都认为可以。但一些法律专家认为，现在行政规章很多，有的各部门的规章互相矛盾。陕西提出有的部门规章和地方性法规有矛盾，有的规章前后自相矛盾，有的规章根本没有公布，有的认为行政规章对于公民是否有法律约束力还需要研究，难以作为判案依据。有的同志提出，能否考虑人民法院审理行政案件可以参照行政规章的规定。

还有一些问题需要考虑增加规定，如适用民事诉讼法的规定范围太宽，也太笼统。律师参与诉讼、涉外行政诉讼问题等。此外，还提出了不少具体的修改意见，都需要研究是否修改、如何修改。

三、关于会议的开法

这次会议不是一般座谈征求意见，而是要对草案逐条讨论研究修改。哪条要改、哪条要删、哪些要加，拿出具体的修改稿来。请同志们放手改，哪条不合适、不妥当需要修改的就改，哪些需要增加的就增加，哪些需要删去的就删去，不同意见、不同方案都可以提，可以有比较，有鉴别，有利于集中大家的实践经验和智慧，有利于从中择优得出最佳方案，争取把行政诉讼法草案修改好。

实在难于确定的，不能得到“共识”的，可以提出几个方案，以便于进一步研究修改。

最后，我想再强调说明，这次会议，希望大家能充分提出修改意见，放手进行修改，同时要很好地听取和研究不同意见，经过大家共同努力，争取把草案修改好。

加强全国人大工作的制度化、法律化建设*

（一九八九年三月二十八日）

为了加强全国人大工作的制度化、法律化建设，便于全国人大依照民主的、法定的程序行使职权，全国人大常委会法制工作委员会受委员长会议委托，根据宪法和全国人大组织法，总结党的十一届三中全会以来全国人大工作的实践经验，适应政治体制改革和社会主义民主政治建设的需要，草拟了全国人民代表大会议事规则（草案）。去年 8 月以来将草案两次印发全国人大代表，各专门委员会，各省、自治区、直辖市人大常委会，中央有关部门和法律专家征求意见，万里委员长又连续主持召开在京的全国人大常委会组成人员、专门委员会委员和法律专家座谈会进一步征求意见。法制工作委员会根据全国人大代表、常委会委员和各

---

* 这是一九八九年三月二十八日王汉斌同志在第七届全国人民代表大会第二次会议上所作的关于《中华人民共和国全国人民代表大会议事规则（草案）》的说明。当时王汉斌同志任全国人大常委会副委员长、全国人大法律委员会主任委员、法制工作委员会主任。

地方、各方面提出的意见，反复作了修改。草案提请七届全国人大常委会第六次会议审议后，决定提请七届全国人大二次会议审议。

现将草案的几个主要问题说明如下：

一、宪法和全国人大组织法规定全国人大会议每年举行一次，没有规定会议举行的时间。草案根据代表的意见和这几年的实际情况，规定全国人大会议于每年第一季度举行。从批准国家的年度计划和预算考虑，较为合适的开会时间应为财政年度开始前的12月份，但目前在实际工作安排上还有困难，建议今后在实践中争取逐步提前。

二、近几年来，许多代表和地方一再提出，为了有准备地开好全国人大会议，建议将会议审议的主要文件提前一个月发给代表。这样做是应该的，但目前还有困难。草案从实际可行性考虑，规定：1. 全国人大常委会应当在全国人大会议举行的一个月前，将准备提请会议审议的法律草案发给代表。2. 全国人大会议举行的一个月前，国务院有关主管部门应当就国民经济和社会发展计划及计划执行情况、国家预算及预算执行情况的主要内容，向全国人大财政经济委员会和有关的专门委员会汇报，由财政经济委员会进行初步审查。3. 国务院在向全国人大会议提出关于国民经济和社会发展计划及计划执行情况的报告、关于国家预算及预算执行情况的报告的同时，应将国民经济和社会发展计划主要指标（草案）、国家预算收支表（草案）和国家预算执行情况表（草案）一并印发会议。有些代表提出，重大建设项目、财政赤字、外债、货币发行量等要经全国人大审查。这些内容都是应该在国务院的有关报告中加以说明的，但如作出硬性决定，实际执行还有问题，需要在今后工作中进一步研究。

三、为了使各代表团对提请预备会议审议决定的事项能够充分讨论、修改，草案规定：1．各代表团审议全国人大常委会提出的主席团和秘书长名单草案、会议议程草案以及关于会议的其他准备事项，提出意见。2．全国人大常委会委员长会议根据各代表团提出的意见，可以对主席团和秘书长名单草案、会议议程草案以及关于会议的其他准备事项提出调整意见，提请预备会议审议。

按照全国人大组织法的规定，除法定列席人员外，其他有关机关、团体的负责人，经主席团决定，可以列席全国人大会议。按照这样规定，就不能在开会前通知这一部分人员列席会议。因此，草案规定改由全国人大常委会“决定列席会议人员名单”，并建议今后修改全国人大组织法时作相应的修改。

四、全国人大会议审议议案和有关报告，以往主要是在代表小组会议上进行的。草案根据代表的建议，规定“主席团可以召开大会全体会议进行大会发言，就议案和有关报告发表意见”。并规定代表团除召开代表小组会议进行审议外，还要召开代表团全体会议审议。

有些代表建议，全国人大会议审议议案和有关报告时，还可以按界别、行业召开会议座谈、讨论。为此，草案规定：主席团常务主席可以就重大的专门性问题，召集代表团推选的有关代表进行讨论，并将讨论情况和意见向主席团报告。专门委员会审议议案和有关报告，涉及专门性问题的时候，可以邀请有关方面的代表和专家列席会议，发表意见。

五、宪法和全国人大组织法都没有规定国家机构领导人员的辞职问题，也没有规定国务院总理、中央军委主席、最高人民法院院长、最高人民检察院检察长因故缺位时如何确定代理人选的问题。为了适应这类人事变动的需要，草案规定，全国人大会议期间，国家机构领导人员提出辞职的，由主席团将其辞职请求交各代表团审议后，提请大会全体会议决定；大会闭会期间提出辞职的，由委员长会议将其辞职请求提交全国人大常委会审议决定，报请全国人大下次会议确认。大会闭会期间，国务院总理、中央军委主席、最高人民法院院长、最高人民检察院检察长辞职或者缺位的，全国人大常委会可以决定代理人选。

六、宪法和全国人大组织法都规定，全国人大可以组织关于特定问题的调查委员会。为了便于执行这一规定，草案对调查委员会的组成和工作程序作了规定：1．主席团、三个以上的代表团或者十分之一以上的代表联名，可以提议组织关于特定问题的调查委员会，由主席团提请大会全体会议决定。2．调查委员会由主任委员、副主任委员若干人和委员若干人组成，由主席团在代表中提名，提请大会通过。调查委员会可以聘请专家参加调查工作。3．调查委员会进行调查时，一切有关的国家机关、社会团体和公民都有义务如实向它提供必要的材料。提供材料的公民要求调查委员会对材料来源保密的，调查委员会应当予以保密。4．调查委员会应当向全国人大提出调查报告。全国人大根据调查委员会的报告，可以作出相应的决议。全国人大也可以决定授权全国人大常委会，在全国人大闭会期间听取调查委员会的调查报告，并可以作出相应的决议，报全国人大下次会议备案。

七、草案对大会发言时间和在主席团会议上的发言时间作了规定：“代表在大会全体会议上发言的，每人可以发言两次，第一次不超过十分钟，第二次不超过五分钟。”“主席团成员和代表团团长或者代表团推选的代表在主席团每次会议上发言的，每人可以就同一议题发言两次，第一次不超过十五分钟，第二次不超过十分钟。经会议主持人许可，发言时间可以适当延长。”这里需要说明，上述限制发言时间的，不包括对议案的说明和有关报告。至于代表在代表团的全体会议和代表小组会议上的发言时间，可由会议主持人掌握，不作法律规定。

八、为了增加全国人大会议的开放程度，体现政务公开的精神，草案除规定全国人大会议一般公开举行外，作了以下规定：1. 全国人大会议期间，代表在各种会议上的发言，整理简报印发会议，并可以根据本人要求，将发言记录或者摘要印发会议。2.“大会全体会议设旁听席”，具体旁听办法另行规定。3. 全国人大选举或者决定任命的表决结果，候选人的得票数应当公布。4. 根据现行做法，规定全国人大会议举行新闻发布会、记者招待会。

社会主义民主法制文集

下

王汉斌

中国民主法制出版社

目　录

关于《中华人民共和国行政诉讼法（草案）》的说明··········315
（一九八九年三月二十八日）
关于全国人民代表大会议事规则草案审议结果的报告 ········324
（一九八九年四月一日）
关于行政诉讼法草案审议结果的报告 ·····························329
（一九八九年四月一日）
在香港启德机场的书面谈话···································333
（一九八九年四月二十日）
在香港欢迎宴会上的致词 ······································335
（一九八九年四月二十日）
接见香港中大学生代表谈话纪要·····························338
（一九八九年四月二十四日）
关于《中华人民共和国香港特别行政区基本法（草案）》
审议结果的报告 ···341
（一九九〇年四月二日）

实施行政诉讼法的关键是依法行政……………………345
（一九九〇年九月十九日）
关于审议民事诉讼法（试行）（修改草案）的
修改意见的汇报 ……………………………………349
（一九九一年二月二十五日）
关于《中华人民共和国民事诉讼法（试行）（修改草案）》
的说明…………………………………………………356
（一九九一年四月二日）
实施著作权法，保护知识产权是改革开放的需要 ………368
（一九九一年六月）
关于宪法的几个问题的报告……………………………370
（一九九二年三月十七日）
关于《中华人民共和国工会法（修改草案）》的说明………400
（一九九二年三月二十七日）
在哥伦比亚众议院的讲演 ………………………………408
（一九九二年四月二十日）
党的基本路线在宪法中的体现 …………………………417
（一九九二年十二月一日）
制定公司法的一些问题…………………………………424
（一九九三年七月三十一日）
对常委会办公厅提出的全国人大机构
改革方案的一些意见……………………………………430
（一九九三年十月九日）

证券法是调整社会主义市场经济关系的重要法律…………434
（一九九四年四月二日）
运用法律武器保障产品质量……………………………………438
（一九九四年九月一日）
学习小平同志社会主义民主法制理论促进社会主义
民主法制建设…………………………………………………442
（一九九四年十月三十一日）
为建设社会主义市场经济的法律体系而努力………………447
（一九九四年十一月九日）
建设现代化法制国家的重要标志………………………………455
（一九九四年十二月二十日）
希望消费者协会为老百姓办更多的“功德”事……………459
（一九九四年十二月二十六日）
选举法和地方组织法修改的几个问题…………………………463
（一九九五年一月十八日）
“一国两制”方针的成功实践……………………………………487
（一九九五年四月三日）
对军事立法的一些意见……………………………………………490
（一九九五年八月二日）
在第十四届亚太法协大会和第六届亚太地区
首席大法官会议闭幕式上的讲话…………………………494
（一九九五年八月十九日）

努力培养社会主义法制建设需要的优秀人才 …………………498
（一九九五年九月八日）
在第七届国际反贪污大会闭幕式上的讲话 …………………502
（一九九五年十月十日）
制定行政处罚法意义深远 …………………………………506
（一九九六年一月十一日）
努力修改好刑事诉讼法……………………………………510
（一九九六年一月十八日）
独立、公正地解决涉外经济贸易纠纷 ………………………513
（一九九六年四月二日）
在《林伯渠文集》出版暨林伯渠同志诞辰一百一十周年
纪念座谈会上的讲话……………………………………516
（一九九六年四月十五日）
建设完善的刑事诉讼制度 …………………………………523
（一九九六年四月十九日）
在广东省视察时的讲话要点………………………………529
（一九九六年五月二十六日——六月六日）
律师制度是法制建设的重要组成部分 ………………………537
（一九九六年六月十四日）
仲裁法是解决经济纠纷的重要法律…………………………542
（一九九六年八月三十日）
努力制定一部完善的刑法典………………………………544
（一九九六年十一月十一日）

在人大工作研讨班结业仪式上的讲话 ……………………560
（一九九六年十二月十三日）
预备役军官队伍是国防建设的重要组成部分 …………………580
（一九九六年十二月二十日）
民法通则是调整社会主义商品经济关系的基本法律…………584
（一九九七年一月二十七日）
关于《中华人民共和国刑法（修订草案）》的说明 …………589
（一九九七年三月六日）
要全面贯彻实施香港特别行政区基本法………………………604
（一九九七年四月三日）
在纪念叶剑英同志诞辰一百周年座谈会上的发言 ……………609
（一九九七年四月二十八日）
基本法保障香港的长期稳定繁荣 ………………………………615
（一九九七年六月二十三日）
法律委员会是一个团结的有战斗力的集体 ……………………619
（一九九七年十二月二十六日）
关于对专属经济区和大陆架法中规定
我国历史性权利问题的意见 ……………………………………622
（一九九七年十二月三十一日）
关于法律分类问题 ………………………………………………626
（一九九八年一月十九日）

附　录

在闻一多先生诞辰九十五周年大会暨94闻一多
国际学术研讨会上的发言……………………………………631
（一九九四年十二月十六日）
在云南省纪念“一二·一”运动五十周年暨
西南联大建校五十七周年大会上的讲话……………………633
（一九九五年一月三十日）
在首都青年纪念“一二·九”运动六十周年、
“一二·一”运动五十周年大会上的讲话……………………635
（一九九五年十二月八日）

关于《中华人民共和国行政诉讼法（草案）》的说明*

（一九八九年三月二十八日）

制定行政诉讼法，是刑事诉讼法、民事诉讼法（试行）制定之后，我国社会主义法制建设的一件大事，也是我国社会主义民主政治建设的一个重要步骤。宪法规定，公民“对于任何国家机关和国家工作人员的违法失职行为，有向有关国家机关提出申诉、控告或者检举的权利”，“由于国家机关和国家工作人员侵犯公民权利而受到损失的人，有依照法律规定取得赔偿的权利”。行政诉讼法的制定，对于贯彻执行宪法和党的十三大报告提出的保障公民合法权益的原则，对于维护和促进行政机关依法行使行政职权，改进和提高行政工作，都有重要的积极的意义，对于治理经济环境、整顿经济秩序和廉政建设也有积极的促进作用。

我国于 1982 年开始建立行政诉讼制度。1982 年制定的民事

---

* 这是王汉斌同志在第七届全国人民代表大会第二次会议上所作的关于《中华人民共和国行政诉讼法（草案）》的说明。

诉讼法（试行）规定，人民法院受理法律规定可以起诉的行政案件。现在，已有130多部法律和行政法规规定了公民、组织对行政案件可以向人民法院起诉。最高人民法院和地方各级人民法院陆续建立了1400多个行政审判庭，审理了不少行政案件，为制定行政诉讼法创造了条件，积累了经验。

法制工作委员会受委员长会议的委托，于1986年组织有关法律专家研究和起草行政诉讼法。根据宪法，总结几年来法院审理行政案件的经验，并参考、借鉴外国行政诉讼制度的一些有用的内容，先后拟订了草案试拟稿、草案征求意见稿，广泛征求各级法院、检察院、中央有关部门、各地方和法律专家、法律院系、研究单位的意见，经过研究修改，将草案提请七届全国人大常委会四次会议审议，决定将草案全文公布，广泛征求意见。现共收到中央各部门、各地方和法院、检察院的意见130多份，公民直接寄送法制工作委员会的意见300多份。全国人大法律委员会、内务司法委员会和法制工作委员会联合召开了有法院、检察院、国务院有关部门、民主党派和人民团体负责人以及法律专家参加的四次座谈会征求意见，并召开了有部分省、市人大常委会、各级法院、检察院、国务院有关部门和法律专家80多人参加的专门会议，对草案逐条进行讨论修改。根据全国人大常委会委员和各地方、各方面的意见，法制工作委员会对草案作了较多的补充、修改，经七届全国人大常委会六次会议审议，决定提请七届全国人大二次会议审议。

现将草案的主要内容和问题说明如下：

一、关于受案范围

法院受理行政案件的范围，是行政诉讼法首先要解决的重要问题。对于这个问题，草案是根据以下原则规定的：第一，根据宪法和党的十三大的精神，从保障公民、法人和其他组织的合法权益出发，适当扩大人民法院现行受理行政案件的范围；第二，正确处理审判权和行政权的关系，人民法院对行政案件应当依法进行审理，但不要对行政机关在法律、法规规定范围内的行政行为进行干预，不要代替行政机关行使行政权力，以保障行政机关依法有效地进行行政管理；第三，考虑我国目前的实际情况，行政法还不完备，人民法院行政审判庭还不够健全，行政诉讼法规定“民可以告官”，有观念更新问题，有不习惯、不适应的问题，也有承受力的问题，因此对受案范围现在还不宜规定太宽，而应逐步扩大，以利于行政诉讼制度的推行。

根据以上原则，草案规定，公民、法人和其他组织认为行政机关和行政机关工作人员的具体行政行为侵犯其合法权益的，有权依法向人民法院提起诉讼。人民法院具体受理下列行政案件：（一）对拘留、罚款、吊销许可证和执照、责令停产停业、没收财物等行政处罚不服的；（二）对限制人身自由或者对查封、扣押、冻结财产的行政强制措施不服的；（三）认为行政机关侵犯法律规定的经营自主权和合法的承包经营权的；（四）认为符合法定条件申请行政机关颁发许可证和执照，行政机关拒绝颁发或者不予答复的；（五）申请行政机关履行保护人身权、财产权的法定职责，如请求主管行政机关履行制止拐卖妇女、制止哄抢财产等职责，行政机关拒绝履行或者不予答复的；（六）认为行政机关没有依法发给抚恤金的；（七）认为行政机关违法要求履行义务的；（八）认为行政机关侵犯其他人身权、财产权的。此外，草案还规定人民法院受理法律、法规规定可以提起诉讼的其他行政案件。这些规定比人民法院现行的受案范围有所扩大，对进一步保障公民、法人和其他组织的合法权益是必要的。

同时，为了保障行政机关有效地行使行政职权，草案规定，对下列事项提起诉讼的，人民法院不予受理：（一）国防、外交等国家行为；（二）行政法规、规章或者行政机关制定、发布的规范性的决定、决议、命令；（三）行政机关对行政机关工作人员的奖惩、任免等决定；（四）法律规定由行政机关最终裁决的具体行政行为。

二、关于行政诉讼的基本原则

草案对行政诉讼的基本原则作了如下规定：第一，人民法院依法对行政案件独立行使审判权，不受行政机关、社会团体和个人的干涉。这是宪法规定的人民法院行使审判权的基本原则，对审理行政案件更应当予以强调。第二，人民法院审理行政案件，以事实为根据，以法律为准绳。第三，人民法院审理行政案件，是对具体行政行为是否合法进行审查。至于行政机关在法律、法规规定范围内作出的具体行政行为是否适当，原则上应由行政复议处理，人民法院不能代替行政机关作出决定。第四，人民法院审理行政案件，依法实行合议、回避、公开审判和两审终审制度。由于行政案件审理难度较大，草案规定，人民法院审理行政案件，由审判员组成合议庭，或者由审判员、陪审员组成合议庭，不适用民事诉讼法（试行）关于“简单的民事案件，由审判员一人独任审判”的规定。第五，当事人在行政诉讼中的法律地位平等，有权进行辩论。第六，人民检察院有权对行政诉讼实行法律监督。人民检察院对人民法院已经发生法律效力的判决、裁定，如果发现有违反法律规定的，有权依照审判监督程序提出抗诉。关于人民检察院在行政诉讼中如何进一步实行法律监督问题，现在还有一些不同意见，难以作出具体规定，需要在今后的实践中进一步研究和探索。

三、关于管辖

草案根据便利公民、法人和其他组织进行诉讼，便利人民法院审理和判决的执行，以及有利于公正审理行政案件的原则，对管辖作了以下规定：第一，级别管辖。第一审案件一般由基层人民法院管辖，专业性较强的确认发明专利权的案件、海关处理的案件，对国务院各部门和省、自治区、直辖市人民政府所作的具体行政行为提起诉讼的案件，以及本辖区内重大、复杂的案件，由中级人民法院管辖。第二，地域管辖。行政案件一般由最初作出具体行政行为的行政机关所在地人民法院管辖。经复议的案件，复议机关决定维持原具体行政行为的，由作出原具体行政行为的行政机关所在地人民法院管辖；复议机关改变原具体行政行为的，也可以由复议机关所在地人民法院管辖。同时草案对特别管辖作了规定，对限制人身自由的行政强制措施不服而提起的诉讼，由被告所在地或者原告所在地人民法院管辖。因不动产提起的行政诉讼，由不动产所在地人民法院管辖。

四、关于受理和审判

为了保护公民、法人或者其他组织提起诉讼的权利，避免和防止法院对有的该受理的案件不予受理，草案规定，人民法院接到起诉状，经审查，应当在七日内立案或者作出裁定不予受理。原告对裁定不服的，可以向上一级人民法院上诉。

为了明确人民法院认定具体行政行为合法性的依据，草案规定：第一，人民法院审理行政案件，以法律和行政法规、地方性法规为依据。地方性法规适用于本行政区域内发生的行政案件。第二，人民法院审理行政案件，参照国务院部、委根据法律和国务院的行政法规、决定、命令，制定、发布的规章，以及省、自治区、直辖市和省、自治区的人民政府所在地的市、经国务院批准的较大的市的人民政府根据法律和国务院的行政法规制定、发布的规章。现在对规章是否可以作为法院审理行政案件的依据仍有不同意见，有的认为应该作为依据，有的认为不能作为依据，只能以法律、行政法规和地方性法规作为依据。我们考虑，宪法和有关法律规定国务院各部委和省、市人民政府有权依法制定规章，行政机关有权依据规章行使职权。但是，规章与法律、法规的地位和效力不完全相同，有的规章还存在一些问题。因此，草案规定法院在审理行政案件时，参照规章的规定，是考虑了上述两种不同的意见，对符合法律、行政法规规定的规章，法院要参照审理，对不符合或不完全符合法律、行政法规原则精神的规章，法院可以有灵活处理的余地。

草案规定，人民法院对行政案件的审理，应该根据不同情况，分别作出以下判决：第一，具体行政行为证据确凿，适用法律、法规正确的，判决维持。具体行政行为引用具体法律、法规条文有失误的，予以补正。第二，具体行政行为有下列情形之一的，判决撤销或者部分撤销，并可以判决被告改变原具体行政行为：1. 主要证据不足的；2. 适用法律、法规错误的；3. 违反法定程序的；4. 超越职权的；5. 滥用职权的。第三，被告不履行或者拖延履行法定职责的，判决其在一定期限内履行。第四，行政处罚显失公正的，可以判决变更。至于行政机关在法律、法规规定范围内作出的行政处罚轻一些或者重一些的问题，人民法院不能判决改变。为了防止有的行政机关不按照人民法院的判决改变原具体行政行为，致使原告的权利得不到保护，草案同时规定，人民法院判决被告改变原具体行政行为的，被告不得以同一的事实和理由作出与原具体行政行为基本相同的具体行政行为。

五、关于执行

为使人民法院对行政案件的判决、裁定能够得到切实执行，草案规定，行政机关拒绝履行判决、裁定的，法院可以采取以下措施：第一，对应当归还的罚款或者应当给付的赔偿金，通知银行从该行政机关的账户内划拨。第二，在规定期限内不履行的，从期满之日起，对该行政机关按日处五十元至一百元的罚款。第三，向该行政机关的上一级行政机关或者监察、人事机关提出司法建议。第四，拒不履行判决、裁定，情节严重构成犯罪的，依法追究主管人员和直接责任人员的刑事责任。同时，为了保障行政机关有效地行使行政管理职权，草案规定，公民、法人或其他组织对具体行政行为在法定期限内不提起诉讼又不履行的，行政机关可以申请人民法院强制执行，或者由行政机关依法强制执行。

六、关于侵权赔偿责任

建立行政诉讼制度的目的之一，是要使公民、法人和其他组织被行政机关或者行政机关工作人员侵犯的合法权益得到补救。如果赔偿问题得不到解决，人民法院的一些判决无法执行，公民、法人和其他组织被侵犯的权益不能得到恢复和赔偿，不能达到建立行政诉讼制度的目的。因此，草案规定：第一，公民、法人或者其他组织的合法权益受到行政机关或者行政机关工作人员作出的具体行政行为的侵犯造成损害的，有权请求赔偿。单独就损害赔偿提出请求的，应当先由行政机关处理，对行政机关的处理不服的，可以向人民法院提起诉讼。第二，行政机关或者行政机关工作人员作出的具体行政行为侵犯公民、法人或者其他组织合法权益造成损害的，由该行政机关或者该行政机关工作人员所在的行政机关负责赔偿。行政机关赔偿损失后，应当责令有故意或者重大过失的行政机关工作人员承担部分或者全部赔偿费用。需要给予行政处分的，应当给予行政处分；构成犯罪的，应当依法追究刑事责任。至于行政机关工作人员与执行职务无关的侵犯公民、法人或者其他组织合法权益的个人行为，不属于行政诉讼范围，行政机关不承担责任。第三，赔偿费用，从各级财政列支。各级人民政府可以责令有责任的行政机关支付部分或者全部赔偿费用。具体办法由国务院规定。

这里附带说明：草案建议行政诉讼法通过后，自 1990 年 4 月 1 日起施行。在本法施行前，人民法院受理行政案件的范围和诉讼程序仍适用民事诉讼法（试行）的有关规定。

关于全国人民代表大会议事规则草案审议结果的报告*

（一九八九年四月一日）

在本次会议上，全体代表从3月28日至3月31日对《中华人民共和国全国人民代表大会议事规则（草案）》进行了审议。代表们认为，全国人民代表大会议事规则的制定和实施，便于全国人大依照民主的、法定的程序行使职权，标志着全国人大工作向制度化、法律化迈进了一步。法律草案基本上是成熟的。同时，也提出了不少修改意见。法律委员会于3月30日、4月1日召开会议，根据各代表团的审议意见，对法律草案进行了审议，提出以下修改建议：

（一）草案第十八条第三款规定："大会全体会议设旁听席。旁听人员应当遵守会议秩序，不得妨碍会议的正常进行。"根据有的代表的意见，建议将这一款修改为："大会全体会议设旁听

---

* 这是王汉斌同志在第七届全国人民代表大会第二次会议主席团第三次会议上所作的关于《全国人民代表大会议事规则（草案）》审议结果的报告。

席。旁听办法另行规定。”（修改稿第十八条第三款）

（二）有的代表提出，全国人大举行秘密会议，应当事先征求代表的意见。因此，建议将草案第十九条修改为：“全国人民代表大会在必要的时候，可以举行秘密会议。举行秘密会议，经主席团征求各代表团的意见后，由有各代表团团长参加的主席团会议决定。”（修改稿第十九条）

（三）草案第二十一条第二款规定，代表团或者代表联名向大会提出的议案，“由主席团决定是否列入会议议程，或者先交有关的专门委员会审议、提出是否列入会议议程的意见，再决定是否列入会议议程。”根据一些代表的意见，建议在这一条中增加规定“将主席团通过的关于议案处理意见的报告印发会议”。（修改稿第二十一条第二款）

（四）许多代表提出，国家计划和预算在执行过程中如果要作重大变动，国务院应报全国人大常委会批准。因此，建议根据宪法有关规定，在草案第三章中增加一条：“国民经济和社会发展计划、国家预算经全国人民代表大会批准后，在执行过程中必须作部分调整的，国务院应当将调整方案提请全国人民代表大会常务委员会审查和批准。”（修改稿第三十三条）

（五）草案第三十六条规定：“每届全国人民代表大会第一次会议选举和决定任命的具体办法，由大会全体会议通过；其他各次会议补选和补充决定任命的具体办法，由主席团决定。”有些代表提出，选举与补选、决定任命与补充决定任命的具体办法，都应由大会全体会议通过。因此，建议将这一条修改为：“全国人民代表大会会议选举和决定任命的具体办法，由大会全体会议

通过。”（修改稿第三十七条）

（六）有些代表提出，在这次会议上，各代表团全体会议审议政府工作报告和关于国家计划、预算的报告时，国务院各部门负责人分别到各代表团听取意见，回答询问，这种做法很好，议事规则应予规定。因此，建议在草案第四十条中增加一款：“各代表团全体会议审议政府工作报告和审查关于国民经济和社会发展计划及计划执行情况的报告、关于国家预算及预算执行情况的报告的时候，国务院和国务院各部门负责人应当分别参加会议，听取意见，回答询问。”（修改稿第四十一条第二款）并在草案第十三条第二款关于“主席团常务主席可以就重大的专门性问题，召集代表团推选的有关代表进行讨论”的规定中增加规定，“国务院有关主管部门负责人参加会议，汇报情况，回答问题。”（修改稿第十三条第二款）

还有几个问题需要加以说明：

1．有些代表提出，全国人大每年举行会议的时间最好定在1月份或者头年12月份；有些代表提出，除法律草案应提前一个月发给代表外，政府工作报告和关于国家计划、预算的报告等主要文件也应提前一个月发给代表。法律委员会认为，这些意见是对的，在实际工作中应该向这样的目标努力，但目前还难以保证做到。因此，建议全国人大每年开会的时间还是定在第一季度。关于提前印发文件问题，建议暂不作法律规定，目前先按彭冲副委员长在全国人大常委会工作报告中提出的，今后应提前把关于国家计划、预算的报告草案发给代表。

2．有些代表建议增加规定，重大建设项目、财政赤字、外债、货币发行量应向全国人大报告，由全国人大审查批准。法律委员会认为，这些内容国务院应当在有关报告中加以说明，但对如何审查批准和执行的问题作出具体规定，还需要研究。因此，建议暂不作法律规定。

3．有些代表提出，应当规定全国人大选举产生的国家机构领导人员一律实行差额选举，并规定代表也有权提出候选人。这个问题还在酝酿研究，建议议事规则暂不作规定，待下次换届选举或者以后修改全国人大组织法时再作规定。

4．有些代表提出，提质询案的对象应当包括最高人民法院、最高人民检察院等。议事规则在起草过程中，曾经把最高人民法院和最高人民检察院列入提质询案的对象。有些代表和地方认为，这样规定同宪法有关规定不一致，因此，草案作了修改，建议不再规定。

5．有的代表建议规定，对有违法、失职、渎职行为的国家机构组成人员，可以提出弹劾案，有的认为可以提出不信任案。考虑到按照宪法和全国人大组织法的规定，代表有权依法提出对国家机构组成人员的罢免案，是否还要规定弹劾案、不信任案，需要再研究。

6．有些代表提出，议事规则应当对修正案的提出和表决程序作出规定。有的代表认为，按照现行做法，列入会议议程的议案，经过反复审议、修改，由大会全体会议表决，这种办法还是可行的，不一定再规定提修正案的办法。考虑到对这个问题的意见还不一致，建议暂不作规定。还有些代表提出，大会表决法律案时，根据情况，可以逐章、逐条表决。法律委员会建议，大会表决法律案，如果需要逐章、逐条表决时，可由大会或大会主席团决定，议事规则暂不作规定。

关于行政诉讼法草案审议结果的报告*

（一九八九年四月一日）

在本次会议上，全体代表从 3 月 28 日至 3 月 31 日对《中华人民共和国行政诉讼法（草案）》进行了审议。代表们认为，行政诉讼法是继刑事诉讼法、民事诉讼法（试行）之后又一部重要法律，它的制定和实施是社会主义民主政治建设的重大进展，对于保护公民、法人和其他组织的合法权益，维护和监督行政机关依法行使行政职权，具有重要意义。这个法律草案基本上是成熟的。同时，也提出了不少修改意见。法律委员会于 3 月 30 日、4 月 1 日召开会议，根据各代表团的审议意见，对法律草案进行了审议，提出以下修改建议：

（一）草案第一条规定："为保证人民法院审理行政案件，保护公民、法人和其他组织的合法权益，保障和监督行政机关依法行使行政权力，根据宪法制定本法。"根据有的代表的意见，建议将其中的"保证人民法院审理行政案件"修改为"保证人民法

* 这是王汉斌同志在第七届全国人民代表大会第二次会议主席团第三次会议上所作的关于《中华人民共和国行政诉讼法（草案）》审议结果的报告。

院正确、及时审理行政案件”，将其中的“保障和监督行政机关依法行使行政权力”修改为“维护和监督行政机关依法行使行政权力”。（修改稿第一条）

（二）草案第十条第一款第三项规定，公民、法人或者其他组织认为行政机关和行政机关工作人员侵犯法律规定的经营自主权和合法的承包经营权的，可以提起诉讼。根据有些代表的意见，建议删去上述规定中的“合法的承包经营权”。（修改稿第十一条）

（三）有的代表提出，民族自治地方的自治条例和单行条例，应当作为法院审理行政案件的依据。因此，建议在草案第五十条增加一款：“人民法院审理民族自治地方的行政案件，并以该民族自治地方的自治条例和单行条例为依据。”（修改稿第五十二条第二款）

（四）草案第五十一条规定，人民法院审理行政案件，可以参照规章。根据有些代表的意见，建议将其中的“可以参照”修改为“参照”。（修改稿第五十三条第一款）

（五）草案第四十七条规定，有妨害诉讼行为的，可以处五百元以下的罚款。有的代表认为，五百元以下的罚款数额太低。因此，建议修改为“可以处一千元以下的罚款”。（修改稿第四十九条）

（六）草案第六十六条第二款规定：“赔偿按照直接损失计算。”有的代表认为，什么是“直接损失”，有各种不同理解，行政侵权的赔偿问题较为复杂，需要进一步研究。因此，建议将这一款删去。

（七）草案第七十三条规定："最高人民法院可以根据本法制定实施办法。"有的代表提出，最高人民法院有权作出司法解释，这一条可不必规定。因此，建议将这一条删去。

（八）草案第七十四条规定："本法自1990年4月1日起施行。"根据有些代表的意见，为了有较充分的时间做好本法实施的准备工作，建议修改为："本法自1990年10月1日起施行。"（修改稿第七十五条）

还有几个问题需要加以说明：

1．有些代表提出，行政诉讼法的实施，可能对农村一些工作如计划生育、粮食定购等带来困难。这些困难是存在的。关于计划生育，实行计划生育政策，需要有合法的行政手段，现在已有十六个省、自治区、直辖市制定了有关计划生育的地方性法规，建议其他省、自治区、直辖市也抓紧制定有关的地方性法规，同时国务院还准备抓紧制定计划生育条例。这样，就可以使计划生育工作有法可依。关于粮食等农产品定购问题，农民应当按照合同规定完成交售任务，政府有关部门应当按照合同规定供应农业生产资料。现在有些地方发生一些问题，主要是由于行政机关或者农民不按照合同办事或者合同不完善造成的，这些问题主要是改进工作的问题。今天上午主席团常务主席会议，考虑本法实施过程中的困难，建议把草案规定的本法自1990年4月1日起施行改为自1990年10月1日起施行，这样从通过到实施有一年半的时间，就是为了便于各地有时间做好各项准备工作。我们要把行政诉讼法的制定和实施，变成改进这些方面工作的动力。

2．有些代表建议暂缓通过本法；也有些代表建议提前在建国40周年，即今年10月1日起施行或明年1月1日起施行。这次大会审议中，许多代表认为行政诉讼法是加强我国社会主义民主政治建设和法制建设的重要法律，主张本次会议根据代表意见修改后通过，各界人士也希望本法早日制定。同时，我国自1982年开始实行行政诉讼以来已有七年，为全面实行行政诉讼制度创造了一些条件，法律委员会建议本次会议审议通过本法。

3．草案关于行政案件立案、送达、审理等期限的规定，代表在审议中认为有的期限长了，有的期限短了。我们请最高人民法院根据法院的审判实践经验，加以研究，他们认为现在规定的期限是可行的，建议不作修改。

在香港启德机场的书面谈话*

（一九八九年四月二十日）

今天，在我又一次来到香港的时候，我想借此机会代表全国人大常委会和香港基本法起草委员会向香港同胞表达良好的祝愿，并向邀请我们来访的香港基本法咨询委员会和安子介主任委员表示衷心的谢意。

香港基本法草案由全国人大常委会审议并决定公布，在香港和全国其他地区广泛征求意见，这充分体现了国家对这部极为重要的基本法律的高度重视。我们认为，充分征求、听取和认真研究香港各界人士的意见，是做好基本法起草工作的极为重要的条件。这次我和起草委员会部分内地委员来到这里，同在香港的起草委员会委员一道，广泛、深入地听取香港各阶层人士对基本法草案的意见，并通过彼此间的意见的交流，对草案仍然存在的一些不同意见探讨解决的办法。在我们之后，还将有第二批、第三

---

* 这是王汉斌同志率香港特别行政区基本法起草委员会内地委员赴香港征求意见抵达香港启德机场时的书面谈话。当时王汉斌同志任全国人大常委会副委员长、香港特别行政区基本法起草委员会副主任委员。

批内地起草委委员来港，我相信，经过我们大家共同的努力，一定能够把基本法草案修改得比较完善。

香港是一个充满生机的地区。香港同胞以自己的勤劳和智慧创造了举世瞩目的成就。香港的长期稳定、繁荣是香港同胞和全国人民的共同心愿，我们今天的工作，正是为了达到这一目标创造一个坚实的法律基础。这是一件意义深远的历史使命，我们起草委员会委员们将坚持不懈地和香港各界人士一道共同为完成这一光荣的任务而努力。

在香港欢迎宴会上的致词*

（一九八九年四月二十日）

尊敬的安子介主任委员，

尊敬的咨委会各位副主任委员、各位委员，

女士们、先生们：

今天，我很高兴又一次在香港和香港各界杰出的人士和朋友们见面。请允许我借此机会，代表这次来港的起草委员会的内地委员，对香港基本法咨询委员会和安子介主任委员对我们的盛情邀请和欢迎表示感谢。

今年二月，全国人大常委会会议听取了姬鹏飞主任委员关于基本法草案的报告，对基本法草案进行了认真的审议，决定公布基本法草案，在香港和全国其他地区广泛征询意见，标志着基本法起草工作进入了一个新的阶段。在“一国两制”总方针的指导下，基本法草案在总体上以及许多具体问题上，用法律形式体现

* 这是王汉斌同志在香港基本法咨询委员会主任委员安子介先生欢迎香港特别行政区基本法起草委员会内地委员赴香港征求意见的宴会上的致词。

了我国政府在中英联合声明中阐明的一系列具体方针和政策。这是我们三年多来努力的目标，现在我们完全有理由为将要实现这一目标而满怀信心。同时，我们也看到，基本法草案仍有不够完善的地方，香港各界人士对一些问题还有不同意见，有待于通过进一步征求和协调意见，谋求共识，求得较好的解决方案。

充分征求、听取和认真研究香港各界人士的意见，是做好基本法起草工作极为重要的条件。去年将草案征求意见稿在香港广泛征求意见，取得了重大的成果，对草案作了许多修改、补充，在中央和香港特别行政区的关系以及政治体制等重大问题上作了一些重要的修改、补充，据咨委会资料，经过征求意见后，对草案作了110处修改，其中涉及内容的修改有80处，有50处是根据咨委会的意见修改的。三年多的实践告诉我们，基本法的起草工作实际上是香港各界人士之间、香港和内地之间很好地沟通思想、交流意见、达成共识的过程。在起草过程中，有不同看法、不同意见是自然的，不可避免的，我们相信，只要以“一国两制”和维护香港长期稳定、繁荣为指针，经过充分交流意见和探讨，总能找到共同语言或者说达成共识，胜利完成起草一部为香港同胞和全国人民比较满意的香港特别行政区基本法的光荣而艰巨的任务。

三年多来，香港基本法咨询委员会做了大量的卓有成效的工作，提供了许多宝贵的意见和建议，很好地发挥了咨询、桥梁的作用，对基本法起草工作给予很大的支持和帮助，我代表基本法起草委员会向咨询委员会和安子介主任委员表示衷心的谢意和崇高的敬意，并祝愿咨委会在最后一年的咨询工作中发挥更大的作用。

为此，我提议举杯：

为香港的长期稳定、繁荣，

为基本法的顺利完成，

为在座各位朋友们、女士们、先生们的健康、幸福和事业发展，

干杯！

接见香港中大学生代表谈话纪要

（一九八九年四月二十四日）

一九八九年四月二十四日下午五时半，全国人大常委会副委员长王汉斌同志在新华社香港分社内接见了香港中文大学学生会会长邹崇铭、学联常委会主席林耀强等学生代表七人，听取了他们对近日北京学生请愿活动的见解，并接受了他们递交的信件。接见时的谈话内容摘要如下：

学生代表表示希望中央能接见请愿学生，使双方有个沟通渠道，政府千万不要采取暴力，实行镇压。

王副委员长说：学生通过合法、正常的渠道提意见，是不会受到镇压的，事实上政府并没有采取镇压，就算像冲击中南海那样的情况，公安机关也只是阻止，没有镇压，大家知道，就算是英国国会一英里内也是不容许示威的。

学生代表问学生是否有权罢课，王副委员长对罢课有什么看法？

王副委员长说，现在我国正在进行四化建设，整顿治理经济环境，需要安定团结。罢课总是会引起动荡的，不符合安定的要求，所以最好不罢课，最好是提意见，像大家今天这样来提意见。对学生意见，党中央是会考虑的，罢课对整顿治理经济环境是不利的。

学生代表说，学生没有正常的途径来表达意见，现在十多万人在天安门广场提要求，中央也不理会是不对的，领导人应该站出来与学生对话。

王副委员长说，这很难说，天安门前学生已表达了很多意见，追悼会的情况也在天安门播了。提意见的途径是畅通的，要多用正常途径。学生提意见的途径是畅通的，中央也不是不理会学生的意见，如贪污问题，中央是很重视的，人大、国务院都制定了法规，如送礼问题都有了规定，只是效果不如大家希望而已。又如教育问题，李鹏总理的报告中亦有专门讲，中央也不是不重视。至于民主，是要逐步建设的，孙中山也说要有训政时期，就是要逐步。人大最近通过了行政诉讼法和人大议事规则，民主是在建设中，大家的目标是一致的。

学生说内地缺乏发表言论的途径，报章少有中肯报道，中国可以开放言论吗？

王副委员长说我们正在起草新闻法。至于言论自由会有不同的理解，在香港可以反对共产党，但内地反共是违宪的是不允许的，所以要看言论自由如何理解。

学生问，学生要求对话，中央为什么不和学生对话呢？中央认为有需要与学生对话吗？

王副委员长答复学生说，过去各省市领导也多次与学生对话，所以是有对话的。如你们要求见我，我就见你们。至于学生指名要跟谁对话，要由他们自己来考虑，中央是会研究学生的意见的。

（新华社香港分社文教部记录整理）

关于《中华人民共和国香港特别行政区基本法（草案）》审议结果的报告*

（一九九〇年四月二日）

第七届全国人民代表大会第三次会议全体代表，从3月28日至31日，对《中华人民共和国香港特别行政区基本法（草案）》进行了审议。

代表们普遍认为，香港特别行政区基本法是我们国家一部非常重要的法律，是具有重大的历史意义和国际意义的创造性杰作。收回香港，洗雪鸦片战争一百五十年以来中国人民蒙受的民族耻辱，这是我国人民长期的共同愿望；统一祖国，振兴中华，是历史赋予我们的神圣使命。我国提出了“一个国家、两种制度”作为解决香港问题、实现国家统一的总方针，在第六届全国人民代表大会第三次会议批准的中英关于香港问题的联合声明中我国

* 这是王汉斌同志在第七届全国人民代表大会第三次会议主席团第三次会议上所作的关于《中华人民共和国香港特别行政区基本法（草案）》审议结果的报告。

政府具体阐明了对香港的基本方针政策。香港特别行政区基本法把“一国两制”的总方针和我国对香港的基本方针政策以法律形式规定下来，从法律上保证“一国两制”的伟大构想在香港的实现。这是中国人民实现祖国统一的重大步骤，它对1997年我国恢复对香港行使主权，并保持和发展香港的长期稳定繁荣，具有十分重大的意义；对进一步完成祖国统一大业，也将产生深远的影响。

代表们认为，香港特别行政区基本法草案规定香港特别行政区是中华人民共和国不可分离的部分，直辖于中央人民政府的地方行政区域，依法实行高度自治，享有行政管理权、立法权、独立的司法权和终审权；香港特别行政区不实行社会主义制度和政策，保持原有的资本主义制度和生活方式，五十年不变；以及草案的其他一系列规定，体现了“一国两制”的总方针。草案关于香港特别行政区的政治体制的规定，从香港特别行政区的法律地位和香港的实际情况出发，兼顾了社会各阶层的利益，循序渐进地逐步发展适合香港情况的民主政治体制，是比较适当的。所有这些规定，既维护了国家的主权、统一和领土完整，又根据香港的历史和现实，规定在香港实行不同的制度和政策，有利于香港的长期稳定繁荣，体现了包括香港同胞在内的全国人民的共同意志和根本利益，是符合实际，切实可行的。代表们同意这次大会予以通过，并建议在香港特别行政区基本法公布后，在香港和全国其他地区开展广泛的宣传，使包括香港同胞在内的全国人民，为保证基本法的顺利实施和香港的长期稳定繁荣而共同努力。

代表们认为，香港特别行政区基本法草案是香港特别行政区基本法起草委员会委员、香港各界人士以及全国人民共同努力的成果，是集体智慧的结晶。起草委员会自 1985 年 7 月成立以来，委员们本着爱祖国、爱香港的精神和负责、合作的态度，和衷共济，群策群力，集思广益。整个起草的过程贯穿了民主、开放的精神。各种不同意见都能充分展开讨论，对少数人的不同意见也认真进行研究，并随时把讨论的问题向公众公布；起草委员会、全国人大常委会先后两次将草案全文在报上公布，在香港和全国其他地区广泛征询意见，认真吸取好的意见和各种不同意见中的合理因素。草案的每一条文、三个附件和附录以及区旗、区徽图案，都是经过无记名投票表决的方式，以起草委员会全体委员的三分之二多数赞成获得通过。广大香港同胞和全国人民对基本法草案比较满意。代表们对起草委员会不负重托，卓有成效地完成了起草基本法的艰巨任务表示满意。代表们还认为，香港特别行政区基本法咨询委员会进行了大量的收集、反映咨询意见的工作，很好地发挥了沟通意见的桥梁作用，代表们对咨询委员会的贡献表示赞许。

根据全国人大议事规则和全国人大关于香港特别行政区基本法草案审议程序和表决办法的决定，法律委员会召开会议，根据各代表团的审议意见，对香港特别行政区基本法草案进行了审议。法律委员会认为，我国宪法第三十一条规定："国家在必要时得设立特别行政区。在特别行政区内实行的制度按照具体情况由全国人民代表大会以法律规定。"香港特别行政区基本法草案是根据我国宪法、按照香港的具体情况制定的，是符合宪法的。草案关于总则，中央与香港特别行政区的关系，香港特别行政区居民的基本权利和义务，政治体制，经济，教育、科学、文化、体育、宗教、劳工和社会服务，对外事务，本法的解释和修改等方面以及三个附件作出的规定，符合“一国两制”的总方针和我国对香港的基本方针政策，符合香港的实际情况和需要，有利于香港的长期稳定和繁荣，也是符合香港同胞和全国人民的根本利益的。法律委员会同意《中华人民共和国香港特别行政区基本法(草案)》，包括附件一：《香港特别行政区行政长官的产生办法》，附件二：《香港特别行政区立法会的产生办法和表决程序》，附件三：《在香港特别行政区实施的全国性法律》，以及香港特别行政区区旗和区徽图案（草案），建议主席团审议决定提请大会表决通过。

法律委员会审议了香港特别行政区基本法起草委员会代拟的《全国人民代表大会关于香港特别行政区第一届政府和立法会的产生办法的决定（草案)》，认为决定草案体现了循序渐进、逐步建设民主政治体制的原则，维护了国家主权，又有利于平稳过渡，是切实可行的。建议主席团审议决定提请大会表决通过。

法律委员会经过审议，同意香港特别行政区基本法起草委员会关于设立全国人大常委会香港特别行政区基本法委员会的建议，认为设立全国人大常委会香港特别行政区基本法委员会，对保证香港特别行政区基本法的顺利实施具有重要的意义，并起草了关于批准这个建议的决定草案，建议主席团审议决定提请大会审议。

实施行政诉讼法的关键是依法行政*

（一九九〇年九月十九日）

七届全国人大二次会议通过的行政诉讼法，10 月 1 日起就要开始施行了。行政诉讼法的制定和实施，是我国社会主义法制建设的一件大事，也是我国发展社会主义民主政治建设的一个重要步骤。

全国人大通过行政诉讼法一年多以来，国务院和各级人民政府为实施行政诉讼法做了一系列的准备工作。今年初国务院专门发了通知，李鹏总理在七届全国人大三次会议上所作的政府工作报告中提出了要求，最近又专门召开各省、自治区、直辖市和国务院各部门领导同志参加的电话会议，要求认真做好行政诉讼法实施前的准备工作。各级政府、国务院各部门采取举办培训班等多种形式学习、布置贯彻执行行政诉讼法，许多省长、部长亲自主持学习讨论，研究解决实施中的问题。一些部门专门召开了各自系统的工作会议，具体研究实施行政诉讼法的问题。不少省、

---

* 这是王汉斌同志在实施行政诉讼法座谈会上的发言。

自治区、直辖市人民政府就实施行政诉讼法作出决定。许多部门和地方对现行规章和正在实施的行政行为认真进行清理，有些部门、地方成立了复议机构，专门配备和培训行政复议和应诉的工作人员。最高人民法院和最高人民检察院召开了专门会议，要求各级法院、检察院认真做好行政审判和行政诉讼法律监督工作，在思想、组织、业务等各方面做好准备。一些地方人大也作出了贯彻实施行政诉讼法的决议，对行政诉讼法实施前的准备工作进行检查督促。这些年来全国人大和全国人大常委会通过了许多法律，但是，像这次对待行政诉讼法的实施，各级政府、各部门这么高度重视，这样认真学习研究，做了这样多的准备工作，是很少有的。这是对法制建设的有力推动，是非常可喜的现象。这一事实本身也表明了制定和实施行政诉讼法的重大意义和作用。

实施行政诉讼法的关键是行政机关要依法行政，把政府的行政行为纳入法制轨道。实现行政管理法制化、规范化，对我国社会主义法制建设有重要意义。这将使政府的行政行为更有权威性，从而也将提高行政机关的工作效率和工作水平，而不是削弱行政机关的工作。可以说，这方面的法制是否健全，是整个法制建设是否健全的重要标志。在实施行政诉讼法的准备工作中，各级政府、各部门抓紧清理过去制定的行政规章，加强与行政诉讼法配套的有关的法律、法规、规章的起草工作，纠正规章中不符合法律、法规的部分，并对一些具体行政行为作了检查，对不符合法律、法规的具体的行政行为作了纠正。这不仅对当前抓好治理整顿、廉政建设，促进和保障改革开放具有现实意义，对实现政府工作的规范化、制度化、法制化也具有深远的影响。

行政诉讼法既维护和促进政府依法行政，又保护公民、法人和其他组织的合法权益不受具体行政行为的侵犯。我们的政府是人民的政府，是为人民服务的，但国家机关和国家机关工作人员在执行职务中也会发生某些侵犯公民、法人和其他组织的合法权益的行为。行政诉讼法具体规定了公民、法人和其他组织的哪些合法权益受到政府的行政行为的侵犯时，可以向上级政府要求复议或者向人民法院提起诉讼，以及如何提起诉讼的具体程序，即规定“民可以告官”以及如何“告官”的程序，使公民、法人和其他组织被侵犯的合法权益得到恢复和保护，及时解决这方面的问题，可以防止矛盾积压激化，防止发生某些过激的行为，起到“活血化淤”的作用。因此，建立行政诉讼制度，不但是为了保护公民、法人和其他组织的合法权益不受行政行为的违法侵犯，而且有利于密切党和政府同人民群众的联系，有利于国家和社会的稳定，有利于人民的政权的巩固。

现在有些干部对实施行政诉讼法有顾虑，认为行政诉讼法实施后受到约束，工作难做，干部难当。这里的关键是要不要依法行政。依法行政体现了党的十一届三中全会提出的有法可依，有法必依，执法必严，违法必究的精神。我们要实行法制，对任何人、任何组织都会有一定的约束。我们总不能说要做工作就不能要求依法办事，或者要依法办事就不能做好工作。行政诉讼法的实施，对那些不注意依法办事而习惯于某些老一套做法的干部来说，工作确实困难了，但也是对干部提出了更高的要求，对工作提出了更高的要求，这就是既要依法办事，又要做好工作，而且必须依法办事，才能真正把工作做好。早在 1949 年全国解放前夕，毛主席就一再指出，“我们熟悉的东西有些快要闲起来了，我们不熟悉的东西正在强迫我们去做。”“我们必须学会自己不懂的东西。”党的十一届三中全会提出发展社会主义民主、健全社会主义法制的伟大的历史任务，我们也需要学会自己原来不懂的东西，其中有一项就是学会如何依法行政。我们的行政机关和行政机关工作人员都能做到依法行政，我国的社会主义民主和法制建设必将大大推进一步。

关于审议民事诉讼法（试行）（修改草案）的修改意见的汇报*

（一九九一年二月二十五日）

七届全国人大常委会第十七次会议对民事诉讼法（试行）（修改草案）进行了初步审议。会后，法律委员会和法制工作委员会于1月15日至26日召开了有各级法院民事审判庭、经济审判庭和法院有关负责同志、有关法律专家、一些地方人大常委会有关负责同志和有关部门同志共九十多人参加的修改民事诉讼法（试行）座谈会，对民事诉讼法（试行）修改草案逐条讨论研究修改。法制工作委员会还将修改草案发给中央有关部门、各省、自治区、直辖市和法律专家、法学科研教学单位征求意见。大家认为，修改草案从我国的实际出发，总结8年来民事审判实践经验，并根据改革开放、发展社会主义商品经济的需要，对民事诉讼法

---

* 这是王汉斌同志在第七届全国人民代表大会常务委员会第十八次会议上所作的关于审议民事诉讼法（试行）（修改草案）的修改意见的汇报。

（试行）作了相应的补充、修改，是必要的，修改草案基本是可行的。同时提出了许多修改意见。根据全国人大常委会委员们的审议意见和各方面的意见，对草案进行了修改，草案条文从243条增至261条。现将主要修改意见汇报如下。

一、关于管辖

（一）为解决经济合同案件的审理难、执行难问题，根据法院的意见，建议将原规定因合同纠纷提起的诉讼，“由合同履行地或者合同签订地人民法院管辖”修改为“由被告所在地或者合同履行地人民法院管辖”。同时，为了防止地方保护主义、避免发生管辖权争议，建议增加规定：“合同双方当事人可以协议选择与合同执行有关的人民法院管辖，但是不得违反本法对级别管辖和专属管辖的规定。”（草案修改稿第二十五条）

（二）目前，因票据兑付问题而产生的纠纷时有发生，随着商品经济的发展，这一类纠纷会日益增多，根据法院的意见，建议增加规定：“因票据纠纷提起的诉讼，由票据支付地人民法院管辖。”（草案修改稿第二十七条）

二、关于证据

（一）根据有些委员的意见，建议将原规定“当事人及其诉讼代表人因客观原因不能自行收集的证据，人民法院应当主动收集”修改为“对于当事人及其诉讼代理人因客观原因不能自行收集的证据，或者人民法院认为审理案件需要的证据，人民法院应

当主动调查收集。”（草案修改稿第六十四条）

（二）为准确地将视听资料作为认定事实的根据，根据法院和法律专家的意见，建议增加规定：“人民法院对视听资料，应当辨别真伪，并结合本案的其他证据，审查确定能否作为定案的根据。”（草案修改稿第六十九条）

（三）为发挥律师和其他诉讼代理人在诉讼中提供证据的作用，根据有关部门和法律专家的意见，建议增加规定“诉讼代理人可以收集证据”。（草案修改稿第六十一条）

三、关于保全措施和先予执行

（一）在审判实践中，法院一直在办理海事请求权人在诉讼前申请扣押船舶的案件；在民事纠纷和经济合同纠纷中，也存在当事人因情况紧急，不能即时起诉，请求法院立即采取财产保全的情况，这对于解决执行难、保障债权人的合法权益，有重要作用。根据法院和专家的意见，建议增加诉讼前保全的规定。同时，对申请诉讼前保全的条件和责任作了具体规定：1. 必须是情况紧急，不能即时提起诉讼，不立即申请保全将会使其合法权益受到不可弥补的损害的；2. 申请人应当提供担保，拒绝提供的，驳回申请；3. 申请人在人民法院采取保全措施后十日内不起诉的，人民法院应当撤销保全措施；4. 申请错误的，申请人应当赔偿被申请人因财产保全所受的损失。（草案修改稿第九十三条、第九十五条）

（二）关于需要立即制止或者实施的行为和其他紧急情况需要先予执行的问题，根据有些法院的意见，对申请先予执行的条件应进一步严格限制，建议规定：1. 当事人提出书面申请；2. 经人民法院审查，认为权利义务关系明确，不先予执行将严重影响申请人的生活或者生产经营的；3. 被裁定执行一方有先予执行能力。同时规定，人民法院可以令申请人提供担保。（草案修改稿第九十七条）

四、关于妨害诉讼的强制措施

根据法院意见，为维护法庭审判秩序，严肃法纪，建议增加规定“哄闹法庭，扰乱人民法院审判秩序”的，可以适用妨害诉讼的强制措施。（草案修改稿第一百条）

五、关于起诉和受理

为保护当事人的诉讼权利，进一步明确法院主管范围，建议增加一条规定：“人民法院审理公民、法人、非法人单位之间因财产关系和人身关系纠纷发生的民事案件，适用本法的规定。”“人民法院审理下列案件，适用本法的规定：（一）企业劳动纠纷案件；（二）法律规定适用本法的其他案件。”（草案修改稿第三条）

六、关于公开审理

有些法律专家和法院的同志提出，经济案件日益增多，经济案件中涉及工商秘密的情况日益突出，应当规定对涉及工商秘密的案件，可以不公开审理，这也是国际上的通行做法。因此，建议增加规定，涉及工商秘密的案件，当事人申请不公开审理的，

可以不公开审理。（草案修改稿第一百一十八条）

七、关于审判监督程序

当事人申诉是纠正确有错误的民事案件的重要途径。由于现在对申诉的案件没有具体规定，一方面当事人感到申诉无门，另一方面又存在申诉没完没了的情况，既劳民伤财，也不利于社会的稳定。为了切实保障当事人的申诉权利，使法院集中力量纠正错判的民事案件，根据法律专家和法院同志的意见，建议增加一条规定：“人民法院对于有下列情形之一的申诉，应当立案审查。认为需要再审的，由法院提交审判委员会讨论决定：（一）有新的证据，足以推翻原判决、裁定、调解书的；（二）能够证明原判决、裁定、调解书所依据的事实或者所适用的法律确有错误的；（三）刑事判决认定原审人民法院审判人员在审判该案件时徇私舞弊枉法裁判的。”同时，增加一条规定：“当事人的申诉，应当在判决、裁定、调解书发生法律效力后两年内提出。”（草案修改稿第一百七十八条、第一百八十条）

八、关于企业法人清产还债程序

有些法院和法律专家提出，人民法院在审理和执行过程中，时常发现有的企业严重亏损，不能清偿到期债务，如不清产还债，不利于保护所有债权人的权益，也不利于维护社会主义商品经济发展的正常秩序。近年来，法院已受理集体企业需清产还债的案件120多件，但清产还债程序无法可依，建议增加规定企业法人清产还债程序。因此，建议专门增加一章规定企业法人清产

还债程序。（草案修改稿第十九章）

九、关于执行

（一）这些年来，民事案件、经济案件的判决需要由人民法院执行的越来越多，并且执行难相当严重，许多基层法院已经根据需要，设立了专门的执行机构，因此，建议增加规定："基层人民法院、中级人民法院根据需要，可以设立执行机构。"（草案修改稿第二百零三条）

（二）目前，有些地方已开始实行拍卖制度，对被查封、扣押的财产进行拍卖，比变卖更能保护当事人的权益，根据有关部门和法院的意见，建议增加规定，逾期不履行的，人民法院可以依照有关规定拍卖被查封、扣押的财产。（草案修改稿第二百一十九条）

（三）根据法院意见，建议增加规定：一方当事人不履行和解协议的，人民法院可以根据对方当事人的申请，恢复对原生效法律文书的执行；被执行人提供执行担保的，可以暂缓执行；被执行人死亡或者终止的，由其权利义务承受人履行义务；因执行需要办理证照转移手续等的，人民法院可以向有关单位发出协助执行通知书，有关单位必须办理。（草案修改稿第二百零五条、第二百零六条、第二百零七条、第二百二十三条）

十、关于涉外民事诉讼程序的特别规定

（一）根据法院和有关部门的意见，建议增加一章涉外管辖

的规定。（草案修改稿第二十五章）

（二）根据我国已同有关国家签订的司法协助的条约和国际惯例，建议对提供司法协助的途径、对外国法院判决、裁定和外国仲裁机构裁决的承认和执行等问题，作了一些补充和修改。（草案修改稿第二十九章）

此外，还对修改草案有些章节的顺序和文字作了一些修改。建议将修改草案提请七届全国人大四次会议审议。

以上修改补充意见，请审议。

关于《中华人民共和国民事诉讼法（试行）（修改草案）》的说明*

（一九九一年四月二日）

民事诉讼法是国家重要的基本法律之一，是国家的一个大法，它规定民事诉讼的基本原则、人民法院审理民事案件的具体程序和诉讼参与人在诉讼中的权利义务，便于当事人依法行使诉讼权利，便于人民法院依法正确、及时地审理民事案件，保证民事法律以及与民事有关的法律的正确实施。它对于保障公民、法人和其他组织的合法的民事权益，维护社会稳定，促进社会主义商品经济秩序的健全发展，保障改革开放和社会主义现代化建设的顺利进行，都具有重要的意义。

1981年五届全国人大四次会议决议："原则批准《中华人民共和国民事诉讼法（草案）》，并授权常务委员会根据代表和其他方面所提出的意见，在修改后公布试行。在试行中总结经验，

---

* 这是王汉斌同志在第七届全国人民代表大会第四次会议上所作的关于《中华人民共和国民事诉讼法（试行）（修改草案）》的说明。

再作必要的修订，提交全国人民代表大会审议通过公布施行。”1982 年 3 月，五届全国人大常委会第二十二次会议审议通过了《中华人民共和国民事诉讼法（试行）》。

民事诉讼法试行已经九年了，实践经验证明，民事诉讼法（试行）规定的基本原则和诉讼制度是正确的，有关程序的具体规定总的也是切实可行的，在人民法院依法正确审理民事案件中发挥了很大的作用。同时，这些年来，在改革开放和社会主义商品经济发展的过程中，经济纠纷大量增加，出现了一些新的情况、新的问题；全国人大和人大常委会陆续制定了民法通则等一批重要的民事法律和与民事有关的法律；民事诉讼法（试行）有些条款不够完善；人民法院在实践中也积累了不少经验，需要对民事诉讼法（试行）作相应的修改补充。

民事诉讼法试行以来，法制工作委员会和最高人民法院不断调查研究民事诉讼法试行的情况和问题，总结人民法院民事、经济、海事审判工作的经验，并征求有关部门、法律专家的意见，对民事诉讼法（试行）进行修改补充，修订民事诉讼法（试行）修改草案。修改草案总的保持了民事诉讼法（试行）的基本内容，修改补充的主要内容是：为适应改革开放、发展社会主义商品经济的需要，补充了审理经济案件的一些规定；按照民法通则等实体法，相应地增加了程序方面的规定；针对审判工作中存在的告状难、争管辖、执行难等问题，作了相应的规定。修改草案经委员长会议决定提请七届全国人大常委会第十七次、十八次会议审议，法律委员会和法制工作委员会又召开有各级法院民事审判庭、经济审判庭和法院有关负责同志、有关法律专家、一些地方人大常委会有关负责同志和有关部门同志共九十多人参加的修改民事诉讼法（试行）座谈会，对草案逐条讨论研究修改。法制工作委员会还将修改草案发给中央有关部门、各省、自治区、直辖市和法律专家、法学科研教学单位征求意见，并在最高人民法院召开的全国民事审判工作会议上，安排两天时间专门讨论征求意见。根据常委会委员们的审议意见和各方面的意见，对草案进行了修改，草案条文从民事诉讼法（试行）的205条增至271条，经第十八次常委会会议审议决定将《中华人民共和国民事诉讼法（试行）（修改草案）》提请七届全国人大四次会议审议。现在我对草案的主要内容和问题说明如下：

一、民事诉讼的基本原则

根据宪法和人民法院组织法，从我国实际情况出发，总结几十年来人民法院审理民事案件和民事诉讼法试行的实践经验，草案规定了民事诉讼的基本原则是：第一，人民法院依照法律规定对民事案件独立进行审理，不受行政机关、社会团体和个人的干涉。第二，以事实为根据，以法律为准绳。第三，当事人有平等的诉讼权利，这是保证当事人民事权利平等的一项很重要的规定，可以保证案件的公正审理，切实保护当事人的合法权益。第四，根据自愿和合法的原则进行调解。用调解的方法解决民间纠纷和民事案件，是我国司法工作的优良传统。但是调解不能强迫，不能违反法律规定，当事人不愿调解或者调解不成的，应当及时判决。第五，依照法律规定，实行合议、回避、公开审判和两审终审制度。依法公开审判是一项很重要的司法制度，除涉及国家秘密、个人隐私或者法律另有规定的以外，都必须实行公开审判。第六，各民族公民都有使用本民族语言、文字进行民事诉讼的权利。这是宪法规定维护各民族平等、保障少数民族合法权利在民事诉讼中的体现。第七，当事人有权进行辩论。当事人在诉讼中，对案件进行充分的辩论，是当事人的一项重要权利，也是法院弄清事实，分清是非，正确审理案件的重要程序。第八，当事人有权在法律规定的范围内，处分自己的民事权利和诉讼权利。这是民事诉讼同刑事诉讼、行政诉讼的一个重要区别。但是，这种处分不得损害国家和社会公共利益，应当限于法律允许的范围内。第九，人民检察院有权对人民法院的民事案件审理活动实行法律监督。

二、管辖

草案关于人民法院对民事案件的管辖，是根据以下原则规定的：第一，有利于公正审理，保护当事人合法的民事权益；第二，便利当事人依法行使诉讼权利；第三，便利人民法院依法进行审理和执行。

级别管辖，是根据案件的性质和影响来划分的。草案规定：原则上，第一审民事案件由基层人民法院管辖；对重大涉外案件和在本辖区有重大影响的案件，由中级人民法院管辖。

地域管辖，是根据各种不同民事案件的特点来确定的。草案规定，一般原则是原告就被告，由被告住所地人民法院管辖，并对某些案件的地域管辖分别作了特别规定。例如关于因合同纠纷提起的诉讼，草案规定，由被告住所地或者合同履行地人民法院管辖。

目前，有些地方法院受地方保护主义影响，对合同纠纷案件，不属于自己管辖的，也抢着受理争管辖。为了解决这个问题，草案规定，合同的双方当事人可以在书面合同中协议选择被告住所地、合同履行地、合同签订地、原告住所地、标的物所在地人民法院管辖。同时规定，人民法院之间因管辖权发生争议，由争议双方的人民法院协商解决；协商解决不了的，报请它们的共同上级人民法院指定管辖。也就是说，争议双方在同一地区（市）内涉及两个县（区）的，由中级人民法院指定管辖；在同一省内跨地区（市）的，由高级人民法院指定管辖；如果跨省、自治区、直辖市的，由最高人民法院指定管辖。

有些有管辖权的人民法院对一些应当受理的民事案件，以各种借口推出不管，不予受理。草案明确规定，对符合本法规定起诉条件的民事案件，人民法院必须受理；对不符合起诉条件的，人民法院应当作出裁定不予受理；原告不服的可以上诉，以维护当事人的诉讼权利。

三、诉讼当事人

公民、法人和其他组织，可以作为民事诉讼的当事人。法人由其法定代表人进行诉讼，其他组织由其主要负责人进行诉讼。

草案规定当事人的诉讼权利主要有：第一，请求司法保护。公民、法人或者其他组织的民事权益受到侵犯，有权向法院起诉。被告有权提起反诉。第二，委托代理人。当事人的近亲属、律师、有关的社会团体或者当事人所在单位推荐的人，以及经人民法院许可的其他公民，都可以被委托为诉讼代理人。第三，提出回避申请。审判人员、书记员、翻译人员、鉴定人、勘验人如果与本案有利害关系，当事人有权提出回避申请。第四，收集、提供证据。当事人对自己提出的主张有责任提供证据。这是当事人的责任，也是当事人的权利。第五，进行辩论。当事人有权对争议的事实和法律依据提出自己的主张和意见，反驳对方的诉讼请求，通过辩论认定事实作为审理民事案件的重要依据。第六，请求调解。第七，双方自行和解的，可以撤诉。第八，提起上诉，对人民法院一审判决或裁定不服，有权依法上诉。第九，申请强制执行。如果对方不履行发生法律效力的判决、裁定，另一方有权申请法院强制执行，以保障自己的民事权益。

当事人在诉讼中享有充分的诉讼权利，同时也要承担相应的诉讼义务。草案规定，当事人的诉讼义务是：第一，必须依法行使诉讼权利。第二，遵守法庭秩序和诉讼程序。第三，履行发生法律效力的判决书、裁定书和调解书。

近些年来，发生了一些侵害众多人民事权益的案件，如几十人的食物中毒请求赔偿的案件，出售劣质种子、化肥、农药坑害广大农民的案件，以及污染环境使众多人受到损害的案件等。为了便利众多当事人进行诉讼，便利人民法院审理这类案件，草案规定：第一，当事人一方人数众多的共同诉讼，可以由当事人推选代表人进行诉讼，代表人的诉讼行为对其所代表的当事人发生效力。但是，代表人变更、放弃诉讼请求或者承认对方当事人的诉讼请求，进行和解，必须经被代表的当事人同意。第二，诉讼标的是同一种类的、当事人一方人数众多在起诉时人数尚未确定的，人民法院可以发出公告，说明案件情况及诉讼请求，通知权利人在一定期间向人民法院登记。人民法院作出的判决、裁定，对未登记的权利人也适用。

四、关于证据

人民法院审理民事案件，必须以事实为根据，以法律为准绳。草案对证据制度作了全面的规定。根据民事诉讼的特点，总结多年来的审判实践经验，在证据的提供、判断等方面，草案作了如下规定：第一，当事人对自己提出的主张，有责任提供证据。谁主张谁提供证据的原则，是民事诉讼与刑事诉讼由公诉人负责举证、行政诉讼由行政机关负责举证不同的一个特点。民事诉讼当事人对自己主张的民事权利，应当提出证据。第二，人民法院应当核实证据。草案规定，人民法院应当按照法定程序，全面地、客观地审查核实证据。证据应当在法庭上出示，并由当事人互相质证。考虑到有一些证据由当事人提供客观上有困难，例如有些需要科学鉴定或者现场勘验的证据等，因此，草案规定，对于当事人及其诉讼代理人因客观原因不能自行收集的证据，或者人民法院认为审理案件需要的证据，人民法院应当调查收集。这样规定，既加重了当事人举证的义务，又明确了人民法院的职责，有利于查清事实。

为了防止证据灭失，保障当事人的合法权益，草案规定，在证据可能灭失或者以后难以取得的情况下，诉讼参加人可以向人民法院申请保全证据，人民法院也可以主动采取保全措施。

五、关于调解

用调解的方法解决民间纠纷，是我国处理民事纠纷的行之有效的具有中国特色的重要经验。几十年来，我们一向重视调解工作。大量的民间纠纷，是由人民调解委员会调解解决的，这对于解决纠纷，减少诉讼，防止人民内部矛盾激化，发挥了重要作用。因此，草案保持了民事诉讼法（试行）规定的人民调解委员会的法律地位，明确了人民法院对人民调解委员会实行业务指导和监督。

人民法院采取调解的方法处理民事案件，是我国民事审判工作的成功经验。人民法院的主要职责是进行审判，但在审理民事案件过程中，还要重视调解。总结这方面工作的经验，同时针对实践中存在的问题，草案对人民法院的调解，作了以下规定：第一，调解应当遵循自愿原则，不得强迫达成调解协议。第二，应当在事实清楚的基础上，分清是非，进行调解。第三，调解未达成协议的或者调解书送达前一方反悔的，人民法院应当及时判决。防止那种违背当事人意愿，强行调解，不搞清事实、分清是非，违法调解，以及久调不决等不适当的做法。

六、关于督促程序、公示催告程序和企业法人破产还债程序

为适应改革开放和发展社会主义商品经济的需要，草案增加规定：（一）督促程序，债权人要求债务人给付金钱、有价证券，债权债务关系明确、合法的，可以依法申请人民法院向债务人发

出支付令。(二)公示催告程序，因票据(汇票、本票、支票)被盗、遗失或者灭失的票据持有人，可以依法申请公示催告，主张票据权利。(三)企业法人破产还债程序。1986年我国制定的企业破产法，规定适用于全民所有制企业。这些年来，有一些集体企业、私营企业、中外合资企业资不抵债不能清偿到期债务，需要破产还债，法院在受理这些企业的破产案件时，缺乏法律依据。考虑到国务院制定的《中华人民共和国乡村集体所有制企业条例》已有关于破产的规定，根据最高人民法院的意见，规定了企业法人破产还债程序一章，实际上只适用于集体企业、私营企业、中外合资企业等的破产还债程序。全民所有制企业破产还债程序仍适用企业破产法的规定。

七、对妨害民事诉讼的强制措施

在人民法院审理民事案件过程中，有的当事人拒不到庭，有的伪造、毁灭证据，有的将已被查封、扣押的财产予以转移，有的甚至冲击、大闹法庭，阻碍司法工作人员执行职务等等，使人民法院审判工作不能顺利进行甚至不能进行。为了维护诉讼秩序，制止妨害诉讼的行为，保障审判工作的顺利进行，对妨害民事诉讼的，应当采取强制措施。针对存在的问题，草案规定了以下对妨害民事诉讼的强制措施：

第一，人民法院对必须到庭的被告，经两次传票传唤，无正当理由拒不到庭的，可以拘传。还规定，被告拒不到庭的，可以缺席判决；原告拒不到庭的，视为申请撤诉。

第二，人民法院对哄闹、冲击法庭、扰乱法庭秩序的人，可以分别情形责令退出法庭、罚款、拘留或者依法追究刑事责任。

第三，诉讼参与人或者其他人有下列行为之一的，人民法院依法追究刑事责任，情节较轻的，予以罚款、拘留：（一）伪造、毁灭重要证据，妨碍人民法院审理案件的；（二）以暴力、威胁、贿买方法阻止证人作证或者指使、贿买、胁迫他人作伪证的；（三）隐藏、转移、变卖、毁损已被查封、扣押的财产，或者已被清点并责令其保管的财产，转移已被冻结的财产的；（四）对司法工作人员、诉讼参加人、证人、翻译人员、鉴定人、勘验人、协助执行的人，进行侮辱、诽谤、诬陷、殴打或者打击报复的；（五）以暴力、威胁或者其他方法阻碍司法工作人员执行职务的；（六）拒不履行人民法院已经发生法律效力的判决、裁定的。此外，对采取非法拘禁他人或者非法私自扣押他人财物追索债务的，还规定应当依法追究刑事责任或者拘留、罚款。

草案同时规定，如果单位有妨害民事诉讼行为的，人民法院可以对其主要负责人和直接责任人员予以罚款、拘留，并可以向监察机关或有关机关提出予以纪律处分的建议。

八、执行

执行是审判工作的一个十分重要的环节，它关系到法律和人民法院的尊严，有效地保障公民、法人和其他组织的合法权益，维护正常的社会经济秩序。目前，有些地方人民法院在审判工作中执行难的问题比较突出。草案针对执行中存在的问题，总结实践经验，参考外国的一些做法，增加了一些强制执行的规定。草案规定，发生法律效力的判决、裁定和其他应当履行的法律文书，当事人必须履行。一方拒绝履行的，对方当事人可以向人民法院申请强制执行。强制执行措施主要有：第一，人民法院有权向银行、信用合作社查询被执行人的存款情况，冻结、划拨被执行人应当履行义务部分的存款；有权扣留、提取被执行人应当履行义务部分的收入。第二，人民法院有权查封、扣押、冻结并依照规定拍卖、变卖被执行人应当履行义务部分的财产。第三，人民法院有权对隐瞒财产的被执行人及其住所或者财产隐匿地进行搜查。第四，申请人发现被执行人有其他财产和收入的，可以随时申请人民法院执行。第五，被执行人应当加倍支付迟延还债期间的债务利息。

九、对民事诉讼的监督

为了保障审判人员能够正确依法进行审判，草案对民事诉讼的监督作了规定。草案规定：（一）各级人民法院院长对本院已经发生法律效力的判决、裁定，发现确有错误的，提交审判委员会讨论决定予以再审；最高人民法院对地方各级人民法院已经发生法律效力的判决、裁定，上级人民法院对下级人民法院已经发生法律效力的判决、裁定，发现确有错误的，有权提审或者指令下级人民法院再审。（二）人民检察院对人民法院已经发生法律效力的判决、裁定，发现判决、裁定认定事实的主要证据不足；适用法律确有错误；审判人员在审理该案件时有贪污受贿，徇私舞弊，枉法裁判行为等，有权按照审判监督程序提出抗诉。人民法院对符合提出抗诉条件的案件，应当再审。（三）当事人对已经发生法律效力的判决、裁定，认为符合本法规定的再审条件的，如有新的证据，足以推翻原判决、裁定的；原判决、裁定认定事实的主要证据不足；适用法律确有错误等，可以申请再审。人民法院对符合再审条件的案件，应当再审。

十、涉外民事诉讼程序

草案对涉外民事诉讼程序作了下列规定：第一，外国人、无国籍人、外国企业和组织在我国领域内进行民事诉讼，适用我国民事诉讼法。第二，中华人民共和国缔结或者参加的国际条约同我国民事诉讼法有不同规定的，适用国际条约的规定，但是，我国声明保留的条款除外。第三，外国人、无国籍人、外国企业或者组织在人民法院起诉、应诉，同中华人民共和国公民、法人或者其他组织有同等的诉讼权利义务。第四，外国法院对中华人民共和国公民、法人或者其他组织的民事诉讼权利加以限制的，中华人民共和国人民法院对该国公民、企业和组织的民事诉讼权利，实行对等原则。

实施著作权法，保护知识产权是改革开放的需要*

（一九九一年六月）

著作权法是我们国家一部很重要的法律。第一，我们国家正在进行社会主义现代化建设的伟大事业，必须尊重知识，尊重人才。著作权法保护作者的著作权，是为了调动知识分子的积极性，繁荣文学艺术创作、科学技术创作和社会科学创作。可以说著作权法是尊重知识、尊重人才的法律保障。第二，我们现在要扩大对外开放，引进外国的先进科学技术，不考虑国际上的一些共同准则，不实行著作权法是不行的。我国多年来没有著作权法。以前闭关自守，可以随便翻印或翻译外国的作品，对别人的意见可以不理。现在要对外开放，引进外国的先进的科学技术，不花钱是不行的，不按国际惯例办也是不行的，因为人家不答应，就会影响对外开放，影响国家的形象，同时别人也就不会给你先进的东西。现在有些人担心，参加知识产权的国际公约后我

---

* 这是王汉斌同志在实施著作权法座谈会上的讲话。

们要付很多钱。对这个问题，我们反复研究认为，不能光看到眼前要给钱，还要看到引进先进科学技术带来的效益，比我们自己从头干起，不但可以少费时间，而且还可能少花钱。日本一直购买外国的专利技术，不但大大加快了工业和科技的发展，而且对引进的专利技术加以改造创新，还可出口专利。现在我们规定对软件按著作权保护，使用人家的软件就要给钱，不能白拿。但是开发软件需要大量的人力，在这方面，我们有很大的优势，从长远来看，我们在开发软件方面是很有发展前途的，现在有的日本公司就提出要同我国合作开发软件。同时，保护软件还可以鼓励我国科技人员开发软件的积极性，同样可以出口软件，将来在这方面很可能是“收大于支”，而不是像现在“支大于收”。江泽民同志在七届全国人大五次会议期间对各代表团的负责人讲到这个问题，指出要引进外国的科学技术，在知识产权上不花钱是不行的，花钱买专利比我们从头干是有利的。因此，实施著作权法，保护知识产权，有利于我国社会主义现代化建设，对我国改革开放至关重要，从全局和长远来看，对我们国家有利而不是不利。

关于宪法的几个问题的报告*

（一九九二年三月十七日）

白冰同志要我来讲宪法，我想先说明：第一，我觉得学习宪法，最重要的是要学习宪法全文。第二，彭真同志关于宪法修改草案的报告，对宪法已经作了全面的、系统的、深刻的说明，也需要很好的学习。

今年是宪法颁布10周年，军队是我们人民民主专政的社会主义国家的坚强柱石，军委批准举办军队高级干部法制讲座，动员组织全军学习宪法，特别是高级干部带头学习宪法，对于维护宪法的尊严，保证宪法的实施，维护国家的稳定，保卫我们人民民主专政的社会主义国家具有重要的意义。相信这次学习能够取得良好的进展和成效。

今天我讲的，是根据我学习宪法的理解，对宪法的主要内容作一些介绍和解释。

建国以来，我国先后制定了四部宪法。1982年12月全国人

---

* 这是王汉斌同志在驻京单位军级以上干部法制教育座谈会上的报告。

大制定的现行宪法，是在我国处在重大历史性转变的新时期制定的。

1954 年我国制定的宪法是一部好的宪法。1975 年修改制定的宪法，是“文革”产物。1978 年初修改制定的宪法，也受“文革”较大的影响，还是以阶级斗争为纲，无产阶级专政下继续革命为指导思想。1978 年底党的十一届三中全会拨乱反正，确定把国家的工作重点坚决转移到社会主义现代化建设上来，同时把发展社会主义民主，健全社会主义法制，作为国家一项历史性的根本任务。国家的政治生活、经济生活和社会生活发生了巨大的深刻的变化。1978 年宪法在许多方面已经同 1978 年底党的十一届三中全会制定的路线、方针、政策和国家的现实情况不相适应，有必要进行全面修改。1980 年 9 月，全国人大根据党中央和邓小平同志的建议，决定成立宪法修改委员会，根据建国以来正反两方面的经验，研究起草修改宪法，1982 年 12 月全国人大审议通过，历时 26 个多月。这次修改宪法的工作，是在党中央直接领导下和小平同志亲自指导下起草的。从起草工作开始，小平同志就明确提出，要以 1954 年宪法为基础，1978 年宪法作为参考。中央政治局、书记处先后开了八次会议，专门讨论宪法修改草案。起草过程中遇到的一系列重大问题，都是小平同志亲自主持确定的，例如中央军事委员会一节，就是小平同志亲自召开会议拟定的。宪法修改委员会召开了四次全体会议，先后共用了 26 天的时间，每次都逐条讨论修改。宪法修改草案在 1982 年 4 月底由全国人大常委会公布，进行了四个月的全民讨论，并根据全民讨论意见进行修改。因此，我们可以说，这部宪法是党的正确主张和全国人民的共同意志相结合的创造，也是集体智慧的结晶。9 年多来的实践证明，这是一部具有中国特色的，合乎我国国情的，适应我们国家集中力量进行社会主义现代化建设需要的好宪法，是新的历史时期治国安邦的总章程，是我国进行社会主义现代化建设，坚持四项基本原则，坚持改革开放，把我国建设成为高度文明、高度民主的社会主义国家的根本的法律保障，也是我国发展社会主义民主、健全社会主义法制的里程碑。

下面我讲六个问题：

一、关于四项基本原则

小平同志从起草工作开始时就明确指出，要把四项基本原则写入宪法。

如何写进宪法？起草小组研究，有两个方案，一是写入宪法条文，一是在序言中阐述。彭真同志经过反复考虑指出，本世纪以来，中国发生了四件翻天覆地的大事：一是辛亥革命；二是推翻了帝国主义、封建主义和官僚资本主义的统治，建立了中华人民共和国；三是消灭了几千年的剥削制度，建立了社会主义制度；四是基本上建成了独立的、比较完整的工业体系，发展了社会主义的经济、政治和文化。这四件大事中，除孙中山领导的辛亥革命外，其余三件都是在中国共产党领导下，在马列主义、毛泽东思想的指引下取得的，我们要从叙述本世纪以来中国革命和建设的实践，说明四项基本原则既是反映了不以人们的意志为转移的客观规律，又是中国亿万人民经过长期斗争的实践作出的历史性选择。这就决定了在序言中完整地、集中地阐述四项基本原则，而且采取叙述性的语言来表述比较顺理成章，从叙述中国革命的历史和今后的发展，说明坚持四项基本原则是在历史发展中自然形成的。

实践证明，把坚持四项基本原则用宪法记载和确定下来是完全必要的，这是全国各族人民团结前进的共同政治基础，也是我国能够经得起各种风险、顺利进行社会主义现代化建设的根本保证。1989 年春夏之交的政治动乱，其实质，就是和平演变与反和平演变、资产阶级自由化与四项基本原则的尖锐对立。正如彭真同志在 1989 年 6 月 21 日政治局扩大会议上的发言中强调指出的，“坚持四项基本原则，首先必须旗帜鲜明地、坚决地反对资产阶级自由化，并且长期坚持下去。坚持四项基本原则，还是搞资产阶级自由化，是社会主义和资本主义两条道路的斗争。”“这些年来，我们实际上对精神文明建设忽视了。而那些搞资产阶级自由化的人们却肆无忌惮地抓舆论，抓意识形态，拼命毒化人们的灵魂，把很多人的思想搞乱了。结果闹得四项基本原则好像不时兴了，党的领导核心作用、阶级、工人、农民等等都不大讲了，讲马列主义、毛泽东思想简直有点像犯了忌讳，反马列主义、毛泽东思想倒吃香起来。坚持四项基本原则特别是坚持马列主义、毛泽东思想被说成僵化、保守，反对改革、开放。这种说法极为荒谬。马列主义、毛泽东思想本质是批判的、革命的，社会主义本质上就是不断改革、发展、完善的。如果说坚持四项基本原则就是反对改革、开放，岂不等于是说改革、开放就是背弃四项基本原则吗？不知道这类人到底想搞什么样的改革、开放!”彭真同志还指出：“在我国搞资产阶级自由化的行动，是违宪的，也是违背全国各族人民根本利益和党的主张的。党的十二届六中全会决议明确指出：‘搞资产阶级自由化，即否定社会主义制度，主张资本主义制度，是根本违背人民利益和历史潮流，为广大人民所坚决反对的。’”小平同志最近又明确指出，“在整个改革开放的过程中，必须始终注意坚持四项基本原则”，“资产阶级自由化泛滥，后果极其严重”，“在苗头出现时不注意，就会出事。”我们应当高度警惕和重视这个问题。

二、关于国家的政治制度和政治体制改革

（一）宪法第一条规定：“中华人民共和国是工人阶级领导的、以工农联盟为基础的人民民主专政的社会主义国家。”

这是集中地体现四项基本原则的一条极其重要的规定。它表明：我们的国家是人民民主专政、实质上即无产阶级专政的国家，而不是资产阶级专政的国家；是社会主义国家，而不是资本主义国家，不是资产阶级共和国。

宪法序言有一段很重要的话：“在我国，剥削阶级作为阶级已经消灭，但是阶级斗争还将在一定范围内长期存在。中国人民对敌视和破坏我们社会主义制度的国内外敌对势力和敌对分子，必须进行斗争。”

宪法还要不要提阶级斗争？今天是看得很清楚的，但当时却是经过反复研究考虑的。

大家知道，当时我们党的十一届三中全会纠正了以阶级斗争为纲的“左”的错误，决定把国家工作的重点转移到集中力量进行社会主义现代化建设的轨道上来，不能再搞阶级斗争年年讲，

月月讲，天天讲，不能搞阶级斗争扩大化。

宪法还提阶级斗争，会不会发生新的问题，会不会影响或者干扰国家集中力量进行社会主义现代化建设？会不会重犯过去曾经发生的“左”的阶级斗争扩大化的错误？

经过多次反复讨论研究，最后彭真同志提出，宪法还是要提阶级斗争。因为：第一，还有阶级斗争，这是不以人们的意志为转移的客观存在，“树欲静而风不止”。第二，更重要的，我们为什么还要实行人民民主专政，也就是因为还有阶级斗争，还有敌视和破坏我们社会主义制度的国内外敌对势力和敌对分子，对于这一点，正如毛主席指出的，我们切不可书生气十足，不能对阶级斗争或者可能发展成为对抗性的激烈的你死我活的阶级斗争视而不见。

经过 1989 年春夏之交那一场惊心动魄的你死我活的激烈的阶级斗争，以及今后还会长期存在的和平演变与反和平演变的斗争，就越来越显示了宪法关于阶级斗争的阐述的重要意义和深远意义。

在讨论宪法修改草案的过程中，有人从“文革”中任意对干部、群众实行专政、“关牛棚”考虑，提出宪法只写人民民主的国家，不要再写人民民主专政的国家比较好。我们党的十一届三中全会总结建国 30 多年的经验，特别是十年内乱的教训，提出发展社会主义民主、健全社会主义法制是我们国家的根本目标和根本任务之一。但是能不能只要民主，不要专政呢？不能！因为正如前面所说的，还有阶级斗争，还有敌视和破坏我国社会主义制度的国内外敌对势力和敌对分子。马克思主义历来认为，民主是一种国家形式，具有鲜明的阶级性。一定阶级的民主总是与一定阶级的专政联系在一起的。在人民内部实行最广泛的民主与对人民的敌人实行专政是统一不可分的整体。小平同志在1979年党的理论务虚会上的讲话中就强调指出，“发展社会主义民主，决不是可以不要对敌视社会主义的势力实行无产阶级专政。我们反对把阶级斗争扩大化，不认为党内有一个资产阶级，也不认为在社会主义制度下，在确已消灭剥削阶级和剥削条件之后还会产生一个资产阶级或其他剥削阶级。但是我们必须看到，在社会主义社会，仍然有反革命分子，有贪污盗窃，投机倒把的新剥削分子，并且这种现象在长时期内不可能完全消灭。……对于这一切反社会主义的分子自然必须实行专政。不对他们专政，就不可能有社会主义民主。这种专政是国内斗争，有些时候也是国际斗争，两者实际上是不可分的（小平同志在这里讲了国际、国内阶级斗争是不可分的特点，现在看来，指出这一点非常重要）。因此在阶级斗争存在的条件下，在帝国主义、霸权主义存在的条件下，不可能设想国家的专政职能的消亡，不可能设想常备军、公安机关、法庭、监狱等等的消亡。它们的存在同社会主义国家的民主化并不矛盾，它们的正确有效的工作不是妨碍而是保证社会主义国家的民主化。事实上，没有无产阶级专政，我们就不可能保卫从而也不可能建设社会主义。”

小平同志这段极其重要的论述，几乎是精确地预见到1989年那场国际、国内敌对势力互相呼应、阴谋颠覆人民民主专政的政权和社会主义制度的严酷的斗争，也是对人民共和国发展历史所作的结论。小平同志最近还指出，“运用人民民主专政的力量，巩固人民的政权，是正义的事情，没有什么输理的地方。”因此，不管国内外敌对势力和敌对分子如何起劲地攻击人民民主专政，我们决不可以放弃这个有力的武器。

（二）人民代表大会制度是我们国家根本的政治制度

人民民主专政的社会主义国家的性质决定了在我国，人民，只有人民，才是国家和社会的主人。宪法规定：“中华人民共和国的一切权力属于人民。”“人民行使国家权力的机关是全国人民代表大会和地方各级人民代表大会。”全国人民代表大会是最高国家权力机关和立法机关。全国人民代表大会和地方各级人民代表大会都由民主选举产生，对人民负责，受人民监督。国家行政机关、审判机关、检察机关都由人民代表大会产生，对它负责，受它监督。这就可以保证人民通过人民代表大会这一国家权力机关，使国家权力最终掌握在全体人民手中，这是维护人民根本利益的可靠保证。我们说人民代表大会制度是我国根本的政治制度，正是根据上述规定得出的结论。

我们说，我们的人民代表大会制度不同于西方国家实行的三权分立的制度，主要的区别也在这里。在实行三权分立的国家，行政、立法、司法机关是分别独立行使职权的，它们之间是相互制约的关系，我们的国家行政机关、审判机关、检察机关都由人民代表大会产生，对人民代表大会负责，受人民代表大会监督。全国人民代表大会是国家最高权力机关，并行使国家立法权，政府制定的行政法规、规章和决定、命令都不得同全国人大及其常委会制定的法律相抵触。

人民代表大会制度也体现了我们党对国家事务实施领导的

特色和优势。现阶段我国正处在由革命战争时期主要依靠政策办事转变到掌握全国政权后不仅依靠政策办事，还要建立、健全法制，依法管理国家的历史转变阶段。适应这一情况，党对国家事务的领导形式也要有相应的转变，就是要善于把党的主张，经过人民代表大会变成国家意志。这样不但不是削弱了党的领导，而且是改善和加强了党的领导。党对国家事务作出的重大决策，经过国家权力机关的充分讨论，可以更好地集中人民的意志，符合人民的利益，使这些决策更加完善周到，避免出现重大失误。同时党领导人民通过民主程序行使当家作主的权利，有利于调动广大人民的积极性，把党的正确主张变为广大人民的自觉行动，并以法律形式来规范各级国家机关和全体公民的行为准则，保证党的路线方针政策的贯彻执行，这是我们国家能够经得起各种风险的重要保证。1989 年动乱时，彭真同志对几位党外副委员长的讲话指出，现在有各式各样的口号，各式各样的看法、主张，各式各样的纲领等等，我们应该也必须以事实为根据，以宪法为准绳来统一思想。彭真同志又根据宪法和法律的有关规定，指出极少数人煽动的那场动乱是违反宪法和法律的，党和政府采取的措施是根据宪法和法律采取的必要的正确的措施。这一场动乱证明了我们的宪法是维护我们国家长治久安的根本的法律保障。

（三）关于具体的政治制度和政治体制改革

我国的国家制度是优越的，但是它的优越性不会自发地实现，而是要通过制定具体的制度、具体的办法和艰苦的工作，坚持真理，修正错误，逐步实现和发挥出来。1980 年小平同志就强调指出，在我们党和国家现行的一些具体的领导制度、组织制度中还存在着官僚主义、权力过分集中等不少弊端，妨碍甚至严重妨碍社会主义优越性的发挥。我们的一些具体制度也还有许多不完善的地方，还要有个继续完善和发展的过程。因此，我们必须进行政治体制改革。中央一再指出，要坚定不移地进行经济体制改革，也要坚定地进行政治体制改革。

宪法规定要“不断完善社会主义的各项制度”，并对具体的政治制度和政治体制改革作出了一系列重要的新的规定，在政治体制改革方面迈出了重要的步伐。一些西方国家说我们只进行经济体制改革，不进行政治体制改革，是不符合事实的。

第一，宪法对人民代表大会制度的健全和发展作了一系列新的重要的规定，对完善人民代表大会制度具有重要意义。

1．扩大全国人大常委会的职权，加强全国人大的组织和工作。

全国人大代表 2978 人，只能一年开一次会议。为此，全国人大还设有常委会，一般两个月开一次会议。宪法规定由常委会行使一部分原来属于全国人大的职权，即扩大了常委会的职权。主要是：(1) 过去规定法律由全国人大制定，人大常委会制定法令。新宪法规定全国人大和常委会行使国家立法权，常委会有权制定除基本法律以外的法律，而且可以在同全国人大制定的法律的基本原则不抵触的前提下，对全国人大制定的基本法律作部分的补充和修改（1983 年以来制定的 79 个法律中，65 个是常委会制定的）。(2) 审查和批准国家计划、预算的部分调整。这是新的规定。(3) 任免国务院各部委部长、主任，过去规定可以个别任免。

为了保证全国人大和全国人大常委会有效地行使职权，宪法规定全国人大设立6个专门委员会（1988年全国人大决定增至7个专门委员会），常委会组成人员不得担任国家行政机关、审判机关和检察机关的职务，实际上是确定常委会组成人员原则上应为专职。这两条规定，对全国人大和人大常委会更好地发挥国家权力机关的作用具有重要的意义。

2．设立和加强地方人大常委会。

过去地方各级人大没有设立常委会，而设立议行合一的人民委员会或革命委员会，不能很好发挥权力机关的作用。一九八二年宪法规定县级以上地方各级人大设立常委会，并规定省级人大及其常委会在不同宪法、法律和行政法规相抵触的前提下，有权制定地方性法规，包括全国人大还没有制定的法律，地方也可以先制定有关的地方性法规。我们的国家大，情况复杂，各地政治、经济、文化发展很不平衡，适当扩大地方的权力，使省级人大能因地制宜地制定地方性法规，对发展社会主义民主，加强社会主义法制，促进地方的经济、文化建设事业的发展，很有必要。这也是一项重要的改革。

3．改进选举制度。

一是把选民直接选举人大代表的范围由乡一级扩大到县一级，二是实行候选人名额多于应选人名额的差额选举制度。差额选举是党的十一届五中全会关于党内政治生活的若干准则规定的。各级人民代表大会实行差额选举，使代表或选民对候选人有选择的余地，有一条好处，有利于保证选出代表或选民比较满意的人选，代表或选民不满意的候选人比较不容易当选。这是发展社会主义民主的重要步骤。

第二，对国家体制的改革作了一些重要规定。

1. 恢复设立国家主席。这既是拨乱反正的需要，也是健全国家领导体制所必需。

在林彪事件中，毛主席一再批示不要设国家主席，并且说设国家主席是林彪搞反革命政变的纲领。

在宪法起草过程中，反复征求各方面的意见，比较多的意见赞成设，主要是考虑：第一，从建国以来就设国家主席，这已经成为我们国家的传统，“文革”取消了国家主席，许多人认为应该拨乱反正；第二，不设国家主席，发展对外交往不很顺当，例如以委员长同外国元首互访，对方总觉得不很对等；第三，从国家体制看，设国家主席，有些事办起来比较顺当，例如提名总理，公布法律，批准对外签订的条约等，以主席名义比用委员长名义更为合适。

最后小平同志提出，我们这么大的国家，还是要设国家主席，但主席的职权要规定得“虚”一些，不要干预政府的行政事务。因此宪法规定国家主席的职权与一九五四年宪法比较有不小的变化，没有再规定主席可以召开最高国务会议，也没有再规定主席统率全国武装力量，担任国防委员会主席。

2. 规定国家设立中央军事委员会，领导全国武装力量。一九七八年宪法规定军队由党中央主席统帅，军队和国家的关系不明确。一九八二年宪法规定中央军事委员会由全国人大产生，向它负责，受它监督，从法律上明确了军队是国家的军队。

当时，有些同志对规定设立国家的中央军事委员会不很理解，因为过去都是党中央设军事委员会。为此党中央专门发了通知明确指出，中央军事委员会既是国家的中央军事委员会，也是党的中央军事委员会，是一套班子，两块牌子。规定中央军委可以国家的名义行使领导全国武装力量的职权，对军委的工作有很大的好处。还有人建议宪法应该明文规定，军队是党领导的，一九七八年宪法就规定："中国人民解放军是中国共产党领导的工农子弟兵"，小平同志认为可以不再写了，因为宪法序言已经写了党的领导，对军队当然也是适用的。

3．规定国务院总理、副总理、国务委员都由全国人大任免，改变过去规定全国人大闭会期间全国人大常委会可以任免个别副总理的规定，这是针对"文革"期间任意撤销副总理的职务，维护国家领导核心的稳定的重要规定。

4．规定国务院实行总理负责制，各部、委实行部长、主任负责制，各级政府和行政部门实行行政首长负责制，这是我国法律第一次确定行政部门实行首长负责制，是国家行政领导体制的重要改革。同时，宪法还规定，国务院总理、副总理、国务委员、秘书长组成国务院常务会议，这是过去宪法没有规定的，是为了便于国务院行使职权，提高行政决策效率所作出的重要规定。

5．规定国家主席、副主席，全国人大常委会委员长、副委员长，国务院总理、副总理，国务委员，最高人民法院院长、最高人民检察院检察长等国家领导人连续任职不得超过两届，废除了实际存在的领导职务终身制。这是考虑到党中央一再提出的，要废除领导职务终身制，在宪法上所作的相应的规定。

6．规定各级政府设立审计机构，依法独立行使审计监督权。这是保证国家预算正确执行的重要制度。还规定各级政府管监察工作，并在一九八六年决定相应地设置了监察机构。这都是完善国家机构，健全国家行政机制的重要改革。

7．改变农村人民公社政社合一的体制，设立乡人民代表大会和乡人民政府。改变政社合一的人民公社，改变三级所有，队为基础，是我国农村很大的变革，是适应农村改革、发展农村生产力的需要，也是加强农村基层政权民主建设的需要。

在起草宪法时，已经考虑到可能要取消人民公社，但当时人民公社仍然普遍存在，如果宪法根本不提人民公社，可能会引起某些混乱现象。因此，宪法规定："农村人民公社、农业生产合作社和其他生产、供销、信用、消费等各种形式的合作经济，是社会主义劳动群众集体所有制经济。"这里把人民公社和各种形式的农村合作经济并列，是为了避免改变人民公社过程中可能引起的某些混乱现象，又为改变人民公社可能采取的各种做法留下余地。

8．规定城市和农村按居民居住地区设立的居民委员会或者村民委员会是基层群众性自治组织，居民委员会、村民委员会的主任、副主任和委员由居民或村民直接选举，在基层实行直接民主。这也是我国社会主义民主政治制度的重要进展。

三、关于国家的经济制度和改革开放

宪法规定："社会主义制度是中华人民共和国的根本制度。""社会主义经济制度的基础是生产资料的社会主义公有制，即全民所有制和劳动群众集体所有制。”“国营经济是社会主义全民所有制经济，是国民经济中的主导力量”，同时规定国家保护个体经济的合法权利和利益。1988 年修改宪法，进一步规定国家允许私营经济的存在和发展，明确个体经济、私营经济都是“社会主义公有制经济的补充”。这就明确了现阶段我国经济是以社会主义公有制经济为基础，全民所有制经济为主导，多种经济成分共同发展，这是符合现阶段我国国情和生产力发展水平的，改变了过去长期形成的过分单一的所有制结构，而不是改变社会主义经济的根本制度，因而是有利于社会生产力发展的。同时我们仍然要坚持社会主义公有制经济的主体地位，决不能搞私有化。

党的十三届八中全会和在此之前召开的中央工作会议，分别就加强农业和农村工作，搞好国营大中型企业问题，做出了重要决策，对进一步深化改革，加强公有制经济的活力和主导地位，发挥社会主义制度的优越性，具有重大的意义。

我们对个体经济、私营经济要加强引导，加强管理，使它们充分发挥对社会主义经济必要的有益的补充作用，限制其可能产生的消极作用。有的地方为了“壮大集体经济”，把个体经济、私营企业收归集体，这种做法是错误的，应当加以纠正。

宪法规定了今后国家的根本任务是集中力量进行社会主义现代化建设。

社会主义的根本任务是发展社会生产力，并且要按照小平同志最近提出的，通过改革，进一步解放社会生产力。在我国生产资料所有制的社会主义改造基本完成以后，国家工作的重点应当转移到经济建设上来。党的八大就确定了这个方针。但在以后的实践中，没有坚定不移地实现这个转移。党的十一届三中全会拨乱反正，才重新确定了这项重大的战略方针，把国家工作的重点坚决转移到社会主义现代化建设上来。今后必须坚定不移地贯彻执行这个战略方针。除非敌人大规模入侵，即使那时，也必须进行为战争所需要和实际可能的经济建设。正如江泽民同志指出："经济上去了，财大才能气粗，才能在国内办更多的事情，才能在国际事务中增大我们的发言权，才能充分显示社会主义制度的优越性。要有效地抵御和防止和平演变，归根到底，要靠把经济搞上去，增强我们的综合国力。"

宪法针对过去那种过分集中、僵化的经济体制带来的束缚生产力发展的种种弊端，对经济体制改革作了一些原则规定，主要内容是："完善经济管理体制和企业经营管理制度，实行各种形式的社会主义责任制。""国营企业在服从国家的统一领导和全面完成计划的前提下，在法律规定的范围内，有经营管理的自主权。""集体经济组织在接受国家计划指导和遵守有关法律的前提下，有独立进行活动的自主权。"并且对经济计划的综合平衡和市场的调节作用作了规定。宪法的这些规定，是对农村实行家庭联产承包责任制，企业承包制，企业的经营管理自主权，发展社会主义有计划的商品经济，以宪法的形式作了原则规定，巩固和发展经济体制改革的成果，并且正如彭真同志在修改宪法草案的报告中指出的，今后还要全面、深入地进行经济体制改革。

宪法还有一条重要的规定，允许外国的企业和其他经济组织或者个人依照法律规定在中国投资，同中国的企业或者其他经济组织进行各种形式的经济合作。在中国境内的外国企业和其他外国经济组织以及中外合资经营的企业，它们的合法的权利和利益受中国法律保护。这条规定，是一九五四年宪法没有的，在当时其他社会主义国家宪法也是很少见的。所以要作这样的规定，是因为党的十一届三中全会已经决定要实行对外开放、引进外资和国外先进的生产技术的政策，并且在1979年制定了中外合资经营企业法，但是一些外商鉴于过去我们政策多变，总担心我们的对外开放政策会变，国内也有人认为对外开放是一时的权宜之计，现在把对外开放、引进外资以宪法的形式固定下来，是为了表明对外开放是我国长期的基本国策，是不会轻易改变的。

党的十三大提出“一个中心，两个基本点”是党的基本路线，根据上述，宪法已分别作了原则规定。1988年全国人大审议通过宪法修正案时，有的同志提出要考虑修改宪法序言，把“一个中心，两个基本点”写到序言中去，经过研究，大家认为，“一个中心，两个基本点”宪法序言虽然没有集中地明确地加以表述，但是这方面的内容宪法已有规定，可以不作修改。最近小平同志提出，党中央也作了决定，党的“一个中心，两个基本点”的基本路线要坚持一百年不动摇，这是具有深远历史意义的重大决策。

四、关于公民的基本权利和义务

宪法关于公民基本权利和义务的规定，是总纲关于人民民主专政的国家制度和社会主义的社会制度的原则规定的延伸。宪法规定我国公民享有广泛的政治权利、人身权利和合法的财产权利，以及劳动权、休息权、受教育权和社会保障的权利，并对保护妇女、儿童、老人和残废军人、烈军属、残疾人的合法权益作了具体的规定。

宪法根据“文化大革命”任意侵犯公民的人身权利的教训，作了一系列的规定，主要内容是：禁止非法拘禁和以其他方法非法剥夺或者限制公民的人身自由，禁止非法搜查公民的身体；公民的人格尊严不受侵犯，禁止用任何方法对公民进行侮辱、诽谤和诬告陷害；禁止非法搜查或者非法侵入公民的住宅；除因国家安全或者追查刑事犯罪的需要，由公安机关或者检察机关依照法律规定的程序对通信进行检查外，任何组织或者个人不得以任何理由侵犯公民的通信自由和通信秘密；公民对于任何国家机关和国家工作人员的违法失职行为有提出申诉、控告和检举的权利；并且重新规定公民在法律面前一律平等这一保护公民权利的极其重要的原则。我们亲身经历过“文化大革命”的同志，亲眼见过那种“关牛棚”、“戴高帽”、“喷气式”、抄家等无法无天的现象，都能体会这一系列规定对保护公民的人身权利具有何等重要的意义。同时，为了保证宪法关于保障公民的人身权利等合法权益的贯彻执行，1990 年全国人大还制定了行政诉讼法，规定公民的人身权利等合法权益受到国家机关和国家机关工作人员的违法侵犯时，可以向法院提出行政诉讼，即“民可以告官”，这是我国保障公民权利的重要发展。

现在一些西方国家污蔑攻击我国缺乏民主、自由、人权。我们说，民主、自由、人权是有阶级性的，没有抽象的超阶级的民主、自由、人权。我们共产党从成立起就庄严宣告要为被压迫民族和被压迫人民的解放事业而斗争。我们中国共产党人一直为建立独立、自由、民主、富强的新中国而奋斗。我们解放前搞地下斗争喊的口号就是争自由、争民主，反饥饿、反内战、反迫害。而在旧中国，从鸦片战争到新中国成立一百多年，中国人民备受日本帝国主义和西方列强的侵略、压迫、欺凌，1946年底北平发生美军强奸北大女学生沈崇的暴行，强奸犯竟被美军法庭判决无罪释放（当时驻华美军有治外法权），试问那时中国人民有什么人权可言。去年我国遭到严重水灾，香港人民捐款将近8亿港币救灾，美国政府最初只捐助2.5万美元，以后被迫增加了几十万美元，实际是被迫不得不做出的一点象征性的援助。可见，美国对中国人民的死活都不管，还能关心中国的人权？现在真相已经大白，西方国家所谓关心中国的民主、自由、人权，真正是“醉翁之意不在酒”，完全是为了像苏联、东欧那样在中国达到和平演变的罪恶目的。这一点，一些西方国家甚至公然宣布为他们的政策目标。最近连波兰的瓦文萨也说，过去他们以为西方会来帮助波兰，“现在明白了，西方只是需要我们作为反共的战友”，这是很能说明问题的。我们应该理直气壮地宣传，我们中国共产党从来都是为民族独立、人民解放而斗争，从来都是维护最大多数人民的民主、自由、人权。但是我们决不允许敌视和破坏我国社会主义制度的敌对势力和敌对分子有进行反共、反人民、反社会主义的自由和权利。现在一些西方国家起劲地鼓吹抽象的、超阶级的，甚至超国界的所谓民主、自由、人权，那么，现在原苏联、东欧一些国家宣布取缔、禁止共产党，大规模迫害、清洗、解雇前共产党人，逮捕、监禁前共产党领导人，他们为什么不作声呢？他们不是鼓吹多党制吗？难道共产党不是一个政党吗？他们不是鼓吹要保护所谓“持不同政见者”吗？那么有的东欧国家对宣传共产主义要判罪，他们为什么不作声呢？难道宣传共产主义不也是一种“持不同政见”吗？由此可见，那些西方国家鼓吹的所谓民主、自由、人权也是具有鲜明的阶级性的，或者说它不过是实行赤裸裸的资产阶级专政的代名词罢了。

宪法规定公民的自由和权利，是为了保护最大多数人民的最大利益，不能允许公民任意滥用自由和权利，损害或侵犯多数人的利益。因此，宪法又规定：“公民在行使自由和权利的时候，不得损害国家的、社会的、集体的利益和其他公民的合法的自由和权利。”世界上从来不存在绝对的、不受任何限制的自由和权利，任何受法律保护的权利和自由，又都不能不受法律规定的限制。对这一点，那些高唱民主、自由、人权的西方国家也是这么办的。我们是社会主义国家，国家的、社会的、集体的利益同公民个人利益在根本上是一致的。只有广大人民的自由和权利能够得到保障和发展，公民个人的自由和权利，才有可能得到保障和实现。

宪法在规定公民享有广泛的自由和权利的同时，又规定了权利和义务是不可分的，即“任何公民享有宪法和法律规定的权利，同时必须履行宪法和法律规定的义务”。宪法规定公民应尽的义务，主要是：遵守宪法和法律，维护国家统一和全国各民族的团结，维护祖国的安全、荣誉和利益，保卫祖国、抵抗侵略，依法服兵役、纳税等。前面说过，宪法已经规定：“中国人民对敌视和破坏我国社会主义制度的国内外敌对势力和敌对分子，必须进行斗争。”这也是公民应当遵守的一项极其重要的义务。

五、关于国家的统一和民族的团结

（一）关于国家的统一和“一国两制”

统一祖国，振兴中华，是包括港澳台同胞在内的我国人民长期的共同愿望，是历史赋予全国人民的神圣使命。为了解决港澳回归祖国，台湾与大陆统一的问题，小平同志提出了“一国两制”的伟大构想，作为解决港澳台问题的总方针。1982年彭真同志在关于宪法修改草案的报告中说明：“去年国庆节前夕，叶剑英同志发表讲话指出，实现和平统一后，台湾可作为特别行政区，享有高度的自治权。这种自治权包括台湾现行社会、经济制度不变，生活方式不变，同外国的经济、文化关系不变等等。考虑到这种特别情况的需要，宪法修改草案第三十一条规定，‘国家在必要时得设立特别行政区。在特别行政区内实行的制度，按照具体情况由全国人民代表大会以法律规定’。”彭真同志还说：“在维护国家的主权、统一和领土完整的原则方面，我们是决不会含糊的。同时，在具体政策、措施方面，我们又有很大的灵活性，充分照顾台湾地方的现实情况和台湾人民以及各方面人士的意愿。”并且指出，“这是我们处理这类问题的基本立场。”这就为按照“一国两制”的总方针解决港澳台问题提供了宪法依据。当时中英关于香港问题的谈判刚刚开始，中葡关于澳门问题的谈判，还没有开始，彭真同志的报告只能提到台湾，没有提到香港、澳门，但是又说了“这是我们处理这类问题的基本立场”。这就明显地把香港、澳门包括在内了。在起草香港特别行政区基本法的过程中，有些香港人士仍有顾虑，认为在香港实行不同于社会主义制度的资本主义制度不符合宪法，要求相应修改宪法，明文规定在香港实行“一国两制”。我们根据彭真同志的说明，明确指出宪法第三十一条就是专门为在香港实行不同于社会主义制度的资本主义制度，即“一国两制”而作的特别规定，因而不再需要修改宪法。现在起草香港特别行政区基本法，就是按照宪法第三十一条规定的“在特别行政区实行的制度，按照具体情况由全国人民代表大会以法律规定”执行的。同时为了进一步解除香港某些人的疑虑，1990 年全国人大在审议通过香港特别行政区基本法的同时，还通过了关于香港特别行政区基本法的决定，明确规定香港基本法是根据宪法、按照香港具体情况制定的，是符合宪法的。香港特别行政区设立后实行的制度、政策和法律，以香港特别行政区基本法为依据。

（二）关于民族团结和民族区域自治

在起草宪法过程中，对民族平等、团结和民族区域自治涉及的一系列重大问题进行了充分的讨论、研究，并作了一系列重要的规定：

第一，要实行民族区域自治，不搞加盟共和国，也不搞联邦制，不搞民族自决。过去我们党也曾经主张建立联邦共和国，1949 年召开的中国政治协商会议制定“共同纲领”时，毛主席、党中央根据国际经验和我国的实际情况，在“共同纲领”中规定实行民族区域自治。在这几年苏联东欧发生剧变以前，小平同志就一再强调，还是我们实行的民族区域自治的办法比较好。因此，宪法规定：“各少数民族聚居的地方实行民族区域自治，设立自治机关，行使自治权。”同时又规定“中华人民共和国是全国各族人民共同缔造的统一的多民族的国家”，“各民族自治地方都是中华人民共和国不可分离的部分”。当时有人认为可以不写“各民族自治地方都是中华人民共和国不可分离的部分”，因为这是理所当然的，写了可能引起某些少数民族人士的疑虑。当时党中央不同意这种意见，认为这一规定具有重大的现实意义，绝不是无的放矢，可有可无。现在我们联系苏联、南斯拉夫的变化，联系达赖鼓吹所谓“西藏独立”，以及新疆某些民族分裂分子鼓吹的所谓“东土耳其斯坦共和国”，更加清楚地看到，宪法的这一条规定对维护国家的统一和领土、主权的完整，具有多么重大的意义。

第二，民族自治地方依照宪法规定的权限行使自治权：1. 根据本地方实际情况贯彻执行国家的法律政策（这句话是指：对党中央、国务院的决定，认为不适合民族自治地方的实际情况的，民族自治地方有权暂缓执行，提出变通执行的意见报请党中央、国务院决定）。有权根据当地民族的政治经济和文化的特点，制定自治条例和单行条例。在民族区域自治法中又进一步规定，自治机关可以在不违背宪法和法律的原则下，采取特殊政策和灵活措施（这一点同经济特区一样，经济特区特在哪里，也就是有权采取特殊政策和灵活措施）；2. 有管理地方财政的自治权，在国家计划的指导下，自主地安排和管理地方性的经济建设事业；3. 自主地管理本地方的教育、科学、文化、卫生、体育事业；4. 依照国家的军事制度和当地的实际需要，经国务院批准，可以组织本地方维护社会治安的公安部队。这些规定，体现了国家充分尊重和保障各少数民族行使管理民族内部事务的民主权利的精神。

第三，关于自治机关的组成。在起草过程中，有的同志提出应当规定实行区域自治民族在自治机关中占主要成分。经过研究，感到“主要成分”的含义不很清楚，是指自治机关的主要领导干部应由实行区域自治民族的公民担任，还是自治机关各部门的主要领导干部应由自治民族的公民担任，还是自治机关干部大多数应是自治民族的公民，还是包括这三方面的内容。大家认为，任用干部还是要根据德才条件。如果不顾德才条件，规定必须任用自治民族的干部，对民族自治地方的发展未必有利，但是在自治机关的组成方面也应体现民族自治地方的特点。因此，宪法增加规定，自治区主席、自治州州长、自治县县长由实行区域自治的民族的公民担任；人大常委会中应有实行民族区域自治的民族的公民担任主任或副主任。并在民族区域自治法中进一步规定：对自治机关其他组成人员和所属各部门的干部，“要尽量配备实行区域自治民族和其他少数民族人员”（但不规定自治机关采用各民族干部的比例，也不对实行区域自治的民族和其他少数民族作不同的规定）。由于宪法已经规定政府实行首长负责制，因此，规定自治区主席、自治州州长、自治县县长由实行民族区域自治的民族公民担任，这是民族自治地方自治民族享有的一项很重要的权利。

同这个问题有联系的，在起草民族区域自治法的过程中，有些同志主张规定由实行区域自治的民族行使自治权。有些同志则认为，除实行区域自治的民族以外，还有其他少数民族也应当行使自治权，宪法赋予民族自治地方的自治权利，应当由民族自治地方各族人民共同行使。1978 年宪法和 1952 年的民族区域自治实施纲要以及 1954 年宪法都规定由民族自治地方的自治机关行使自治权，因此，中央决定还是依照过去的规定由自治机关行使自治权。

第四，宪法规定，民族自治地方的自治机关是自治区、自治州、自治县的人民代表大会和人民政府。有的同志提出，应当规定自治地方的法院、检察院也是自治机关。经过研究，认为法院、检察院是保证国家法律施行的司法机关，为了维护国家法制的统一，法院、检察院不能是自治机关，但在民族区域自治法中规定民族自治地方的人民法院和人民检察院的领导成员和工作人员，应当有实行区域自治的民族的人员。

第五，宪法规定，国家根据各少数民族的特点和需要，帮助各少数民族地区加速经济和文化的发展，这是民族自治地方最重要、最根本的问题，把这个问题解决好了，其他问题都可以迎刃而解。在起草民族区域自治法时，有些同志提出，应当规定“逐步消除历史上遗留下来的民族间存在的事实上的不平等”，这是解决民族问题的极其重要的问题。我们党从来都是主张要逐步消除民族间存在的事实上的不平等的，但是，消除民族间存在的事实上的不平等，是一个长期的历史发展过程，在现阶段是难以办到的，或者是办不到的。把现阶段办不到的或者难以办到的事情用法律形式作出规定是有问题的（如果办不到国务院就很为难）。1952 年制定的民族区域自治实施纲要、1954 年宪法和 1982 年宪法都没有作这样的规定，党的十一届六中全会决议、十二大报告和党章也没有这样写，我们国家应当努力消除民族间存在的事实上的不平等，但是不作法律规定，还是要按照宪法的提法从积极方面规定为“加速民族自治地方经济、文化的发展”比较合适。从 1980 年到 1991 年 12 年间，国家对 5 个民族自治区和云南、贵州、青海三个少数民族较多的省提供的财政补助等共 1200 亿元，平均每年补助 100 亿元，各少数民族地区经济文化事业也有很大的发展，人民生活有很大改善，但是少数民族地区和汉族地区，东部地区和西部地区（少数民族主要在西部地区）经济发展不平衡现象仍然没有减轻，逐步消除民族间存在的事实上的不平等，仍然是国家面临的一项艰巨的任务。国家“八五”计划和十年规划都提出了东部地区要帮助西部地区加速经济、文化发展的任务。这也说明对逐步消除民族间的事实上不平等不作法律规定是比较稳妥的。

第六，宪法规定：“中华人民共和国各民族一律平等，国家保障各少数民族的合法的权利和利益，维护和发展各民族的平等、团结、互助关系。禁止对任何民族的歧视和压迫，禁止破坏民族团结和制造民族分裂的行为。”宪法还规定，“在维护民族团结的斗争中，要反对大民族主义，主要是大汉族主义，也要反对地方民族主义。”有人主张只写反对大汉族主义，不要写反对大民族主义，由于汉族占全国人口的绝大多数和历史因素的影响，主要反对大汉族主义是完全必要的，正确的，但在实行民族区域自治的地方，实行区域自治的民族也要警惕和克服对其他少数民族的大民族主义。也有人鉴于过去反地方民族主义有严重扩大化的错误，打击了许多并没有犯民族主义错误的同志，或者把思想认识的错误当作敌我矛盾来处理，主张不要再提反地方民族主义。但是地方民族主义也是客观存在的，有时可能发展成严重的对抗性的矛盾，宪法规定的反对地方民族主义，如同反对大民族主义一样，一般地都属于思想认识问题和思想教育问题。至于那种鼓吹民族分裂主义或者勾结外国势力进行叛乱和分裂祖国的活动的，则是必须坚决禁止、依法制裁的。

六、关于法制的统一和维护宪法的尊严和稳定

（一）确立社会主义法制的统一和权威

宪法规定："全国各族人民、一切国家机关和武装力量、各政党和各社会团体、各企事业组织，都必须以宪法为根本的活动准则，并且负有维护宪法尊严、保证宪法实施的职责。""任何组织或者个人都不得有超越宪法和法律的特权。""一切违反宪法和法律的行为必须予以追究。"党的十二大通过的党章规定，"党必须在宪法和法律的范围内活动。"党和国家分别在党章和宪法中作出这样的规定，是我国社会主义法制建设的一个重要的突破，也是总结"文化大革命"的惨痛教训而作出的极其重要的规定，是防止我们国家不再重演"文革"期间那种由党中央决定撤销国家主席职务，任意逮捕、关押、撤销政治局委员、书记处书记、国务院副总理、人大常委会副委员长等国家领导人的历史悲剧的重要保证。

（二）关于维护宪法的尊严和稳定

宪法规定了国家的根本制度和根本任务，是国家的根本法，具有最高的法律效力。国际、国内的经验告诉我们，维护宪法的稳定，是维护国家稳定的基础。"文革"以后我国接连制定修改

了三部宪法，这是那一段时期国家极不稳定的反映。

修改宪法是国家政治生活中的一件大事，需要采取非常慎重的态度。世界上许多国家对修改宪法都规定了严格的程序，不能轻易修改。美国修改宪法必须经过参众两院各以三分之二以上的议员通过，并需经过四分之三以上的州议会批准。美国宪法制定200年来，在议会中提出的宪法修正案有5000多件，议会通过的只有30件，最后批准实施的仅17件、26条。其中有10条被称为人权法案，是1791年一次通过的。从1791年到现在200年只通过修改了16条，每次只通过修改一条。日本现行宪法是战后美军占领时期制定的，到现在没有修改过。日本执政党自民党有些人一再鼓吹修改宪法的非武装条款，都由于反对党的强烈反对和自民党内部意见不一致没有正式提出来。这些资产阶级国家之所以不轻易修改宪法，是为了维护资产阶级国家的稳定和资本主义的根本制度。对于社会主义国家来说，维护宪法的稳定，对于维护国家的稳定和国家的根本制度，同样具有极其重要的意义。这几年苏联、东欧国家发生大的动乱，都是以修改宪法开路的。原苏联前几年对宪法进行了多次的修改，不但引起国家的动乱，而且导致联盟解体，苏共被禁止活动，以俄罗斯为代表的一些新独立的共和国，都和平演变为资产阶级专政的国家。

我国1989年春夏之交发生动乱前，一些顽固坚持资产阶级自由化的人和动乱“精英”，纷纷鼓吹修改宪法，提出要成立宪法修改委员会，召开所谓修改宪法理论研讨会，鼓吹要全盘修改宪法，说什么“现行宪法序言的精神是和宪政原理相抵触的”，“任何政党的名字不应在宪法中出现”，“修改宪法的重点是我国的政治制度”，“今后中国政治改革的首要问题是修改宪法”，“对现行宪法应全盘修改，另起炉灶，不是修修补补能解决的”等等。很显然，这些修改宪法的种种谬论和后来发生的那场动乱、暴乱是有着密切而不可分的联系。

总结苏联、东欧和平演变和1989年春夏之交我国发生那场动乱的教训，都生动地教育我们，维护宪法的稳定是维护国家长治久安的根本的法律保障，是关系我们党和国家的命运的大事。虽然宪法的一些具体规定，根据国家实际情况的发展和需要，也是可以修改的，但是，宪法规定的国家根本制度和根本任务，决不能轻易修改。对那种改变国家性质和根本制度的主张，尤其要提高警惕。我们决不允许搞什么私有化，多党制，议会民主，三权分立等，对美国等西方国家打着民主、自由、人权的幌子，妄图在我国实行和平演变的罪恶企图施加的种种压力，必须坚决顶住，决不允许在我国有反共、反人民、反社会主义和破坏国家统一、分裂祖国的自由。

（三）关于宪法的实施

党中央一再指出，党领导人民制定宪法和法律，党也要领导人民实施宪法和法律。党的十二大的报告强调指出：“特别要教育和监督广大党员带头遵守宪法和法律。新党章关于‘党必须在宪法和法律的范围内活动’的规定，是一项极其重要的原则。从中央到基层，一切党组织和党员的活动都不能同国家的宪法和法律相抵触。”现在的关键是要抓落实。我们常听到人们反映，有法不依、执法不严、违法不究的现象还比较严重，这里的关键是党委要抓宪法和法律的实施。怎么抓，我想有一条可以考虑，今后党委在处理决定重大问题时，首先要了解三个问题：1. 了解这个问题宪法和法律有什么规定；2. 了解按照宪法和法律的规定应该怎么办；3. 了解党委的决定是否有不符合宪法和法律的地方。还有一条，要保证宪法实施，除依靠党的领导外，还要依靠广大人民群众。马克思指出，理论一经掌握群众，也会变成物质力量。毛主席说，代表先进阶级的正确思想，一旦被群众掌握，会被变成改造社会、改造世界的物质力量。把宪法交给群众，十一亿多人民养成人人遵守宪法、维护宪法的观念和习惯，同违反和破坏宪法和法律的行为进行斗争，这是一个伟大的力量。体现了人民意志和党的正确主张的宪法，又由全体人民和党的努力来保证它的实施，就一定能够对建设有中国特色的社会主义事业发挥伟大的作用。

我的报告完了。今天在座的都是军队的高级干部，讲得不对的地方，请同志们批评指正。

关于《中华人民共和国工会法（修改草案）》的说明*

（一九九二年三月二十七日）

1950 年制定的工会法，对于建立新中国的工会组织，巩固人民民主专政的政权，组织和教育广大职工在社会主义革命和社会主义建设中发挥主动性、积极性和创造性，维护广大职工的合法权益，起了重要作用。党的十一届三中全会以来，我们国家处于重大的历史性转变的新时期，国家的政治、经济、社会情况都有了巨大的、深刻的变化，职工队伍也有了很大的发展，党中央对新的历史时期必须全心全意依靠工人阶级，进一步做好工会工作，充分发挥工人阶级作为国家主人翁地位的作用，作了一系列重要决定，各级工会也积累了许多经验。根据新时期对工会工作的要求，总结 40 多年来，特别是 1979 年实行改革开放以来工会工作的经验，对 1950 年制定的工会法进行适当修改是必要的。

* 这是王汉斌同志在第七届全国人民代表大会第五次会议上所作的《关于〈中华人民共和国工会法（修改草案）〉的说明》。

工会法（修改草案）是由全国总工会和全国人大常委会法制工作委员会共同起草的。全国总工会从 1978 年开始，经过充分调查研究，反复征求意见，起草修改草案。全国总工会和法工委还三次将修改草案印发各省、自治区、直辖市和中央有关部门征求意见，进行修改，将修改草案提请七届全国人大常委会第二十三次、第二十四次会议审议修改，并经全国人大常委会决定，提请全国人大审议。现将修改草案的主要内容和问题说明如下。

一、关于工会的性质和任务

工人阶级是我们国家的领导阶级。目前，我国职工队伍已有 1.4 亿多人。工会是工人阶级群众组织，是党和政府联系群众的桥梁和纽带，是我们社会主义国家政权的重要社会支柱。修改草案规定："工会是职工自愿结合的工人阶级的群众组织。""在中国境内的企业、事业单位、机关中的以工资收入为主要生活来源的体力劳动者和脑力劳动者，不分民族、种族、性别、职业、宗教信仰、教育程度，都有依法组织和参加工会的权利。"这样规定，既体现了工会的阶级性，又体现了它的群众性。

修改草案根据 40 多年来国家实际情况的发展变化和新时期工会工作发展的需要，贯彻党的全心全意依靠工人阶级的方针，规定了工会的基本任务：

（一）组织职工依照宪法和法律的规定行使民主权利，发挥国家主人翁的作用，通过各种形式和途径，参与管理国家事务，管理经济事务和文化事业，管理社会事务；协助人民政府开展工作，维护工人阶级领导的、以工农联盟为基础的人民民主专政的社会主义国家政权。

（二）在维护全国人民总体利益的同时，维护职工的合法权益。

（三）组织全民所有制和集体所有制企业事业单位职工参加本单位的民主管理和民主监督。

（四）动员职工以主人翁态度对待劳动，遵守劳动纪律，发动和组织职工努力完成生产任务、工作任务。

（五）对职工进行爱国主义、集体主义、社会主义教育，民主、法制、纪律教育，以及科学、文化、技术教育，提高职工的政治思想、道德和科学、文化、技术、业务素质，使职工成为有理想、有道德、有文化、有纪律的劳动者。

工会要做好工作，必须把工作的重点放在基层，坚持面向基层，面向职工群众。修改草案规定："工会必须密切联系职工，听取和反映职工的意见和要求，关心职工的生活，帮助职工解决困难，全心全意为职工服务。"工会要在职工的劳动保护、安全生产、劳动保险、生活福利等各个方面，努力为职工办事，对侵犯职工合法权益的行为，工会应当采取措施，帮助和支持职工维护自己的合法权益。

这里还要说明：修改草案规定工会在维护全国人民总体利益的同时，维护职工的合法权益。主要是考虑，在我们的国家里，全国人民的总体利益同职工的具体利益，在根本上是一致的。但是，总体利益同具体利益之间、这部分群众同那部分群众的具体利益之间也有可能产生某些矛盾。腐败现象和官僚主义必然损害群众的利益。因此，广大职工需要通过自己的组织表达和维护自己的具体利益，党和政府也需要工会经常反映群众的意见和要求，帮助党和政府改进工作。同时工会要在实际工作中教育引导职工自觉做到个人利益服从国家利益，局部利益服从整体利益，眼前利益服从长远利益。这样，才能使广大职工把工会当作“职工之家”，增强工会组织的吸引力和凝聚力，才能更好地调动广大职工的积极性。

二、关于工会的根本活动准则

修改草案规定，“工会必须遵守和维护宪法，以宪法为根本的活动准则。”宪法规定，今后国家的根本任务是集中力量进行社会主义现代化建设，“中国各族人民将继续在中国共产党领导下，在马克思列宁主义、毛泽东思想指引下，坚持人民民主专政，坚持社会主义道路，不断完善社会主义的各项制度”，并对实行对外开放作了规定。修改草案的规定，体现了工会必须坚持以经济建设为中心，坚持四项基本原则，坚持改革开放，这是工会必须坚持的最重要的根本的活动准则。同时，修改草案根据工会是工人阶级群众组织的特点，规定工会“依照工会章程独立自主地开展工作”。这就是说，工会应当在遵守宪法、法律的前提下，依照工会章程，根据广大职工的愿望和要求，独立自主地、创造性地开展工作。

三、关于工会的组织原则

工人阶级的根本利益是一致的。新中国工会从成立之日起，即按照民主集中制原则组织起来，建立了统一的工会组织。这对于维护工人阶级队伍的团结、统一和职工的合法权益，实现工人阶级的历史使命，具有重要的意义。修改草案规定，工会各级组织按照民主集中制的原则建立：第一，各级工会委员会都由会员大会或者会员代表大会民主选举产生。第二，各级工会委员会向同级会员大会或者会员代表大会负责并报告工作，接受其监督。第三，工会会员大会或者会员代表大会有权撤换或者罢免其所选举的代表或者工会委员会组成人员。第四，上级工会组织领导下级工会组织。修改草案又规定，企业、事业单位、机关有会员二十五人以上的，可以建立基层工会委员会；会员不足二十五人的，选举组织员一人，组织会员开展活动。县级以上地方建立地方各级总工会。同一行业或者性质相近的几个行业，可以根据需要建立全国的或者地方的产业工会。全国建立统一的中华全国总工会。

四、关于基层工会组织

基层工会组织的工作，对于贯彻执行党的全心全意依靠工人阶级的方针，加强全民所有制和集体所有制企业事业单位的民主管理和民主监督，办好社会主义企业事业，具有重要的作用。做好基层工会工作，是整个工会建设的基础。因此，修改草案规定了基层工会组织应当做好下列工作：

（一）组织职工参加企业、事业单位的民主管理和民主监督。修改草案规定：1. 全民所有制企业职工代表大会是企业实行民主管理的基本形式，是职工行使民主管理权力的机构，依照全民所有制工业企业法的规定行使民主管理的职权。全民所有制企业的工会委员会是职工代表大会的工作机构，负责职工代表大会的日常工作，检查、督促职工代表大会决议的执行。企业管理委员会以及企业召开的讨论有关工资、福利、安全生产以及劳动保护、劳动保险等涉及职工切身利益的会议，应当有工会代表参加。2. 集体所有制企业的工会委员会应当支持和组织职工参加民主管理和民主监督，维护职工选举和罢免管理人员、决定经营管理的重大问题的权力。3. 全民所有制和集体所有制企业事业单位违反职工代表大会制度和其他民主管理制度，工会有权提出意见，保障职工依法行使民主管理的权利。

（二）维护职工的合法权益。修改草案规定：1. 工会帮助、指导职工与企业、事业单位行政方面签订劳动合同，并可以代表职工与企业、事业单位行政方面签订集体合同。2. 企业行政方面辞退、处分职工，工会认为不适当的，有权提出意见。3. 全民所有制和集体所有制企业行政方面在作出开除、除名职工的决定时，应当事先通知工会，如有违反法律、法规和有关合同的情况，工会有权要求重新研究处理。4. 企业、事业单位违反劳动法律、法规，侵犯职工合法权益，工会有权要求企业、事业单位或者有关部门认真处理。5. 企业、事业单位违反保护女职工特殊权益的法律、法规，工会及其女职工组织有权要求行政方面予以纠正。

（三）关心职工的劳动保护和生活福利，反映职工的意见和要求。修改草案规定：1. 工会发现企业行政方面违章指挥、强令职工冒险作业，或者生产过程中发现明显的重大事故隐患和职业危害，有权提出解决的建议；当发现危及职工生命安全的情况时，有权建议职工撤离危险现场，企业行政方面必须及时作出处理决定。2．工会依照国家规定对新建、扩建企业和技术改造工程中的劳动条件和安全卫生设施有权提出意见，企业或者主管部门应当认真处理。3．工会协助企业、事业单位、机关行政方面办好职工集体福利事业，做好工资、劳动保护和劳动保险工作。

（四）全民所有制企业工会应当支持厂长（经理）依法行使职权。企业发生停工、怠工事件，工会应当会同企业行政方面或者有关方面，协商解决职工提出的可以解决的合理要求，尽快恢复正常的生产秩序。

五、关于工会和人民政府的关系

我国是人民当家作主的社会主义国家，工人阶级是国家的主人翁。作为工人阶级群众组织的工会，应当支持自己的政府，协助政府开展工作；政府应当全心全意依靠工人阶级，对一些重大问题，特别是涉及职工切身利益的问题，应当认真听取工会和广大职工的意见，以利于改进政府的工作，密切政府同职工群众的联系。为此，修改草案规定：1．县级以上地方各级人民政府与同级工会，可以采取适当方式，通报政府的重要的工作部署和行政措施，研究解决工会反映的职工群众的意见和要求。2．县级以上各级人民政府制定国民经济和社会发展计划，省、自治区的人民政府所在地的市和经国务院批准的较大的市以上的人民政府研究起草法律、法规、规章，对涉及职工利益的重大问题，应当听取同级工会的意见。3．县级以上各级人民政府及其有关部门在研究制定工资、物价、安全生产以及劳动保护、劳动保险等重大政策、措施时，应当吸收同级工会参加研究，听取工会意见。

六、关于外商投资企业工会

工人阶级是我们国家的领导阶级，在外商投资企业中工作的我国职工群众也是国家和社会的主人，工会法的基本原则同样适用于外商投资企业。因此，本法所称企业，包括全民所有制企业、集体所有制企业、中外合资经营企业、中外合作经营企业、外资企业和私营企业。同时，外商投资企业同全民所有制企业、集体所有制企业又有所不同。修改草案中有些条文明确规定只适用于全民所有制企业、集体所有制企业。同时，有些条文根据外商投资企业的特点作了规定：1. 中外合资经营企业、中外合作经营企业召开讨论有关工资、福利、安全生产、劳动保护、劳动保险等涉及职工切身利益的董事会议或联合机构会议时，应有工会代表列席，反映职工的意见和要求；2. 外资企业工会可以对有关职工的工资、福利、安全生产以及劳动保护、劳动保险等事项提出建议，同企业行政方面协商处理；3. 中外合资经营企业、中外合作经营企业、外资企业依照国家有关规定向本企业工会拨交经费。

在哥伦比亚众议院的讲演

（一九九二年四月二十日）

尊敬的议长先生，

尊敬的女士们，先生们，朋友们：

这次我们中国全国人大代表团很高兴接受哥伦比亚国民议会的邀请，来贵国进行友好访问。今天贵国众议院又给我提供这样好的机会，使我们能同哥伦比亚诸位众议员朋友们见面，并向大家介绍中国的国内形势和对外政策，感到十分荣幸。首先，请允许我代表中国全国人大常委会向哥伦比亚众议院和哥伦比亚国民议会的朋友们致意，并通过你们向伟大的哥伦比亚人民转达中国人民的热情问候和良好祝愿。

哥伦比亚是在拉美政治、经济、文化发展史上占有重要地位的国家。勤劳勇敢智慧的哥伦比亚人民，历史上曾经为拉美大陆的独立和解放谱写过光辉的篇章，今天又在为维护国家主权、发展民族经济进行着不懈的努力，并取得了重大成就。在国际事务中，哥伦比亚一贯奉行独立自主和不结盟的外交政策，积极参与国际事务，为加强拉美及第三世界国家的团结与合作做出了积极的贡献。中国人民对此深表赞赏并感到由衷的高兴，衷心祝愿哥伦比亚人民取得更大的成就。

中哥两国相距遥远，但中哥两国人民的友谊源远流长，共同的历史遭遇、共同的时代使命把我们连结在一起。我们都是发展中国家，同属第三世界。我们之间没有根本的利害冲突，而有着共同的利益和面临着共同的任务。我们两国在许多重大国际问题上有着共同语言，在国际事务中相互支持和合作。我们都希望有一个和平稳定的国际环境，都要求建立公正、合理的国际政治、经济新秩序。我们两国政府和议会都十分重视发展双方的友好合作关系，这也是中哥建交十二年来，双边关系顺利发展的坚实基础。我们高兴地看到，中哥两国人民之间的相互了解和友谊不断加深，两国在政治、经济、文化、科技等领域的交流与合作日益扩大。两国议会之间一直保持着经常的、密切的交往。包括贵国现任总统加维里亚阁下在内的哥伦比亚议会领导人曾多次率团访问中国，我国全国人大常委会的几位副委员长也曾先后率团访哥。这些友好交往，有力地推动了我们两国友好合作关系的不断发展。我们相信，经过双方的共同努力，不断拓展合作的新途径和新领域，我们两国的友好合作关系一定会进一步提高到一个新的水平。

现在，我想向朋友们介绍我国在建设有中国特色的社会主义方面所作的努力。

中华人民共和国成立 42 年以来，取得了很大的发展。但是，我们在前进中也有过失误，特别是“文化大革命”的严重错误。总结历史的教训，主要有两点：一是没有在革命胜利后集中力量发展经济；二是没有切实建设社会主义民主政治。

正是在总结建国以来正反两方面历史经验的基础上，我们国家一方面确定把全国工作重点转移到以经济建设为中心的社会主义现代化建设上来，另一方面又把发展社会主义民主、健全社会主义法制作为国家的一项历史性的根本任务。从此，我们国家走上了健康发展的道路。

1979 年以来，中国人民坚持以经济建设为中心，坚持四项基本原则，坚持改革开放，在建设有中国特色的社会主义道路上阔步前进，取得了举世瞩目的显著成就，国家的面貌发生了巨大深刻的变化。经济建设有了很大的发展，在八十年代的十年中，国民生产总值增长了 1.36 倍，平均每年增长 9%，粮、棉、肉、油料和煤、水泥、棉纺织品的产量上升到世界第一位，钢和石油的产量居世界第四位，用占世界上 7%的耕地养活了世界上 22%的人口，基本上解决了 11 亿多人民的温饱问题，人民生活明显改善。农民人均实际收入每年增长 8.4%，城镇居民收入平均年增长 5.3%。城乡居民人均存款从 40 元增加到 700 多元，现在全国城乡居民储蓄存款已达一万亿元（约合 1800 亿美元）。科学、教育、文化事业也得到了迅速发展。从 1991 年起，我国开始实施国民经济发展十年规划和第八个五年计划，这标志着我国社会主义现代化建设已进入一个新的发展阶段。我们争取到本世纪末将国民生产总值再翻一番，争取在总体上使我国人民达到小康生活水平。在此基础上，我们还要力争到下世纪中叶，使人均国民生产总值达到中等发达国家水平，基本上实现国家现代化的目标。尽管我们在前进的道路上还会出现这样那样的困难和问题，但我们对实现宏伟的发展目标是有信心的。去年我国虽然部分地区遭受历史罕见的特大洪水灾害，给我国经济造成重大损失。但去年我国的国民生产总值仍然增长 7%。粮食、棉花都是又一个历史高产年，粮食比第三个高产年 1989 年增产 1750 万吨，棉花比 1990 年增产 25%。工业总产值增长 14.2%，进出口贸易总额 1357 亿美元，增长 17.5%。外汇储备突破 400 亿美元。全国物价基本平稳，全年物价上涨 2.9%。城乡人民生活水平继续提高，综合国力大大增强。十二年来，我国社会经济生活中最引人注目的是实行经济体制改革和对外开放政策。这是我国发生的最深刻的变化，也是取得上述成就的最基本的推动力。改革开放调动了各方面的积极性，解放和发展了社会生产力，大大加快了我国社会主义现代化建设的步伐。事实证明，没有改革开放，我国取得上述成就是不可能的。

中国的改革，不是改变社会主义制度，而是社会主义制度的自我完善和发展。改革总的原则是：坚持以社会主义公有制经济为基础，全民所有制经济、集体所有制经济、个体经济、私营经济等多种经济成分共同发展；坚持按劳分配为主体，其他分配形式为补充；坚持计划经济和市场调节相结合的方针，发展社会主义有计划的商品经济，使计划和市场这两种调节功能的优点都得到充分发挥；逐步实行政企分开，扩大企业的经营管理自主权，国家尽量运用经济手段、法律手段管理经济，减少用行政手段干预经济，使企业面向市场，转换企业的经营机制，增进企业的生机和活力。我们鼓励一部分地区和一部分人先富起来，提倡先富起来的地区帮助经济不发达的地区，逐步达到共同富裕的目的。

我们实行对外开放，在平等互利基础上发展对外经济关系，引进外资和国外先进的生产技术和经营管理经验。我们先后制定了中外合资经营企业法、中外合作经营企业法、外资企业法、外商投资企业所得税法、涉外经济合同法，同34个国家签订了投资保护协定，并且根据具体情况，建立经济特区、经济技术开发区、沿海开放地区和开放城市，对外商投资在税收等方面实行优惠政策，为引进外资提供法律保障和较好的投资环境。我们的开放是全方位的，既向发达国家开放，也向发展中国家开放。我们敞开大门，博采各国之长，加快我国社会主义现代化建设的步伐。按照上述政策和原则进行的改革开放，符合我国的国情，符合我国人民的根本利益，有力地推动了社会生产力的发展。

十二年来的改革开放的实践证明，中国共产党的“一个中心，两个基本点”的基本路线是正确的。这条路线顺乎民意，深入人心，必须长期坚持下去。我国刚刚结束的七届全国人大五次会议通过的政府工作报告，确定要紧紧抓住经济建设这个中心，进一步解放思想，坚持从实际出发，加快改革开放的步伐，努力创新，勇于实践，不断总结经验，吸收和借鉴人类社会创造的一切文明成果，吸收和借鉴当今世界各国包括西方发达国家的先进的生产技术和经营管理方式。我们认为，判断改革开放的得失成败，主要是看是否有利于发展社会主义社会的生产力，是否有利于增加社会主义国家的综合国力，是否有利于提高人民的生活水平。

中国在进行经济改革的同时，也坚持进行政治体制改革，其核心内容是发展社会主义民主，健全社会主义法制，使民主制度化、法律化。1979 年以来，我国在加强社会主义民主法制建设方面取得了显著进展，体现我国“一切权力属于人民”的人民代表大会制度不断得到加强和完善。全国人大和它的常委会制定了民法、刑法、诉讼法、国家政权机构组织法以及一批经济法、行政法等一系列的法律，特别是 1982 年制定了新宪法，为我国社会主义民主、法制建设奠定了基础。同一时期，我国国务院还制定了约 700 件行政法规，各省、自治区、直辖市也制定了 2600 多件地方性法规。我国在国家政治生活、经济生活和社会生活的基本的、主要的方面都已有法可依，无法可依的状况已有很大改变。我国的社会主义民主政治建设还包括进一步发挥中国共产党领导的多党合作和政治协商制度的作用，这是历史上形成的。中国有八个民主党派，都是在新中国建立以前成立的，并同中国共产党共同为建立新中国进行了艰苦英勇的斗争。它们都是坚持社会主义道路，不是反对党，不是在野党，而是参政、议政党，在中国的政治生活中发挥着越来越重要的作用。社会主义民主法制建设的加强，对保障人民的权利，维护国家的长治久安，保障改革开放和现代化建设的顺利进行，都发挥了重大的作用。中国和世界的历史和现实都已雄辩地证明，没有国家的稳定，就不可能进行有效和有益的改革和建设。中国这样一个幅员广大、人口众多的国家如果搞乱了，不仅是中国人民的灾难，对整个世界也是一场灾难。我们正是为了更有效地维护中国人民的最大利益，始终坚持有计划、有步骤地进行经济体制改革和政治体制的改革，努力加强社会主义民主和法制建设，坚定不移地沿着具有中国特色的社会主义道路前进。

各位议员朋友们，中国的社会主义现代化建设需要有一个长期和平稳定的国际环境，因此，中国一贯奉行独立自主的和平外交政策，坚持在和平共处五项原则基础上，发展同世界各国的友好合作关系，促进世界各国的共同发展，反对霸权主义和强权政治，维护世界和平。当今世界正处在重大的历史转折时期，旧的格局已经打破，新的格局尚未形成，正朝着多极化方向发展。一方面，国际上某些方面的紧张局势有些缓和，另一方面，世界上各种力量重新分化组合，新旧矛盾互相交织，一些原来被掩盖着的政治、经济和民族矛盾又突出起来，引发了新的矛盾和对抗，国际形势仍然动荡不安，天下并不太平。同时，国际经济竞争激烈，南北差距仍在扩大，南北国家贫富矛盾更加突出，这种状况如不改变，将会导致新的动荡，甚至引发新的地区冲突。和平与发展仍然是当今世界面临的两大主题。现在一些国家提出建立国际新秩序，中国主张不能建立只有一个国家或几个发达国家控制的世界新秩序，而应在互相尊重主权和领土完整、互不侵犯、互不干涉内政、平等互利和和平共处五项原则基础上建立起新的国际政治和经济秩序。中国认为，这种新秩序的核心应是国家不分大小、强弱、贫富，都是独立自主的，都是国际社会的平等成员，对维护世界和平与发展既享有平等的权利，也有各自应尽的义务；各国有权选择本国的社会、政治、经济制度和发展道路，互不干涉内政；和平谈判解决国际争端，不得使用武力或以武力相威胁，不得以任何借口侵犯或吞并它国；平等协商处理国际事务；平等互利地发展经贸关系。联合国应在国际新秩序中发挥更大的作用。在对外关系中，中国一贯主张社会制度、意识形态、文化传统和宗教信仰的差异不应成为国与国之间建立和发展正常关系的障碍。中国在处理一些国际争端和地区冲突方面，都根据事情本身的是非曲直，是否有利于缓和紧张局势、维护世界和平，是否有利于维护各国人民的利益，作出自己的判断，采取建设性的立场，而不是依附于大国或者大国集团。在支持朝鲜北南双方和解、朝鲜半岛无核化，促进政治解决柬埔寨问题、阿富汗问题，解决海湾危机，呼吁中东问题早日获得公正、合理的政治解决，主张按照“公正、合理、全面、均衡”的原则实现军备控制等方面，都发挥了积极作用。中国重视发展同日本、俄罗斯、朝鲜、中亚国家和东南亚国家等周边国家睦邻友好关系。这是符合中国和近邻各国人民的共同利益，对维护亚洲和世界和平也具有重要的意义。中国十分重视同亚洲、非洲和拉丁美洲发展中国家的关系。不断扩大和加强同包括拉丁美洲国家在内的第三世界国家的友好合作关系是我国外交政策的重要组成部分。我们认为，发展中国家在历史上都曾有过类似的不幸遭遇，都面临着发展经济、提高人民生活水平的共同任务，在这方面，发展南南合作具有重大的意义，我们需要相互合作，取长补短，共同发展。

拉丁美洲地大物博，人民勤劳勇敢，有丰富的自然资源，是一个富有生气、很有发展前途的大陆。是第三世界经济、文化比较发达的地区。拉美里约集团的出现，标志着这一地区团结与合作进入了一个新的阶段。中国一贯支持拉美国家提倡的自决、不干涉他国内政和和平解决国际冲突的原则以及为此所进行的各种努力，支持拉美国家在解决外债问题上提出的以发展促还债的合理主张，支持拉美国家加强地区团结与合作，推进拉美一体化事业的发展。我们相信，拉美国家通过增强团结与合作，协调行动，充分发挥地区优势，拉美地区的经济发展是大有希望的，拉美国家在促进建立国际政治、经济新秩序中必将发挥越来越重要的作用。

中国同拉美国家有着传统的友好关系。新中国成立以来，我们同拉美国家的友好合作关系有了很好的发展。目前，中国同十七个拉美国家建立了外交关系。近年来，中国与拉美国家在政治、经济、科技和文化等各方面的关系又有了新的发展。目前，我们同拉美所有国家和地区均有贸易往来。双方合作领域不断拓宽，合作规模不断扩大，合作方式日益多样，合作前景十分广阔。中国愿意同包括哥伦比亚在内的拉美国家一道，为巩固和发展中国同拉美国家和第三世界国家的友好合作关系而作出更大的努力，为维护世界和平、建立世界政治、经济新秩序做出积极的贡献。

谢谢大家。

党的基本路线在宪法中的体现*

（一九九二年十二月一日）

江泽民同志在党的十四大报告中强调指出："十四年伟大实践的经验，集中到一点，就是要毫不动摇地坚持以建设有中国特色社会主义理论为指导的党的基本路线，这是我们事业能够经受风险考验，顺利达到目标的最可靠的保证。"在全党、全国人民深入学习、贯彻党的十四大精神，学习、贯彻党的基本路线的时候，我们隆重纪念宪法颁布十周年，学习党的基本路线在宪法中的体现，对进一步认识宪法作为国家的根本法在国家政治生活、经济生活和社会生活中的重要作用，是很有意义的。

现行宪法是1982年12月颁布的，是在党的十一届三中全会以后我国处在重大历史性转变的新时期制定的。1978年底党的十一届三中全会拨乱反正，确定把国家的工作重点坚决转移到社会主义现代化建设上来，同时把发展社会主义民主，健全社会主

---

* 这是王汉斌同志在纪念《中华人民共和国宪法》颁布十周年座谈会上的讲话。当时王汉斌同志任中共中央政治局候补委员、全国人大常委会副委员长。

义法制，作为国家一项历史性的根本任务。国家的政治生活、经济生活和社会生活发生了巨大的深刻变化。1978 年初修改制定的宪法在许多方面已经同 1978 年底党的十一届三中全会制定的路线、方针、政策和国家现实情况不相适应，必须进行全面修改。这次修改宪法工作，自始至终是在党中央直接领导下和邓小平同志亲自指导下进行的。在宪法制定的过程中，我们党继十一届三中全会之后，又召开了一系列重要的会议，特别是党的十一届六中全会关于建国以来党的若干历史问题的决议和党的十二大的工作报告，为修改宪法提供了重要的依据。宪法修改草案是根据党的十一届三中全会以来党的路线、方针、政策起草的，并根据全民讨论的意见进行了修改，由宪法修改委员会提请五届全国人大五次会议审议修改通过。因此，我们可以说，宪法是党的正确主张和全国人民的共同意志相结合的创造，是全党和全国人民集体智慧的结晶。我们说宪法体现了党的基本路线，正是首先从宪法是党的十一届三中全会路线、方针和政策的定型化、法律化这一点出发的。当然，在当时的历史条件下，宪法的具体规定还没有对党的基本路线作出完整的、集中的表述，这是因为正如江泽民同志在党的十四大报告中，回顾党的基本路线形成过程时阐述的，我们党在十一届三中全会上“在确定工作中心转移的同时，作出了实行改革开放的伟大决策，并针对拨乱反正过程中出现的错误思潮，旗帜鲜明地强调必须坚持社会主义道路、坚持人民民主专政、坚持中国共产党的领导、坚持马克思列宁主义毛泽东思想。‘一个中心，两个基本点’的思想开始形成，奠定了新时期党的基本路线的基础”。正是在这一历史条件下，宪法虽然对党的“一个中心，两个基本点”的基本路线没有像现在这样完整的、集中的表述，但党的基本路线的基本内容都得到了体现。

宪法序言明确规定，今后国家的根本任务是集中力量进行社会主义现代化建设，把集中力量进行社会主义现代化建设规定为国家的根本任务，就是以经济建设为中心。党的十一届三中全会总结了建国以来正反两方面的历史经验，重新确定了这项重大的战略方针。彭真同志在宪法修改草案的报告中明确指出：“拨乱反正的一项重大战略方针，就是把国家的工作重点坚决转移到社会主义现代化经济建设上来。一切工作都要围绕这个重点，为这个重点服务。国家的巩固强盛，社会的安定繁荣，人民物质文化生活的改善提高，最终都取决于生产的发展，取决于现代化建设的成功。今后必须坚定不移地贯彻执行这个战略方针，除非敌人大规模入侵；即使那时，也必须进行为战争所需要和实际可能的经济建设。把这个方针记载在宪法中，是十分必要的。”十四年来，尽管国际国内发生了这样那样的复杂的情况，我们都没有动摇这个中心。正因为如此，我国经济建设上了一个大台阶，人民生活上了一个大台阶，综合国力上了一个大台阶。在国际风云急剧变幻的情况下，中国的社会主义制度经受住严峻的考验，显示了强大的生命力。

邓小平同志从宪法起草工作开始时就明确指出，要把四项基本原则写入宪法。当时对宪法如何载入四项基本原则有两个方案，一是写入宪法条文，一是在序言中阐述。彭真同志经过反复考虑提出，本世纪以来，中国发生了四件翻天覆地的大事：一是辛亥革命；二是推翻了帝国主义、封建主义和官僚资本主义的统治，建立了中华人民共和国；三是消灭了几千年的剥削制度，建立了社会主义制度；四是基本上建成了独立的、比较完整的工业体系，发展了社会主义的政治、经济和文化。这四件大事中，除孙中山领导的辛亥革命外，其余三件都是在中国共产党领导下，在马列主义、毛泽东思想的指引下取得的。通过叙述本世纪以来中国革命和建设的实践，说明四项基本原则既是反映了不以人们的意志为转移的客观规律，又是中国亿万人民在长期斗争中作出的历史性选择，是比较顺理成章的。因此，宪法序言采取叙述性的语言对四项基本原则作了阐述："中国各族人民将继续在中国共产党领导下，在马克思列宁主义、毛泽东思想指引下，坚持人民民主专政，坚持社会主义道路。"实践证明，把坚持四项基本原则用宪法记载和确定下来是完全必要的，这是全国各族人民团结前进的共同政治基础，是我们国家在国际国内形势错综复杂变化的情况下的指路明灯，也是排除一切导致中国混乱甚至动乱的强大思想武器和法律保障。

宪法规定要"不断完善社会主义的各项制度"，逐步进行经济体制改革。宪法规定："社会主义制度是中华人民共和国的根本制度。""社会主义经济制度的基础是生产资料的社会主义公有制，即全民所有制和劳动群众集体所有制。""国营经济是社会主义全民所有制经济，是国民经济中的主导力量"，同时针对过去过分单一的所有制结构和一再鼓吹割资本主义尾巴、严重影响社会生产力发展的严重情况，规定个体经济是社会主义公有制经济的补充，国家保护个体经济的合法权利和利益。1988 年修改宪法，进一步规定国家允许私营经济的存在和发展，明确个体经济、私营经济都是“社会主义公有制经济的补充”。这就明确了现阶段我国经济是以社会主义公有制经济为基础，全民所有制经济为主导，多种经济成分共同发展，这是符合现阶段我国国情和生产力发展水平的，改变了过去长期形成的过分单一的所有制结构，而不是改变社会主义经济的根本制度和原则，因而是有利于社会生产力发展的。

邓小平同志深刻指出：“革命是解放生产力，改革也是解放生产力。”“社会主义制度基本确立以后，还要从根本上改变束缚生产力发展的经济体制，建立起充满生机和活力的社会主义经济体制，促进生产力的发展，这是改革，所以改革也是解放生产力。”宪法针对过去那种过分集中、片面依靠行政指令的、僵化的经济体制带来的束缚生产力发展的种种弊端，对经济体制改革作了一系列原则规定，主要内容是：“完善经济管理体制和企业经营管理制度，实行各种形式的社会主义责任制。”“国营企业在服从国家的统一领导和全面完成计划的前提下，在法律规定的范围内，有经营管理的自主权。”“集体经济组织在接受国家计划指导和遵守有关法律的前提下，有独立进行活动的自主权。”宪法的这些规定，为农村实行家庭联产承包责任制，企业承包制，企业的经营管理自主权，政企分开等各项改革确定了原则，巩固和发展了经济体制改革的成果。正如彭真同志在修改宪法草案的报告中指出的，“当前我国正在进行经济体制改革，并取得了很大的成绩，今后还要全面深入地进行下去”，“按照这个方向前进，我们一定能够建设和发展有中国特色的社会主义经济，使我国逐步地富强起来。”江泽民同志在党的十四大报告中进一步明确提出，我国经济体制改革的目标是建立社会主义市场经济体制，这是把经济体制改革推进到一个新的决定性的发展阶段，是关系社会主义现代化建设全局的重大决策，它为我国经济的加速发展增添了巨大动力，具有重大的现实意义和深远的历史意义。

宪法规定："中华人民共和国允许外国的企业和其他经济组织或者个人依照中华人民共和国法律的规定在中国投资，同中国的企业或者其他经济组织进行各种形式的经济合作。"并规定"它们的合法的权利和利益受中华人民共和国法律的保护"。应当指出，以宪法的形式明确规定鼓励和保护外国投资，在当时社会主义国家的宪法中是很少见的。这是为了表明对外开放是我国将要长期坚持实行的基本国策，是不能轻易改变的。

应当说明，宪法规定要"不断完善社会主义的各项制度"，既要进行经济体制改革，也要进行政治体制改革。在政治体制改革方面，宪法作了一系列重要的规定。一是对人民代表大会制度的健全和发展作了许多规定。二是对国家体制的改革作了许多重要规定。1980 年小平同志就强调指出，在我们党和国家现行的一些具体制度中还存在着不少弊端，妨碍甚至严重妨碍社会主义优越性的发挥，必须进行政治体制的改革。宪法的上述规定，使政治体制的改革迈出了重要的步伐，完善了我国的基本政治制度，并将推动政治体制改革进一步的发展。

邓小平同志今年初视察南方的重要谈话指出："要坚持党的十一届三中全会以来的路线方针政策，关键是坚持'一个中心、两个基本点'。""不坚持社会主义，不改革开放，不发展经济，不改善人民生活，只能是死路一条。基本路线要管一百年，动摇不得。”宪法是在“一个中心、两个基本点”的思想开始形成，新时期党的基本路线奠定基础的历史条件下制定的，它反映了党的基本路线的基本要求，同时又考虑到今后发展的前景。十年来的实践证明，这是一部具有中国特色的，合乎我国国情的，适应我们国家集中力量进行社会主义现代化建设需要的好宪法，是新的历史时期治国安邦的总章程，是我国进行社会主义现代化建设，坚持四项基本原则，坚持改革开放，把我国建设成为富强民主文明的社会主义国家的法律保障，也是我国发展社会主义民主、健全社会主义法制的里程碑。彭真同志在宪法草案修改报告中指出：“体现了人民意志和中国共产党的正确主张的新宪法，又由全体人民和中国共产党的努力来保证它的实施，就一定能够在促进我国社会主义现代化事业的胜利发展中发挥伟大的作用。”我们必须十分重视维护宪法的尊严和稳定性，同时，随着改革开放的深入发展和国家情况的变化，宪法的某些具体规定也会显出历史的局限性，可能需要根据变化了的情况作某些修改完善，使宪法在建设有中国特色的社会主义的伟大事业中更好地发挥作用。

制定公司法的一些问题*

（一九九三年七月三十一日）

这次公司法（草案修改稿）座谈会开得很好，很有成效，六天来，大家对公司法草案逐条进行了认真的讨论和修改，提出了许多很好、很有益的修改意见，对修改好公司法草案有很大的帮助，我代表全国人大常委会对同志们的辛勤努力表示谢意，表示敬意。

公司法是调整社会主义市场经济关系很重要的法律。起草好一部能够有效地规范公司行为的准则，而又切实可行的公司法，对保障社会主义市场经济的健康发展具有十分重要的意义。将近十年来，我们有过三次大办公司的热潮，两次被迫清理整顿公司，许多人提出，我们大办公司有什么法律规范，我们整顿公司又有什么依据，这也说明制定公司法的重要性和迫切性。我们用这么大的力量，费这么多时间对公司法草案进行认真讨论修改，

* 这是王汉斌同志接见《中华人民共和国公司法（草案修改稿）》座谈会与会人员时的讲话。

是必要的，也是值得的。

公司法的起草工作进行得很艰苦。一九八一年底经济合同法通过后，习仲勋同志当时还担任法制委员会主任，即召开会议，决定由国家经委和工商局牵头起草公司法，以后又由国务院法制局和国家体改委继续进行起草，做了大量的起草工作，到现在已经进行十一年了，去年国务院曾向全国人大常委会提出了有限责任公司法（草案）的议案。这次从一九九二年九月起，起草公司法草案又做了大量的工作，我们两次邀请中央有关部门、一些省市的同志、法律专家和一些公司座谈讨论修改，两次会议共用了两周的时间。现在看来，这样做对起草好公司法是必不可少的，也是非常重要的，也是起草好公司法必不可缺少的前提条件。过去起草民法通则，也专门开过三次这样的会议进行讨论修改，实践证明是很有成效、很有必要的。今后经济方面的立法任务很重，我们又还缺乏经验，例如现在有关金融方面的法律不健全，迫切需要制定金融方面的一系列法律，如银行法，都需要很好地征求中央有关部门、地方、法律专家和基层单位的意见，有些重要的、关系全局的、比较复杂的、难度比较大的法律，还需要召开这样的专门会议进行讨论修改，这是立法工作中多年来行之有效的很好的做法，今后应当继续坚持，也希望同志们像这次会议一样继续对我们的立法工作予以支持和帮助，我们要继续主动地找各方面有实践经验的同志和法律专家来帮助立法，大家群策群力，集思广益，共同努力做好艰巨的立法工作。

这次起草公司法，一方面要吸取国外有关法律好的内容，或者说采取借鉴的办法，把国外有关法律对我有用的内容吸收过来，“洋为中用”么。社会主义市场经济和资本主义市场经济都是市场经济，有许多共同性的东西，共同性的规律，一些西方国家，还有我们邻国，日本、韩国、新加坡，还有我国香港已经有比较完备的公司立法，我们应该也需要参考、借鉴、吸收其中有用的内容。

另一方面，我们又需要根据我们的国情，根据我国的实际情况来考虑，社会主义市场经济和资本主义市场经济毕竟是有所不同，不能完全照抄、照搬。到底有什么不同，我们是要加以研究的，但有两点我想是有所不同的。第一，我国是以公有制为基础，当然也有多种经济成分，资本主义是私有制，他们办公司，个人要承担风险，这个风险很自然形成有效的约束机制，我们的国有企业，国有公司，个人实际不承担风险，负盈不负亏，搞承包赚了钱个人有份，赔了钱是国家的，甚至可以大慷国家之慨。我看到一个材料，河北省某个县给一些“明星”一人批了几亩地，一个县的政府能有这么大权力吗？这样公平吗？有人就这么干，慷国家之慨。我们贯彻企业转换经营机制条例，一再强调要形成自我约束机制，但实际上一直很难做到。

第二，资本主义的公司，是根据市场竞争的规律办事，我们则是有许多行政干预，甚至权力干预，以权经商，权钱交易等等；又例如搞集团，他们是企业行为，完全由企业自主、自愿组成，我们则可以用行政命令搞，甚至比行政命令还厉害，搞翻牌公司，取消所属企业独立的法人资格，企业不同意就撤经理、厂长的职，哪里还有什么企业的自主权可言。这种情况在西方国家是根本不可能的。去年我到三亚市，市长对我讲，中央有许多部门向海南要地，去搞房地产，海南的地怎么批出去的，这个部、那个部都圈了地，如果在香港能这样随意批地吗？香港能不要钱批地吗？随意批地、送股票，这种情况资本主义也是不行的。从以上几点看，我们需要根据我们国家的实际情况，对公司法相应作出一些不同的规定，切实有效地规范公司的行为准则，保障公司的健全发展。

目前，我看公司法的难度很大，到现在我觉得还有些重大问题需要进一步研究探讨，例如：

1．要不要搞内部股、职工股。我看搞内部股、职工股应当研究行不行，要有什么规范要求？海南有个公司经理购了10万股，职工每人1万股，一上市翻了20倍，经理一下就可以赚200万，这样行吗？

2．要不要搞优先股。国外搞的不是优惠的优先股，而是怕募集不到资金发的优先股，我们容易被误解了，甚至搞成特权股，要搞优先股应当遵循什么规范？

3．要不要搞定向募集。现在出了不少问题。

4．国有股份能不能转让。

5．有限责任公司能不能发行债券，对股份有限公司发债券，认识比较一致，但国有公司能不能发债券，现在不少国有企业已经发了债券。

6．公司注册资本要不要验资，要不要限期到位，按实缴资本注册。

还有其他一些难题，需要进一步同体改委、法制局等有关部门、法律专家进一步研究，并参考研究国外有关法律规定。

我们考虑要把这些问题研究清楚，协调意见还需要时间，一个月时间不够用。

此外，还有草案的结构问题，原来的草案是完全按有限责任公司和股份有限公司写的，后来感到这样写重复太厉害、太烦琐，例如公司组织机构，公司财务会计管理等，基本是大同小异，所以把共同性较多的问题抽出来单列章节，现在有些同志认为还是原来的结构比较好，可以再研究。

现在公司法草案遇到的一个突出问题是，许多公司的设立和行为不规范，甚至违法乱纪，长城机电科技产业公司诈骗案，就是一个突出的事例。

现在对办公司出现的种种问题要作出相应的规定，我们初步考虑，开始规定恐怕要从严一些，对那些容易出现种种弊端的做法，例如以权经商，以权谋私，权钱交易，化公为私，损公肥私等，要从严规定，防止产生流弊。对有些做法，可能国外有规定，有例可循，但是规定了容易产生弊端的，我们也可以考虑暂不作规定，待经过一个时期的实践后，大家对公司的设立和运作，能够比较习惯于依照公平、公正、公开的原则运作了，避开权力干预了，可以考虑对公司法作某些修改补充，适当放宽某些规定，使公司能有更大的灵活发展的余地。我们认为，采取这样的做法，可能有利于公司的稳妥、健全的发展。现在我们起草的公司法要有利于公司遵循一定的规范健全发展，同时也要治乱，不能添乱。乱了再收拾就很难了，或者会造成不可弥补的损失。对可能要出问题的方面，开始先严一些，再逐步放开。

我对公司法是外行，还需要向同志们学习，特别是向在座的法律专家学习。因此，对讨论中的一些有争论的难题，我也说不出怎么办好的意见，只提出一些如何考虑的意见，供同志们进一步研究考虑。

对常委会办公厅提出的全国人大机构改革方案的一些意见*

（一九九三年十月九日）

9月23日常委会秘书处会议上，办公厅提出《全国人大机关机构改革的有关问题汇报》，我有以下意见：

1.“汇报”提出，“这次机构改革主要是理顺”“法律委员会和其他专门委员会在审议法律草案中的关系”和“专门委员会办事机构同法工委之间的关系”。我认为这个问题实质上不是理顺关系问题，而是对法制必须统一，因而法律案需要统一审议这一法律规定的基本原则有不同意见。

2.六届全国人大以来，依照全国人大组织法规定，法律委员会统一审议向全国人大或者全国人大常委会提出的法律草案；其他专门委员会就有关的法律草案提出意见，并派副主任委员或委员参加法律委员会审议法律的会议，提出意见，如果法律委员会和专门委员会不能取得一致意见，则提请常务副委员长主持协调

* 这是王汉斌同志写给乔石、田纪云同志的一封信。

解决。实践证明，这样办是可行的，有成效的，实际上没有什么不顺的问题，对维护法制的统一、保证建立比较健全的法律体系是有必要的。

3. 法律案需要统一审议，除可以避免与宪法和其他法律相抵触外，还要对法律案涉及的民事责任、行政处罚、刑事责任、法律与法律之间的相互衔接、法律的统一规范，并联系建立有中国特色的社会主义法律体系和建设比较健全的社会主义法制的整体通盘考虑。这些问题如果没有对法律草案的统一审议而由各专门委员会为主分别审议是很难处理的。因此，习仲勋同志关于全国人大组织法的说明中在讲到各专门委员会的职能分工时指出："为了有利于维护法制的统一，避免各项法律互相矛盾、互不衔接，草案规定，法律委员会统一审议向全国人大或者它的常委会提出的法律草案；其他专门委员会就有关的法律草案向法律委员会提出意见和建议。"如果规定由有关专门委员会为主审议提出审议结果的报告，还要由法律委员会把关，法律委员会是很难承担的。因为各专门委员会同法律委员会是平行的机构，以专门委员会为主提出审议报告又要法律委员会把关，法律委员会是很难工作的。

4. 各专门委员会需要加强对有关法律的起草、审议工作，加强对专门委员会牵头起草的法律和提请常委会审议的法律提出审议意见的工作，并加强这方面的力量。但这与法律委员会统一审议法律不矛盾，不是职权不平等的问题，而是职能分工的不同。其他专门委员会有些职能例如各专门委员会可以要求有关部门汇报工作，法律委员会也没有，这也不是职权不平等，而是分工的不同。

5. 1979年设立全国人大常委会法制委员会时，乌兰夫同志在说明中指出法制委员会的职能是协助常务委员会加强法制工作。六届全国人大常委会根据全国人大组织法的规定，将法制委员会改为法制工作委员会，是常委会领导的立法工作的综合部门，这项职能基本没有改变。十年来，法工委起草了一系列重要的法律，并对提请常委会审议的法律进行调查研究，邀请各有关部门、各地方和有关法律专家座谈征求意见，对各种不同意见进行协调，对争论较大不能取得一致意见的问题，提出处理意见，报常务副委员长主持协调解决。如改为立法工作部，和办公厅一样由秘书长领导的办事机构，实际上削弱法工委在立法工作中的地位和作用，要行使上述职能特别是协调职能就不那么顺当了。同时，多年来法工委作为常委会立法工作的助手，工作是有成效的，中央各部门、各地方对法工委的职能和工作是熟悉的，对法工委的机构设置和职能并没有提出什么意见（虽然常委会内部有意见）。法工委是依照法律规定设立的，其机构名称和职能并没有什么问题，为什么不可以继续依照法律规定执行而要加以改变呢？我认为，把法工委改为立法工作部理由是不充分的，而且对维护法制的统一，加强常委会的立法工作是不利的。

6. 法工委不是法律委员会的办事机构，成立法律委员会时，为了精简机构，法工委的办事机构，同时也作为法律委员会的办事机构。法工委为专门委员会审议法律案服务，主要是提供有关法律草案的基本资料，反映有关法律草案的基本情况、主要问题和主要的不同意见，同时提供国外的有关法律规定。如果要承担八个专门委员会起草、审议法律草案的具体任务，法工委是承担不了的。

7. 法工委的法律地位与办公厅不一样，全国人大组织法规定办公厅在秘书长领导下工作。法工委是常委会领导下的立法工作部门，并没有规定秘书长领导法工委的工作。法工委主任担任常委会副秘书长并不合适，法工委主任是正部级，副秘书长是副部级，法工委主任兼任副秘书长并不顺，而且法工委主任只管法律，并不参与常委会机关事务，没有必要兼任副秘书长。关于参加常委会机关党组问题，我认为机关党组并不管法律，法工委主任可以不参加，如果要参加，不担任副秘书长也可以参加。

8. “汇报”提出的主要问题是机构改革、理顺和解决法律委员会、法工委与专门委员会的关系，说是征求了各方面的意见，但是并没有征求直接有关的法工委的意见，乔石同志指定我管法工委的工作，对这件涉及法工委机构设置和职能的重大改变的问题，我事先也毫无所知，我认为这样做也是有问题的。

9. “汇报”提出的改革方案，基本上是 1988 年曾经提出过的方案，当时我曾向万里、彭冲同志写了书面报告，提出我的意见，现在我仍然坚持原来的意见，谨附上 1988 年 5 月 18 日我给彭冲同志并报万里同志的信，请参考。

10. 改变常委会立法体制是一个重大问题，建议慎重考虑，从长计议，不要匆促决定。如果要改变，请把我的意见报中央参考。

以上意见是否妥当，请审核。

王汉斌

1993 年 10 月 9 日

证券法是调整社会主义市场经济关系的重要法律*

（一九九四年四月二日）

这次会议开得很好。同志们敞开思想，对证券法草案提出了许多好的意见。对这些意见，我们都要认真研究。有些问题，一下子还很难说究竟应该怎么办，需要大家在讨论中进一步研究。我现在就下一步怎样工作，讲点我的想法。

第一，证券法同公司法一样，是个大法，是调整社会主义市场经济关系的重要法律。所以我们要用比较大的力量、比较多的时间，把证券法搞得好一些，要尽量少出毛病，能够真正有助于社会主义市场经济的健全发展。因此，制定好证券法，具有非常重要的意义。

第二，我觉得我们对证券这个东西很生疏，是陌生的。从我们国家来说，证券市场到底怎么搞法，是缺少实践经验的。深圳搞证券市场时间最长，也只有三年多时间，我们还缺乏证券市场

---

* 这是王汉斌同志在《中华人民共和国证券法（草案）》修改座谈会上的讲话。

经验。在证券市场发育过程中，许多地方都出现过这样那样的问题，发生过一些风波。所以，起草证券法难度又是比较大的。

第三，怎样起草证券法？希望能够做到：一是要提供规范证券市场机制和证券市场运作的准则，使大家都有所遵循。不是有人说规范化不够吗，通过制定证券法来解决规范化的问题。要求证券法的规定能够切实可行，行得通，能够真正起到规范的作用。二是要对已经发生过的问题，都能作出相应的规定，并且通过制定证券法，防止发生一些可能发生的问题。三是不要因为法律规定本身有毛病，又引起一些其他的麻烦，不能因法律规定有问题引起流弊。我听说差不多搞证券的城市，都发生过风波，贵州、昆明、上海、深圳，还有成都、沈阳，都出过问题。证券市场刚刚建立不久，发生一些问题是难免的，但是不要因为证券法规定本身有问题，而引起这些问题。我们希望把证券法搞得完善一些，能够解决需要解决的一系列问题，使证券法对证券市场的运作能够发挥积极的推动作用。

第四，在今天的会上，同志们对证券法草案提出了许多修改意见，我觉得这些意见都是很好的。出席会议的同志对证券问题有研究，对证券法草案经过研究，提出了意见，这些意见都比较中肯。对草案中的一些重要问题，大家有不同的意见，究竟应该怎么办？我认为对这些意见需要好好比较研究。我们起草法律，讨论对草案的修改，无非是研究：有些可能是合适的，有些可能是不合适的，有些是需要改的，有些是需要加的，还有些以前曾经删掉了，现在还是应该恢复。无非是这么几种情况。对大家提出的意见，我们都要认真研究。开这个会的目的，就是希望能够很好地了解、征求主管部门、各地方、证券管理部门、证券公司、交易所，还有法律专家的意见，把证券法修改得更好一点。我想，证券法草案还可能作比较大的修改，甚至如果觉得问题多，推倒重来也不是不可以考虑。我们的目的，就是尽量把证券法搞得完善些，避免发生一些问题，能够解决证券市场当中出现的一系列问题。有助于证券市场的健康发展。我觉得制定证券法难度很大，许多问题到底如何规定，现在还不是很有把握，更需要听取各方面的意见。公司法搞了十年，一开始我们对公司问题也是不熟悉，从某种程度上讲，搞证券法比制定公司法还生疏，更不熟悉。对各地的证券中心，到底怎么考虑？怎么规范？刚才会上的发言，我就听到两种不同意见。对证券市场，我们国内恐怕很少有人对它了解，对它有研究。经过这几年改革开放，对国外的证券市场情况有了一些了解、研究，几年来上海、深圳办证券市场，我们也积累了一些实践经验。但是说对证券市场这个东西，真正对国外了解、研究透彻，真正对我们实践中出现的问题研究清楚，现在恐怕还很难说。所以，在起草过程中，一定要反复讨论、研究、修改。有的中央领导同志跟我讲，对证券法要慎重、要稳妥。这个精神我们要掌握好。开始时，证券刚刚起步，证券法要搞得有把握些、稳妥些，以后如果觉得需要放开，还可以再修改。但是如果开始把握得不够，引起乱子再来整顿，就很费劲。

我们今天开这个会，是为了要真正根据大家的意见修改好证券法草案。这次会议我们请来了主管部门、法律专家、中央和地方的同志，还有基层证券公司、交易所的同志参加，对证券法中的一些问题，到底应该怎么规范？把能够发表意见的人请来了，就是为了充分地征求大家的意见，听取各个方面、各个层次的意见，把证券法的问题能够提出来，能够讨论清楚，能够研究出怎么规定。这样做总会把问题搞得更清楚一些，有助于把证券法制定得更好一些，更完善一些，避免出现大的问题。

下步工作具体怎么办？是不是由财经委员会、法律委员会、法工委和国务院法制局，共同根据大家的意见，对这次会议提出来的问题，一条一条地进行研究。无非是有的加，有的减，有的删，有的改，有的可以恢复，还可以大改，结构也可以重新调整。只要是需要改的，都可以改，放手来改。我们过去起草民法通则，起草公司法，还有法工委起草的其他法律，提到常委会后，都作了大的修改，直到通过前，最后都有大的修改。今天开会前，卞耀武同志跟我说，等稿子改好了到会上发。我说，不要等改好了再发，现在就把稿子发到会上去，“丑媳妇总要见公婆”，开会就是请大家来批判，提意见。只要是不合适的，就可以改。以后还可以再请有关主管部门和法律专家帮助研究推敲。这次会议对起草证券法将会起很重要的作用，会后，我们几家在一起，对证券法草案再很好地进一步研究修改。

运用法律武器保障产品质量*

（一九九四年九月一日）

1993年我国制定了产品质量法，在这前后还制定了标准化法、消费者权益保护法、反不正当竞争法，同时还制定了关于惩治生产、销售伪劣商品犯罪的决定。这几部法律是一个系统工程，对保证提高产品质量，维护社会主义市场经济秩序，保护消费者和用户的合法权益，促进社会主义市场经济健康发展，具有很重要的作用。

现在假冒伪劣商品是群众反映很强烈的一个问题。我作为一个消费者，东西贵点我认了，如果花了钱买来的是伪劣商品，那实在是头痛，群众能够没有意见吗？我看现在有三个问题比较突出：一个是农业方面伪劣的种子、伪劣的化肥、伪劣的农药。有的伪劣的农药用了以后，不但治不了虫害，还把庄稼给毁了，严重损害了农民的利益。农业问题关系国民经济全局，坑害农民，挫伤农民的生产积极性，是很大的问题。再有老百姓反映非常突

* 这是王汉斌同志在纪念《中华人民共和国产品质量法》实施一周年座谈会上的讲话。

出的是假药、劣药问题。现在大家对药品广告意见很多，说你广告登的药的疗效到底是真的还是假的，或者真有那么大的疗效吗？我们知道有些劣质的药、不合格的药进入了医院，经过医院给病人治病，对病人会造成多么大的危害！还有一个问题就是社会上假冒伪劣商品非常严重，屡禁不止。比如最近发生的棉花掺杂使假，往棉花里掺土，甚至砂石都放进去，过去收购羊毛也有这样的情况。对于这些严重损害消费者和用户利益的问题，我觉得必须依照法律严肃处理。我们在制定前面提到的几部法律，特别是关于惩治生产、销售伪劣商品犯罪的决定里面，规定了比较严厉的经济处罚和应有的刑事责任。现在有法不依的问题比较严重，有复杂的原因，执法部门应该依法追究有关人员的责任，但有很大的困难，有地方利益呀！比如说假茅台，假西凤，假红塔山那么多，这和地方利益有关系，所以查处有困难，但是不管怎么说还是应该依照法律来追究。法律应该不应该处罚这些掺杂使假者？另外收购人员有没有责任？比如农产品多了就压级压价，少了就提级提价，要不要严格执行质量标准？这就是你们技术监督部门要管了，你不能说多了就压级压价，就一级变二级，少了就二级变一级，这不行呀！

假冒伪劣商品流行的另一个重要原因就是回扣，反不正当竞争法对回扣问题作了规定。刚才讲的假药、劣药问题，有些采购人员宁可买那些次品、价钱高的，而不买好的、价钱低的，这是什么问题呢？就是回扣作怪！辽宁昌图县的粮食局长买些没有用的仓储材料，怎么买的？就是要回扣嘛！没有法律的时候，出了问题说法律不健全，但是有了法律，出了事为什么不依法追究？

对于棉花掺杂使假问题，我说卖的要追究，收购站的人员也要追究，你怎么能买掺杂使假的棉花呢？特别是对拿回扣的要严办。不能对某人执行法律，对某人不执行法律，法律面前应该人人平等。我看不管有什么阻力，我们应该排除一切干扰，依法办事。我们要充分运用法律武器，同制造、销售假冒伪劣商品作斗争。

现在西方一些大公司非常重视产品质量，不管是零部件还是整机，每道工序都非常注意严格把住质量关。市场经济的发展要讲信誉，西方一些大公司把企业的信誉看得比利润都重要，这是企业的生命。商业信誉也是一种无形的产权，一种产品是什么企业生产的，是什么企业销售的，信誉不一样，卖的价钱就不一样。现在假冒伪劣商品不但严重损害我国消费者和用户的利益，而且在国际上的影响也不好。在俄罗斯的远东，中国商品的信誉就不大好。当然我们的出口商品质量总的是好的，但是在边境贸易中有不少假冒伪劣商品进入俄罗斯。这里面有种种原因，但是我们没有严格管理不能不说是重要的原因。卖到俄罗斯的羽绒服里应该装的是羽绒呀！可是里边有鸡毛，甚至有的还夹杂着鸡粪，这种东西根本就不应该出口！抗战前，我们眼里的东洋货和破烂货是差不多的。可是日本在五十年代建立了严格的质量管理制度，规定质量不好的产品不许出口，产品质量就上来了。我会见哈萨克斯坦和乌兹别克斯坦客人的时候，他们跟我说，中国商品的信誉不好，伪劣商品在他们那里影响很坏。我说我们国家也很不愿意出口质量不好的商品，我们要力求做到出口的商品都是受欢迎的优质商品。我看要严格禁止劣质商品和不合格的商品出口，技术监督局还有商检局、海关要严格把关。这件事今天就拜托你们考虑。不管是工业企业还是商业企业都要重视商业信誉，把提高商业信誉作为企业发展的基本途径。

学习小平同志社会主义民主法制理论 促进社会主义民主法制建设*

（一九九四年十月三十一日）

中宣部、司法部组织编选的《邓小平论民主法制建设》的出版发行，对推动学习小平同志社会主义民主法制理论，加强社会主义民主、法制建设，是很有意义的。党的十四大提出，要用小平同志建设有中国特色社会主义理论武装全党。小平同志关于社会主义民主法制的理论，是建设有中国特色社会主义理论的重要组成部分。认真学习小平同志的社会主义民主法制理论，对于统一和提高我们对社会主义民主法制的认识，坚定不移地发展社会主义民主，健全社会主义法制，促进社会主义现代化建设具有重要意义。

邓小平同志是我党第二代领导集体的核心，是改革开放和社会主义现代化建设的总设计师。他总结我国社会主义民主法制建设正反两方面的经验，对我国社会主义民主和法制建设作了一系

---

* 这是王汉斌同志在中宣部、司法部学习《邓小平论民主法制建设》座谈会上的讲话。

列精辟的重要的论述，丰富和发展了科学社会主义的理论宝库。这些重要论述，是我党、我国人民的宝贵的精神财富，是我国民主法制建设的科学指南。

在1978年底的中央工作会议上，小平同志总结“文化大革命”的教训，着重指出，为了保障人民民主，必须加强法制。必须使民主制度化、法律化，使这种制度和法律不因领导人的改变而改变，不因领导人的看法和注意力的改变而改变。这是我国社会主义民主法制建设的基本指导思想，是保持法律的稳定性、连续性，维护法律的尊严，保障国家长治久安的重大决策。

小平同志反复强调发展社会主义民主的重大意义。他说，没有民主就没有社会主义，就没有社会主义现代化。要充分发扬人民民主，保证全体人民真正享有通过各种有效形式管理国家，管理基层地方政权和各项企事业的权力，享有广泛的公民的基本权利。他还指出，经济体制要改革，政治体制也要改革。要在大幅度提高社会生产力的同时，改革和完善社会主义的经济制度和政治制度，发展高度的社会主义民主和完备的社会主义法制。他说，改革，应该包括政治体制的改革，而且应该把它作为改革向前推进的一个标志。小平同志深刻指出社会主义民主和资本主义民主的本质区别。他说，我们实行的是社会主义民主，不是资本主义民主。资本主义社会讲的民主是资产阶级的民主，实际上是垄断资本的民主，无非是多党竞选、三权鼎立。我们的民主是人民的民主，人民享有广泛的民主权利。我们的制度是人民代表大会制度，共产党领导下的人民民主制度，不能搞西方那一套。党的十一届三中全会以来，根据小平同志关于民主法制建设的一系列重要论述，我们修改制定了宪法、选举法和一系列的国家机构组织法，基层群众自治组织法，使我们国家政治生活走上了民主法制的轨道。在这里，需要强调指出，人民代表大会制度是我们国家的根本政治制度。宪法规定，国家的一切权力属于人民，人民选举自己的代表，组成国家权力机关，行使国家权力。国家行政机关、审判机关、检察机关都由它产生，对它负责，受它监督。它是保证人民当家作主，实现中国共产党对国家领导的适宜的政治制度。我们要不断健全和完善人民代表大会制度，充分发挥它的优越性。

小平同志反复强调，要坚持不懈地抓法制建设，用法制保障社会主义民主和社会主义现代化建设的顺利进行。他说，搞四个现代化一定要有两手，只有一手是不行的。要一手抓建设，一手抓法制；一手抓改革开放，一手抓打击经济犯罪，惩治腐败。我们一定要以两手抓、两手都要硬的指导思想，加快立法，加强执法，完善监督机制，惩治腐败，打击犯罪，特别是打击经济犯罪活动，保障改革开放和社会主义现代化建设的顺利进行。

15 年前，小平同志针对当时迫切需要改变“文化大革命”出现的那种“无法可依”的严重状况，明确提出要加强立法，有比没有好，快搞比慢搞好。他还具体提出，应该集中力量制定刑法、民法、诉讼法和其他各种必要的法律。宪法是国家的根本法，是国家法制建设的基础，他亲自指导宪法的修改工作。宪法修改中的许多重大问题都是在小平同志亲自主持下研究确定的。其中主要是：关于修改宪法要以一九五四年宪法为基础，关于要把四项基本原则写进宪法，关于不搞两院制，关于设立国家主席、中央军事委员会，关于坚持民族区域自治制度，关于把公民权利和义务一章放在国家机构这一章之前，关于人民代表大会的监督同人民政协监督的区别。这些重大决策对我国民主法制建设具有重要的指导意义，而且对我们国家具有深远的影响。在小平同志的关怀下，自 1979 年以来，我国开展了全面的立法工作，全国人大及其常委会共通过了 250 多件法律和有关法律问题的决定。国务院颁布了 700 多个行政法规，地方人大制定了 3000 多个地方性法规，立法工作取得了重大成就。现在我们国家的政治生活、经济生活和社会生活的基本的、主要的方面基本上已经有法可依，过去那种无法可依的状况已经大为改变。我们还要进一步加快立法步伐，按照全国人大常委会的立法规划，在本届全国人大任期内，建立社会主义市场经济法律体系的框架，并进一步努力建设有中国特色的社会主义法律体系。

建设社会主义法制，不但要加强立法，还要加强全民的法制观念，使广大人民都能重视维护宪法和法律的尊严，保证宪法和法律的实施。小平同志告诉我们，要讲法制，真正使人人懂得法律，使越来越多的人不仅不犯法，而且能积极维护法律。他还说，加强法制重要的是要进行教育，根本问题是教育人。法制教育要从娃娃开始，小学、中学都要进行这个教育。我们要以小平同志的这些论述为指导，深入持久地开展法制宣传教育，把它作为我国社会主义民主法制建设的基础工作，努力在全社会造成严格执法、守法和护法的良好的法制环境。

同志们，社会主义民主和法制建设是我国社会主义建设事业中的一个长期性的根本任务，是一个不断发展和完善的过程。日新月异的新形势与改革、开放和建设出现的新情况、新问题，要求我们广大干部，特别是各级领导干部认真学习邓小平同志的社会主义民主法制理论，切实增强民主法制意识，提高依法行政、依法治国的水平，努力为社会主义民主法制建设做贡献。

为建设社会主义市场经济的法律体系而努力*

（一九九四年十一月九日）

记者：1994 年是全国人民代表大会成立四十周年，请副委员长介绍一下人民代表大会的发展历程。

王汉斌：1949 年中华人民共和国诞生，开辟了中国历史上从未有过的人民当家作主的新纪元。代行全国人民代表大会职权的中国人民政治协商会议第一届全体会议通过的《共同纲领》，确定了我国的政权制度是人民代表大会制度。建国初期，我们在恢复国民经济的同时，进行了一系列的政治和社会改革，提高了人民的组织程度和觉悟程度，为实行人民代表大会制度准备了条件。随着国家进入大规模经济建设的新时期，为了进一步巩固人民民主，充分发挥人民群众参加国家建设的积极性，建设完备的国家政治体制，召开各级人民代表大会会议就提上了重要日程。1953 年下半年到 1954 年上半年，在全国范围进行了第一次

* 这是王汉斌同志的答记者问。

空前规模的普选。在普选的基础上，由下而上逐级召开了地方各级人民代表大会会议。1954 年 9 月 15 日，第一届全国人民代表大会第一次会议庄严开幕。这次会议制定的我国第一部社会主义类型的宪法，对人民代表大会制度作出了比较完备的规定，确立了全国人民代表大会为最高国家权力机关和国家立法机关，它的常设机关是全国人大常委会，国务院是最高国家权力机关的执行机关，是最高国家行政机关。按照宪法规定，由全国人民代表大会选举或者决定产生中华人民共和国主席和全国人大常委会、国务院、最高人民法院、最高人民检察院等国家机构的领导人。至此，我国以人民代表大会为基础的政权制度全面确立，国家权力开始由人民选举产生的人民代表大会统一行使。这是加强我国人民政权建设的重要步骤，是社会主义民主和法制建设的一个重要里程碑。

我国人民代表大会建立至今已经 40 年了。40 年来，人民代表大会制度建设经历了一个曲折发展的过程。总结历史的经验，集中到一点，就是在任何时候、任何情况下，都必须坚持和完善人民代表大会制度。40 年来的实践表明，人民代表大会制度体现了我们国家的性质，体现了人民当家作主管理国家事务的权利，符合我国国情。按照这一根本政治制度办事，既是实现党对国家事务领导的一大特色和优势，也是发展社会主义民主的必由之路。重视和发挥人民代表大会制度的作用，对于维护国家的稳定和长治久安，充分发扬社会主义民主，保障和促进社会主义事业的顺利发展，具有十分重要的意义。党的十一届三中全会以来，各级人大及其常委会履行宪法和法律赋予的职责，认真行使立法、监督、决定重大事项和任免国家机构领导人等项职权，取得了重大成绩，得到了人民群众的信任和拥护。每年召开的全国人民代表大会会议，更是受到全国人民的关心和国外的瞩目。

记者：谢谢您刚才的介绍。作为最高国家权力机关，全国人大及其常委会的根本任务是什么？

王汉斌：全国人大是最高国家权力机关，也是国家立法机关。它的基本任务是修改宪法，制定法律，解释宪法和法律，选举和决定国家机构的领导人，审查和批准国家预算和国民经济社会发展计划，对国家的重大事项作出决定，监督国务院、中央军事委员会、最高人民法院、最高人民检察院的工作。可以说，发展社会主义民主，健全社会主义法制，是全国人大及其常委会的一项根本任务。1978 年邓小平同志指出："为了保障人民民主，必须加强法制。必须使民主制度化、法律化，使这种制度和法律不因领导人的改变而改变，不因领导人的看法和注意力的改变而改变。"15 年来，国家在加强社会主义法制建设方面已经取得很大的成绩。全国人大修改制定了宪法，全国人大及其常委会以宪法为依据，制定了一系列民事的、刑事的、诉讼程序的、国家机构的和经济的、行政的法律，通过了一批有关法律问题的决定。现在可以说，在国家的政治生活、经济生活、社会生活的基本的、主要的方面基本上已经有法可依，过去一个时期存在的那种无法可依的状况已经大为改观。

记者：中共十四大确定中国经济体制改革的目标是建立社会主义市场经济。立法是全国人大及其常委会的一项重要使命，您能否谈谈全国人大及其常委会制定与社会主义市场经济有关的法律方面的情况。

王汉斌：1979年国家确定集中力量进行社会主义现代化建设、实行改革开放以来，全国人大及其常委会一直把制定经济和有关改革开放的法律作为立法工作的重点，以法律保障经济建设和改革开放的顺利进行和健康发展。在已制定的179个法律中，这两方面的法律有123个。1986年制定的民法通则，明确规定民法是调整平等主体的公民之间、法人之间、公民和法人之间的财产关系和人身关系，调整横向的财产关系、经济关系，明确了商品交换的当事人的地位和权利是平等的，应当遵循自愿、公平、等价有偿、诚实信用的原则，并确立了法人制度，这是调整社会主义市场经济关系的一部基本法律。八届全国人大常委会进一步提出把立法工作特别是经济立法放在第一位，在八届全国人大任期内大体形成社会主义市场经济法律体系框架的立法目标，并制定相应的立法规划。社会主义市场经济体制的建立和完善，必须有完备的法制来规范和保障。过去我们虽然在立法工作方面取得了明显的进展，但是还不能适应健全社会主义法制建设，特别是建立社会主义市场经济的需要。一年多以来，全国人大及其常委会大大加快了经济立法，特别是在大大加快有关调整社会主义市场经济关系的立法步伐方面，取得了很大的成绩。其中最重要的是，八届全国人大一次会议通过了宪法修正案，明确规定“国家实行社会主义市场经济”，“国家加强经济立法，完善宏观调控”。同时，一年多来还制定了有关调整社会主义市场经济关系的法律19件。

记者：请您具体谈谈制定了哪些调整社会主义市场经济关系

的法律，这些法律对建立社会主义市场经济将会发挥哪些作用？

王汉斌：近一年来制定的调整社会主义市场经济的法律，包括了调整社会主义市场经济需要的各个方面的法律。其中：

——有的是规范市场经济主体的组织、建立现代企业制度的法律。1993年12月，全国人大常委会制定了我国第一部公司法，这是我国法制建设和建立社会主义市场经济法律体系的一件大事。这部法律对主要的现代企业有限责任公司和股份有限公司的设立、组织机构、财产责任等，作了一系列的规定，并且根据我国社会主义制度的特点，对国有独资公司作出专门规定。这就从根本上改变了我国近些年来公司林立却无法可依的局面。同时，我们还修改和制定了会计法和注册会计师法，促进企业的财务会计制度符合现代企业制度的要求。

——有的是规范社会主义市场经济主体行为、维护社会主义市场经济秩序方面的法律。全国人大常委会制定了产品质量法、反不正当竞争法、消费者权益保护法、标准化法、广告法，同时还修改了经济合同法、专利法、商标法，这一系列法律，为保证提高产品质量，实行公平竞争，保护知识产权，维护经营者和消费者的合法权益，促进社会主义市场经济的健康发展，将会发挥重要作用。近年来经济纠纷越来越多，处理难度很大，最近全国人大常委会制定的仲裁法，根据发展市场经济的需要，对现行的仲裁制度作了重大的改革，是公正、及时处理经济纠纷的重要法律。

——有的是加强市场经济宏观调控方面的法律。主要是制定了预算法。这部法律不但对健全国家对预算的管理，而且对加强国家宏观调控，保障经济、社会的健康发展都是很重要的。

——有的是适应对外开放需要的法律，如对外贸易法。我们实行对外开放，必须使对外贸易规范化，与国际通行的规则相适应或接轨。这部法律将促进对外经济关系的发展。

——有的是发展社会主义市场经济急需的法律，如城市房地产管理法。房地产市场是社会主义市场经济中出现的新兴市场，这几年发展很快，但有些混乱现象，迫切需要纳入规范化的法制轨道。这部法律的制定，对房地产市场的健康发展，将会发挥重要作用。

——有的是社会保障方面的法律，如劳动法。这是一部保护劳动者合法权益，全面规范劳动关系的基本法。我们还需要进一步制定有关的配套的劳动保护和社会保障方面的法律。

记者：金融在市场经济中占有重要位置，请您谈谈金融方面的立法情况。

王汉斌：发展金融市场、运用金融手段，对调控和发展社会主义市场经济正在发挥越来越重要的作用。这是我们经济立法的薄弱环节，当前迫切需要着重抓紧制定这方面的法律。现在已经提请全国人大常委会审议的中国人民银行法、商业银行法和证券法，是规范金融证券市场很重要的基本法律。同时，有关部门还在抓紧起草票据法、担保法，这是同银行法相配套的法律。这些法律的制定，将使我们在金融方面具有比较完备的法律。

记者：目前经济犯罪的情况很严重，请您从立法角度谈谈如何及时、严厉地惩治经济犯罪。

王汉斌：随着我国经济的迅速发展和变化，出现了一系列新的经济犯罪活动，危害极大。需要对刑法及时作必要的补充修改，坚决打击和制止这些经济犯罪活动。为此，全国人大常委会已经制定了惩治生产销售伪劣商品、偷税抗税、假冒注册商标、侵犯著作权犯罪的规定，还将针对违反公司、证券管理犯罪，伪造、贩卖假币，伪造、贩卖、代开、虚开增值税发票，伪造金融票据进行金融诈骗等严重经济犯罪，制定相应的刑事处罚规定，充分运用法律武器保障社会主义市场经济和改革开放的顺利发展。

记者：您是否可以告诉我们，立法任务这样繁重，那么，八届全国人大任期内能实现已经提出的立法目标吗？

王汉斌：前面所讲的一年多来全国人大及其常委会制定和审议的法律中，有一批是调整社会主义市场经济很重要、很迫切需要的法律。现在，在党中央、全国人大常委会和国务院的领导下，全国人大各专门委员会，国务院各有关部门都在抓紧起草有关调整社会主义市场经济的法律，经济立法工作正在卓有成效地进行。看来，在未来 3 年多的时间里，我们有条件把调整社会主义市场经济的一系列重要的、基本的法律制定出来，实现在八届人大任期内大体形成社会主义市场经济的法律框架这一立法目标，并在邓小平同志建设有中国特色的社会主义理论指导下，进一步努力争取建设有中国特色的社会主义法律体系。

记者：监督、检查法律的实施情况是一个重要的问题，请您谈谈如何强化这方面的工作。

王汉斌：从人大及其常委会来说，不仅要抓立法，还要切实抓紧抓好对法律实施的检查监督。近几年来，全国人大常委会把对法律实施的检查监督放在同立法同等重要的地位，不断改进执法检查工作，取得了一定成效，但还很不够。各级人大常委会要把更多的精力放在执法检查上，进一步强化执法检查的力度。执法检查要重点深入，重点突破，每年抓一两个方面法律实施情况的检查，以这种以点带面的方式来影响、促进其他法律的实施。对执法检查中发现的重大违法犯罪行为，要交给司法部门依法严厉惩处。要认真总结执法检查的经验，进一步加强领导，改进方式，提高实效。还要围绕改革和建设的重大问题，加强对行政、审判、检察机关的工作监督，促进各项改革措施的落实。总之，国家权力机关的监督面临的任务是繁重的，人民群众寄予很大期望。我们应当按照宪法和法律的规定，进一步健全监督机制，保障社会主义市场经济健康发展。

记者：感谢您发表的上述谈话，谢谢。

建设现代化法制国家的重要标志*

（一九九四年十二月二十日）

国家赔偿法从明年1月1日起就要实施了。今天召开这个座谈会，很有必要。刚才几位同志的发言，我觉得都很好，对我很有启发。

国家赔偿法的制定和实施，是我国社会主义民主和法制建设的一件大事。它与1989年七届全国人大二次会议通过的行政诉讼法相配套，确立了我国国家赔偿的法律制度，在保障公民的基本权利和促进国家机关及其工作人员依法行使职权方面迈出了重要步伐，是我国建设社会主义现代法制国家的重要标志。

去年我到北欧访问，这些国家的议会跟我谈人权问题。我对他们说，中国非常重视保护公民权利，我国宪法对保障公民的政治权利、人身权利、财产权利，还有劳动权、教育权、休息权、社会保障权等基本权利作出了一系列的规定。全国人大及其常委会一贯非常重视用制定具体法律保障宪法规定的公民的基本权利

---

* 这是王汉斌同志在实施《中华人民共和国国家赔偿法》座谈会上的讲话。

的实现，先后制定了选举法、集会游行示威法、民法通则、著作权法、义务教育法等重要法律。对社会上的弱势群体，如残疾人、妇女、儿童的权利的保护，全国人大及其常委会还制定了残疾人保障法、妇女权益保障法、未成年人保护法等法律。我们国家专门制定了行政诉讼法，规定公民的合法权益受到国家机关和国家机关工作人员的违法侵犯时，有权提起行政诉讼，要求赔偿损失，即“民可以告官”。为了保证行政诉讼法的实施，我们又制定了国家赔偿法。这两部法律都是保障公民基本权利的非常重要的法律。我说，中国努力采取实际行动保障人权，特别是通过制定具体法律切切实实地保障公民的基本权利，而不是仅作原则规定。

宪法规定，中华人民共和国的一切权力属于人民。政府的权力，来自人民，是人民通过国家权力机关制定的法律规定授权的。因此，政府必须依法行使行政职权，不能违法侵犯公民的基本权利，这是现代国家政府运转的基本准则。那么，如果公民认为行政机关和行政机关工作人员侵犯了他的合法权益，能不能通过诉讼得到救济呢？这方面行政诉讼法已经作了规定。但是赔偿问题单靠行政诉讼法还不够，还要有国家赔偿法。有了这两部法律，就能够使政府真正承担起行政行为的责任，公民的合法权益也就有了更切实的保障。这对于改善党和政府同人民群众的关系，保证依法行政，提高行政工作效率，都是至关重要的。

制定国家赔偿法不是件容易的事，首先是观念问题。过去公民的合法权益受到行政、司法机关的违法侵犯，要求赔偿怎么办，主要是靠政策或者靠落实政策，伸缩性太大，执行起来非常困难或者没有赔偿。一九八二年宪法写了“由于国家机关和国家工作人员侵犯公民权利而受到损失的人，有依照法律规定取得赔偿的权利”，这是经过认真研究的。实际上，一九五四年宪法就已经写了这个内容。但是，由于对赔偿的范围、程序、标准等缺乏具体规定等原因，一直难以实行。当然，也不是完全没有实行。1989年行政诉讼法通过后，我们即组织起草行政诉讼法的专家负责起草国家赔偿法，紧接着发生那场政治风波后，有的同志提出还要不要搞国家赔偿法？他们担心搞国家赔偿法会使行政机关束手束脚。我们研究后认为，还是要坚持小平同志提出的发展社会主义民主，健全社会主义法制。建设社会主义现代化国家，必须要有现代法制观念。封建社会讲的是人治，就是官吏专制，皇权至上，哪会有什么国家赔偿法？要建设现代法制国家，政府就必须对行政机关违法侵犯公民合法权益承担责任，就必须实行宪法规定的国家赔偿制度。

制定国家赔偿法，也是充分考虑了我国的现实情况的。有的同志担心，国家财政负担不起。我们考虑，同赔偿要求比较高的国家比起来，我们对赔偿的范围、赔偿的标准，开始可以定得窄一点、低一点，将来有条件时再逐步放宽。这样做，法律制定后才能切实实施。关键是这个制度已经建立起来了，这是最重要的。

无论是行政诉讼法还是国家赔偿法，大家都强调实施的问题。这确实非常重要。制定行政诉讼法时争论比较大，一是认为这是超前立法，二是认为有了行政诉讼法，政府没法工作了。但从这几年实施的情况来看，行政诉讼法并没有影响行政机关的正常工作，包括计划生育工作，不能说这几年实施行政诉讼法以后反而做得不好了。相反地，目前不是老百姓告状的多了，政府不好工作了，而是老百姓不敢告状，法院也怕受理。刚才不是有同志讲到要人家撤诉吗？法律规定不能要人家撤诉，除非本人自愿。但为什么还要撤诉呢，因为我们行政机关还是处于强势。关于大家担心的赔偿经费来源问题，财政部对建立国家赔偿制度很赞成，所以在法里规定了国家赔偿经费列入财政预算。我们也研究了，其他国家也是这样做的。

国家赔偿法就要实施了，各级行政机关、审判机关、检察机关和各有关方面应当积极做好这部法律的宣传、普及工作，认真做好实施前的准备工作。公民、法人和其他组织要认真学习国家赔偿法，了解国家赔偿的范围和要求赔偿的程序，以便运用国家赔偿法来维护自己的合法权益。

希望消费者协会为老百姓办更多的“功德”事*

（一九九四年十二月二十六日）

这几年来，我国制定了消费者权益保护法、产品质量法、标准化法、反不正当竞争法、广告法，还有惩治假冒商标犯罪、惩治制售伪劣商品犯罪的决定等等，这是一系列配套的法律，或者说是一个系统工程，是规范商品生产者、经营者的行为，维护消费者和商品生产者、经营者的合法权益的，也是保护消费者权益的比较完备的法律体系。我们讲，建立和发展社会主义市场经济，要用健全的法律来规范，来保障。我们这一系列法律就是维护社会主义市场经济秩序，促进社会主义市场经济健康发展的法律体系。这个法律体系对保障和促进社会主义市场经济的健康发展是非常重要的。

我们的法律是保护人民的。有一种看法，一提到法律，加强

---

* 这是王汉斌同志在纪念中国消费者协会成立十周年暨《中华人民共和国消费者权益保护法》实施一周年座谈会上的讲话。

法制，就好像只是管老百姓的。这个看法不对或者不全面。加强法制，当然要人民遵守法律，同时，我们要依靠实施法律，维护社会治安，查处违法犯罪行为，打击经济犯罪和其他刑事犯罪等等，从根本上说，都是为了打击坏人坏事、保护人民的。我们的法律，是规范公民、法人，以及政府的行为的，是全国人民意志和利益的集中体现。制定法律的根本立足点和出发点就是保护最大多数人民的最大利益。消费者权益保护法，还有消费者协会，顾名思义，就是保护消费者，也就是保护广大人民的权利和利益嘛！我们的法律是保护人民合法权益的，这是一个很重要的观念。1985 年底全国人大常委会通过第一个普及法律常识的决议，当时对决议草案作了重要修改。原来草案只提“为了增强我国公民的法制观念，使每个公民知法、守法，养成依法办事的习惯”，人大常委会在审议时修改为“使广大人民知法、守法，树立法制观念，学会运用法律武器，同违反宪法和法律的行为作斗争，保障公民合法的权利和利益，维护宪法和法律的实施”。也就是说，不能只要人民守法，更重要的还要依靠人民群众运用法律武器，积极地同违反宪法和法律的行为作斗争，维护人民的合法权益，维护宪法和法律的实施。这对我国民主法制建设具有重大的意义。消费者权益保护法和消费者协会都是保护人民的。你们大概没有限制人民的行为吧？(回答：没有！)所以无论是消费者权益保护法，消费者协会，都是为人民办好事、办实事的。应当看到，一个人如果买了一件伪劣商品，比如彩电，买回去图像出不来，或图像模糊，或经常出故障，这对他来说，损害了他的利益，甚至是很大的损害。那么消费者权益保护法和消费者协会就可以帮助他解决问题，人民有困难就可以到消费者协会去投诉。中国消费者协会成立十年来，为保护消费者权益做了大量的有成效的工作，特别在受理投诉，为消费者排忧解难方面做了好多工作，这是很大的“功德”。这个工作一定要坚持下去。这是真正为老百姓、为人民服务，办好事，办实事。现在，有了消费者权益保护法，希望你们把这方面的工作做得更好。在制定消费者权益保护法的时候，我是主张规定明码标价的。当然摊贩就不好说了，但有铺面的，有柜台的，就必须明码标价。为什么要明码标价呢？好让消费者有个比较呀！到这个店买一件衣服一千元，到那个店只要五六百元，消费者为什么要到这个店买呢？他就有这个比较、选择的自主权嘛！还有一个问题，我们有些商店过去有“官商”作风，货物出门概不退换。消费者权益保护法怎么规定的？（插话：有些大商场比较好，可以退换或者退货）恐怕要研究一下。你产品不合乎规定的质量和规格，或者叫不合格品，是不是应该退换或者退货？一个从美国回来的学生给我讲，在美国允许退货。衣服穿了觉得不合适，就可以退货，甚至他穿着这套衣服参加宴会回来还可以退货。当然我们不能做到这点，不能有这么高的标准。但是你伪劣商品、不符合质量和规格的商品，应该可以退换或者退货，消费者权益保护法对此作了明确的规定。这方面，消费者协会做了很多工作，使消费者权益保护法能够贯彻执行，消费者受到的损失能够得到补救或者叫救济，你们就是为人民做了好事。

消费者协会、消费者权益保护法对保障公民的切身利益发挥了或者将会发挥很大的作用。消费者权益保护法是部很重要的法律。希望这部法律能够得到很好地宣传和贯彻执行。希望消费者协会能够在这方面发挥更大的作用，给老百姓办更多的“功德”事，把保护消费者权益，促进社会主义市场经济健康发展的工作做得更好。

选举法和地方组织法修改的几个问题*

（一九九五年一月十八日）

今天，我对有关选举法和地方组织法的修改问题作一些解释。这次修改选举法和地方组织法，是全国人大常委会为发展社会主义民主、加强社会主义法制，完善人民代表大会制度所采取的一个具体步骤。选举法和地方组织法从1979年修订到现在，已经进行过两次修改，1982年修改一次，1986年修改一次。这次是第三次修改。从选举法和地方组织法的修改过程也可以看出我国人民代表大会制度在不断完善。这次对选举法和地方组织法的修改，经过了较长时间的酝酿讨论，向地方的同志反复征求意见。1988年七届全国人大一次会议后，全国人大常委会法工委就找地方人大的同志开会，提出修改选举法和地方组织法的十个问题，作为讨论的基础，请地方人大的同志研究。此后，根据各地的意见，草拟了修改选举法和地方组织法的两个修改决定草

* 这是王汉斌同志在修改选举法和地方组织法座谈会上的讲话。

案，1991 年报全国人大常委会党组。当时由于对一些问题看得还不太清楚，有些问题还有不同意见，修改工作搁置了一段时间。1993 年全国人大修改宪法，将县级人大的任期由三年改为五年，这样，地方组织法的有关规定就要作相应的修改。同时，由于县乡两级人大任期不同，县乡选举分开，需要进一步研究改进选举工作，于是选举法和地方组织法的修改工作再次提到议事日程上来，列入了第八届全国人大常委会的立法规划。法制工作委员会对两法的修改问题作了进一步的研究，并在 1994 年 5 月在广东惠州召开了十二省、市人大同志参加的修改两法座谈会，对两个修改决定草案进行了反复的研究讨论修改，于 1994 年 12 月向全国人大常委会提出了选举法和地方组织法的修改决定草案。我今天主要就草案中一些有争论、有不同的意见或者是认识上还不太明确的问题，作一些解释。

一、关于地方各级人大代表名额问题

这是修改选举法的一个比较大的问题，也是大家比较重视、比较关心，而又是争论比较多的问题。现在草案提出的代表名额方案，是个减少代表名额的方案，同时也是把确定代表名额规范化的方案。对于这个方案，地方的同志大多不太赞成。地方人大代表名额需要减少的问题，不是现在才提出来的，这个问题在 1986 年修改选举法时就提出来了，事实上，早在 1979 年修订选举法时，就提出了要减少代表名额的问题。1953 年选举法规定的代表名额比较少，后来增加很多，1979 年修订选举法时曾设想对代表名额要作比较大的变动和减少。民政部提出了减少代表名额的方案，但当时有些地方反映代表名额减少太多，一下子难以做到。因此，在选举法最后通过之前，彭真同志决定改为“由各省、自治区、直辖市的人大常委会，按照便于召开会议，讨论问题和解决问题，并且使各民族、各地区、各方面都能有适当数量的代表的原则自行决定”。虽然改为由各省自行决定代表名额，但是有一条，就是要“便于开会，讨论问题和解决问题”，这个原则的意思就是要减少代表名额。当时彭真同志对这个问题专门作了一个说明，他说：经验证明，代表人数太多，并不便于代表充分讨论和决定问题。代表大会人数不要太多，既要包括各方面的代表，又要便于开会、讨论问题和决定问题，现在代表人数恐怕是偏多了，恐怕还是少一点好。1980 年，中央批转民政部党组的报告，提出县级人大代表的名额不宜过多，建议最多不要超过 450 名。从以上情况看出，1979 年就提出了减少代表名额的问题。

1986 年修改选举法，全国人大常委会办公厅和法工委提出了地方各级人大代表名额方案，这个方案报给中央，中央书记处专门开会讨论。并在 1986 年 12 月 8 日作了批示，批示说：“中央书记处原则同意全国人大常委会机关党组关于地方各级人大代表名额问题的请示，现转发给你们。中央书记处认为，为了有利于各级人民代表大会有效地行使宪法规定的国家权力机关的职权，按照选举法有关规定和精简效能的原则，适当减少各级人大代表名额是适宜的。关于县乡两级人大代表名额，参照这个方案研究执行。”中央当时原则批准了这个方案。中央书记处批示的主要精神有两条，一是要减少代表名额；二是县乡两级要参照这个方案来办。这个方案实行几年来，各省人大代表名额总的来讲都有所减少，但是有的省减的多一些，有的省减的少一些。从全国来看，四川省是按这个方案办的，而其他省大多都没有完全按照这个方案执行。

这次修改选举法，要不要按照 1986 年这个方案办？考虑到 1986 年的方案中央已经原则批准了，而且经过两次换届选举，应当说按照方案达到要求问题不大，在法律上把它肯定下来已具备条件。因此，在征求意见的草案中，对这个问题按照 1986 年方案作了规定。1994 年在广东惠州开会专门征求意见时，各地的同志多不赞成，还是愿意按照 1979 年的做法，即由各省、自治区、直辖市人大常委会来决定。主要问题是代表名额减少有困难。由于各地都不同意，所以向中央汇报提出修改草案时，我们就没有将 1986 年方案作为正式修改方案写进去。但是在向中央的请示报告中，专门提出了这个问题。我们认为 1986 年方案现在看还是适合的，经过了八年，应该是可以做到的。但是各地都不同意，所以草案没有写，现在请中央考虑，是否还是按 1986 年中央已确定的方案办。经中央讨论后，还是同意按照 1986 年的方案执行。我们按照中央的意见，将 1986 年方案正式写进了修改草案。这里我对修改草案的规定作点说明。

第一，在代表名额问题上，主要是过去对代表名额的规定不规范，代表名额太多。1979 年时，四川省的人大代表名额达到 1950 名，还有 5 个省的名额超过 1000 名。有的省人口少，代表名额多；有的省人口多，代表名额少；有的人口差不多的省，代表名额却相差悬殊，所以很不规范。代表名额是选举法一个很重要的内容，是选举法不可缺少的内容，选举法应该对代表名额作出具体规定，而不是作灵活规定。1953 年选举法就对省、市、县的代表名额作了规定，当然这是个有幅度的规定。但是我们经过这么多年对代表名额没作规定，不适合。另外从规范化的要求来说，规定代表名额是必须做到的事情。这次对选举法的修改，有一个很重要的原因是要做到规范化，要使选举制度不断完善。

代表名额的问题要规范化，县乡多少人选一名代表，省市代表应该是多少，都应当有统一的规范。这次我们采取的办法是按 1986 年的方案，是地区和人口数相结合的办法。就是采取按省、市、县、乡的基数和按一定的人口数相结合的办法。美国有参议院和众议院，参议院选举按地区，众议院选举按人口数。我们把这两者结合起来，按地区基数和按人口数，即多少人选一名代表，结合起来确定代表名额。考虑到各省、自治区、直辖市的人口数差别较大，比如四川有一亿多[①]，西藏只有 200 多万，如果完全按人口数，代表名额就相差很大，所以规定一个基数，能够解决名额相差悬殊的问题。由于各省的基数是一样的，省与省之间就能够稍微平衡一点。当然也有差别，根据现在的方案，最少的也有 300 多代表，最多的是四川，有 1000 名，不是相差太悬殊。再一个考虑是省、市、县、乡代表名额应当不同，上级人大应该比下级人大的代表名额多一些。就是省应该比辖区的市多，辖区的市应该比县多，县应该比乡多。所以有不同的基数，省级的基

① 当时重庆市仍归四川省管辖。

数是300，辖区的市是200，县级是100，乡级是30[①]，就是要不同层次应该有不同的代表名额。这次修改选举法，不单是要减少代表名额，实际上更重要的是规定代表名额的产生办法，全国作了统一的规范，省、辖区的市和县级，多少人产生一名代表，都作了统一的规范。在选举制度的规范化方面前进了一大步，就解决了一九七九年发生的问题，即人口多的省代表少，人口少的省代表多，人口差不多的省代表名额相差悬殊的问题。

第二，按照修改方案，大部分地方的代表名额会减少，其中江苏、河北、湖北、浙江等省减得比较多，最多的减少200多名。按照现在的方案，代表名额是不是就少了呢？我的看法不是少了，还是多了。同世界各国相比较，我们的代表名额还是多了。我昨天专门让研究室查了世界上大的国家议会议员名额，美国众议院435人，2亿多人口；日本1亿多人口，议员511人；法国577人、意大利630人，印度是和我们人口差不多的，议员只有540人；巴西1亿多人口，470人。我也了解了菲律宾、越南和老挝的情况，菲律宾众议院是250人，6400多万人口；越南国会395人，7000多万人口；老挝85人，470万人口。按我们现在的方案，我们有的乡人大代表有100多人，比老挝一个国家的议员还多。所以和世界各国比较起来，我们的代表名额就是减少了以后，我觉得还是多的。

第三，代表名额减多了是不是就行不通？我看也不是这样

① 2010年3月14日，全国人大对选举法进行第五次修正，规定代表名额基数省级是350名，设区的市是240名，县级是120名，乡级是40名。

的。1982 年全国人大代表名额从 3400 多减少到 2900 多，减少 500 多名，当时中央决定全国人大代表不要超过 3000 人。这 500 多代表是怎么减的？主要是从解放军和北京、天津、上海的代表中减的。当时军队代表从 503 人减到 267 人，减了 230 多人，差不多一半。北京是减少比例最大的，从 217 人减少到 70 人，减少了 147 人；天津从 121 人减少到 51 人，减少了 70 人；上海从 184 人减少到 82 人，减少 102 人。全国减少 519 人，京津沪加上解放军减少了 550 人，别的省有的有增加。就这四家承担了减少代表的名额，也都减下来了。当时上海一再打报告，反映代表减的太多，实在安排不下来，也没有答应给上海增加名额，也解决了。七届、八届上海也就没有再提出增加名额，所以咬咬牙就解决了。从各地来看，也是这样，1979 年四川 1950 名代表减到 1475 名，减了不少。1986 年又减到 1000 名，一共减了 950 名。还有一些地方从 1986 年到现在也减了不少。这说明只要下决心，咬咬牙，代表名额能够减下来，减少代表名额的问题是能够解决的。

第四，代表名额为什么减不下来，就是要照顾的方面太多。代表名额照顾应当是一些大的方面，比如文艺界，是一个大的方面。文艺界，这是一个概念。如果文艺界再分音乐、戏剧、电影、文学、美术，这又是一个概念。如果再进一步分，戏剧里面京剧、越剧、沪剧、评弹等等，这么分下来就更多了。六届的时候，全国人大会议主席团名单里，演员就有七八位，相当不少。袁雪芬、常香玉、白淑湘都非常有名，如果分得太细，知名演员当代表的就多了，如果从大的方面考虑就不同。我们给中央报告里面讲大的方面，主要就是党外、妇女、少数民族、科技界、教育界、文艺界等。不能把照顾的面划得太细，全国共有6000多种职业，如果每个职业都要照顾，得有多少代表？但是大的方面是可以照顾到的。因此，照顾要从大的方面考虑，不能太细，不能都照顾，都照顾就没边了。

第五，有的同志说，地方人大代表减少，全国人大代表为什么不减少？全国人大代表也减少了。我只说1982年分配六届全国人大代表名额时就从3497名减少到2978名，减少了500多名，不是没减少。现在是不是还可以减少呢？我看也是可以研究的。虽然现在中央已把大的框框定下来了，但也可以研究。之所以要减少代表名额，目的就是代表名额少了便于开会讨论问题。人多了不便于开会，不利于提高议事效率。

第六，这次修改选举法，代表名额问题要规范化，全国统一规范，不再由各地自己定。各地自己定，就做不到统一规范。再说一点，要做到规范化，这次修改选举法代表名额定下来后，不再变动。各个国家议会都是如此，名额定了，以后不再变动，如果变动，那就需要修改法律。我们常常有个理由，人口增加了，代表名额就需要增加。其实这个理由不能成立。人口增加了，只是更多的人选一名代表嘛，并不一定要增加代表名额。美国众议院的名额435人，人口从1亿多增加到2亿多，议员名额还是那么多，固定不变。因此，代表名额定下来后，不要再变动，这也是规范化的一个内容。包括常务委员会的组成人员的名额，也应该规范化，固定下来了，以后不再变动。几次换届选举前，好几个省都提出要增选人大常委会委员，因为一些同志要到人大常委会，要求增加常委会组成人员名额。我们都答复，本届内不要再增加名额。按道理应该是常委会名额定下来就不再变，一届内就更不应该变。这一点我们全国人大常委会做到了，从六届起，全国人大常委会组成人员就都是155名。六届时有一次提出补一位离职的部长当常委会委员，当时委员长会议研究，155名还是不要动。后来请示中央，中央也同意不突破这155名的名额[①]。规范化的内容包括代表名额和常委会组成人员名额固定下来。

二、关于农村和城市每一代表所代表的人口数的不同比例问题

1953年选举法规定，农村与城市多少人选一名代表的比例是不同的，县是四比一，省为五比一、全国为八比一。四十多年来，这个比例一直没有改变。农村与城市每一代表所代表的人口数不同，是不平等的。我们通常讲选举的基本原则是普遍、平等、直接、无记名投票。所谓平等，就是投票权平等，一人一票，无论城市、农村代表名额分配平等。邓小平同志在1953年“关于选举法（草案）的说明”中指出：“这些在选举上不同比例的规定，就某种方面来说，是不完全平等的，但是只有这样规定，才能真实地反映我国的现实生活，才能使全国各民族各阶层在各级人民代表大会中有与其地位相当的代表。”当时城市比农村比例少，是因为城市知名人士比较多，各界代表性人物也比

① 从十届全国人大常委会开始，全国人大常委会组成人员为175人。

较多，民主党派、工商界、知识分子中的知名人士比较多，所以是从我国的现实情况出发，规定城市比例小。小平同志接着又讲："随着我国政治、经济、文化的发展，我们将来也一定要采取……更为完备的选举制度"，"过渡到更为平等和完全平等的选举"。这次修改两法，我们研究，经过四十多年，特别是改革开放十多年来，我国政治、经济、文化已经有了很大的发展，城乡人口结构和比例也有较大的变化，城市人口将近3亿，比重增加了，在这种情况下，仍然维持原来的比例，就更不合理，更不平等。如现在我们农村人口8亿，城市人口3亿，如果按八比一的比例，农村选1000名代表，城市就要选3000名代表，8亿选1000，3亿选3000，显然是不合理。所以，这次修改选举法，关于代表比例问题也专门报告请示中央，同意把农村与城市选举代表的人口数比例改一下。第一步是根据新情况，缩小农村与城市每一代表所代表的人口数的比例，先统一改为四比一。即：将省、自治区、直辖市和全国这两级人民代表大会中农村与城市每一代表所代表的人口数的比例，从原来的五比一、八比一修改为四比一，自治州、县、自治县仍维持四比一不变。这样规定，比原来平等一点，但还没有解决不平等的问题。将来随着人口的变化和经济的发展，还要作进一步的改变。[①] 按小平同志讲的，要做到完全平等。现在先做第一步，我曾想县改为二比一，后来研究，还是先走第一步，全国统一四比一。代表人口数比例的修

① 2010年3月14日，全国人大对选举法进行第五次修正，规定农村和城市按相同人口比例选举人大代表。

改，也是选举制度改革、完善的一个重要内容。

农村和城市每一代表所代表的人口数比例改变后，各省、自治区、直辖市的全国人大代表名额将会发生变化。原来农村人口多的，代表名额将增加；原来城市人口多的，代表名额将减少。我们作了初步测算，按照八比一选举全国人大代表，1982 年是农村 104 万人选一名代表，城市是 13 万人选一名代表。如果改成四比一，农村是 82.5 万人选一名代表，城市是 20 万 6000 人选一名代表。当然实际上还有一定的误差，这个数字只是想说明一下比例的变化。由于城市从 13 万人增加到 20 万人，城镇人口多的地方，全国人大代表的名额就要相应减少。测算下来，京津沪首当其冲，京津沪减少 11 名到 14 名不等，另外减得多的是辽宁、黑龙江、吉林，分别减少 10 名到 20 多名不等，江苏、广东、湖北、广西等省、自治区则会增加 10 多名。东三省原来的全国人大代表名额就比较多，适当减少一些，问题并不大，这比北京、上海、天津 1982 年减少的名额要少得多。京、津、沪这次减少较多，可以研究一个适当的照顾办法。另外，一些少数民族比较多的地方，一个少数民族虽然只有几千人，也要选一名代表，所以要研究对少数民族多的地方，还要有特别照顾的办法。总之，农村和城市每一代表所代表的人口数的比例改变后，各地应选全国人大代表的名额会有变化，这是必然的。如果还跟过去一样，也就没有改变的必要了。根据人口比例变化各地代表名额虽然有变化，但是总的名额没有变，在总的名额框架里面，按照比例变化有多有少。六届、七届、八届我们注意到分配给地方的名额都固定下来。中央分配名额、解放军名额没有变，这是从规范化出发考虑的，这次比例改变后，分配给地方的总名额还是不变，只是各地有点变动。这也是这次修改选举法的重要方面。

三、关于划分选区问题

这个问题主要是县、乡选举、选区划分不规范。多少人选一名代表，没有一定的准则。1953 年选举法是按单位和居住地区来划分选区，重点是按单位。1986 年修改选举法时，觉得按单位有问题，强调按居住地区划分选区，规定中把居住地区写在前面。现在在县级人大代表选举中，有些地方比较重视按单位划分选区。有的一个很小的单位，特别是县直机关，也选一名县代表。而有的街道选区，人口数很多的只选一名代表，两者很不平衡。因此，这次修改，强调城镇各选区每一代表所代表的人口数应当大体相等，农村各选区每一代表所代表的人口数也应当大体相等，相差不能太悬殊。比如城镇测算下来一万人选一名代表，就要按一万人划一个选区。农村测算两万人选一名代表，就按两万人划一个选区。应当是一样的，不能有的一千人是一个选区，有的几万人是一个选区，这样不行。

单位太小，不能单独划分为一个选区怎么办？我们建议，单位小的就和街道划在一个选区里。从世界各国的情况来看，选区都是按居住地区来划分的，很少有按单位划分的。按单位是我们从产业工人按工厂单位选举来考虑的，真正讲还是应当按居住区来划分选区。1986 年选举法修改就是要解决这个问题，即按居住地区划选区。当然，大的单位，够了选举一名代表的人口数，可以单独划分为一个选区，比如北京大学。

按居住地区划分选区，还有一个好处，就是本居住地区的居民，对本选区的事比较关心，参选积极性高。说实在的，在北京，中央机关的一些干部参加区里面选举的积极性并不高，为什么非要让中央机关干部参加区人大呢？让那些热心街道事务的居民参加区人大不好吗？而且机关多的地方，区代表中机关干部也多，很难工作。所以人口少的单位就与街道划一个选区参加街道选举，而不是自己单独作为一个选举单位。希望能注意一下这个问题。

四、关于差额选举问题

1979 年五届全国人大二次会议通过的选举法和地方组织法，就规定了差额选举人大代表和地方国家机关领导人员。1980 年党中央《关于党内政治生活若干问题的准则》，规定党内选举要实行差额选举，不搞等额选举。“文革”前我们都是实行等额选举，无论是党内，还是人大，都是等额，这个办法是抄苏联的。1982 年修改选举法和地方组织法时，虽然继续规定对国家机关领导人员和人大代表要实行差额选举，但规定比较原则，即一般要实行差额选举，可以通过预选确定正式候选人，在正式选举时可以实行等额选举，因此事实上各地在正式投票时还是实行等额选举。对人大代表明确规定实行差额选举，各地能办到；对地方国家机关领导人员实行差额选举就比较难。所以，当时选举地方国家机关领导人员时，事实上仍是实行等额选举。1986 年修改选举法和地方组织法时，明确规定了副职的候选人应比应选人数多一至三人，明确要进行差额选举。对正职的规定，则比较灵活。由于作出了这样的规定，1986 年以后就出现了党委提名的政府副职领导人不能当选的现象，于是开始出现争论。这次修改两法，对这个问题就有两点争论：一是政府正职要不要实行差额选举，就是省长要不要差额选举。有的同志主张省长应该实行等额选举，不要差额。因为大家都知道，这次选举有两个省党委提名的候选人没有当选。1986 年修改选举法和地方组织法时，考虑到正职候选人不太容易提出来，因此作了灵活规定：正职一般实行差额选举。在实际选举中，许多地方都有代表提出了候选人。有的地方提出，这样选举，临时换了党委提出的候选人，整个工作都受影响，不好做工作。当时彭冲同志主持，与中组部一起研究，提出个办法，就是如果提出候选人，就做候选人本人的工作，请候选人请求不提名作候选人，代表尊重本人意见，就解决了另提候选人的问题。有的地方就是这么做的。但是有的地方，代表虽然不另外提出候选人，可是投票时，另选他人，把党委提名的候选人选掉了。这次有落选候选人的省就有这种情况。还有一种情况，党委为了照顾某位老同志，提名为候选人，可代表知道这个候选人患了癌症，不能做工作。因此，无论党委怎么说服代表，代表就是不投他的票，也就落选了。这次两法修改方案向中央汇报，讨论正职选举要不要改为等额选举的问题，江泽民同志说：既然原来的规定比较灵活，并不是要求非差额不可。另外，整个人事安排确需某人当省长，也可以通过做工作来实现，还是有灵活的余地。因此，原则上维持原来的规定，只在文字上作适当的修改。

争论的另一个比较大的问题，是政府副职要不要实行差额选举。一些同志主张，政府副职候选人应当由正职提名，即副省长应该由省长提名，而不应该差额选举，应该提名表决。省长提名副省长、市长提名副市长、县长提名副县长，建立这样的制度不能说不对，如果从立法之初就确定这样的制度，不是不可以，国务院副总理都是由总理提名的，副省长为什么不能由省长提名呢？问题是为什么国务院和省要实行不同的制度呢？这并不是我们的发明，1954 年组织法就规定副总理由总理提名，副省长由主席团提名，因为当时是等额选举，也就不发生问题，1954 年的组织法就确定了两种不同的提名方法，并且一直延续下来。1979 年、1982 年、1986 年修改两法时，并没研究这个问题，一直照抄下来。1986 年政府副职实行差额选举时，才发生了问题。现在提出改为正职提名，就产生了争议。从这几年换届选举的实践来看，政府副职实行差额选举，没有什么问题。据了解，从 1986 年到现在，党委提名没有当选的，几届都不超过 2%。未能当选的，有的也是事出有因。改为省长提名，主要是各级党委、政府的意见。可是各级人大大多数都不同意，尤其是代表反映强烈，说我们就这么一点民主的权利，只有 2% 的权利，我们不赞成的才选不上，不赞成改。因此，这次修改两法，中央决定政府副职还是要实行差额选举，仍然维持原来的规定，副职候选人人数应比应选人数多一至三名。差额选举中怎么确定这一至三名的候选人数？就是由各省级人大开会通过的选举办法确定，差额数就由选举办法确定。如果只选一名，却差额三名，就不可能过半数。所以选一名，应当只差额一名。常委会副主任多，差额数可以多点。这个差额数由人大会议的选举办法具体规定。全国人大选举常委会委员也是通过选举办法确定差额数。这次修改草案规定，如果提名的候选人数超过了差额数，由主席团提交代表酝酿、讨论、协商，进行预选，根据得票多少的顺序，按代表大会通过的选举办法规定的差额数确定正式候选人。如果提名的候选人没有超过法律规定的差额数，也就不要搞预选，应直接进行投票选举。

再一个争论比较大的问题，也是与差额选举有密切关系的问题，即人大代表联合提候选人的问题。因为实行差额选举，所以要考虑代表可以联名提候选人。规定代表十人可以联名提候选人，这不仅仅是为了解决差额选举的问题，还有一个取代竞选的问题。当时有人主张竞选，而我们是不大赞成竞选的，规定代表十人联名可以提候选人，想任职的人可以通过代表联名提出来，可以解决不实行竞选的问题。我们看看现在一些西方国家，像法国、日本、意大利，还有我国台湾竞选发生的问题。竞选是要花大笔钱的，谁有钱谁当选。现在发生的政党丑闻，主要是竞选经费引出来的。要钱就由大老板出，出钱，包括数额就有个是否合乎法律的问题。最近台湾由于贿选受追究的人就不少，包括“县议长”、“副议长”。我们实行代表提名办法，规定提名人要介绍候选人的情况，候选人也可以到场回答问题。代表赞成的或者本人愿意的，都可以通过代表提名提出来。

现在实行差额选举，有的主席团提名的候选人落选，代表联合提名的候选人当选，于是一些地方党委、政府的同志要求取消关于代表十人联合提名候选人的规定，而各地人大同志认为，代表十人联合提名，是代表的民主权利，是社会主义民主的重要体现，应当坚持。代表联合提名是我国社会主义民主政治制度的发展，是选举制度的重大改革。我们以前没有这样的规定，现在规定，主席团提名的候选人和代表联合提名的候选人都要交由代表来讨论，根据多数代表的意愿来确定，这就是对选举制度的重大改进。征求意见时，各地人大都提出要坚持代表联合提名制度。但是对代表联合提名的联名人数可以研究作一些改变。经过反复调查研究，现在作了一些修改，主要是考虑各级人大代表的人数不同，各级人大代表提候选人的联名人数也可以有所不同，所以作了不同的规定，即省三十人联名，设区的市、自治州二十人联名，县乡十人联名。对这个修改，目前还有不同意见：一是建议用比例规定代表联名的人数，如有的建议规定全体代表的十分之一联名才可以提出候选人。二是不赞成改为三十、二十、十人，仍然主张维持原来十人联名的规定。现在这个方案，可以说是一个折中方案。从某种意义上说，这个方案也是按比例，它是按各级人大代表基数的比例，省人大代表基数是 300，联名人数就是 30，是基数的 10%，也是按比例。同时继续肯定了代表可以联名提名。两方面的意见都照顾了，因此这个修改方案还是比较合适的。

这里还要说明一个问题，实践中发现，有的地方规定代表联名，限制在代表团的范围内，不能跨代表团联名。需要明确指出，既然允许代表联名，就可以跨代表团联名。应该说是在整个人大会议代表的范围内联合提名。有的说这是“串联”，“串联”是“文革”语言，怎么能用在这里？代表跨团交换意见，讨论问题，联名提出议案、候选人，这怎么叫“串联”。我认为不可以批评代表跨代表团联名是“串联”。无论是交流意见、提出议案还是联合提名，都不可以批评代表是“串联”。这次修改，对这个问题作了明确规定，不同选区或选举单位选出的代表可以酝酿、联合提出候选人。

还有一点说明，无论是主席团，还是代表联合提名，都不要超过应选名额，比如选副省长 4 名，一个人提名的，不可以超过 4 名。如果你提名五个人，那么你选哪 4 人做副省长呢？所以，选几个人，联合提名就应该提几个人。同样的，主席团提名也不应该超过应选名额。差额怎么出来？就是主席团提名和代表联合提名合起来产生差额。1980 年县乡选举时是民政部主持，当时强调党派团体提名要低于应选人数，其余名额通过选民自己提名来解决。我们现在规定提名不超过应选名额，所有的提名加在一起，就能达到规定的差额数。从规范选举来看，一个单位提名不应超过应选名额。这样规定，有的同志担心提不出差额。从历次换届选举实践来看，只要充分发扬民主，是能够提出差额的，关键是不要限制代表联合提名。实际操作来说，只要放手发扬民主，让大家放开提名，副省长也好，人大常委会副主任也好，是能够提出来的，而不是只有主席团提的那几个人才能干。我认为还是能提的，特别是充分发扬民主，让代表充分考虑，多提一名候选人，省里面还是有人才的，得不出只有党委提名的人才能干的结论。这里主要还是工作问题，在实际工作中只要不设限制，工作做好了，候选人就能够提出来。

五、关于常委会组成人员名额问题

这次修改地方组织法，对县级以上地方各级人大常委会组成人员名额的幅度，基本未作修改，大体维持原来的规定，我看还是适当的。只是对人口特别多的省、市、县作了界定，以便于操作、掌握。从各级人大常委会行使职权来看，人大常委会还是精干一点好，以便于工作，现在省一级人大常委会一般60多名组成人员，是比较合适的。上次全国人大换届时，曾研究全国人大常委会组成人员要不要增加，最后的意见是不增加，仍然是155名。还要强调的是，常委会组成人员名额一经确定下来，在一届内不要再变动，甚至几届都不要变动，全国人大常委会组成人员名额，从六届到现在都没有变动，执行中也没有出现问题。各省能否参照全国人大的做法，一届确定了就不再变动。规范就应该是名额固定下来就不再变，本届不变，以后几届也不变。现在草案规定本届内不再变，就是不敢说以后几届不再变。我的看法，常委会组成人员名额固定下来以后就不变了。

第二点，请大家考虑，为什么规定幅度？就是考虑各省、市、县的人口数不同，代表大会的代表人数有多有少，所以对常委会组成人员名额规定了一个幅度。因此，地方各级人大常委会组成人员的名额应当根据本行政区的人口数来确定。人口少的，名额就应当从低；人口多的，名额可以从高。而实际上，大多是就高不就低。现在规定人口特多的县，人大常委会组成人员名额可以有29名，一些本来人口不算多的地方，50万人、80万人也把自己当成是人口特多的地方。这次规定100万才算是人口特多的县。如果在幅度内，都按照最高幅度确定名额，那规定幅度还有什么意义？规定幅度就是要有多有少。建议各地掌握一下，人口少的省、市、县，人大常委会组成人员名额应该从低；人口多的，常委会组成人员名额可以多一些[①]。应该是根据人口多少来考虑。

六、关于省、自治区人大常委会批准省会市、较大的市的地方性法规问题，就是简化审批程序问题

根据我国现行宪法，我们国家的立法体制，是中央和省、自治区、直辖市两级立法。1954 年宪法规定全国人大是全国唯一的立法机关。只有全国人大有立法权。1982 年修改宪法，把唯一两字去掉了，修改为全国人大及其常委会行使国家立法权。1979 年地方组织法就写了省、自治区、直辖市人大及其人大常委会可以在同宪法、法律、政策、法令、政令不抵触的前提下制定地方性法规。实行中央和省级两级立法。但在实际执行中发现，我们有些市很大，如重庆市的人口有 1500 多万[②]，比北京市还多。我国 200 万以上人口的城市相当多，后来市管县较大的城市就更多了。这些较大的城市，没有一定的立法的权限，对管理城市建设不利。在城市管理中，有许多具体性的管理事务，需要作出法律性的规范。所以在 1982 年修改地方组织法时，就研究较大的市可以制定地方性法规，报省级人大批准，彭真同志说，我国法制建设刚刚开始，许多人缺乏法律知识，也缺乏法律人才。如果权

---

① 2004 年 10 月 27 日，全国人大常委会对地方组织法进行第四次修正，关于常委会组成人员的名额规定：（一）省、自治区、直辖市 35 人至 65 人，人口超过 8000 万的省不超过 85 人；（二）设区的市、自治州 19 人至 41 人，人口超过 800 万的设区的市不超过 51 人；（三）县、自治县、不设区的市、市辖区 15 人至 27 人，人口超过 100 万的县、自治县、不设区的市、市辖区不超过 35 人。

② 1997 年 3 月 14 日，八届全国人大五次会议决定批准设立重庆直辖市，撤销四川省原重庆市。目前重庆市人口 3200 万。

放得太快，地方制定的法规不规范，不符合宪法、法律，将来会很麻烦。因此，规定由较大的市报省级人大制定。1986 年修改地方组织法时，就将这一条改了，改由较大的市制定，报省级人大批准。现在对较大的市掌握比较严，要经国务院批准，现在批了 18 个，将来会逐步增加。在实际执行中，较大的市的法规报省批准，省人大常委会审查比较严格，有的和省里制定法规的程序差不多，因此，市里的意见较大，主要是审批时间太长。这次研究这个问题，建议省人大批准较大的市的法规，尽量简化审批程序。批准市里报送的地方性法规，主要是看它是不是同宪法、法律、行政法规和本省的地方性法规相抵触，如果不抵触，就应当批准。至于内容好不好，就不必细抠了。内容好不好，对不对，应该由较大的市自己负责。省里只考虑是否与宪法、法律、法规相抵触。这样可以加快审批进度。较大的市制定法规速度加快，制定的法规会越来越多，省里对内容不细抠，由市里自己负责，可以增强较大的市的责任感，提高立法质量，省里也可以减轻负担。全国人大在批准《广东省经济特区条例》时，由国务院特区办起草，报全国人大常委会，常委会就批准，一个字也没改。人大常委会自己制定通过的，要严格；人大常委会批准的，对内容就不要那么严格，文字内容由他们自己负责。现在这样规定，便于省人大的工作提高效率，也便于较大的市制定法规时注意质量。这也是一个大的改革，实际上是扩大了较大的市的立法权限，虽然是程序问题，实质上是放权，赋予了他们更大的立法权限。彭真同志当年在解释地方人大设常委会享有制定地方性法规的权力时，就说是扩大了地方的权力。不是说扩大了地方人大的权力，而是讲扩大了地方的权力。不是放权么，这是很重要的放权，中央赋予地方立法权。这件事情，就是简化审批程序，也是对地方放权。增加较大的市制定法规的立法权，事实上是比较大的改革，赋予较大的市较大的立法权力。

七、关于乡镇人大设主席、副主席问题

1954 年宪法，1979 年地方组织法和 1982 年宪法都没有对乡镇人大设常委会作规定。宪法规定是县级以上人大设常委会，乡镇人大不设常委会。1979 年修改地方组织法时规定，乡镇开会是乡长、镇长来召集。后来发现乡镇长召集乡镇人大开会有问题，就是人大和乡长、镇长是什么关系不清楚。本来人大是监督政府的，结果由乡长、镇长召集人大开会，就不怎么说得通。这样就出了不少问题，主要是乡长、镇长不愿意开人大会议，有的甚至几年都不开人代会。1986 年修改地方组织法时，就研究改变这种情况。一个方案是乡镇人大设主席、副主席，由主席召集会议。但由于有不同意见，改为由乡镇人大主席团召集下一次人大会议。只规定乡镇人大主席团这一条职权，别的都没写，目的是解决召集会议的问题。在实践中，由于规定了召集会议，主席团就有一些具体工作，于是各地就提出了常设主席团、主席团设常务主席的问题。现在呼声最高的，是要求乡、镇人大设常务主席。当初 1979 年地方组织法、1982 年宪法为什么对乡镇人大常委会没作具体规定，主要是考虑乡、镇人大工作一般是执行性质的。另外，从精简、效能出发，对乡、镇人大写得比较简单。现在要改为人大自己召开会议，地方提出设常务主席，这又和我们

现在的人大体制有不同。我们各级人大都是开会时选举主席团，由主席团主持会议。人大的常务委员会和大会主席团的职能是分开的。开会时行使职权的是大会主席团，而不是常务委员会。到了乡镇，由主席团常务主席召集并主持会议，这种做法和县级以上人大开会的做法都不一样，这就有问题。于是就有人提出，乡镇人大是否也设常务委员会，上下一致起来。我们考虑，乡镇设人大常委会主要问题是没有那么多事，宪法的规定可以不作修改。有一个时期，有一股风，说县人大常委会可以取消，理由也是县人大常委会没有多少事。西藏正式打了报告要求不设县人大常委会。我说这是国家基本体制问题，不能轻易动。所以这次考虑乡、镇人大问题，还是规定乡、镇人大设主席、副主席。主席、副主席在闭会期间可以联系代表，反映意见。主席团就是在开会期间行使职权。条文中“主席团召集下次会议”仍保留，主持召集人大会议。增加规定设主席、副主席，解决乡、镇人大闭会期间工作问题。这是把两个修改方案合一，是妥协方案，照顾到了大家两方面的意见。

另外附带说一个问题，当前乡镇长（包括副乡长、副镇长）选出后变动太大。根据全国人大常委会办公厅研究室的调查，乡镇长（包括副乡长、副镇长）能够任满三年的不到30%。不仅是变动大，法律手续也比较混乱。按照地方组织法的规定，乡镇长都要由人大选举、罢免，而现在许多乡镇长调动不经过人大。鉴于这种情况，这次修改特别规定，乡镇长调动，必须经过乡、镇人大，由本人向乡、镇人大提出辞职，然后由代表大会补选乡长、镇长。这是规范化的要求，必须经过人民代表大会。不经过人大，乡长、镇长怎么产生？人大选出的乡镇长怎么能不辞而别？他有权利不辞而别吗？我认为他没有权利。新任命的，不经人大，由党委任命，也不行。所以规定，乡镇长调动必须经过人大。有人讲开大会有困难，那就回到第一个问题，你代表少一些就行了。不能因为不好开会而不经过人大。这样办还有一个好处，由于乡镇长调动要开代表大会，不那么方便了，他就少调动了。有的乡长刚选出三个月就调动，为什么就不能事先考虑到，而非要安排他当乡长？这对轻易变动乡镇长也是个约束。这也是规范化的一个要求。代表们很有意见，说“一千张选票不如一纸调令”。代表选举乡长不是为你调走，选完了就调走，这对代表的选举权利不够尊重，这是尊重代表的民主权利的大问题。

这次修改两法，在完善人民代表大会制度，在人民代表大会制度的规范化方面，前进了一大步。另外，对罢免、质询、辞职的程序也都作了规定。对以上几个问题，同志们比较关心，有些争论，因此作一点说明、解释，供大家参考。这次两法修改，确实在人民代表大会制度的规范化、制度化方面作了努力，有些重大问题都报请中央考虑。希望对这些多年来考虑、争论的问题通过这次修改把它定下来，写进法律里面去。这些问题还要请地方的同志帮助深入研究，给予支持。希望大家畅所欲言，充分发表意见。

“一国两制”方针的成功实践*

（一九九五年四月三日）

今年四月四日，是香港特别行政区基本法颁布五周年，《大公报》举办香港基本法座谈会，我认为很有意义，对于宣传和推广基本法，使广大香港同胞和全国人民进一步了解基本法以及我国政府对香港的一系列方针、政策，提高香港同胞和全国人民对基本法的重要性的认识，是很有必要的。

我作为原基本法起草委员会的成员，参与了基本法起草的全过程。香港基本法不是一部普通的法律，而是一部具有历史意义和国际意义的重要法典，是一部创造性的杰作，迄今为止，世界上其他国家还没有这样的法律。香港基本法是以我国宪法为依据，将中英联合声明中载明的我国政府对香港的一系列方针、政策用法律形式固定下来。比如，在香港基本法中，既明确规定了属于中央的职权，又清楚地确定了属于特别行政区的自治范围内

* 这是王汉斌同志在纪念《中华人民共和国香港特别行政区基本法》颁布五周年座谈会上的发言。

的权力；既强调了“一国”，又体现了“两制”；既坚持了祖国统一，又赋予了香港特区的高度自治权。我参与过许多重要法律的起草工作，香港基本法是最具有特色的一部法律，它的成功制定，应该说是邓小平同志提出的“一国两制”方针的成功实践，也是包括香港同胞在内的全国人民共同努力的硕果。

现在距离香港回归祖国只有两年三个月的时间，要实现香港的平稳过渡，保持香港的长期繁荣稳定，靠的是什么呢？我想有这么几点：一是靠祖国和人民的支持，内地政治稳定，经济发展，坚持改革开放，香港社会就会安定，经济就会繁荣；二是要有广大爱国爱港的香港同胞的积极参与；三是要认真贯彻落实香港基本法。虽然香港基本法是在一九九七年七月一日才实施，但是我们现在所做的各项准备工作都应遵循基本法的有关规定。

现在，还有一些人担心“一国两制”能否实现，香港能否平稳过渡？我认为，最好的保证，就是贯彻香港基本法。因为，香港基本法已经对香港特别行政区的社会经济制度、居民的基本权利和义务、特别行政区的政治体制、中央和香港特别行政区的关系、民间交往、对外事务等方方面面都作了规定，给予了充分的法律保障，也就是保障香港原有社会经济制度不变、生活方式不变、法律和司法制度基本不变，并保持香港作为国际金融中心和自由港的地位。这些法律保障决策不是一时的权宜之计，而是从国家的根本利益和长远利益出发所作的长期性的决策。我们在起草这些法律条文的时候，都是根据“一个国家、两种制度”的总方针，从尊重香港的历史和现实出发，既要有利于香港的繁荣和稳定，促进香港经济的发展，又要兼顾香港各方面、社会各阶层的利益。所以，这些法律保障是符合香港的实际、符合广大香港同胞的利益的。因而广大香港同胞对基本法是满意的，全国人民也是满意的。我相信，只要坚定地贯彻香港基本法，“一国两制”的方针一定能够在香港成功实践，香港的平稳过渡和长期稳定繁荣一定能够实现。

最后我借此机会，希望香港各界人士，能够采取多种方式，广泛宣传和推广香港基本法，把这项推介工作推上新的台阶。并通过这次座谈会，进一步在全国广泛宣传基本法。

对军事立法的一些意见*

（一九九五年八月二日）

1979年起草刑法时刑法草案的最后一章就是军职罪，由于当时写不出来，所以后来另外搞了军职罪暂行条例。从一开始，军职罪就是刑法的一部分。刑事处罚统一于刑法，是我们一直坚持的一个原则。军职罪暂行条例当时主要是因为还不太成熟而又是必须的，所以称“暂行条例”。这次修改以后，还是叫条例，不要叫法，否则在刑法之外还有刑法。全国人大常委会作出的关于惩治走私、关于禁毒等许多对刑法的补充规定，都叫决定而不叫法，就是这个道理。关于惩治贪污贿赂罪的补充规定，是决定，叫惩治贪污法就不行。这也是规范。全国人大或人大常委会通过的法律，名称可以叫法，也可以叫条例。现在掌握的原则是，能叫法的就叫法。军职罪不能叫法，刑法之外不能再有刑法。军职罪暂行条例正因为叫暂行条例，现在修改就可以作较大的修改。环保法、民诉法由试行到正式的法律，修改时都作了大的修改。

---

* 这是王汉斌同志听取军委法制局杨福坤同志关于军事立法情况汇报后的谈话。

民诉法试行只有205条，民诉法270条，修改时增加了65条。叫暂行条例就有过渡的性质，可以大改。刚才汇报讲的因情况发生变化，有的行为没有适用罪名；有的缺乏具体量刑规定；征兵中的违法乱纪以及和平时期不服从军令等问题都可以考虑写进去。现在有27条，增加一倍也是可以的。比如38军军长的问题就要作出相应的规定。在修改中要注意，军职罪的规定不要和刑法的规定重复，只限于违反军队职务的犯罪，凡是涉及民事和其他刑事的都不要写。

关于香港驻军法，是由全国人大通过，还是由全国人大常委会通过，还需要研究，主要看是否有全国人大常委会不能规定的内容，现在还不好说。由全国人大作出规定的主要是涉及国家主权的问题，要根据法律的具体内容定，要不要提交全国人大主要看内容。如果香港驻军法实际上相当于驻军条例，就是另外的问题。这个法是否要向社会公开征求意见，也是看内容，再研究。凡涉及我们内部的问题要遵守我们的法律，涉及香港的问题要遵守香港的法律。（杨：涉及外部的问题主要是驻港军队与港府的联系渠道，港府为驻港军队提供保障等问题）如果这样，就不一定要向社会公开征求意见，制定香港基本法时也没有向港府征求意见。

关于国防法等其他几项军事立法问题，需要对实际情况做些调查，有什么问题非作法律规定不可的，再提出立法。因为作为立法依据的还是实际情况。如国防法中的平战结合的问题，应当是国家统一解决的问题。结合战时的建设应由国家统一拨款，不要硬性规定地方政府出钱，不要与地方扯皮。平战结合，我需要，你拿钱，地方上怎么能有积极性呢？还是国家统一解决，由中央来考虑这个问题。还有国防观念方面，确实存在一些问题。现在国家主要精力和财力用于经济建设，其他方面照顾的少一些或者照顾不到，军队也就苦一点。国防建设是国家现代化建设的一个很重要方面，国家没有一点手段是不行的。我们要注意研究马岛战争和海湾战争的经验，把我军建设成为一支现代化的军队。国防法涉及国防建设的主要问题，需要很好研究，作出法律规定。国家要有应付不测风云的能力，出现不测风云，国家没有手段怎么行？刚才提到的军人地位和权益保护法，要研究一下到底有什么问题，有哪些权益需要作出法律规定。比如对军人经济待遇上的保障，具体写，条文上就很难办。能否和国防法结合起来考虑，在国防法中写一章，能写几条写几条，这作为一个方案供你们考虑。总之，对于军队要我们办的事情，我们该办的要办，该立法就立法，应该做、需要做的，我们都要去做。

你讲到担心我们搞军事立法会给国际上的“中国威胁论”提供口实，不存在这个问题。西方国家提出“中国威胁论”是别有用心的，他们一方面讲威胁，一方面又宣传我们落后，那我们拿什么威胁？他们都明白，我们的军费只有63亿美元，比我国台湾、日本、印度都少得多，离现代化差得远呢。其实这个论调并不难驳，中国能不能强大？能不能发展？难道我们只能落后吗？如果说强大了，发展了就必然威胁别国，我们还发展不发展？那些比我们强大的西方国家又是什么威胁论？“中国威胁论”完全是美国遏制中国的一个策略。

关于军队立法权的问题，我没怎么研究，中央军委的命令对军队，就是有约束力的。哪些问题应当立法解决，是可以考虑的，再研究。你讲中央军委规定的就是军事法规，各总部规定的就是军事规章，也有道理。有时还有国务院和中央军委联合发文的情况，也要一并研究。另外，戒严法的制定也请华清同志多关心。这个法是个很重要的法，也是国家手段问题。立了法，再出现问题，军队依法去办就行了。

在第十四届亚太法协大会和第六届亚太地区首席大法官会议闭幕式上的讲话

（一九九五年八月十九日）

各位代表，

女士们、先生们：

第十四届亚太法协大会和第六届亚太地区首席大法官会议，经过与会代表的共同努力，取得了很好的成果，今天即将闭幕。我热烈祝贺大会的圆满成功。

亚太地区近年来经济蓬勃发展，投资空前踊跃，贸易成倍增长，社会也相对稳定，受到世界的注目。这一切与本地区各国法律的发展有着一定的联系。你们这次大会选择了“法律在走向二十一世纪亚太经济发展中的重要作用”作为主题，特别是以投资法、金融法、证券法、公司法、专利法、仲裁法和国际贸易法等与经济有密切关系的问题作为重点，以及“司法在亚太地区的地位”、“非诉讼解决纠纷立法的新发展”等议题进行了广泛、深入的研讨。比较各国立法和执法情况，求同存异，寻求最佳选择。这无疑对本地区未来的经济发展和法制建设，将起到推动作用。

这次大会启示我们，相互了解，互相学习，是多么的重要。亚太地区人口达三十亿，各国和各地区的社会制度、经济发展水平不同，文化传统各异，采取的发展方式必然各有特点。但是，以法律措施来改进投资环境，便利贸易往来，完善金融流通，保护知识产权，正确解决经济纠纷以及保障社会稳定等等，是各国共同关心的问题。在这方面，各国、各地区都有各自的经验教训。通过这次交流和研讨，使大家都感到不虚此行，得益匪浅。

亚太各个国家和地区之间的交流与合作，是经济持续高速发展的必要条件之一。现在合作的层面越来越宽广，合作的方式更趋多样化。经济界需要合作，法律界也需要合作。我高兴地看到，这次大会上有上千名法律界和企业界人士，荟萃一堂，各抒己见，共同切磋，规划合作途径，展示发展前景。这种坦率真诚、相互尊重、平等互利的交流与合作气氛，正是改善亚太地区法制环境所需要的。

中国是发展中国家。最近十六年来，我们在邓小平同志建设有中国特色社会主义理论的指导下，实行经济体制改革与对外开放政策，使国民生产总值、外贸进出口额、人均收入和消费水平，都有了大幅度的增长。到本世纪末，我们有可能实现人民生活达到小康水平。目前，全国上下，正在为建立社会主义市场经济体制而努力，为把我国建设成为民主、文明、富强的社会主义国家而努力。为此，我们把社会主义民主与社会主义法制建设摆到了重要的位置上来。

正如大家所知道的，我国正在加速立法，特别是经济立法，取得了重大成就。十几年来制定了一系列有关经济的和对外开放方面的法律。近几年来，我们着重制定有关调整社会主义市场经济体制的法律，陆续制定了公司法、人民银行法、商业银行法、对外贸易法、反不正当竞争法、担保法、仲裁法，修订了经济合同法、专利法、商标法、中外合资企业法，证券法也在审议中。这些法律的制定，使我国逐步形成适应社会主义市场经济体制的法律体系，对保障国家建设和社会主义市场经济体制的健全发展具有重要的意义。

立法只是法制建设的第一步。我国正在进一步加强司法制度建设和行政执法工作，正在改革和完善律师、公证、监狱等法律制度。

我国正在全国人民中普及法律常识，增强人们的法律观念，使人们知法懂法、守法用法，学会运用法律武器，同违反宪法和法律的行为作斗争，保障公民的合法权益，维护宪法和法律的实施。特别是要求国家公务员熟悉与本职工作有关的法律，认真依法办事、依法行政。青少年也是普及法律常识的重点，采取各种方法使青少年从小逐步树立坚强的法制观念和遵纪守法的习惯。

我国也十分重视法学研究工作。我们依靠中国法学会这样一个专家集中的学术团体来推动和组织全国的法学研究工作。我们提倡法学研究工作面向实际，能够根据实践中出现的新情况、新问题，提出各种切实可行的有关法律的建议。我国的法学家受到国家的尊重，在国家立法、司法实践活动中发挥了重要的作用。

法学人才的缺乏受到国家的关注。十几年来，我国各种法学教育，包括正规大学和成年的、函授的、电视大学的法学教育，都有很大的发展，特别是正在注意培养跨世纪的法学人才和法律人才。

我国的法制建设，主要应当根据我国的国情，同时也需要借鉴各国有益的经验，需要加强与各国，特别是本地区各国法律界的交流与合作。我们希望，以这次会议为契机，进一步推进亚太地区法律界各个领域的交流与合作，用改善法制环境、保障和促进本地区经济发展的实际行动来迎接二十一世纪的到来。

最后，祝各位代表工作顺利，身体健康！

努力培养社会主义法制建设需要的优秀人才*

（一九九五年九月八日）

今天在这里召开清华大学法律系成立大会，我作为清华大学的老校友，也作为社会主义法制建设战线上的老战士，很高兴来参加这个会，对我的母校复建法律系致以热烈的祝贺。

清华大学历史上是个综合大学，也有法律系。建国初期，进行院系调整，文、法、理学院并入北大，清华发展成为多科性工科大学，培养了大量高质量的工程技术人才，为我国科技事业和经济建设的发展做出了卓越的贡献。改革开放以来，随着教育体制改革的深入，清华大学已先后建立了理学院、经管学院和人文社科学院，现在又成立了法律系，清华大学就又成为理工、经管、文法学科齐全的综合大学，能够更好地适应为建设有中国特色社会主义培养人才的需要，这对提高清华总体水平，把清华建设成为世界一流大学，具有重要的意义和作用。

---

* 这是王汉斌同志在清华大学法律系成立大会上的讲话。

在清华建立法律系，培养有中国特色社会主义法制建设人才，这是我国加强社会主义法制建设的需要。1978年底，党的十一届三中全会一方面确定把全国工作重点转移到以经济建设为中心的社会主义现代化建设上来，另一方面又把发展社会主义民主、健全社会主义法制作为国家的一项历史性的根本任务。明确提出：没有民主，就没有社会主义，就没有社会主义现代化。为了保障人民民主，必须加强社会主义法制，使民主制度化、法律化，使这种制度和法律具有稳定性、连续性和极大的权威，不因领导人的改变而改变，不因领导人的看法和注意力的改变而改变。做到有法可依，有法必依，执法必严，违法必究，在法律面前人人平等。这就明确了民主应当成为制度和法律，领导人不能任意加以改变。这是对我国社会主义民主发展的一个重要总结；也是我国社会主义民主和法制建设走上健康发展道路的一个伟大的历史性转折。从此，我国把发展社会主义民主、健全社会主义法制作为建设有中国特色的社会主义的重要组成部分，坚定不移地通过加强法制建设，把民主制度化、法律化，来推进党和国家政治生活的民主化、经济生活的民主化、整个社会生活的民主化。在党的十一届三中全会的精神指引下，我们进行了坚持不懈的努力，已经取得了举世瞩目的伟大成就。最重要的是1982年制定了新宪法，以法律的形式确认了中国各族人民奋斗的成果，规定了国家的根本制度和根本任务，为发展社会主义民主，健全社会主义法制奠定了基础。1988年、1993年又两次通过了宪法修正案，使宪法更加完善。1979年以来，到1995年8月底，除新宪法外，全国人大和人大常委会已通过法律197件，有关法律问题的决定80件，共277件。同一时期，国务院还制定了1000多件行政法规，省、自治区、直辖市制定了3000多件地方性法规。现在，我国有了一部符合我国基本国情，适应建设有中国特色社会主义需要的宪法，有关国家机构、刑事、民事、诉讼等方面的基本法律都已制定并得到必要的修改补充，还制定了一大批经济法、行政法。我国在国家政治生活、经济生活、社会生活的基本方面已经不是无法可依，而是有法可依。以宪法为基础的社会主义法律体系已经基本形成。对于发展社会主义民主，保证国家的长治久安，促进改革开放和现代化建设的顺利发展，具有重大、深远的意义，对于保障和扩大人民的民主、自由和权利，发挥了巨大的作用。

我国法制建设虽已取得了巨大成就，但加强社会主义法制的任务还是十分艰巨的。特别在宪法确立了实行社会主义市场经济的战略目标后，对法制建设提出了更高的要求。市场经济要求建设法制经济，要求尽快建立起适应社会主义市场经济需要的法律框架，以规范、保障和促进市场经济的健康运行。同时也要求我们进一步加强立法，以保证和促进社会主义民主政治建设、社会主义精神文明建设的顺利发展。立法任务还十分繁重，执法任务就更为艰巨。十一届三中全会提出要做到有法可依，有法必依，执法必严，违法必究。四句话实际是两个方面，一个是加强立法，一个是依法办事。二者缺一不可，但更重要的是依法办事。我们制定法律，不是为了好看，而是要执行的。如果立了法不执行，立法有什么用呢？法律再好也是一纸空文。有法等于没法，甚至比没法更坏，损害了法律的尊严和权威，也损坏了我国社会主义民主政治的声誉和威信。从实际情况看，现在立法工作已经取得了巨大的进展，获得了举世瞩目的重大成就。从依法办事看，党的十一届三中全会以来，特别是开展普法教育以来，人们的法制观念增强了，学法、讲法、守法、重视依法办事的越来越多。广大人民群众对宪法和法律在国家和社会生活的各个方面的贯彻执行是普遍关心的，不注意依法办事的现象也有较大转变。但是，应该承认，问题也还不少，在一些方面和一些地方，不依法办事，以言代法、以权压法、徇情枉法，甚至知法违法、执法犯法的现象时有发生，有法不依、执法不严、违法不究仍然是当前法制建设的一个严重问题。

要加强社会主义法制建设，做到有法可依，依法办事，急需大量的法制建设人才，既包括立法工作人才，也包括司法工作、行政执法工作的人才，还包括法律服务、法学科研、教学方面的人才。而我国现有法学院系培养的人才，无论在数量上、质量上，都远远不能满足我国加强社会主义法制建设的迫切需要。因此，清华大学复建法律系，可以说是应运而生。从一开始就明确为社会主义法制建设培养实用人才的办系方针是正确的，必要的，也是切实可行的。

创业维艰。清华大学办法律系当然会有许多困难。但我相信，在建设有中国特色社会主义的理论指导下，只要坚持社会主义办学方向，坚持发扬清华大学的优良传统，发挥清华大学的综合优势，再加上兄弟院系的协助合作和有关国家机关的大力支持，清华大学就一定能够把法律系办好，能为我国社会主义法制建设做出越来越大的贡献。

在第七届国际反贪污大会闭幕式上的讲话

（一九九五年十月十日）

各位代表、各位来宾，

女士们、先生们、朋友们：

第七届国际反贪污大会在与会代表的共同努力下，取得了很好的成果，今天即将闭幕。我热烈祝贺大会的圆满成功。

这次大会期间，来自世界各大洲许多国家和地区的反贪污机构和法律等方面的高级官员、专家、学者，围绕“反贪污与社会的稳定和发展”这一主题，进行了广泛深入的研讨，共同寻求反腐倡廉、促进社会稳定和发展的良策，我相信，这次大会对加强反贪污的国际交流与合作，促进反贪污腐败方面的进展，对维护和促进世界各国、各地区的和平、稳定与发展，将发挥积极的作用。

当今社会，无论是发展中国家，还是发达国家，都不同程度地存在贪污腐败现象，不同程度地危害了各国的稳定与发展。在反腐倡廉，建设廉洁政府，促进稳定与发展方面，各国、各地区都有各自的经验教训。这次大会证明，尽管各国的社会制度、意识形态、经济发展水平、历史和文化传统不同，但在法律问题上有共同性，也有差异，是可以求同存异，相互交流，相互借鉴的。

中国是发展中国家。近十七年来，我们在建设有中国特色的社会主义理论的指导下，坚持以经济建设为中心，实行改革开放政策，取得了举世瞩目的成就。目前，我们正在制定国民经济和社会发展第九个五年计划和2010年远景目标，举国上下正在为建立和完善社会主义市场经济体制而努力，为把我国建设成为民主、文明、富强的社会主义国家而奋斗。

中国的社会主义现代化建设需要一个和平的国际环境，也需要有一个稳定的国内社会秩序。为此，中国政府在致力于发展经济的同时，高度重视加强社会主义民主与法制建设，高度重视反腐倡廉。坚决反对贪污腐败，是中国政府的一贯方针；依靠法制清除贪污腐败，是我们的基本原则。十多年来，我们遵循“有法可依、有法必依、执法必严、违法必究”的社会主义法制原则，加强了立法工作，制定了一系列法律、法规。近几年来，我们着重制定了有关适应社会主义市场经济体制需要，维护市场经济秩序的法律，陆续颁布了公司法、人民银行法、商业银行法、对外贸易法、反不正当竞争法、消费者权益保护法、担保法、仲裁法等，修订了经济合同法、专利法、商标法、中外合资企业法。同时，加强了廉政法律制度建设，制定了一系列有关规范国家公职人员的行为，预防和惩处公职人员徇私舞弊等职务犯罪行为的法律规定，诸如国家公务员暂行条例、检察官法、法官法、警察法以及行政诉讼法、国家赔偿法已颁布实施，还专门制定了惩治贪污罪贿赂罪的补充规定，并正在根据实践经验研究进一步适当修改。这些法律的颁布实施，对保障国家现代化建设和社会主义市场经济体制的健康发展，保证依法行政，防止滥用职权等方面发挥了重要作用。同时，全国人民代表大会及其常务委员会加强了对行政机关和司法机关的监督，加强工作监督和法律监督，特别是监督行政机关和司法机关依法行使职权。我们还不断加强了司法、执法工作，加强对国家公职人员职务违法犯罪案件的查处，查办了一批严重贪污腐败案件。在进行社会主义现代化建设的过程中，我们将继续不断健全法制，加强立法，加强执法和执法监督，把反腐败斗争坚持不懈地长期抓下去。我们也愿意同世界各国、各地区进行广泛的反贪污合作与交流，借鉴有益经验，开展司法协助，培训法律人才，以更有效地惩治和预防贪污腐败现象。

女士们、先生们：

在各国人民的共同努力下，世界和平与发展出现了新的前景，国际局势总体上趋向缓和。但是，环顾全球，局部战争和地区冲突不断发生，霸权主义和强权政治依然存在，世界仍不太平。和平、稳定与发展仍面临严峻的挑战。在这种情况下，如何使各国之间在平等、公正、合理的法律基础上和睦相处，求同存异，友好合作，共同繁荣，从而在世界范围内建立起新的国际政治秩序和经济秩序，是时代向我们提出的重大课题。中国政府愿意在互相尊重主权和领土完整、互不侵犯、互不干涉内政、平等互利、和平共处五项原则的基础上，加强同各国、各地区的交流与合作。经济界要加强交流与合作，法律界也要加强交流与合作。

各位女士、各位先生：

历史的脚步即将迈进二十一世纪。使新的世纪成为一个和平、稳定、发展、繁荣的世纪，这是世界人民的共同愿望，也是历史赋予各国人民和政界、法律界的重大使命。世界要和平，国家要稳定，社会要发展进步。中国政府和中国人民将一如既往地同世界各国政府和人民一道，为促进世界的和平、稳定与发展而努力奋斗！

制定行政处罚法意义深远*

（一九九六年一月十一日）

全国人大常委会副委员长王汉斌在最近由全国人大法律委员会和全国人大常委会法工委主持召开的行政处罚法草案座谈会上发表重要讲话。他强调，制定行政处罚法意义深远。

王汉斌说，我们召开法律草案征求意见座谈会，重要的是要倾听不同意见。听取不同意见，不只是听听而已，要重在研究。在法制委员会成立时，彭真同志就强调，立法征求意见主要是听取不同意见，认真研究修改意见。对提出的意见，通常有两种情况：一种是意见提得好，可以采纳或者部分采纳的；另一种是意见提得有道理，但是不好采纳的，也要研究清楚为什么不能采纳。只有这样，法律才能制定得比较周密，切实可行。

王汉斌说，对会议中提出的有些问题还需要继续探讨。因为行政处罚法涉及的问题，有些从一开始起草就是难题。比如，规

---

* 这是王汉斌同志在《中华人民共和国行政处罚法（草案）》座谈会上的讲话，《法制日报》1996年2月10日以《制定行政处罚法意义深远》刊载此文。

章对行政处罚的设定权，能不能规定？也就是说，部委、省政府能不能自己规定自己的处罚权？再具体讲，就是规章怎么规定罚款的问题。这个问题一直是制定行政处罚法的难点问题。制定法律，研究问题，不要怕争论，不怕有难题。通过争论可以找出较好的解决方案。

王汉斌说，行政机关不能没有行政处罚权。但是行政处罚的对象是公民、法人和其他组织，实施行政处罚必然要涉及人民群众的权益，如果滥用了，损害了人民群众的合法权益，会直接损害党和政府与人民群众的关系，因此要特别慎重。人民政府的权力，是人民授权的，是人民通过人民代表大会制定法律授权的，行政机关必须依法行使这个权力。同样，行政机关的行政处罚权也要依法行使。行政处罚权的设定，应当是国家权力机关和国家最高行政机关的权力，规定规章可以设定一定的处罚，是由于有的法律、行政法规还没有制定，还有缺口，这是现阶段采取的一个措施，因此，规章的行政处罚设定权应当受到一定的限制。

大家对规章如何规定罚款争论很大，可否考虑规定规章对一定范围内的违法行为可以规定罚款：一是必须属于行政机关职权范围内的；二是在权限范围内有关行政管理秩序的。违反了这种行政管理秩序的行为，规章可以规定罚款。也许这种表述还不准确，还有什么更好的表达，大家可以提出来研究。

王汉斌认为，行政强制措施，包括查封、扣押、冻结财产等，是很大的问题，要慎重对待。采取强制措施没有严格的规定和程序不行。像“文化大革命”随便“抄家”，现在绝对不允许。有一个材料反映，一个区的工商局的一个科长只给副局长打个电话，就通知银行冻结了企业的存款，把企业搞垮了，这样采取强制措施合适吗？有人说，没有行政强制措施，行政机关就无法举证。但是滥施强制措施会造成什么后果？我们要把强制措施过多过滥造成的后果与没有强制措施难以举证联系起来，比较一下，权衡利弊，就不难得出结论，对行政强制措施从严掌握是十分必要的。在我们国家，工人、农民、知识分子是我们国家政权的基础，我们要保护人民的合法权益，损害了人民的合法利益，就损害了这个基础，我们的政权就不稳固。从这个角度考虑，规章设定行政处罚、规范行政强制措施，还有吊销企业营业执照问题，都不是小问题，需要从严掌握。

王汉斌指出，制定行政处罚法，是为了把行政处罚规范化，促进政府依法行政，保障行政机关正确有效行使行政管理职权。目前在行政处罚过程中，人民群众反映最大的问题是乱罚款、重复罚款、多头罚款的现象，这是个大问题。而这些处罚有许多是由“红头文件”规定的。这种情况到底怎么样？是否可以研究一下，有必要这么做吗？许多部门都在执法，那么多部门都来罚款，到底怎么样？刚才交通部同志讲的“汽车超载”，公安部门处罚了，交通部门还要罚，走一路罚一路，真有必要吗？我在国外，公路上开车走几个小时，就没见到一个卡。现在是公路上随便设卡，行政机关之间争处罚权，甚至有的行政机关跟法院争处罚权。建议参考国外的做法，研究一下如何解决这种乱罚款、滥处罚的现象。草案的规定设想了几种办法，就是想解决这些问题，行政处罚法制定的目的之一就是要规范行政处罚权的实施。王汉斌谈到，关于委托处罚问题，大家普遍认为没有委托不行，从一定意义上讲，委托是减少那么多的执法机构人员都要直接执行罚款以至上街罚款。是否可以考虑把罚款的处罚委托给公安、工商部门实施，这样可以解决多头罚款和重复罚款问题。

王汉斌最后说，对行政处罚，是不是可分为经济行政管理秩序方面的、社会秩序方面的、城市市政管理秩序方面的和市场管理秩序方面的。对于违反经济管理秩序方面的行政处罚，法律、行政法规基本上都已作出了规定，没有规定的很少，如果还有需要，可以通过法律或行政法规作出规定。规章在这方面主要是根据法律、行政法规作具体规定的问题。对于违反城市市政管理秩序方面的一些问题，比如环境卫生、公共场所秩序、市容等行政管理秩序，允许省一级政府以及省会市、较大的市政府在规章中作出一些处罚规定还是需要的。但行政处罚涉及公民的人身权、财产权，各级人大和政府一定要注意严格限制。治安管理处罚条例对违反治安管理的公民规定给予 200 元以下罚款和 15 日以下的行政拘留。200 元以下罚款和 15 日以下拘留的处罚并不重，为什么要由人大通过制定法律加以规定，而不是由国务院制定行政法规？而且我们国家在五十年代就是这么做的，为什么？其中的道理是什么？很值得认真思考。这就是行政处罚涉及公民的人身权和财产权，必须严格限制，对公民合法权益必须予以保障。这也是为什么要对规章设定行政处罚进行严格限制的理由。行政处罚法草案中的那些难点问题到底怎么规定，都应当从这个角度出发来考虑。

努力修改好刑事诉讼法*

（一九九六年一月十八日）

这次会议讨论很热烈、很活跃，大家对刑事诉讼法修正案草案进行了认真的研究，提出了许多很好的修改意见，刚才几位同志的发言都很好，对我们进一步做好修改工作很有帮助。

这次修改，对刑事诉讼法作了一系列重大的修改，可以说是对我国刑事诉讼制度和司法制度的重大改革，是完善我国刑事诉讼制度和司法制度的重大步骤，正如有的同志讲的，是向前迈进了一大步。

这次修改，是根据刑事诉讼法颁布十七年来的实践经验中提出的问题，是研究刑事诉讼程序各个环节提出的问题进行修改的。其中有的是刑事诉讼法原来的规定有问题；有的是经过实践看出有问题；有的是有了实践经验并创造一定条件才有可能修改的。同时又参考了国外一些好的做法。修改刑事诉讼法要研究国外的经验，国外搞规范化的刑事诉讼制度有几百年的历史，有些

---

* 这是王汉斌同志在《中华人民共和国刑事诉讼法修正案（草案）》座谈会上的讲话。

经验带有普遍性，可以借鉴。借鉴也要从我国实际出发。如对庭审方式进行改革，要加强控辩双方的作用，使法院审判超脱一些，有利于客观、公正地判决，同时考虑到庭审中对某些证据可能还有疑点，还不是很有把握，因此还规定必要时法院可以对证据进行调查，这与国外不同，是根据我们的国情作出的规定。

这次修改过程中，公安部、高检、高法、安全部、司法部都反复认真研究，多次提出修改意见，同时广泛征求了地方、部门和法律专家的意见，并召集有关部门多次研究、协调。刑事诉讼法是基本的法律，不仅要根据我们的国情，研究世界上通行的做法，还要从法律理论考虑。这次对刑事诉讼中的侦查、检察、审判各个环节都作了重大修改，对公、检、法三机关职责分工、互相配合、互相制约的规定更加明确、具体和科学，对律师辩护制度作了重大修改，对保护被害人和被告人的权利作了进一步规定，对庭审方式进行重大改革等。这些修改，可以更好地发挥公、检、法三机关在刑事诉讼中的作用，加重了公、检、法三机关在刑事诉讼中的责任，对侦查、检察、审判工作提出了更高的要求。如公诉人要在法庭举证，要与律师辩论，这项工作比过去复杂多了，但有利于提高办案质量和效率，有利于惩罚犯罪，保护公民的合法权益，也有利于培养干部。所以，这次刑诉法的修改，比较引人瞩目，对国内国际都将有重要的、良好的影响。这次修改，还加强了对公民在刑事诉讼中的合法权利的保障，这也是很重要的。如何用法律保障公民权利，全国人大及其常委会是非常重视的。我们要在立法上加强对公民的合法权益的保障，用法律驳斥一些西方国家在人权领域对我国的诬蔑和诽谤。

这次会议采取立法机关和实际工作者、法律专家学者共同研究修改，前几天召开的行政处罚法座谈会也是这样办的，效果都很好。这是彭真同志提倡的方法，多年来的实践证明，这样办都取得了较好的效果。这是立法工作的一个重要程序，今后在研究起草、修改一些重要的、基本的法律，都可以这样办。

这四天的讨论，对一些重大修改内容，绝大多数同志总的是赞成的，也反映具体规定还有不少问题，如免予起诉中的有些内容合并到不起诉、自诉案件、律师的权利义务等，还可以再研究推敲。要根据这次会议上提出的意见，进一步研究修改，争取提请八届全国人大四次会议审议通过。考虑到在刑事诉讼程序的各个环节都有重大的修改，要实施还需要做一系列的准备工作，草案规定通过半年后施行。尽管如此，还需要抓紧进行准备工作，保证公检法都能顺利地按照修改后的刑事诉讼程序运作。我们要通过修改刑事诉讼法，努力建设一个完善的、健全的社会主义的刑事诉讼制度和司法制度。

独立、公正地解决涉外经济贸易纠纷*

（一九九六年四月二日）

今天，我出席在这里举行的纪念中国国际经济贸易仲裁委员会成立四十周年座谈会感到非常高兴，并表示热烈的祝贺！

四十年前的今天，我国第一个国际仲裁机构诞生了。经过四十年的艰苦创业，我国的涉外仲裁事业从无到有，从小到大，得到了迅速的发展，不仅受案数量已跃居世界首位，而且其裁决的公正性也得到了国内外人士的肯定，中国国际经济贸易仲裁委员会已成为重要的国际商事仲裁机构。四十年来，坚持以事实为根据，以法律为准绳，参考国际惯例并遵循公平合理的原则，独立、公正地解决了大量的国际的和涉外的经济贸易纠纷，为维护中外当事人的合法权益，为法律的正确实施，为促进我国对外经济贸易关系的发展和投资环境的改善，作出了积极的

---

* 这是王汉斌同志在纪念中国国际经济贸易仲裁委员会成立四十周年座谈会上的讲话。

贡献。

随着我国改革开放的不断深入，对外经济贸易的不断发展，仲裁工作在我国经济生活中正在发挥着日益重要的作用。发展我国仲裁事业，完善国内和涉外仲裁制度，已经成为建立和完善社会主义市场经济体制的重要内容之一。中国实行改革开放政策后，在1979年7月颁布实施的《中华人民共和国中外合资经营企业法》中就有一个专门条款，规定对于中外当事人之间的合营争议，当事人可以订立仲裁协议，提请仲裁，这是我国第一部确立仲裁制度的涉外经济法律。1994年8月31日，第八届全国人民代表大会常务委员会第九次会议通过了仲裁法，这是适应社会主义市场经济发展的需要，并与国际通行的仲裁制度相接轨、解决经济纠纷的一部重要法律，是我国仲裁事业发展史上具有深远的历史意义和现实意义的大事。仲裁法的颁布，对于规范、完善我国的仲裁工作，促进我国涉外仲裁进一步实现现代化和国际化，加快对外开放的步伐都将起到重要作用。可以说，仲裁法的颁布和实施，我国有关争议解决的法律就比较完备了。在今后相当长的一段时间内，我们还需要抓紧制定一整套适应社会主义市场经济体制需要的法律，进一步完善我国的法律制度。近些年来，我国已相继制定了十几部规范社会主义市场经济的法律，但要构筑比较完善的社会主义市场经济体制的法律体系，我们还有很多工作要做。

同志们，四十年来，中国国际经济贸易仲裁委员会的涉外仲裁已在国内外树立起了良好的信誉，这些成绩的取得是来之不易的。我殷切希望中国国际经济贸易仲裁委员会的同志们再接再厉，一如既往，继续为中外当事人提供良好的仲裁服务，努力做到依法客观、公正地做好仲裁工作，为建立具有中国特色的仲裁制度，为促进国际经济贸易的发展，作出新的贡献。

在《林伯渠文集》出版暨林伯渠同志诞辰一百一十周年纪念座谈会上的讲话

（一九九六年四月十五日）

今年3月20日，是林伯渠同志诞辰一百一十周年。最近编辑出版的《林伯渠文集》，也即将在全国发行。中共中央党史研究室、中共中央文献研究室、中共中央党校今天在这里举行座谈会，共同缅怀林伯渠同志一生的革命业绩，学习他的光辉思想和高尚的革命品格，这是很有意义的。

林伯渠同志是伟大的马克思主义者、中国共产党和中华人民共和国卓越的领导人之一、杰出的无产阶级革命家、著名的政治活动家。在长达半个多世纪的革命征程中，他为中华民族的彻底解放，为中国新民主主义革命、社会主义革命和建设事业作出了不朽的贡献。岁月的流逝没有磨灭全党和全国人民对他的深切怀念和记忆。几十年来，林伯渠同志伟大的人民公仆的革命家风范一直长久地留在我们的心中，激励着我们不断进取，为实现国家民族的繁荣富强而努力奋斗。

林伯渠同志从青年时代起就投身于中国人民的伟大革命事业。他是我们党经历过旧民主主义革命、新民主主义革命及社会主义革命和建设三个历史阶段的老革命家。为了中华民族和广大人民的利益，他在每个历史阶段总是战斗在革命的最前线，总是站在时代的潮头，不断地前进。

19 世纪末，青年林伯渠目睹清王朝的腐败，西方列强对中国的欺凌，产生了“强烈的富国强兵”思想。1904 年，林伯渠东渡日本留学，1905 年加入孙中山创立的中国同盟会，积极参加了推翻清王朝的辛亥革命。辛亥革命的胜利果实被军阀袁世凯篡夺后，林伯渠在极端困难的形势下，毫不退缩，又立即加入了中华革命党，参加反袁斗争和护法战争，继续追随孙中山坚持革命斗争。旧民主主义革命的一次又一次挫折和失败，促使他深入总结历史经验，不断进行新的思考和探索。1917 年俄国十月革命胜利之后，林伯渠同志在他的好友李大钊的影响下，认真学习和研究马克思主义，实现了由一个激进的民主主义者向马克思主义者的历史性转变，并于 1921 年加入了上海共产主义小组，成为中国共产党最早的一批党员之一。从此，林伯渠同志即怀着对党对人民的无限忠诚和对革命的必胜信念，投入中国共产党领导的波澜壮阔的新民主主义革命斗争中去。

在第一次国内革命战争时期，陈独秀、李大钊和共产国际代表与孙中山的会晤，大都经过林伯渠进行联系和安排。国民党改组后，林伯渠曾任国民党中央执行委员会常委；国民党中央农民部部长，并任国民革命军第六军党代表和国民党中央军事委员会秘书长，参与国民党的领导工作。他是我国工农运动与北伐战争的重要发起者和组织者之一，为第一次国共合作与北伐战争的胜利立下不可磨灭的功绩。1927 年，面对着蒋介石、汪精卫发动“四·一二”、“七·一五”反革命事变的血雨腥风，林伯渠毫不畏惧，义无反顾地参加了南昌起义，踏上中国共产党人独立发动和领导武装斗争、建立人民革命政权的道路。他曾先后任中华苏维埃共和国临时中央政府国民经济部长、财政部长，中国工农红军总供给部长和陕甘宁边区政府主席等重要职务。无论是在哪一个工作岗位上，他都是兢兢业业为党为人民作出了创造性的卓越业绩。

对林伯渠同志所作出的上述重大贡献，还在革命战争年代，党中央就作出了高度评价。1943 年 3 月，中国共产党中央委员会在祝贺林伯渠六十寿辰的贺函中曾这样称赞他：“你是我国革命的老战士，自辛亥以来，在历史的进程中，你总是站在革命的最前列。”林伯渠这时总结自己的革命历程说：“这些年来，中国人民的英勇斗争是史无前例的，在它的浩瀚的事业中，积累着中华民族优秀儿女的精诚的努力与果敢的自我牺牲。在这条战线上，我只是一员战士，一个老兵。如果说有什么足以自慰的，那就是无论什么时候，自己总是跟着进步的方向走，毫不顾惜的把那些注定了要衰亡的东西抛在后面，同时在危难的关头，总是和广大人民站在一起，从他们中间汲取战斗的力量。这并不是个人有什么值得夸耀的地方，是群众教育了我，是党培养了我，是革命实践引导了我，才使我走上了今天的道路。”这段话体现了林伯渠的共产主义的世界观和人生观，体现了他无私地献身于中国人民和党的事业的高尚的革命情操。

林伯渠同志是中华人民共和国的开国元勋之一。在全国胜利前夕，林伯渠离开陕北调到中央工作，担负起筹备新政协和建立新政权的繁重组织工作，并在中国人民政治协商会议上作了《关于中国人民政治协商会议筹备工作的报告》。中华人民共和国成立后，林伯渠当选为中央人民政府秘书长，1954 年 9 月又当选为全国人民代表大会常务委员会副委员长。他为新中国的建设和发展立下了丰功伟绩。

林伯渠同志不仅在革命实践方面功绩显赫，在思想理论方面也进行了许多探索，为毛泽东思想的发展作出了贡献。

在林伯渠同志的革命生涯中，有相当长的时间是从事政府工作。他曾长期担任陕甘宁边区政府主席，对人民政权建设事业作出了开创性的贡献。他根据马克思主义的国家学说，并结合我国人民政权建设的实践，提出过许多深刻的见解。诸如发扬人民民主，如何实行抗日民主的三三制政权，正确处理党政关系，既尊重党的领导、又发挥政府各个部门的作用，争取和团结党外人士一道工作，真正使他们有职有权，等等。根据党中央的决定，他在 1937 年领导陕甘宁边区首次实行了民主普选制度，由人民群众选出他们所信赖的领导人。当时的陕甘宁边区政府，名义上虽然是地方政府，但因为延安是中共中央所在地，边区政府又在党中央和毛泽东同志的直接领导和指导下，因此，它在政治、经济以及文化教育方面采取的许多政策和措施，对当时的各抗日根据地以及建国以后的政权建设，都产生了很大的影响。正如王震同志所说："事实上，我们在政权工作中，许多为人民服务的优良传统，都同当年林伯渠同志所倾注的心血、所树立的风范分不开的。"林伯渠同志在人民政权建设方面的理论和实践，是中国共产党人的宝贵精神财富，对于我们今天加强人民政权建设仍有重要的现实意义。

林伯渠同志在财政经济工作方面所作出的建树，同样也是相当突出的。他早年曾留学日本攻读经济学和法学，研究过财政学、簿记学和统计学等。护法战争时他出任过湖南省财政厅长，大革命时曾任国民党中执委财务委员。后来在南昌起义、中央苏区、长征路上和初到陕北期间，他一直在做财经和部队的供给工作。此后，在他担任陕甘宁边区政府主席期间，还同时兼任中央财政经济部长和中央财政经济委员会主席。当时敌后抗日根据地，乃至军队中的各项财经制度的建立，大都与林伯渠同志有着直接的关系。在长期的经济领导工作中，他非常强调要克勤克俭，重视发展生产，尤其是重视发展农业生产，关心和改善人民生活。他曾说，只有发展生产，才能解决经济问题和财政问题。必须耐心地做群众工作，关心群众的疾苦，"欲取之必先与之"，"取之于民，用之于民"。关于发展生产，他认为"关键在于资本（指资金）与技术"。在资金方面应"帮助民间游资转入有利可图的私营或合营企业，尤应尽可能争取边区外面的资本，到边区从事有利可图的工业建设，他们可以单独经营或与政府合作经营，都给以法律的保障与可能的协助"。在技术方面，也要"尽可能争取边区外面的各种科学人员到边区来参加工农业建设，他们来后，都给以必要的优待"。这些政策思想，不仅在当时对于发展边区生产起到很好的作用，而且在今天仍然有很好的借鉴作用。

林伯渠同志在党的统一战线工作中也发挥过非常重要的作用。他是两次国共合作的倡导者和组织者之一，在第二次国共合作期间，他在国民参政会做了大量的工作，在陕甘宁边区根据党中央和毛泽东同志的指导，创建了统一战线形式的三三制政权。他坚决贯彻党的又联合又斗争的方针政策，广泛团结党外爱国民主人士和知识分子，并注意发挥他们在各个岗位上的作用，为巩固和扩大民族统一战线，争取国内和平和民主，作出了不可磨灭的贡献。林伯渠作为一名老同盟会会员和老国民党员，直到晚年仍念念不忘在台湾以及海外的许多故旧、老友。1958 年在北京碧云寺纪念孙中山先生九十二周年诞辰时，他曾步国民党元老于右任诗“中山陵树年年老，扫墓于郎已白头”原韵，疾书一绝：“不怕扫墓人白头，中山陵树绿悠悠。当年黄埔分明在，风雨同舟忆旧游。”表达了他对于右任的怀念之情，并盼望着在台湾的故旧、老友能够捐弃前嫌，早日回到故里，共同为实现祖国统一大业作出贡献。

林伯渠同志一贯主张结合中国的具体国情，创造性地学习和运用马克思主义理论。1945 年，在党的第七次全国代表大会上，他曾结合自己前 15 年为旧民主主义革命奋斗、后 25 年为新民主主义革命奋斗的亲身经历，令人信服地说明，要解决中国的问题，没有马克思主义不行，不善于结合具体实践掌握马克思主义也不行。1956 年，在党的第八次全国代表大会上，他又系统地总结了中国革命正反两方面的经验教训，进一步指出：“在没有认识马克思列宁主义以前，中国革命不能免于失败，有了马克思列宁主义以后，如果不与中国革命实际相结合，也还是不能免于失败。而一经把马克思列宁主义与中国革命相结合，则无往而不胜。这难道不足以说明主观主义的危害性，和创造性地运用马克思列宁主义的极端重要吗？”据此，他认为：“马克思主义列宁主义与中国革命实际的结合，不仅在过去，在资产阶级革命中，是重要的；在现在，在社会主义革命中，同样是重要的。而主观主义，在过去曾经使得我们在民主革命中遭到失败，在现在也同样可以使得我们在社会主义革命中遭到严重的挫折。”这些精彩的论述今天读起来仍给人以深深的启迪。林伯渠同志对待马克思主义的科学态度是值得我们认真学习的。

林伯渠同志是一位深受全党和广大人民群众爱戴的老一代无产阶级革命家。他一生清正廉洁，不徇私情。他的人生观和价值观就是尽量为党为人民多做工作，多作贡献。在中国共产党成为执政党之后，林伯渠更加严格地要求自己，1955 年党的全国代表会议召开后，他曾在自己的日记中用红铅笔醒目地写道：1. 遵守党章党纪。2. 戒骄傲自满。3. 必须有系统地进行监督。4. 加强马列思想教育。他时时提醒自己不要脱离人民群众。他每次外出视察总是事先与当地联系，不组织迎送，不参加宴请，不搞生活特殊化。在林伯渠同志身上所体现的中国共产党人的优良传统和作风，是我们能够得到人民拥护，战胜一切困难的力量所在。

同志们、朋友们：

今天，我们缅怀林伯渠同志，就要切实学习他的光辉思想和革命精神，并以他为榜样，进一步发扬党的光荣传统和优良作风，努力做好今天各个方面的工作。让我们紧密地团结在以江泽民同志为核心的党中央周围，在邓小平同志有中国特色社会主义理论和党的基本路线指引下，奋力开拓进取，为完成党的跨世纪宏伟任务，实现中华民族新的腾飞而奋斗！

建设完善的刑事诉讼制度*

（一九九六年四月十九日）

八届全国人大四次会议通过的关于修改中华人民共和国刑事诉讼法的决定，对刑事诉讼法作了一系列重大修改，这是对我国几十年来形成的刑事诉讼制度和司法制度的重大改革，是社会主义法制建设的一件大事，是加强依法治国，建设社会主义法制国家的一个重要成果。国际国内都很重视，影响深远，意义重大。

这次修改，对刑事诉讼中的侦查、检察、审判各个环节都作了重大修改，特别是对一些重大问题的修改，有的有共识，有的有争议，大家在总结司法实践经验，联系现代法制发展的基础上，经过中央政法委和政法各部门，还有法律专家的共同努力，各种不同意见展开充分讨论、争议，反复比较、协调，取得共同的结论，这是很好的成果。

这次修改，对保护当事人的合法权利有重大的发展。比如，取消收容审查是一件难度很大的事，多年来收容审查是公安机关

* 王汉斌同志在关于修改中华人民共和国刑事诉讼法的决定座谈会上的讲话。

打击刑事犯罪的重要手段，对查清流窜作案和来历不明的犯罪分子，维护社会治安，起了积极作用。但是，收容审查是公安机关不经过司法机关决定就可以长期关押犯罪嫌疑人，而又缺乏监督制约机制，不符合刑事诉讼法有关拘留、逮捕的规定的精神。这次修改，既考虑了要保护犯罪嫌疑人的人身权利，又将与犯罪分子斗争实际需要的内容在刑事诉讼法中增加了规定，即对刑事强制措施作了补充，保证了公安机关侦查犯罪的需要。又如，刑事诉讼法原规定人民法院在开庭七日以前，告知被告人可以委托辩护人。使律师没有充分时间准备辩护。这次修改，规定在侦查阶段可以聘请律师提供法律帮助，在检察起诉阶段可以聘请辩护律师，这样有利于充分发挥律师的作用，更好地保护犯罪嫌疑人、被告人的行使诉讼权利，也有利于公、检、法准确打击犯罪。同时，这次修改，还增加了保护被害人诉讼权利的内容，将被害人从过去作为诉讼参与人改为诉讼当事人，规定被害人有证据证明犯罪嫌疑人、被告人侵犯其人身、财产权利应当追究刑事责任，而公安机关或者人民检察院不予追究的，有权向人民法院起诉，被害人不服一审判决的，有权请求人民检察院提出抗诉等，这样可以更有效地保障被害人的诉讼权利，避免有的确有证据的犯罪分子可能因公安、检察机关没有逮捕、起诉而逃脱法律的制裁。这些修改，从刑事诉讼制度上充分体现了进一步加强对公民合法权益的保护，也有利于准确地惩治犯罪。

这次修改，对公、检、法三机关分工负责、互相配合、互相制约的问题，规定更加明确、具体、科学。进一步明确侦查、执行拘留、逮捕由公安机关负责；检察、批准逮捕、提起公诉以及刑诉法明文规定由检察机关自侦的案件的侦查由人民检察院负责；审判定罪由人民法院负责。避免了原来刑诉法规定的公、检、法职责分工不很明确而引起的某些混乱现象，例如某些同类性质的案件，公安、检察机关都可以侦查、都可以自行拘留、逮捕的问题。又如原来规定的免予起诉，对于体现惩办与宽大相结合的刑事政策和对轻微刑事案件的及时结案，发挥了积极作用。但是免予起诉是认为有罪但依法可以免刑的，这样不经审判程序就确定有罪，而且免诉的人如认为自己无罪也不能补救，从法制原则来看是有问题的，这次取消了免诉，把原来规定适用免诉的可以按不起诉处理，进一步明确了审判权都由人民法院行使，规定未经人民法院依法判决，对任何人都不得确定有罪。这些修改使公、检、法职责分工更加明确，避免职责交叉引起的某些混乱现象，同时也有利于公检法集中力量办理那些应由自己办理的职责；提高办案质量和办案效率。

这次修改，对法院的庭审制度也作了重大修改。一是改变了过去法院在庭审前对证据进行全面调查核实的做法，加强了庭审的作用，规定由公诉方在法庭举证，强化控辩双方的质证、辩论，有利于合议庭全面地分析控辩双方的举证和质证，客观地公正地依法作出判决，避免先入为主、先定后审。同时规定法院对庭审中举出的证据认为还有疑问的可以进行调查，不是消极被动地“坐堂问案”。二是明确合议庭在审判中的决定作用，规定合议庭开庭审理并且评议后，应当依法作出判决，不需要再经过审判委员会决定。同时又规定对于疑难、复杂、重大的案件，合议庭难以作出决定的，由合议庭提请审判委员会讨论决定，以保证能够较为妥善地审判这类案件。这些修改，既借鉴了国外的一些成功的做法，又是从我国的实际出发，可以说是比较完善的。

从上面所说的可以看出，这次修改对公、检、法在刑事诉讼中的办案程序都有很大的改变，在某些方面甚至可以说是带有根本性的改变，对保证刑法的正确实施，惩罚犯罪，保护人民，对建设符合现代法制要求的完善的刑事诉讼制度和司法制度具有十分重要的意义。现在的主要问题是如何保证修改后的刑事诉讼法的实施问题。应该说，这次对刑事诉讼法作了很大的修改，而且涉及一些过去习惯的做法的改变，加重了公、检、法等有关部门在刑事诉讼中的责任，对司法工作人员提出了更高更严的要求，因而实施的难度也比较大，外电说我们存在理论与实践的巨大的反差，也有一定的道理。我们要充分看到实施的难度，切实执行好修改后的刑事诉讼法，关键是转变观念，改进工作。首先是转变观念，观念不转变，就很难改进工作。转变观念，一是在思想认识上要转变观念。刑事诉讼法修改后，公、检、法的有些习惯做法要相应改变，工作会增加一些难度，但要充分认识这次修改刑事诉讼法的重要意义，自觉转变不适应刑事诉讼制度和司法制度改革的一些观念，自觉改变不适应社会主义民主法制建设发展的一些习惯做法。我们不但要考虑到本部门的职权和工作便利，更重要的，还要看到这次修改对建设完善的刑事诉讼制度和司法制度，对建设完善的社会主义法制的积极作用和重大意义。二是在实际工作中，对于如何正确运用法律手段，惩罚犯罪，保障公民权利，也要转变观念。近年来，全国人大及其常委会制定、修改了一系列有关法律，比如，人民警察法、法官法、检察官法、国家安全法、监狱法、集会游行示威法、戒严法、治安管理处罚条例以及对刑法的一系列的修改补充决定等，赋予了公、检、法等有关部门履行职责、行使职权所必需的各项法律手段。这次修改刑事诉讼法，又充分考虑了与犯罪斗争的实际需要，对一些必需的法律手段作了补充完善。我们要有力地打击、惩罚犯罪，对公、检、法机关必须赋予必要的手段，但在办案中又必须注意不能侵犯公民的合法权益。我们打击、惩罚犯罪，归根到底也是为了保护人民。不是像某些人所说的“报复主义”。我们要切实做到打击、惩罚犯罪与保护公民合法权益的统一。

全国人大决定修改后的刑事诉讼法于明年一月一日起实施，这是考虑到需要有较长的时间做准备工作，但是要保证刑事诉讼法修改决定的顺利实施，八个月的时间还是很紧的，我们要有紧迫感，抓紧做好实施前的各项准备工作。比如，取消收容审查后，不能再以押代侦；庭审方式改革后，公诉人要在法庭上举证，同辩护律师、被告人进行质证、辩论；法院合议庭要根据控辩双方的举证、辩论作出判决，也对审判员提出更高的要求。这些规定都增加了公、检、法工作的难度，对公、检、法的工作提出更高的要求，需要公、检、法大力改进工作，不做好各项准备工作是难以做好的。但是实施这一系列的修改规定，不但对建设完善的刑事诉讼制度和司法制度具有非常重要的意义，而且有利于培养干部，提高干部素质，提高执法水平，保证办案质量。公、检、法等有关部门要认真组织学习刑事诉讼法修改的各项规定，总结实践经验，研究实施步骤，研究解决实施中出现的问题，并且结合本部门的实际，有针对性地做好干部的培训工作，修改制定有关的司法解释和具体规定，部门之间还要互相配合、协调，切实改进工作，保证修改后的刑事诉讼法的顺利的正确的实施，为建设完善的刑事诉讼制度和司法制度作出贡献。

在广东省视察时的讲话要点

（一九九六年五月二十六日——六月六日）

广东省这几年经济发展很快，看了几个地方的城市建设，都搞得很好，面貌有了很大的改观，特别是公路、桥梁建设给人留下深刻印象。还看了几十个企业，都是形成规模、快速发展的企业。国家并没有多少投资，却在很短的时间里发展成了一批产值几亿，甚至几十亿元的大型现代企业，推出了一批技术含量较高并大量出口的产品。在探讨如何搞活国有企业的今天，广东这些新兴企业依靠市场经营机制迅速发展、壮大的经验，很有总结、推广的价值。这说明广东省委、省政府贯彻中央的重大方针、政策正确，在经济发展上的决策对头。广东经济发展已有良好的基础，继续坚持这个正确的方向走下去，经济建设还将快速、健康发展。

要研究市场经济，把经济转到面向市场，珠海特区这十几年的发展已经积累了一定的经验，要总结、研究，市场经济到底如何运作。比如金融手段，宏观调控要靠金融手段，没有金融手段也会出大问题。关于金融改革，特区可以积累经验，而且也具备进行试验的条件。例如存贷比率的问题，现在是向商业银行过渡期，还要有一些控制。如果是真正的商业银行，那就应当是有多少存款，就能贷多少。政策性贷款的问题，贷款规模控制的问题，还有股票控制的问题等等，现在还是积累经验的阶段。随着金融体制改革，有些行政控制的手段将来会逐步减少。市场经济如何有序运行，是个大题目，应当进一步探索。市场经济本来就有它自身的盲目性，如果我们再发展、放纵市场盲目性的那些方面，整个经济就会出问题。我们要把政策引导、扶持与市场有序运作结合起来，恐怕是发展经济的一个路子，这个问题还需要深入探讨。这方面经济特区也可以总结经验，经济特区的优惠政策恐怕不会再增加了，但是特区可以进一步探索市场经济运作有序化，政府行为与市场经济的关系等大问题，可以进行试验，先行一步，这是特区的优势。

由此要谈到政府行为，过去我们是什么都管，在市场经济条件下，政府管的事情就应当减少。应当主要管宏观，进行政策引导、资金调配等大事，其他的放手让企业自主经营、自主发展。政府主要就是规范行为，而不是去管企业的具体事。我们做过专门调查，以前国民党的县只设七个科，我们的县却要设几十个局。什么衔高，就往哪里靠。这是计划经济带来的，因为什么事都要管，如果不管，也就不需要那么多的局了。

我们讲体制改革，就是政府的部门管理要弱化，逐步转为行业管理，做到政企分开。政府要管宏观，不要管企业的产供销。现在搞产权改革，政府的国有独资企业怎么管？过去是厂长负责制、厂长承包制，出了一些问题。主要是企业内部缺少监督、制约机制。政企分开要与企业建立监督、制约机制结合起来。国外的企业有一套机制，有董事会、监事会，很管用。我们的为什么不管用？怎么做到政企分开，是我们需要真正好好研究的问题，这个问题多年来都没能真正解决。企业法规定，国家调控市场，市场引导企业。后来有人否定这种提法，现在看来还是有一定的道理。企业的经营行为应当面向市场，政府对企业具体的经营活动不要直接管。企业内部有问题，需要建立监督、制约机制。不能因为企业存在问题，政府就拿来自己管。不解决好政企分开的问题，就不能解决企业面向市场的问题。

企业要适应市场的千变万化，就必须有一套市场经营机制。在市场经济条件下，企业要有经营自主权，关键是要真正做到政企分开。现在许多地方政企分不开，主要原因是政府不愿分，尤其是一些业务主管部门不愿向企业放权。政府要对企业给予适当指导、扶持，要管宏观，但对企业的具体生产经营活动不要直接管。要在充分给予企业经营自主权的同时，进一步在企业内部建立有效的监督、约束机制。要积极研究在市场经济条件下，怎样真正做到政企分开，落实企业经营自主权，完善企业内部激励和监督、约束机制。

经济发展是国家强盛的基础。综合国力就体现在经济发展上。而经济发展，制造业是根本。抓制造业，抓高新科学技术的发展、应用，是经济发展的最重要的环节。否则，经济基础不牢固。光靠房地产增值、股票上涨不行。房地产管理要研究香港的办法，香港在这方面的做法是成功的。另外，基础设施不发展，经济发展要受制约。而发展基础设施，又要考虑能力。引进外资发展基础设施是个好路子，应当放手去做。发展基础设施要考虑收益问题，这一点更重要。修了路可以收费，投资可以收回，有收益就不怕借钱。

不能以牺牲环境为代价来换取经济增长，不能允许先污染、后整治。目前，我国许多地方污染严重，一方面既缺水，一方面又把宝贵的水资源污染掉。江河污染问题不解决好，将来我们会没水喝。

珠江三角洲地区有个如何利用优势的问题。优势就是靠近港澳。靠近港澳，在利用信息、引进外资、先进技术和管理经验方面就具有优势。要有意识地引进对国家经济建设具有重大作用的项目。利用信息优势，瞄准国际市场发展经济，与国际市场密切联系，把信息作为资源加以利用，把我们自己的产品水平搞上去，这是发展经济的重要之处。

关于农业，应当研究行业协会和农村土地股份合作制的问题。发展行业协会是改革的趋势，是我国农业发展的重要方面。这方面欧洲的经验可以借鉴。欧洲搞合作社，都是按行业，与我们的行业协会差不多。它不直接搞生产，而是搞生产协作，为农户提供服务。我们的行业协会也要建成真正为农民在产供销方面提供社会服务的组织，这是很有意义的事情。只要真正为农民服务，农民就会感兴趣。过去我们的供销社是官办的，没有从为农民服务出发，所以得不到农民的真正支持。农民行业协会不是营利性的组织，不是中间商，不是卡农民的，是为农民服务的。这件事情值得大抓，值得下点力量好好抓。中山市经济发展，农业不萎缩，与工业同步发展，是个好经验。法国也是这样，经济发展农业不萎缩。要研究为什么能够做到这点，我看行业协会这套机制是关键。

实行农村土地股份合作制，应当很好总结经验。经济发展了，农民有钱了，有的人就不愿意种地了。这个问题怎么解决？值得好好探索。我们的村民委员会是农村最基层的群众性自治组织，不是经济组织。在制定村民委员会组织法时研究这个问题，觉得村民委员会还是要承担经济组织的职能，也就是过去合作社的职能。农村经济发展了，必然会出现经济组织。我觉得农村土地股份合作制就是一种形式。如果能够好好总结经验，对农村经济发展具有重要意义。

能不能乡镇下面直接就是村民委员会，中间不要管理区行不行？管理区主要是广东有，广西叫村公所。其他省、市都是乡镇下面设村委会。宪法规定我国的行政区划有四级，省、设区的市、县、乡镇。乡底下就是基层的村民委员会。北方的乡小，村委会按照行政村设，就不需要管理区了。广东的乡大，按过去的人民公社设管理区，多了一层。但是广东也不是都设管理区，广州、深圳、珠海就没有管理区，乡镇直接到村委会。他们觉得这样也可以，顺德还主张取消管理区。但是番禺等地又觉得管理区这一级有需要，没有它许多事情办不了。要研究一下，解决这个问题，把管理区改为村民委员会，管理体制上会顺一些。我觉得管理区主要是由于乡管事多，没有个机构，许多事无法贯彻下去，这样就非设管理区不可。村民委员会组织法规定村民委员会可以按行政村设，也可以按自然村设，而没有规定设管理区、村公所。设管理区就是因为管事多，少管点事就不必设管理区了。

我的意见是宁可要村民委员会，不要管理区，工作上的问题具体研究解决。

我赞成反腐败要从体制上加以解决的意见。体制上、机制上所产生的腐败，是最大的腐败。要研究如何根除机制、体制上产生的腐败现象。个人行为好解决，他贪污了判他刑就是了。体制上带来的问题就大了，也更难以解决。比如审批制就可以增加腐败。政府官员不得兼任企业经理，就很重要，否则就没有公平竞争。像企业反映的，买发电设备必须找电业局，不但要买他的设备、按他的价钱买，还要出钱让他们出国考察，不但要去进口设备的国家，还要周游世界。这还得了吗！机制上、体制上所产生的腐败现象是最严重的问题。要积极探索、研究，如何根除由机制和体制产生的腐败现象，加强监督工作，发挥国家权力机关保障和促进经济发展和社会主义民主与法制建设的作用。

还有个政府收费问题。什么可以收费，什么不可以收费，都要好好研究。今年全国人大八届四次会议通过了行政处罚法，就是规范行政处罚，从行政处罚的设定，到行政处罚的实施都加以规范，着重解决乱罚款、乱处罚的问题。乱收费也是个严重的问题，有的地方调查，行政收费已经和税收的数量一样多，反映很大，可以说是民怨沸腾。本来是政府应当办的事情，政府却另外设个机构去办，结果就要收费，这个机构也要靠收费来养活。政府设立机构就应当有开支，没有开支，要靠收费维持，那就不应当设这个机构。行政收费问题确实是个严重问题，解决这个问题也要从市场经济的角度考虑。乱收费非常影响经济的发展，把经济环境都破坏了。外商就讲，税收是明的，收费是暗的，无法计算成本。影响了外商投资，也就影响经济发展。

国家包下来的保障机制是不行的。破产机制实行不了就是因为没有社会保障机制。银行就不愿意企业破产，说他的贷款收不回来了。其实银行应当想通，企业的坏账都是虚的，他的钱不是因为企业破产才没的，而是早就没有了。企业的包袱不能老这么背着。实行破产，安置破产企业职工是个大问题，需要研究。但是破产企业职工安置也不能都由国家包下来，要靠建立社会保障机制来解决。社会上有一定数量的失业人员，作为后备劳动力，从某种角度看也并不是坏事。这就形成了竞争，就有了一定压力。企业职工都有保障，国家全包下来，没有压力，工人也就不好好干了。

改革开放以来，我们按照小平同志提出的三个有利于的精神，摸索、探讨改革，走了三步：从以计划经济为主、商品经济为辅，到计划经济与市场经济相结合，又到现在的社会主义市场经济。现在回顾来看，这个过程是完全必要的。改革也是个过程，一下子搞到底也不行。1980 年如果搞市场经济，国家也要大乱，那时没有条件。改革采取有步骤进行的办法比较好。

最近中央提出依法治国，建设社会主义法制国家，需要引起各级领导同志的高度重视。中央领导同志学习法律，总书记讲话、总理在人大的工作报告、还有委员长都讲了依法治国的话。依法治国，建设社会主义法制国家非常重要，是对社会主义法制建设的要求，比提“健全法制”更明确，提出了我国法制建设的目标。以前对于要不要提依法治国有争论，认识上不一致，现在中央明确提出来，意义重大，影响深远。这标志着我国社会主义法制建设进入到了一个新阶段。依法治国，建设社会主义法制国家的主要内容还是涉及政府行为与作用。过去有人提“以法治国”，是从管老百姓出发讲的。现在讲“依法治国”，强调的是政府要依法行政，是管政府的。政府是人民代表大会产生的，政府行使权力必须有法律依据，必须有法律的授权，政府的行为要受法律制约，要依法行政。过去我们没有多少法，现在国家有了一定数量的法律，已经具备了实行依法治国，建设社会主义法制国家的条件。

律师制度是法制建设的重要组成部分*

（一九九六年六月十四日）

今天开这个座谈会，宣传贯彻律师法，我觉得很有意义，对于律师法的贯彻实施将起推动作用。律师制度是我们国家的一项基本制度，是我们国家调节各种矛盾，包括政治、经济、社会上各种矛盾的一种机制。调节各种矛盾离开了律师不行。所以，律师法的颁布实施，是法制建设上的一件大事，标志着法制建设取得重大进展。党的十一届三中全会以来，我们党非常重视律师制度的建设。小平同志讲过："现在我们担任司法工作的干部，包括法官、律师、审判官、检察官、专业警察起码缺一百万，可以当律师的，当法官的，学过法律的，懂得法律的，而且执法公正、品德合格的专业干部很少。""中国要有十几万律师，律师队伍需要扩大，不搞这个法制不行。"

法制建设中包括律师制度的建设。1979 年制定刑事诉讼法，

* 这是王汉斌同志在宣传贯彻《中华人民共和国律师法》座谈会上的讲话。

刑事诉讼法很重要的一项内容是律师可以为被告进行辩护，这是一件很重要的事。刑事诉讼法通过以后，彭真同志就指定两位同志，一位是杨秀峰同志，一位是史良大姐，由他们两位牵头起草律师暂行条例。律师暂行条例是1980年通过的，应该说这是我国第一部律师法。为什么叫暂行条例呢？就是当时觉得还不够成熟，经过实践之后再进一步制定律师法。

律师暂行条例确定了在我国要恢复和完善律师制度。1957年以前我们是有律师制度的，“反右”以后就烟消云散了，所以，律师的业务怎么开展，律师有些什么权利，应该遵守哪些准则，缺乏经验。1957年前的律师也没有很好发挥作用，当时律师主要做刑事、民事的诉讼业务。律师暂行条例颁布以后，对恢复和完善我国的律师制度，调节各种社会矛盾，维护法律的正确实施，都起了重要作用。当然，律师暂行条例的制定有一定的历史局限，经过十多年的实践，在完善律师制度方面也提出了许多新问题，所以需要制定律师法。律师法和律师暂行条例相比，在许多方面作了重大修改，条文从二十一条增加到五十三条，从四章变成了八章，应该说这是一部比较完备的律师法，有关律师制度需要规定的一些内容都有了。律师法的制定，对完善律师制度，发挥律师在社会主义法制建设中的积极作用，维护法律的正确实施，维护社会的稳定，都有重要意义。

律师法的内容，主要有两个方面，一个是规定了保障律师的合法权益，一个是规定了律师的职责，包括律师应该遵守的行为准则。制定律师法时，专门研究了对律师权益的保障问题，研究了外国的有关规定，对草案这方面的内容作了补充。80年代初，律师制度刚恢复时，对律师的作用认识不一，有人认为律师是和公、检、法作对的，是专门为坏人辩护的，在实践中有的法官当庭驱赶律师，有的当庭拘押律师，这说明推行律师制度阻力是非常大的，保护律师权利是非常重要的。邹瑜同志处理过一个案子，叫做辽宁三律师案。三个律师为强奸案的犯罪嫌疑人作无罪辩护，法院以包庇罪把三个律师抓起来了。法官认为应该判刑，律师能否作无罪辩护，我认为是可以的。即使律师辩护的根据站不住，只要他不是故意作伪证，他的辩护也是合法的。有人认为律师是钻法律的空子，只要不是故意歪曲，能钻法律的空子算他有本事，说明我们在立法中还有毛病。保护律师的合法权益，律师协会应当发挥作用。律师法规定律师协会的职责就是保障律师依法执业，维护律师的合法权益。律师法的另一项重要内容，就是规定了律师的行为准则。律师的基本职责是以事实为根据，以法律为准绳，维护当事人的合法权益，维护法律的正确实施。这一基本职责在律师暂行条例中已经规定，在律师法中又作了重申。维护当事人的合法权益和维护法律的正确实施是统一的，首先是维护法律的正确实施，在维护法律正确实施的前提下维护当事人的合法权益。这是我国律师制度与西方律师制度的重大区别，也和旧社会的律师制度有根本区别。旧社会称律师为讼棍，日本原法务大臣古井喜实见到彭真同志时说过，日本人骂律师骂得更凶，称律师为法匪，就是说有的律师通过歪曲事实、曲解法律来为当事人服务，这是我们要坚决反对的。最近，看到一份材料，是讲日本有的律师挪用当事人的财产，坑了当事人。律师法对律师的行为准则作了一系列重要规定，譬如明确规定律师在执业活动中不得作伪证，不得威胁、利诱他人作伪证，这是针对律师在执业活动中存在的问题作出的，这不是限制律师的规定，而是维护律师在社会上的形象，更好地发挥律师在社会中作用的必要的规定。我们专门研究了日本和美国等国家的律师制度，大体上都有这方面的内容。

最后讲讲律师队伍的建设。要充分发挥律师在政治、经济、社会生活中的作用，培养一支高素质的律师队伍是很重要的事情。江泽民同志讲过，“随着我们经济体制改革的深入，律师的任务越来越繁重，对律师的要求也越来越高。”小平同志当时讲要有十几万律师，现在看来还不够，我们国家这么大，恐怕需要有几十万、上百万的律师，而且是素质比较高、能够依法行使职责的律师。这次律师法对律师资格的条件作了明确规定。律师暂行条例规定经过法律专业训练的就可以考核取得律师资格，现在修改为具有高等院校法学专科以上学历或者同等专业水平的也不能直接取得律师资格，还得通过统一的律师资格考试。现在的标准更高了，这是非常必要的。制定律师暂行条例的时候，张友渔同志提了个意见，说不能滥竽充数，当时研究了半天，实在写不出来具有高等院校法律专科以上学历之类的话。因为从 50 年代到 1978 年，我们法律院校的毕业生一共只有三万人左右，1978 年才开始恢复招生，1982 年才开始有毕业生。现在我们能够写上只有法律大专毕业的才能参加律师资格考试，这是一个很大的发展。当然，我们的标准比发达国家的标准还是低了一些。美国的学生大学毕业以后再去读法学院，法学院学完之后也不能马上当律师，还要进行司法考试。我们国家将来条件成熟，也可以考虑提高对律师资格的要求。律师队伍的建设，一个是素质要高，另一个是队伍要扩大。培养一支高素质的律师队伍，对我国的法制建设是很重要的事。今天，公、检、法、司的领导同志都参加了座谈会，特别是司法部要抓好律师队伍的建设。

仲裁法是解决经济纠纷的重要法律*

（一九九六年八月三十日）

《中华人民共和国仲裁法》是继民事诉讼法颁布以后，解决经济纠纷的又一部重要法律。仲裁法对我国原有国内经济仲裁制度作了重大改革，主要是仲裁机构独立于行政机关；仲裁不实行级别管辖和地域管辖；经济纠纷发生后，是否选择仲裁以及选择哪个仲裁委员会仲裁，均由当事人自主决定。这就使仲裁这种解决经济纠纷的重要方式，具有当事人自愿、程序方便、灵活等特点，对于公正、及时地解决经济纠纷，保护当事人的合法权益，维护社会经济秩序，保障社会主义市场经济健康发展，具有重要意义。

仲裁法颁布以来，各级政府和有关单位都非常重视，国务院办公厅先后发布了四个文件，对贯彻实施仲裁法和重新组建仲裁机构作了统一部署、统一安排；最高人民法院也发布了两个有关仲裁问题的通知；各地方按照仲裁法的规定和国务院的统一部

* 这是王汉斌同志在《中华人民共和国仲裁法》实施一周年座谈会上的讲话。

署，成立了一批仲裁机构。可以说，仲裁法施行一年来，情况是好的，是有成效的。

保证仲裁法得到全面地、正确地实施，任务仍很艰巨。希望各有关地方、有关部门和组织、人民法院按照国务院的部署和最高人民法院的通知精神，继续做好仲裁法的实施工作。这里，我想强调三点：一是，要进一步加强对仲裁法的宣传。仲裁法规定的仲裁制度是一项新的制度，人民群众对它还不很熟悉，需要加大宣传力度，充分利用广播、电视、报纸等宣传工具，通过各种形式，广泛宣传仲裁法，使仲裁法成为人民群众解决经济纠纷、保护自身合法权益的有力武器。二是，各有关部门、组织等要进一步加强合作，保证仲裁法的正确实施和重新组建仲裁机构工作的顺利开展。三是，在新旧仲裁制度过渡时期，不论是重新组建仲裁机构工作，还是开展仲裁工作，既要体现仲裁法规定的当事人自愿原则，又要体现新旧仲裁机构的继承性，保证新旧仲裁制度的平稳过渡。

贯彻实施仲裁法，关键是各级领导要统一思想，提高认识，加强领导。仲裁法的制定和实施是我国深化改革和发展社会主义市场经济的客观要求和必然结果。各有关地方、各有关部门都要进一步认真学习仲裁法，深刻领会它的精神实质，全面掌握它的具体规定，把贯彻实施仲裁法提高到全心全意为人民服务，为经济发展创造良好的社会环境，促进经济发展的高度来认识，切实加强对贯彻实施仲裁法和重新组建仲裁机构的领导。

努力制定一部完善的刑法典*

（一九九六年十一月十一日）

这次修改刑法，是我国民主与法制建设的一件大事。研究修改的具体工作量很大，是一项浩大的工程，工作十分艰巨。所以，这次请大家来，是干苦活儿，做苦差事。农村不是有甜活儿、苦活儿的说法嘛，这是一件苦活儿。

我国刑法，是1954年开始起草的，1957年起草了22稿，1963年又改了33稿。22稿、33稿，都是经过毛主席主持中央政治局会议讨论并原则批准的。但是接下来搞阶级斗争，就放了下来。1979年通过的刑法，以33稿为基础，一共用了4个月时间，3月初开始，7月1日通过。这次修改刑法，实际是从1982年开始的。1982年中央书记处就决定修改刑法，我们从那个时候开始进行研究修改工作，具体任务当时由高西江同志承担。第二年，胡乔木同志还检查，问我改得怎么样了，我说正在改，就是难度太大，一时改不出来。1988年，还提出了修改方案，专门进行过

---

* 这是王汉斌同志在修改《中华人民共和国刑法》座谈会上的讲话。

讨论研究，觉得工程还差得很大，又进一步组织、加强力量来进行修改。从1982年到现在，改了14年，事实上这14年一直在进行工作，因此，这次修改刑法工作的时间很长。

总的看来，1979年刑法规定的基本原则和具体条文还是好的。1980年审判“四人帮”，靠三个法：一个是刑事诉讼法、一个是律师条例，另一个就是刑法。结果案件办下来了，人家也说不出什么，可见这个刑法是可行的、是值得肯定的。刑法实施以来，对于打击犯罪，保护人民，维护国家的统一和安全，维护社会治安秩序，保护人民民主专政的政权和社会主义制度，保障社会主义建设事业的顺利进行，都发挥了重要的、积极的作用。但是，也看出有不少问题。有些是当初在制定刑法时就感到的、没有及时解决好的问题，不完全是事后才有；有些是在实践中发现的问题，其中许多问题是伴随着十几年来我国政治、经济和社会生活的深刻变化，出现的新情况、新问题。第一，刑法原来规定过于简单、过于原则、过于笼统。刚才胡康生同志讲到，1979年制定刑法时对犯罪行为的研究还是不够的。当时有人提出来要晚一点通过，彭真同志考虑再晚一两年通过也同样会有问题，所以还是早点通过。刑法条文比较少，只有192条，规定比较粗，执行起来就比较难操作。比如，玩忽职守罪，这个“口袋”实在太大，很多行为都可以装到里面。在执行中，对是否构成犯罪，各地法院没有统一的标准，执行起来很不一样，同样的行为，有的追究，有的不追究。这个问题刑法一开始施行就存在。第二，对有些犯罪行为，刑法原来规定的刑罚偏轻。还是这个玩忽职守罪，法定最高刑是5年，现在看，有些严重的玩忽职守犯罪，像衡水农业支行，100 亿美元不可撤销的信用证就这么稀里糊涂开出去了，国家下了很大力气，花了四五百万美元才追了回来，给国家造成巨大损失。这类案件，处 5 年是不够的。所以这次修改刑法，许多犯罪都得加重刑罚。第三，出现了许多新情况、新问题。一些犯罪，原来不多见，规定的处刑也比较轻，但是，现在的情况有了很大变化，已经变得非常严重。比如，走私犯罪和贩毒犯罪，1979 年时案件很少，可是现在不得了，走私和贩毒犯罪十分猖獗，走私有金额达几千万元的，贩毒数量有海洛因上万克的。这是当初没有想到的。另外，就是出现了许多新的犯罪，特别是在经济犯罪，如证券犯罪、金融犯罪、增值税专用发票犯罪，还有计算机犯罪，等等。这些犯罪行为过去都是没有的。

这些年来，我们一直在不断地调查研究，广泛征求意见，特别是公、检、法、司、国家安全部门、中央军委的意见；认真总结 17 年来实施刑法的实践经验；研究国外有关刑事法律规定和现代刑事立法的发展趋势。刑法修订草案在这个基础上，作出了一系列的补充修改规定。这次修改刑法，主要有几个想法：

一是要制定一部统一的、比较完备的刑法典。刑法修订草案从原来的 192 条增加到现在的 403 条，增加了一倍多，主要是分则部分。因为修改的量很大，所以不叫修改决定，也不叫修正案，叫做修订草案。刚才说研究修改刑法整整进行了 14 年，那么，在这过程当中，对不断出现的新的犯罪和新的情况怎么办呢？我们是采用了决定、补充规定的形式，陆续对刑法作补充修改，在刑法没有改出来之前，需要改的先补充修改。这个办法中央也是同意的。这些年一共出台了 22 个决定、补充规定。另外，在一些民事、经济、行政法律中规定了“依照”、“比照”刑法的有关规定追究刑事责任，特别是对玩忽职守行为，许多条文都规定“依照”、“比照”刑法第188条处罚，事实上扩大了刑法的适用范围，也是一种补充规定。这次修改要把十几年来修改刑法的决定、补充规定和一些法律中“依照”、“比照”刑法有关条文追究刑事责任的规定改入刑法，变成具体条文。前几年，最高检曾起草了反贪污贿赂法，搞了相当长的时间。现在考虑编入刑法，作为分则第七章。关于军人违反职责罪，1979年制定刑法时军委曾提出草案，建议作为刑法的一章。彭真同志考虑在短时间内实在搞不出来，决定军职罪暂时空着。1981年，专门制定通过了惩治军人违反职责罪条例。为什么叫条例，不叫法，表示实际上是刑法的组成部分。去年12月，中央军委提出了修改惩治军人违反职责罪条例修正案，并提请全国人大常委会审议。这次修订草案把军职罪也编了进来，作为分则的最后一章。刑法总则的规定，适用于军职罪；军人普通的刑事犯罪，军职罪没有规定的，也还得依照刑法处罚。因此，这次修改刑法，不单是修改补充刑法的问题，而是要制定一部统一的、比较完备的刑法典。这是我国社会主义法制建设的重大进展，也是继今年初修改刑诉法以后，进一步完善我国刑事法律制度和司法制度的重大步骤。我们已经有了一部比较完善的刑事诉讼法，通过修改刑法之后，又有了一部比较完善的刑法典。除了宪法，刑法、刑诉、民法、民诉法是四部最重要的基本法律，所以说，修改刑法是法制建设的十分重要的大事。

二是应当保持法律的连续性和稳定性。刑法是定罪量刑的根据，不能轻易改变。这一点特别重要。因此，对刑法的原有规定，原则上没什么问题的，尽管不很完善，也尽量不作修改。比如，有的同志提出，要把有期徒刑最高刑从 15 年改到 20 年。我参考比较了一些国外法律，一般都比 15 年长。15 年到无期徒刑，中间空档确实相当大，所以我也想过是否改为 20 年。后来再研究，觉得改为 20 年法律变动太大，许多量刑规定都要重新调整，还是不作修改为好。

三是要力求规定得明确、具体。对一些原来比较笼统、原则的规定，尽量具体化。要把犯罪行为研究清楚，行为研究清楚了，定罪量刑就好办。玩忽职守罪规定要尽可能具体、明确，不要靠人为来掌握了。

关于刑法的基本原则，这次进行了研究，提出了一些重要的修改意见。一是，明确规定了罪刑法定原则，取消类推。修订草案第 11 条规定，法律明文规定的才能定罪，法律没有明文规定的不能定罪。刑法原来虽然没有明确规定罪刑法定原则，基本上也还是贯彻了这个原则的。类推问题，当初就是一个很有争议的问题。台北律师陈逸松，就坚决反对规定类推，还在日本东京向记者发表了反对意见。但刑法分则只有 103 条，这么少、这么简单，有些犯罪行为要追究，法律又没有规定，怎么办呢？所以没有办法，最后还是写上了。有些同志提出，类推是对法律没有明确规定的行为，需要追究的，经过最高人民法院审判委员会决定，就可以追究，这是违背罪刑法定原则的。事实上，刑法规定了类推，实际办案中用得很少。最高人民法院原院长江华同志就坚决不用类推。现在看来，取消类推规定是有必要。二是，规定了法律面前人人平等原则。任何人犯罪在适用刑法时都一律平等，不允许有超越法律的特权。这个原则，宪法有了，在刑法中再明确下来，还是有必要的。以上这两个原则是现代刑法的基本原则，要写清楚，不要分散在有关条文当中，可以集中规定在第一章里。

另外，对总则问题，有些重要修改还有不同意见，需要研究。

一、关于减刑。原来规定是确有悔改或者立功表现，可以减刑。立功比较好说一点，悔改就很难讲。我不太相信悔改，确实悔改的也有，但许多悔改值得怀疑。悔改到底是什么标准，如何掌握？很不清楚。实践中往往以悔改的名义进行减刑，监狱写个报告，法院一批，就减刑了，没有严格的程序，也没有认真的核实。是否真悔改，闹不清楚。所以，这里面随意性是比较大的，容易出现流弊，从出现的问题看，有的是送钱送礼了，就“悔改”了，就减刑了，甚至一减再减，就减没了，判无期的关了十几年就放人了。我想，法院判决是很严肃的事，应当得到尊重和严格执行，不能随便减刑。而且，判决既然是与罪刑相适应，判多少年就得执行多少年，不能轻易减刑。有的同志提出要靠减刑来管犯人，我看值得考虑。管犯人靠什么？当然教育改造很必要，但更主要的是靠严格的监规，靠强制，不是靠自觉。另外，什么叫立功也应当有个严格的标准，总得起比较大的作用才叫立功，不能随便做点好事就算立功，这样也有失严肃性。所以修订草案只规定对有立功表现的可以减刑，对同一犯罪分子只能减刑一次，并且规定对于罪行严重的危害国家安全的犯罪分子、犯罪集团的首要分子、累犯不得减刑。

二、关于时效。原来规定对犯罪分子经过一定年限可以不再追究，犯杀人罪的过了20年也可以不再追究；现在规定对依法应当判处10年以上有期徒刑、无期徒刑、死刑的，不受追诉时效的限制。如杀人、抢劫、爆炸、绑架等严重犯罪，没有时效限制，什么时候都可以追究；当时查不着罪犯，过几年查到了，还得追究。有的同志提出，时效各国都有规定，草案规定对时效作出限制不妥。我看规定时效并不是说，过了一定期限什么罪都不能追究。香港报纸刊登了一个案件，罪犯在电梯里对妇女进行非礼，当时没有查着罪犯，但是过了十几年后，受害妇女在大街上碰着了罪犯，也追究了刑事责任。前一段意大利审判一个“二战”时期德国战犯，法院以过了时效为由不判，全国一片不满之声，意政府也不同意，而德国也要求将战犯引渡回国审判，最后意大利法院还把战犯判了刑。从中看出，外国的时效规定也不是说什么罪都可以不追究。这个问题提出来，请大家研究。

三、关于法院可以在法定刑以下处刑问题。刑法原第五十九条第二款规定，人民法院对不具有减轻处罚情节的犯罪分子，根据案件的具体情况，判处法定刑的最低刑还是过重的，经人民法院审判委员会决定，也可以在法定刑以下判处刑罚。现在看来，这一条规定是有问题的。主要是判刑的轻重没有具体标准，各地法院掌握不统一，容易出现流弊，结果是送钱送礼后，就想办法在最低刑以下判刑，执行中这类问题不少。有的同志提出，的确还有些特殊情况，按最低判刑还觉得过重，要求保留这条规定，有点灵活掌握余地。上次宋汝棼、项淳一同志去四川考察调查，找到了一个例子。一个学生交不起200元学费，就到附近加油站蒙面抢劫，也不多抢，就抢200元。法院要给他判刑，当地群众强烈要求不要判刑。这个例子，判不判刑，我还表示怀疑。你因为交不起学费就可以抢，那么你老母亲要住院、买药没有钱，是否也可以抢？我看，抢劫还是要判刑，虽说其情可原，但抢劫罪还得判，不能说某些情况下犯抢劫罪可以不判刑。当年新疆蒋爱珍受到人家欺侮拿冲锋枪杀人，有人写文章说愿与蒋爱珍同赴刑场。公安部不同意，认为不能因为受了屈就可以杀人，我想是对的。既然规定罪刑法定，就得在法律规定的法定刑内判刑，不能作出不同于法律规定的判决。那不是法外又有法了吗？法外又有法的办法，是不可行的。请大家考虑考虑。

四、关于违法所得问题。什么是违法所得，高检、高法解释不一样，在执行中发生一些问题。现在有两种说法，一种是按违法经营总额计算；另外一种是算非法利润，从经营额中扣除成本和劳动力。我考虑扣除成本还有点道理，扣除劳务费值得考虑，对违法活动还要发工资啊！请大家研究，到底怎么规定好。

五、关于正当防卫。我感到刑法原来的规定太笼统，在实际掌握中出现不少问题，主要是对防卫过当处理面太宽。比如，警察在追捕中开枪把犯人打了，受害人受到不法侵犯时把歹徒打了，往往定防卫过当。这样的案件不少，不是保护了好人，而是保护了坏人。所以这次修改要对正当防卫作出明确、具体的规定，不能一出现后果，就认为是防卫过当。夜里有人撬门进来了，你拿菜刀砍死他，有人说是防卫过当，我感到不平。你撞门进来了，我知道你是什么人，口袋里装了什么东西？砍死为什么不可以？警察追捕犯人，犯人抵抗，为什么不能开枪？当然，如果违反枪械使用规定，就按规定处理，也不能认为是防卫过当。对防卫过当不能解释宽了，只对那些非常明显的超过了必要限度的防卫行为，才能认定防卫过当。所以，对正当防卫问题，要站在保护被害人的利益，鼓励见义勇为以及适应公安干警抓捕犯人的实际需要的角度和立场上来看问题，作出相应的规定。

六、关于剥夺资格刑。规定对某些犯罪剥夺某种资格，实践中比较难办。能否考虑倒过来规定，即规定担任某种职务之前，必须登记刑事犯罪记录。国外有这种做法。香港规定是必须如实申报、登记刑事记录，如不如实申报、登记，就凭这一条，就不能任职。香港《明报》社长，查出来在加拿大有过刑事犯罪记录，就得辞职。我们能否也研究一下，这样的办法对于预防犯罪，是否会有积极作用。

对刑法分则，这次作了大量修改，把决定、补充规定都吸收进来了，条文从原来 103 条，增加到 310 条。有些规定还需要研究。

刑法有三个“口袋”罪，即渎职罪、流氓罪、投机倒把罪。实践中许多靠边的、不太好处理的行为，大都装进这三个口袋，职务方面的装到渎职罪中，治安方面的装到流氓罪中，经济方面的装到投机倒把罪中。当年搞“四清”，有人教我，对搞不清的定个“坏分子”就不会有错。我看与“口袋”罪的情况相类。因此，执法的随意性很大，各地掌握标准不统一，出现了许多问题。这次研究修改，应当首先解决这三个“口袋”罪的问题。

关于渎职罪。主要问题是原来规定过于简单，处刑也偏轻，尤其是玩忽职守罪。1988 年就开始，我们就对渎职罪进行重点研究。要把这几年一些法律和司法解释中关于玩忽职守、滥用职权、徇私舞弊追究刑事责任的规定都变成具体条文，尽量规定得具体、明确，这样就比较好掌握。常委会审议法律草案时，经常性的意见就是认为草案规定不具体，所以立法时要特别注意这个问题。有的同志提出，渎职罪的具体行为难以列全，我看即使不全也不要紧，将来还可以补充规定，总比笼统规定要好。当然，现在对渎职犯罪行为的确还是规定不全，还需要研究增加。大家好好研究一下，还有什么行为应当追究刑事责任的，尽量具体规定出来。

关于流氓罪。这个“口袋”很大，只要涉及治安秩序方面的违法犯罪行为，往往都可以定流氓罪。前苏联也好像是这种情况，前些年一个德国青年架飞机在莫斯科红场降落，苏联就判了流氓罪，这怎么会是流氓罪呢！所以这次对流氓罪要进行分解，作出具体规定。草案现在对流氓罪主要分解规定了三条：一条是寻衅滋事，一条是侮辱妇女，一条是聚众淫乱。大家看看行不行。

关于投机倒把罪。现在遇到了难题，就是对“投机倒把”究竟是什么含义？大家理解很不一致。有的同志讲，“投机倒把”的内容已经比较特定，要求保留投机倒把罪。但大多数人还是主张具体一点，认为市场经济就是倒，不倒怎么挣钱？广东省一位领导讲，现在没有投机倒把犯罪了。所以，这个问题确是一个问题，不能笼统地认为倒买倒卖，赚了大钱就是投机倒把，不能这么讲。做买卖就是低价进高价出，不能高价进低价卖吧。特别希望公、检、法，还有工商，认真研究一下。过去判过的和现在出现的到底有哪些行为是投机倒把行为，哪些应当追究刑事责任，尽量研究清楚。如非法倒卖伪劣商品、专营专卖商品和国家禁止买卖的商品行为，无证经营药品行为，牟取暴利、囤积居奇行为等，都应研究，主要是对具体行为要搞清楚，定罪量刑相对还是比较容易的。另外，关于外汇管理，现在经常性结算账户可以自由兑换了，将来人民币也可能自由兑换，行政处罚是否就可以了？还有什么行为需要追究刑事责任？请外汇管理局的同志研究。

关于贪污罪贿赂罪。有两个问题：一是，贪污罪、贿赂罪的主体，原则上是国家工作人员，包括国有企业，事业单位的人员，还是原则上就是国家机关工作人员，对企业人员犯罪的，一律以侵占罪来定。这次草案基本维持刑法原来规定，国家工作人员是指国家机关工作人员、企业事业单位以及其他依照法律受委托从事公务的人员，包括国家委派到公私合营企业、股份制企业工作的管理人员。现在有个问题，有的司法机关对国家派到公私合营企业、股份制企业的负责人侵吞财产的犯罪，究竟按贪污罪还是按侵占罪处理有争论，这一点，关于惩治违反公司法的犯罪的决定写得很清楚，就是按国家工作人员贪污罪处理。这个争论，不太正常，法律有明确规定嘛。举个例子，国家派去的董事长，要免他的职务，他说我是董事会选举的，你无权免我；在公司呢，我是董事长，我主持决策，谁也赶不走我。最后竟对他奈何不得，真是咄咄怪事。大家想想，如果不是你的身份是国家工作人员，怎么能当董事长？我想国家派出的，国家应当有权调回来，当然，程序上要经过董事会。现在，国有企业的负责人侵吞国家财产的情况非常严重，如果定侵占罪，就处理轻了。另外，在经济领域，以权谋私、化公为私的现象比较严重。例如，有些企业负责人利用职权，把赚钱的业务给自己及其亲属经办的企业，把赔钱的给公家，富了方丈穷了庙；有的企业负责人利用职权，低价把货卖给亲属企业，而高价从亲属企业进货；有的把企业资金借给亲属企业，长期不还，甚至干脆不还了；有些金融机构工作人员以金融机构名义，办理存贷、拆借业务，银行不立账，自己另外立一本账，赚了钱进了自己腰包；有些进出口企业人员，自己私下又搞经营，赚了钱归他，赔了钱算国家公司的；有的公款私存，把国家的钱变成自己做买卖的资金。以上这些行为，危害很严重，要作出规定。二是，这次草案把“公共财产”改为“国家财产”。为什么改？主要是感到这么一个问题，过去全民所有制、集体所有制是公共财产很清楚，现在集体所有制发生了很大变化，情况也很复杂，是不是真集体说不清楚，有些是假集体真个人。如挂靠企业，只是向挂靠单位交点管理费，借用集体名义，不好说是集体企业。还有承包、租赁，特别是乡镇企业的承包、租赁，究竟是什么性质的，很难搞清楚。公私合营、股份制企业，如何划清公共财产，也难得很。最高检认为还是应当保持原来“公共财产”的规定，请大家讨论研究。

关于量刑问题。第一，从总的考虑，经济犯罪处刑要轻一点，可以经济处罚重一些，甚至罚得他倾家荡产；暴力性犯罪处刑要重。中国人都讲，留得青山在，不怕没柴烧，钱偷走了可以再挣，人死了什么都完了，可见危险最大的还是暴力犯罪，所以要重处。还有，对渎职犯罪过去规定的刑罚偏轻，要适当加重。但是一般也不宜太重，3 年、5 年、7 年就差不多了，有些特别严重的犯罪，可以规定到 10 年、15 年。前面提到的衡水农业支行案件，处 3 年、5 年、7 年就不够。第二，量刑要统一平衡。总则规定罪刑相当原则，就是罪重的量刑要重，罪轻的量刑要轻。量刑不平衡的问题，刑法原来规定就有这个问题，这十几年搞了决定、补充规定后，不平衡的问题更突出。所以这次修改，要作整体考虑，不能罪重量刑轻，罪轻反而量刑重。比如伤害罪与杀人罪，在量刑上是否要有所不同。请最高人民法院多帮助研究。第三，关于死刑问题。许多人主张治乱世用重典，在具体讨论修改刑法的时候，对许多条文都要求加上死刑，反正杀的是坏人，多杀几个也没有什么了不起，杀了坏人，才能起到震慑作用。去年搞关于惩治虚开、伪造、非法出售增值税专用发票犯罪的决定，有六处规定可以判死刑，税务总局还提出要增加死刑。我说，你们要靠杀人收税啊，是不是不杀人就收不了税。另一方面，有很多同志提出，现代刑法的发展趋势是要减少死刑，有些国家已废除死刑，我国规定的死刑太多。我们这里主张减少死刑的，有位是顾（昂然）同志，有位是高（铭暄）同志。关于死刑，毛主席是主张少用的；彭真同志在 1979 年制定刑法的说明中讲了两条：一是死刑要有，不能废除；二是死刑要少，不能滥了。我们当时都赞成彭真同志的意见，现在也赞成。枪决一个人，他的亲属都背上了包袱，涉及面很大，一定要慎重。1979 年刑法对死刑规定了 7 条，实际是 15 条，不能算多。问题是十几年来通过修改决定、补充规定，死刑不断地增加，特别是 1982 年、1983 年通过的两个决定，死刑一下子加了上去。外电有报导说，中国通过了差不多什么罪都能判死刑的法律。现在死刑条文共有 43 个，连同军职罪，增加到了 48 个条文。死刑不断地增加，我是不全赞成的，但是没有办法。一讨论、审议法律草案时，都是说刑罚规定太轻，死刑不加上去，就通不过。还有群众的呼声，强烈要求增加规定死刑，没办法，就不断加上去了。乔石同志曾在委员长会议上讲，死刑尽量应该少，可是具体要增加死刑时，也是没有办法。死刑是根据大多数意见规定的。1982 年开始严打时，彭真同志当时考虑，根据治安形势的需要，暂时增加死刑是必要的，将来修改刑法时，可以再去掉。所以，这些年来搞了许多决定、补充规定，而不直接修改刑法，也是一个原因。现在看来，他这个理想是很难办到。要减少死刑，与大多数人大代表和常委会委员的意见距离很大，原来没有规定的死刑还要被迫加上，已经有的要勾掉，我看很难。盗窃罪死刑能不能减，我保留意见。盗窃罪规定死刑，我们当初是不同意的，后来加上了，的确也是治安形势的需要。有人提出诈骗罪也要加死刑，我说盗窃罪加死刑，已经勉强了，可是诈骗罪不一样，你要是认真负责一点，你能被诈骗嘛？结果没有规定死刑。后来，考虑金融诈骗犯罪的数额和危害性都很大，补充规定了死刑。总之，我个人的看法，死刑的确太多了，应当减少，但是现在要减，难度很大。关键是人大代表、委员的意见，只要代表、委员们能接受，咱们就减。盗窃罪要减去死刑，恐怕工作就会很难做。因此，减少死刑问题，现在条件不太具备，等将来治安形势根本好转、时机成熟时再来研究是否更好，当然，最后还是要减少死刑的。请顾同志和高教授看看，能减少几个算几个。

关于反革命罪。在修改刑法过程中，也一直在研究修改反革命罪。1988 年我接待记者，就答复这个问题正在研究修改。有些同志提出，把反革命罪修改为危害国家安全罪。从国家的角度看，这个罪名比较顺当。但也有的专门写文章，批判这是在政治上极其危险的主张，并且把这个意见写给江泽民总书记，江泽民同志还作过批示。当时高西江同志很不服气，准备组织文章进行辩论，我说不费这个洋劲，咱们还是干活儿吧。修改反革命罪，确实关系重大，影响也相当大，需要十分慎重考虑。现在草案留下空白，刚才胡康生同志讲，正在与公、检、法、司、安全部、国务院法制局、军委法制局进行专门研究，提出修改方案报中央审批。大家有什么修改意见，也可以提出来研究。

希望这次修改刑法，尽可能做到完备。实践中认为应当追究刑事责任的，特别是司法解释已作出规定的，尽量研究规定。两高的司法解释，有些事实上是扩大解释，能吸收进来的要规定进来。请大家帮助研究一下，把具体犯罪行为搞清楚。最高检提出来增加一些新罪，如私分国家财产罪、挥霍公款罪、国家工作人员非法经营罪、占有国家财产罪、斡旋受贿罪、国家工作人员非法图利罪、单位徇私枉法罪等，要调查研究，适当增加规定。关于计算机犯罪，草案写了两条，请公安部帮助继续研究，要写清楚。关于黑社会犯罪，在我国，十分严重的、典型的黑社会犯罪还没有出现，带有黑社会性质的犯罪集团已经有了，横行乡里、称霸一方，欺压残害百姓的有组织犯罪经常出现。如辽宁、广东，这类案件不少。对带黑社会性质的犯罪，现在一定要坚决打击，一定要消灭在萌芽状态，不能任其发展，最后不得了，等成了气候，再想摧毁就很难了。所以，这次对有黑社会性质的犯罪一定要作出规定。对现在草案具体的条文规定，还有点意见，第

261 条规定为首的才追究，我觉得不够，对参加有组织犯罪的骨干分子和积极分子，也要追究。只要组织、参加黑社会性质的有组织犯罪，不管其具体行为是否构成了犯罪，都要判刑。总的来说，这次修改要力求完备。当然总会有一些遗漏，有的犯罪行为不可能全研究清楚，将来的情况也会发展变化。所以，这次修改以后，今后还会有修改补充的。

参加这次座谈会的有公、检、法、司、国家安全、国务院法制局、军委法制局等中央的有关部门的同志，省人大常委会法制部门的同志，地方公检法的同志，还有刑法专家，共 110 人。这是继讨论制定民法通则以来最大的一次座谈会。刑法涉及范围广，不多方面、多层次地广泛征求意见，是难以搞好的。经验证明，依靠立法部门、实际工作主管部门和专家学者，是我们做好立法工作行之有效的做法。希望与会同志敞开思想，各抒己见，特别是对不同意见，很好地展开讨论研究。毛主席说过：只要你说得对，我们就改正；你说的办法对人民有好处，我们就照你的办。我们也要努力做到群策群力、集思广益，依靠集体智慧把刑法修改好。这次会议共开 12 天，大家要对草案逐条进行讨论，很紧张，很辛苦。最后，我对参加会议同志的辛勤努力表示敬意和谢意，谢谢大家。

在人大工作研讨班结业仪式上的讲话

（一九九六年十二月十三日）

这次人大工作研讨班，在全国人大常委会乔石等领导同志的关怀和指导下，在深圳市委、市人大、市政府的大力支持下，经过大家的努力，取得了积极的成果，达到了预期的目的。参加研讨班的同志，围绕新形势下如何进一步改进和加强人大及其常委会的法律监督问题，学习了宪法和法律的有关规定，学习了小平同志的民主法制思想，听取了几位专家的主题发言和深圳市人大依法治市情况的介绍，各省、自治区、直辖市人大和全国人大机关的同志共同进行了研讨和工作交流。许多同志反映，通过学习和研讨，提高了认识，开阔了思路，交流了经验，对进一步做好人大工作，特别是改进和加强人大的法律监督工作增强了信心和实际本领。举办这样高层次的人大工作研讨班，在人大工作中还是第一次。这是人大建设历史上的一件大事，是推进社会主义民主法制建设和加强人大工作的一个重要步骤。

研讨班开始时，田纪云同志讲了话，全面阐述了当前人大及其常委会面临的主要任务，对做好人大的立法、监督、法制宣传教育等工作提出了明确要求。我想再讲几点，供同志们研讨、参考。

一、要深入学习邓小平同志的民主法制思想

这次人大工作研讨班，把学习邓小平同志民主法制思想放在首位，大家都认为这是十分必要的。通过比较系统的学习、研讨，收获也很大。邓小平同志是我们党第二代领导集体的核心，是我国改革开放和现代化建设的总设计师。以他为核心的中央领导集体，开创了我国社会主义事业发展的新时期，也开创了我国社会主义民主和法制建设的新时期。邓小平同志高屋建瓴，总结了国际共产主义运动的历史教训和我国建国后正反两方面的经验，客观分析了实现社会主义现代化宏伟目标和保证国家长治久安的基本条件，提出了一系列科学社会主义民主法制的理论、方针和政策，丰富和发展了科学社会主义的理论宝库。十月革命，苏联建立了第一个社会主义国家，二次世界大战后，又有一批社会主义国家建立，这是世界历史上的大事。但是在前几年，苏联和东欧的社会主义国家垮了，教训就是社会主义国家在民主法制建设上没有搞好，国家不能保证稳定发展，这是主要原因。“文化大革命”以后，小平同志总结了这一点，提出了加强社会主义民主法制建设的思想，是对科学社会主义理论的重大发展。这次研讨班上有的同志讲，小平同志关于社会主义民主法制的思想，无论广度还是深度都是马克思主义发展史上前无古人的。我赞成这个评价。的确，小平同志民主法制的思想，博大精深，内容丰富。它是建设有中国特色的社会主义理论的重要组成部分，是我

国新时期社会主义民主法制建设的理论基础和指导思想。我们人大工作致力于社会主义民主法制建设，也要以邓小平同志建设有中国特色的社会主义理论作为指导思想。民主法制的建设不是孤立的，在其发展过程中，要看是否有利于发展社会主义社会的生产力，是否有利于增强社会主义国家的综合国力，是否有利于提高人民的生活水平，这些都是我们人大工作和立法工作必须考虑的，是与社会主义民主法制的建设紧密相连、密切相关的。

邓小平同志反复强调发展社会主义民主、健全社会主义法制的重大意义。他提出了“没有民主就没有社会主义，就没有社会主义现代化”的科学论断。这句话非常重要，它把民主看成是建设社会主义所不可缺少的。小平同志认为，民主是社会主义的本质要求和内在属性。发展社会主义民主，健全社会主义法制，是社会主义社会发展的客观规律，也是我们党和国家坚定不移的基本方针。在 1978 年底的中央工作会议上，小平同志总结“文化大革命”的教训，着重指出：“为了保障人民民主，必须加强法制。必须使民主制度化、法律化，使这种制度和法律不因领导人的改变而改变，不因领导人的看法和注意力的改变而改变。”也要不因一时一事的改变而改变，要从长远的发展来考虑。这是我国社会主义民主法制建设的基本指导思想，是保持法律的稳定性、连续性，维护法律的尊严，保障国家的长治久安的重大决策。从而也划清了人治和法治的界限，为我们依法治国奠定了思想基础。十年前，有人问我：“什么是法制？”我认为就是小平同志这段话概括的内容。认为法律是由人制定的，也由人来执行，就是法制。这样简单化地理解，可能会走到人治的道路上。法制的基本思想就是小平同志的这段话。小平同志把发扬社会主义民主，调动广大人民的积极性，看成是政治体制改革的目标之一。他指出："在总结经验的基础上，党的十一届三中全会提出的一系列新的政策，就国内政策而言，最重大的有两条，一条是政治上发展民主，一条是经济上进行改革，同时相应地进行社会主义其他领域的改革。"比如政治体制改革，这就把发展民主提到与经济体制改革同等重要的位置。

邓小平同志精辟地阐述了发展社会主义民主、健全社会主义法制的基本内涵和要求。他认为，社会主义民主的本质和核心是人民当家作主。必须保证全体人民真正享有通过各种有效形式行使管理国家，管理各项经济文化事业和基层地方政权的权力，这是公民的基本权利。我国宪法规定，国家的一切权力属于人民，人民行使权力的机关是全国人民代表大会和地方各级人民代表大会。行政机关、审判机关、检察机关等国家机关都由人民代表大会产生，都要对人大负责，受人大监督。小平同志所说的社会主义法制，包括有法可依，有法必依，执法必严，违法必究。这十六字方针，概括了社会主义法制建设的主要内容，也是对建设社会主义法制国家提出的基本要求。叫"法制国家"还是叫"法治国家"一直有争论。我看到一些文章讲，法制国家就是有法律制度的国家，我不怎么赞成。法制，是十六个字即"有法可依，有法必依，执法必严，违法必究"所包含的完整的内容。仅仅说成是法律制度，然后讲这个提法不行，有问题。从党的十一届三中全会以来，讲民主法制就一直讲这十六个字。小平同志强调，要坚持不懈地抓法制建设，用法制来保障社会主义民主和现代化建设的顺利进行。他说："搞四个现代化一定要有两手，只有一手是不行的，所谓两手，即一手抓建设，一手抓法制。"这样把加强法制提到现代化建设战略的高度，在我们党的历史和建国四十多年的历史中，还是第一次，具有极其重大的意义。民主和法制是现代化国家的重要标志，建设社会主义现代化国家就要建设社会主义法制。建设高度的民主和完备的法制，既是我国社会主义现代化建设的伟大目标和根本任务，也是进行物质文明和精神文明建设的重要保障。小平同志的这些论述，对于我国实行依法治国，建设富强、民主、文明的社会主义现代化国家，具有重大而深远的意义。

邓小平同志对坚持和完善人民代表大会制度有一系列重要论述。他指出，在我国进行政治体制改革，建设社会主义民主政治，一个最重要的内容就是坚持和完善人民代表大会制度。我们实行的是社会主义民主，不是资本主义的民主。资本主义社会讲的民主是资产阶级的民主，实质是垄断资本的民主，无非是多党竞选、三权分立、两院制。美国的选举，总统的竞选费用要几亿元，参议员要几千万元，众议员要几百万元。这是有钱人的民主。我们的制度是人民代表大会制，是共产党领导下的人民民主制度，决不能搞西方那一套。小平同志说："我们实行的就是全国人民代表大会一院制，这最符合中国实际。如果政策正确，方向正确，这种体制益处很大，很有助于国家的兴旺发达，避免很多牵扯。"他一贯重视人民代表大会制度的建设和发展，关心和支持人大的工作。建设社会主义民主，在很大意义上是建设好人民代表大会制度。1980 年小平同志具体指示人大会议如何开，他亲自到人大党员大会上讲话。现在我们全国人大会议每次召开代表团会议的做法，就是小平同志提出的意见。他对如何改革党对国家事务的领导，做好选举、立法、监督等工作作出过许多重要指示。他说："我们的民主制度还有不完善的地方，要制定一系列的法律、法令和条例，使民主制度化、法律化。"有人说，是毛主席晚年个人的错误造成中国的损失，小平同志在三中全会上讲，主要还是制度上的问题。这是非常正确、非常重要的思想。小平同志发展了马克思主义关于人民监督的思想，强调"要有群众监督制度，让群众和党员监督干部，特别是领导干部。凡是搞特权、特殊化，经过批评教育而又不改的，人民就有权依法进行检举、控告、弹劾、撤换、罢免，要求他们在经济上退赔，并使他们受到法律、纪律处分。""最重要的是要有专门的机构进行铁面无私的监督检查。"制定新宪法时，有人提出已有中纪委，可以不再设监察部。小平同志不同意，他讲不能什么都说是党风问题，也不能什么都由党来管，它涉及国家基本制度建设问题。他的这些话，是我们改进和加强人大监督工作的重要指导思想。

邓小平同志一贯主张，社会主义民主法制建设一定要有领导有步骤地进行。民主和法制的发展，受经济、文化水平等方面因素的制约，是一个长时期的过程。民主法制建设也是历史现象，必然受到历史发展的制约。因此，小平同志强调："实现民主和法制，同实现四个现代化一样，不能用大跃进的做法，不能用'大鸣大放'的做法。就是说，一定要有步骤，有领导。否则，只能助长动乱，只能妨碍四个现代化，也只能妨碍民主与法制。"

只有在党的领导下，经过全体人民的共同努力，才能逐步创造出比发达国家更高更切实的民主与法制。

正是在邓小平同志的民主法制思想指引下，改革开放18年来我国社会主义法制建设同经济建设一样取得了举世瞩目的成就，人大工作也取得了重大进展。我们要深入学习和牢牢把握小平同志关于民主法制思想的精髓和基本观点，并贯彻到实际中去。这是做好人大工作最根本的一条。在人大工作的同志，只有自觉地运用邓小平同志建设有中国特色社会主义理论和民主法制建设的理论武装头脑，指导工作，才能坚持正确的方向，掌握科学的武器，提高工作水平，把新时期的人大工作做得更好。

二、要认真学习宪法和法律，尤其要熟悉宪法

大家知道，宪法是国家的根本大法。它规定了国家的根本制度和根本任务，具有最大的权威和最高的法律效力。一切法律、法规和其他规范性文件都不得与宪法相抵触，任何组织或者个人都不得有超越宪法的特权。所有国家机关和武装力量、政党、社会团体和全体公民都必须以宪法为根本的活动准则，一切违反宪法和法律的行为都必须予以追究。后面这句话是在五届全国人大五次会议通过宪法时加上去的。在人大工作的同志，尤其要熟悉宪法，把宪法作为各项工作的依据和指南。

我国现行宪法是1982年制定的。它根据党的十一届三中全会以来所确定的路线、方针、政策，适应新时期政治、经济、文化等各方面发展的要求，经过中央政治局和书记处8次会议研究，宪法修改委员会召开了5次会议，先后共用了26天的时间，有

两次逐条进行讨论研究修改，并公布宪法草案在全民中进行了4个月的大讨论，才提交五届全国人大第五次会议正式通过的。

邓小平同志亲自指导了这次宪法的修改工作。许多重大问题都是在小平同志亲自主持下研究确定的。其中主要是：关于修改宪法要以1954年宪法为基础，当时是有不同意见的。1954年宪法是一部好宪法，1975年制定的宪法是“文革”时期的产物，1978年初修改的宪法也受到“文革”较大的影响，许多方面同1978年底党的十一届三中全会制定的路线、方针、政策和中国的现实情况不相适应。小平同志明确提出，要以1954年宪法为基础，1978年宪法作参考。

关于要把四项基本原则写进宪法，也经研究后采用在序言中完整地、集中地加以阐述的办法。现在已经看到，把四项基本原则用宪法记载和确定下来是完全必要的。1989年政治风波如果没有这一条，中国的稳定就谈不上，中国的改革开放和持续发展就谈不上。四项基本原则是实现国家长治久安、能够经得起各种风险和进行社会主义现代化建设的根本保证。

关于设不设两院制，有人提出设政协和人大两院制，也有人提出设地区院和社会院的两院制，就是按行政区划设一院，（按行业界别设一院。小平同志讲，还是搞一院制）就是人民代表大会制。当时研究，搞两院制运作非常困难。前两年，政协提出人大通过重要法律前要与政协协商。政治协商，是中国共产党与各民主党派之间的政治协商，不是与权力机关的政治协商。如果建立了人大与政协协商的制度，人大通过法律，政协有不同意见，怎么办？政协说了话，不算数，行么？

关于设立国家主席，当时没有国家主席，还设不设？我们研究认为，没有国家主席代表国家，国家体制上有缺陷。恢复设立国家主席，是拨乱反正的需要。最后小平同志提出，我们这么大的国家，还是要设国家主席，但是国家主席的职权要规定得“虚”一些，不要干预政府的行政事务。

关于设立中央军事委员会，明确军队是国家的军队。宪法中的军事委员会这一节，是小平同志亲自召开会议拟定的。过去是党中央设军事委员会，现在宪法规定国家设军事委员会，中央军委可以以国家的名义行使领导全国武装力量的职权，对军委的工作很有好处。

关于坚持民族区域自治制度，小平同志一再强调，还是我们实行的民族区域自治制度比较好，比联邦制好。宪法关于民族区域自治的规定具有重大的现实意义，绝不是无的放矢，可有可无。现在更加清楚地看出，这个制度对于解决民族关系问题，维护国家的统一和主权的完整，具有多么重要的意义。

关于把公民权利和义务一章放在国家机构这一章之前。宪法关于公民基本权利和义务的规定，是总纲关于人民民主专政的国家制度和社会主义的社会制度的原则规定的延伸，同时也是吸取“文革”任意侵犯公民的人身权利的教训。宪法把保障公民的基本权利和应尽的义务放在重要位置，放在了国家机构这一章之前。

关于人民代表大会的监督与人民政协监督的区别，人大和政协是不同性质的机关，人大是权力机关，宪法规定，行政机关、审判机关、检察机关受人大监督。政协是有广泛代表性的统一战线组织，从性质上说政协的监督属于群众监督，与人大机关的监督职能并不相同。

修改宪法遇到的这些重大问题都得到了小平同志的具体明确指示。完全可以说，这部宪法是党的主张和人民意志的统一，既是我们党集体智慧的结晶，也是全国各族人民共同愿望和基本利益的集中体现。经过 1988 年和 1993 年两次对宪法个别条文的修改，现行宪法更加完善，是一部建设有中国特色社会主义的好宪法。我们进行改革开放和现代化建设，推进依法治国、建设社会主义法制国家的进程，都必须遵循宪法的规定，认真贯彻实施宪法。

宪法是立法的基础和准则，一切法律、法规和规章的制定，都必须以宪法为依据，不得同宪法相抵触。现在拟订法律、法规草案时，一般都把“根据宪法制定本法（本条例）”写在总则第一条中，这是十分必要的，但这不是一句空话，不能只是提一下，最重要的是把立法的这一根本原则贯彻到整个立法过程中，具体体现在法律、法规的内容里。例如，宪法对国家机关及其工作人员的职责权限作了明确规定。一切国家机关及其工作人员都必须按照宪法的规定，在各自的职权范围内活动。制定有关法律、法规时，必须根据宪法来规范各个国家机关及其工作人员的行为，不允许借机扩大某些部门的权力。现在已经制定了行政处罚法，对行政处罚设定权作了明确规定。除法律、法规、规章按照这个法律的规定可以设定行政处罚外，其他任何规范性文件不得设定行政处罚。又如宪法对保障公民的权利和自由作出了一系列规定。在制定法律、法规时，必须依照宪法，正确处理人民群众依法行使权利和国家机关依法管理的关系，保障公民依法享有的各项权利和自由，不得任意设定限制公民权利和自由的条款。还有，制定法律、法规时，所使用的概念和用语也要符合宪法中规范性的提法。例如，最近审议的行政监察法，恐怕还是按宪法的规范称监察法更合适。

执法，最重要的是执行宪法和国家法律。有的行政机关把执法主要看成是执行本部门的规章，这是不适当的。宪法规定，中华人民共和国的一切权力属于人民。政府的权力，来自人民，是人民通过国家权力机关制定的法律规定授权的。政府的权力是由人大制定的法律规范的。因此，政府必须依照国家的法律行使职权，不能违法侵犯公民的权利，这是现代政府运转的基本准则。依法行政，仅仅执行本部门的规章是不够的，必须执行国家的法律才行，并应当明确首先执行国家的法律。各级人大及其常委会在监督法律实施中，要把保证宪法和国家法律的实施放在突出的地位，不光要检查地方性法规的实施情况，还要重点检查法律的实施情况，也是首先检查国家法律实施情况。按照我们国家体制，全国人大及其常委会负有监督宪法实施的职责，地方各级人大及其常委会在本行政区域内保证宪法、法律和行政法规的遵守和执行。这既是保证国家法制统一的要求，也是维护国家统一、民族团结和社会稳定的基础。当前人大在监督和保证宪法和法律实施方面做得还不够。这次研讨班上，一些同志就此提出了许多意见和建议。这是需要认真考虑的。违宪监督，主要是监督行政机关、审判机关、检察机关是否违宪、违法，主要是对国家机关予以监督，而不是主要对个人进行监督。我们应当进一步健全宪法保障制度，完善宪法监督的形式和程序，加强对法律、法规是否违宪的审查，对任何违宪行为都坚决纠正，维护宪法的权威。

法制宣传教育也要继续把宪法的宣传教育作为主要内容。历史的经验教训表明，宪法实施得如何，关系到我国政治的安定和国家的命运，决不允许对宪法根基的任何损害。要在广大干部群众中深入进行宪法教育，树立宪法意识，养成遵守宪法、维护宪法的观念和习惯。特别是各级领导干部要增强宪法观念。不能把违宪仅仅看作是违反某个具体法律的规定，实际上违宪是最严重的违法。在一些国家，领导人违宪，要受到弹劾、撤职处理的。我们的各级国家机关和工作人员应当自觉地学习宪法、遵守宪法，严格按照宪法办事。同时，要学习和遵守与宪法密切相关的国家机构方面的法律，包括全国人大、国务院、法院、检察院组织法、地方组织法、民族区域自治法、选举法、代表法等。

三、要严格遵循民主集中制原则，按法律程序办事

民主集中制是我国国家机构活动的根本准则，作为国家权力机关的人大及其常委会也必须严格地执行这一原则，按这个原则活动。宪法对这个原则是这样规定的："中华人民共和国的国家机构实行民主集中制的原则。"起草十四大报告时，小平同志讲，民主集中制是根本制度，要按照宪法写。人大工作的一个重要特点，是集体行使职权，集体讨论和决定问题，用一句通俗的话说，人大是"集体有权，个人无权"，这当然不是说人大代表、人大常委会组成人员个人不能发挥积极的作用，而是说凡属重大问题都要广泛听取意见，充分酝酿，集思广益，按照少数服从多数的原则作出决定，不是某个人或少数人说了算。彭真同志

经常说："我的话又算又不算，对的就算，错的就不算，在表决时，我和大家一样都是一票。"人大及其常委会行使职权的基本方式是运用会议的形式，经过集体讨论，由全体代表或者常委会组成人员的过半数通过才能作出决定。在表决时，无论是常委会的领导成员还是普通代表或委员，都只有一票的权利。这不同于政府，政府实行的是首长负责制。有的同志提出，地方人大常委会主任会议能不能决定重大问题？按照法律规定，主任会议负责处理常委会的日常工作，主要是指召集常委会会议及提出列入会议议程的建议和其他程序性事情等。也就是说，主任会议只能对事务性的事项作决定，不能对实质性的事项作出决定。例如，由主任会议代替常委会许可逮捕代表行不行？不行。人大工作的另一个重要特点，是必须按照法定程序办事。民主制度从某种意义上说是一种程序。没有一定的程序，民主就体现不出来，更不可能实行正确的集中。所以，坚持和实行民主集中制原则，就要重视民主的程序。人大就要重视法定程序，不折不扣地按法律程序办事。

在人大工作中贯彻民主集中制原则，最重要的是在人大及其常委会会议上发扬民主，真正按照少数服从多数的原则决定问题。要提倡代表或常委会组成人员在审议议案时，畅所欲言，各抒己见，在不违反宪法的前提下各种意见都可以发表，包括不同的意见和批评的意见。毛泽东同志说："人民政府的一切重要工作都应交人民代表会议讨论，并作出决定。必须使出席人民代表会议的代表们有充分的发言权，任何压制人民代表发言的行为都是错误的。"只有充分发扬民主，才能在高度民主的基础上实行正确的集中。少数人的意见有时是正确的，要重视研究不同的意见，吸收好的意见和不同意见中合理的内容。彭真同志讲，要注意研究不同意见，好的意见要接受，不完善的意见要把它研究完善，不正确的意见要研究清楚，为什么不正确，这样我们制定的法律就更完备。我们把不同意见研究清楚，集思广益，集中集体智慧，作出决定才能不出毛病或者少出毛病。同时，要围绕人大及其常委会审议的议题，深入基层，深入群众，开展调查研究，倾听人民群众的呼声和要求。这样，才能使制定的法律和作出的决定更好地代表人民的利益和意志。还要不断总结实践经验，进一步完善人大的立法制度、监督制度、会议制度等工作制度，把人大各项工作逐步纳入程序化、规范化轨道。

民主集中制是个终身大学校。我们要在实践中，不断加深对民主集中制的认识，掌握人大工作的特点和规律，改变不适合人大工作的方式和方法。彭真同志曾说过："我们这些同志，很多是长期做党的工作，做政府工作的，现在改为做人大工作，有一个转变工作习惯、工作作风的问题。"他又说："要以马列主义、毛泽东思想为基本原则，以党章、宪法、法律为标准，来衡量我们的工作习惯和工作方法，不适应、不合适的就改。"这样做，就能使我们的工作水平提高一步，把各项工作做得更好。

四、要努力推进依法治国、建设社会主义法制国家的进程

现在，党中央明确提出依法治国。年初，中央学法，江泽民总书记讲了依法治国。今年三月，八届全国人大四次会议根据党

中央的建议，把依法治国、建设社会主义法制国家作为一条基本方针，载入了我国《国民经济与社会发展“九五”计划和2000年远景目标纲要》。依法治国、建设社会主义法制国家，是建设有中国特色社会主义的必然要求，也是全国各族人民的共同愿望。提出依法治国、建设社会主义法制国家具有重要的历史意义，在我国法制史上具有里程碑意义。1978年建设社会主义法制，提出十六字方针，依法治国、建设社会主义法制国家，把十六字方针总揽起来。这一提法，是与提出建立社会主义市场经济体制具有同等意义的大事。解决了长期没有解决的问题。各级国家机关都要把推进依法治国、建设社会主义法制国家的进程作为共同的任务，各级国家权力机关负有更重要的责任。

人大及其常委会要在依法治国、建设社会主义法制国家方针指导下，认真行使宪法和法律规定的各项职权，做好立法、监督工作。江泽民同志指出：“实行和坚持依法治国，就是在党的领导下努力实现国家各项工作的法制化、规范化，保证人民群众依照法律规定，通过各种途径和形式，参与管理国家事务，管理经济和文化事业，管理社会事务，真正做到有法可依、有法必依、执法必严、违法必究，保证各项事业在社会主义法制的轨道上顺利前进。”这段话高度概括了依法治国、建设社会主义法制国家的根本性质和基本内容，对人大工作也提出了更高的要求。我们要进一步加快立法步伐，提高立法质量，努力使国家政治、经济和社会生活的各个方面都有法可依。要继续把经济立法放在首位，抓紧制定有关调整市场经济体制方面的法律，争取在本届任期内大体形成社会主义市场经济法律体系的框架。同时要抓紧制定其他方面的法律，还要对以往制定的某些不适应社会主义市场经济要求的法律作出必要的修改。1992 年中央提出建立社会主义市场经济体制，1993 年八届全国人大一次会议修改宪法以后，出现了一个说法，就是过去制定的法律都是计划经济体制的产物，都要进行修改。这是不符合我国实际情况的。前年我到云南，他们就提出要修改民族区域自治法，理由是当时制定时是适应计划经济的。我请他们具体讲讲哪一条是适应计划经济的，他们谁都讲不出来。改革开放以来，我们按照小平同志提出的三个有利于的精神，摸索、探讨改革，走了三步：从以计划经济为主，商品经济为辅，到计划经济与市场经济相结合，又到现在的社会主义市场经济。现在回顾来看，这个过程是完全必要的。我们的法制建设也和经济体制改革一样，经历了这三个阶段。从 1982 年提了循序渐进，建立按照市场规则搞经济，计划分为指令性计划和指导性计划和 1984 年中央通过经济体制改革的决定，提出发展有计划的商品经济的时候起，我们就提出立法要有利于商品经济的发展，制定了一些适应商品经济，也就是现在的市场经济发展的法律。如技术合同法、涉外经济合同法、海商法、标准法、铁路法、产品质量法、民法通则等，大约有三十多部。特别是 1986 年制定的民法通则，明确了商品经济是平等主体之间的关系，不是调整计划经济的法律，而是调整市场经济的基础性法律。这部法律对于我国改革开放，发展商品经济，或者说市场经济起了不可估量的作用。即使按现在的标准来衡量，也是适用的，不需要修改的。

要进一步健全监督机制，加强对法律实施的检查监督，保障法律的有效实施。依法行政、司法公正是建立法制国家的核心内容。人大及其常委会要把监督的重点放在促进政府依法行政、司法机关依法办案上。现在已经制定了行政诉讼法、行政处罚法、国家赔偿法等重要法律。它表明我国在保障公民权利和促进国家机关及其工作人员依法行使职权方面迈出了重要步伐，也是建设社会主义法制国家的重要标志。过去对用“依法治国”还是“以法治国”，认识上不一致，研究结果，还是用“依法治国”好。“以法治国”，就是有人要用法治理国家，谁呢？是政府。以法治国是从管老百姓出发讲的。封建社会也提以法治国，贞观之治就是以法治国。现在讲“依法治国”，政府和老百姓要共同守法，强调的是政府要依法行政。政府依法行政是依法治国非常重要的内容。政府是人民代表大会产生的，政府行使权力必须有法律依据，必须有法律的授权，政府的行为要受法律制约，要依法行政。法律不仅管老百姓，也管当官的，也规范政府行为。政府行为侵犯公民的合法权益怎么办？民可以告官，行政诉讼法就解决这个问题。处罚公民的最后裁决权在哪里？在法院而不在行政机关，行政诉讼法就解决这个问题。这是依法行政应当明确的问题。应当进一步加强监督，认真贯彻实施这些法律，建立健全对执法机关、执法人员违法追究制度和赔偿制度，坚决纠正有法不依、执法不严、违法不究、滥用职权的现象。近几年来，各地人大常委会在监督方面创造了一些行之有效的新做法、新经验，进行执法检查是有效的，要不断总结经验，使之更加完善。

搞好法制宣传教育和区域、行业的依法治理，是推进依法治国、建设社会主义法制国家进程的基础性工作。各级人大及其常委会要高度重视，加强指导，使这方面的工作做得更富有成效。这次人大工作研讨班上，深圳市人大常委会介绍了他们依法治市的情况和经验。他们的基本做法是，市委发挥领导作用，人大发挥主导作用，“一府两院”发挥主体作用，三位一体，形成合力。人大的主导作用，主要表现在三个方面：一是组织协调作用，二是立法推进作用，三是监督保证作用。深圳依法治市的工作取得了较大的进展，他们的做法和经验，各地可以借鉴。实践证明，各项依法治理活动能否取得成效，关键是领导转变观念，依法治国，转变观念是个很重要的问题。法律监督工作，重要的是各级党委要重视。依法办事，关键在党委。党委重视，列入党委的议事日程，各级国家机关依法办事、依法行政才有保证。各级党委，特别是省、市一级党委在处理、决定重大问题时，首先要了解三个问题：一是对处理、决定的问题，宪法和法律是怎么规定的；二是按照宪法和法律的规定应该怎么办；三是党委所作出的决定，是否符合宪法和法律的规定。真正这样做了，法律监督也就好办了。一个地区、一个部门、一个单位的领导表明了崇尚法律、依法办事的鲜明态度和决心，并且采取扎实措施，抓住社会关注的重点、热点问题依法进行治理，真抓实干，就能够取得实效。不少省、市提出依法治省、依法治市，是很好的。但是依什么法要明确。我们的法是有层次的，包括法律、行政法规、地方性法规、还有部门规章和政府规章。各地提出依法治市，首先应当强调要依照法律，要依法行使权力。比如全国人大授予经济特区立法权，授权的范围是明确的，依法行使权力，要注意不能超越法律授权的范围，不能自己规定扩大自己的权力。还有一个需要探讨的提法，就是立法中对外国的法律，是借鉴呢？还是要移植？有人提出要多移植外国的法律。我认为对外国的法律，照搬是不行的，还是叫借鉴好。有人讲要与国外接轨，所谓接轨，只涉及对外经济往来中与国际惯例接轨，不能什么都接轨。对政治体制、司法制度等，就不能与国外接轨。在依法治理工作中，还要注重发挥基层群众自治性组织的作用。现行宪法肯定了我国长期行之有效的居民委员会、村民委员会等群众性自治组织的地位和作用，这是新时期民主政治建设的一个重大发展，国内外反映都很好。应当按照居民委员会组织法、村民委员会组织法，办好这些群众性自治组织，加强基层民主政治建设，切实保障人民当家作主的民主权利。

同志们，这次在全国人大深圳培训中心举办的人大工作研讨班就要结束了。每年举办人大工作的研讨班，是个好方法。人大的工作也有需要完善的地方，比如政治体制改革，完善人民代表大会制度还需要有探索的过程。再比如抓紧制定监督法，监督法一时制定不出来，这里面不是法律问题，而是国家如何建立监督制度并且又切实可行的问题。人大工作要不断探讨，重大问题要不断探索。我也提一个建议，依法办事方面，涉及县、乡一级的问题比较多，各省、市人大是否可以多举办县、乡领导干部培训班，学习法律，进行法制教育，树立他们的法律意识，这会对我们国家的法制建设起很大的作用。希望同志们回到各自的岗位上后，继续加强对人大工作的学习和研讨，不断提高人大工作的水平。要充分认识做好新时期人大工作的重要性和紧迫性，努力学习，扎实工作，认真履行宪法赋予的职责，积极推进依法治国、建设社会主义法制国家的进程，为把我国建设成为一个富强、民主、文明的社会主义现代化国家而奋斗。

预备役军官队伍是国防建设的重要组成部分*

（一九九六年十二月二十日）

今天，全国人大常委会法工委、国务院法制局和解放军三总部，联合召开预备役军官法颁布实施一周年座谈会。这个活动很有意义。刚才，张万年副主席就深入贯彻预备役军官法，加强国防后备力量建设等方面作了重要讲话，讲得很好，我都赞成。预备役军官法自通过以来，军队和地方各级党委、领导对贯彻实施这部法律是重视的，广泛开展了宣传教育活动，认真评授了军衔，工作扎实，效果明显，在社会上产生了很大影响。可以说，贯彻实施这部法律已经有了好的开头。

今年二月，江泽民同志强调指出，加强社会主义法制建设。依法治国是邓小平同志建设有中国特色社会主义理论的重要组成部分，是我们党和政府管理国家和社会事务的重要方针。八届全

* 这是王汉斌同志在《中华人民共和国预备役军官法》颁布实施一周年座谈会上的讲话。

国人大四次会议通过的《国民经济和社会发展“九五”计划和2010年远景目标纲要》明确提出，依法治国，建设社会主义法制国家。这说明，我们党和国家高度重视法制建设。预备役军官法是我国有关国防建设的一部重要法律，也是我国加强国防建设的重要步骤。这部法律的颁布实施，标志着预备役军官队伍建设已走上了法制化的轨道。对进一步完善我国武装力量动员体制，推进国防后备力量建设，增强全民国防观念，具有重要意义。江泽民同志指出：“在和平建设时期，现役部队减少的情况下，我们要特别重视加强国防后备力量建设”，“走精干的常备军和强大的国防后备力量相结合的道路，是建设现代化国防的必由之路”。这一指示，深刻阐明了国防建设和经济建设，常备军建设与后备力量建设的关系，为国防后备力量建设指明了方向。当前，我国虽然处在相对和平时期，但必须清醒地看到，国际上霸权主义和强权政治依然存在，世界上还有许多不安定因素，天下仍不太平。国内外敌对势力、敌对分子对我国实行“西化”、“分化”的图谋是不会改变的。面对复杂的国际形势，我们在集中力量抓好经济建设的同时，必须抓好国防建设，使我国的国防建设与经济建设协调发展，以保证国家安全稳定和现代化建设的顺利进行。国防是要靠实力的，我国国防现代化的差距还很大。我们这样一个大国，没有应付不测风云的手段是不行的。捍卫国家主权，光靠发声明是不行的。预备役军官是国防后备力量的骨干，建设好这支队伍，是适应现代战争，加强国防，维护国家安全的客观要求，是一项带有战略性的任务。

贯彻实施预备役军官法，关键在于抓好落实。在这里，我想就深入贯彻落实预备役军官法讲几点意见：第一，要深入学习、宣传预备役军官法，不断增强全民国防观念。要在前一阶段学习教育的基础上，把这部法律的学习、宣传再深入一步。江泽民同志指出，加强社会主义法制建设，坚持依法治国，一个重要任务是要不断提高广大干部群众的法制意识和法制观念。因此，各级领导要带头学法，学会运用法律武器做好各项工作，不断增强法律意识和法制观念。必须明确，加强预备役军官工作，关心支持国防后备力量建设，是法律赋予的重要职责。要站在国家安危的全局高度，以主人翁的姿态，切实负起责任来。广大预备役军官作为这部法律调整的主体对象，更要全面了解掌握预备役军官法的基本内容和精神实质，增强依法履行预备役义务的自觉性。对广大人民群众，要把预备役军官法的宣传教育，与爱国主义教育、国防观念教育结合起来。第二，要严格依法办事，保证预备役军官法的有效实施。国务院有关部门和地方各级党委、政府，要发扬党管武装的传统，严格依照预备役军官法的规定，认真履行职责。各级兵役机关要加强预备役军官工作的指导，认真搞好预备役军官的管理工作。预备役军官所在单位，要积极支持预备役军官参加军事训练，执行军事勤务，履行好预备役义务。预备役军官要积极参加教育训练，不断提高组织指挥能力和专业技能，努力为国防事业建功立业。第三，要加强执法监督检查，加大预备役军官法的执法力度。加强法律的监督检查，保证有法必依，执法必严，是各级人大及其常委会的一项主要工作任务。各级人大要利用人代会、常委会和视察工作等时机，听取行政和兵役机关贯彻实施这部法律的汇报，加强监督检查，坚决纠正有法不依，执法不严的现象。各级人民政府和兵役机关也应自觉检查工作落实情况，保证和监督法律的有效实施，以此来全面加强新时期的预备役军官队伍建设，提高全民国防观念，为加强新时期的国防建设作出积极的贡献。

民法通则是调整社会主义商品经济关系的基本法律*

（一九九七年一月二十七日）

民法通则是国家的基本法律，也是调整社会主义商品经济关系的基本法律。民法通则的制定，是我国法制建设的一件具有重要意义的大事，在我国法制建设史上具有重要的地位。民法通则颁布实施十年来的实践表明，用民法调整公民之间、法人之间以及公民和法人之间的财产关系和人身关系，对于巩固和发展社会主义公有制，保护公民和法人的合法权益，维护经济秩序和社会秩序，促进社会主义经济体制改革，发展社会主义商品经济，开展对外经济、文化、技术的交流与合作，保障社会主义现代化建设事业的顺利进行，有着重要的作用。

1984 年党的十二届三中全会关于经济体制改革的决定，提出要实行有计划的商品经济。当时我们就反复强调，在立法工作中，全面调整社会主义商品经济关系的法律虽然还搞不出来，但

---

* 这是王汉斌同志在《中华人民共和国民法通则》实施十周年座谈会上的讲话。

是我们制定的法律，要有利于商品经济的发展，而不能妨碍商品经济的发展。

1986年制定的民法通则，对调整社会主义商品经济关系作了一系列基本的规定。

第一，明确了民法是调整社会经济关系的。当时因为有人不赞成，我们就引用恩格斯的话，指出恩格斯认为，民法准则只是以法律形式表现了社会的生活条件，他还形象地说，民法是“将经济关系直接翻译为法律原则”。恩格斯当时讲的是资本主义的民法，社会主义民法与资本主义民法有根本的区别，但也是反映社会经济关系的。用民法调整公民之间、法人之间以及它们相互之间的财产经济关系和人身关系，对于发展社会主义商品经济，有着重要的作用。

第二，明确指出民法有很大一部分是以法律形式反映商品经济关系的，商品经济关系的特征是等价交换，而等价交换的当事人的地位和权利应当都是平等的，在民事关系中法律地位的平等就成为资产阶级民法的主要原则，我国的民法要反映我国的社会主义商品经济关系，在民事关系中当事人法律地位平等仍然是我国民法的基本原则。

第三，明确规定民法主要调整平等主体间的财产关系，即横向的财产、经济关系。政府对经济的管理，国家和企业之间以及企业内部等纵向经济关系或者行政管理关系，不是平等主体之间的经济关系，主要由有关经济法、行政法调整，民法基本上不作规定。

第四，规定当事人法律地位平等，在民事权利和民事责任方面法律地位都是平等的，同时规定要遵循自愿、公平、等价有偿、诚实信用的原则。这些规定都是商品经济关系必须遵循的基本原则。

第五，民法通则关于法人、个体工商户、个人合伙、农村承包经营户以及企业之间横向联营的规定，都是有利于它们以平等主体的地位从事商品经济活动的。

第六，民法通则关于所有权、经营权、使用权和承包经营权的规定，是适应经济体制改革的需要，从财产权利的角度作的规定，而不是调整经营管理活动的规定，因而是有利于经营者以商品经济的主体地位进行商品经济活动的。

民法通则上述一系列规定充分表明，民法通则是调整商品经济关系的基本法律，而不是适应计划经济的法律。当时一些批评民法通则的意见认为，民法通则起草者是把它作为经济领域中的一部基本法来制定的，我国是有计划的商品经济，法人之间发生的经济关系更多的是属于经营管理性质的经济关系，是和国家计划、国家管理直接相联系着的，而公民之间以及公民与法人之间的财产关系，与国家计划、国家的组织管理往往没有更多更直接的关系。民法通则不能套用资产阶级的民法理论，起草者是力图体现中国社会主义民法特点的，但在基本方面都始终跳不出从“罗马法”、“法国民法典”到“苏俄民法典”的窠臼。这些批评意见从另一方面说明民法通则是调整商品经济关系的基本法律，而不是适应计划经济的法律。1995 年 11 月法工委编辑出版活页中华人民共和国法律、法规，把民商法和经济法分为法律的两大类，从法律分类方面进一步明确了民法在调整社会主义市场经济关系的法律地位。

当时对民法通则关于调整社会主义商品经济关系的规定争论非常激烈，一些批评意见认为民法通则的制定与党和国家在经济立法上的方针和部署并不协调一致，在民法通则起草过程中以及关于草案的说明中，根本不提党中央提出的建立经济法规体系这一当前立法工作中的主要目标和中心任务，将给经济法这一新兴的法律部门和法律科学造成混乱，对经济建设、法律和法学建设（其中也包括民法）都是极其不利的。一些经济法专家在 1986 年 3 月中旬全国人大即将开会审议民法通则的前夕，向新华社记者反映，认为现在制定民法通则是不适宜的，在新华社编印的内部材料上发表。彭真同志为此于 3 月 14 日专门召开委员长会议，把新华社反映的一些经济法专家对制定民法通则的意见印发各位副委员长进行讨论。彭真同志在会上明确指出："关于民法的调整范围，民法通则草案第二条规定了，是平等主体之间的财产关系和人身关系。第三条规定，当事人在民事活动中的地位平等。第四条规定，应当遵循自愿、公平、等价有偿的原则。第三条、第四条是对第二条的补充。民法只能这么搞，管平等主体关系，没有包括领导关系、隶属关系，即纵向的经济关系。"彭真同志这段话言简意赅，讲得很清楚，民法通则是管平等主体之间横向的经济关系，而不是管纵向的经济关系。委员长会议表示同意彭真同志的意见。考虑到中央领导同志都看到了新华社反映的经济法专家的意见，彭真同志又让我专门向当时主持书记处日常工作的胡启立同志汇报。当时启立同志说，彭真同志的意见光我知道还解决不了问题，你还要把彭真同志的意见整理出来，由他批报中央领导同志和有关同志。这样我就整理了“彭真同志在委员长会议上关于制定民法通则的讲话要点（一九八六年三月十四日）”。启立同志于3月22日批示：“彭真同志讲话很重要，印中央参阅文件，送各位领导同志阅知。”启立同志把批件同时印发人大常委会副委员长，人大代表团团长，这样民法通则才能在经过激烈争论后，在全国人大会议上得到顺利通过。

今天，在党的十四大决定实行社会主义市场经济体制之后，法律委、法工委会同最高人民法院、法学会联合召开民法通则颁布实施十周年座谈会，是很有意义的。我们还需要提出研究起草民法典的问题。1979年法制委员会专门组成民法起草小组，到1982年起草了民法草案四稿。由于民法涉及的范围很广泛，很复杂，经济体制改革刚刚开始，制定完整的民法典的条件还不成熟，只好采取化整为零的办法，先将那些急需的、比较成熟的部分，制定单行法，陆续制定了一批民事的或者与调整民事关系有关的法律。1986年，又针对民事活动中一些共同性的问题，制定了民法通则。现在法工委正在会同有关部门和民法专家研究起草合同法、物权法，内务司法委员会正在会同有关部门研究把婚姻法修改为婚姻家庭法。我们要努力在制定这些法律的基础上，进一步汇集研究起草一部完整的民法典，这是一项艰巨的任务和规模浩大的立法工程，需要立法部门同最高人民法院等有关部门和民法专家花大力气共同努力。我在这里对参加民法通则起草工作的民法专家以及最高人民法院等有关部门十几年来在协助立法部门制定一系列民事法律方面所作的努力表示深深的谢意和敬意。

关于《中华人民共和国刑法（修订草案）》的说明*

（一九九七年三月六日）

根据全国人大常委会的决定，我向大会作关于《中华人民共和国刑法（修订草案）》的说明。

刑法是国家的基本法律，修订刑法是健全社会主义法制的一件大事，是完善我国刑事法律的重要步骤。1979 年制定的刑法，经过 17 年的实践，总的看来，刑法规定的任务和基本原则是正确的，许多具体规定是可行的，对于打击犯罪，保护人民，维护国家的统一和安全，维护社会秩序，维护人民民主专政的政权和社会主义制度，保障社会主义建设事业的顺利进行，发挥了重要的作用。同时，也反映出一些问题：一是制定刑法时对有些犯罪行为具体分析研究不够，规定得不够具体，不好操作，或者执行时随意性较大，如渎职罪、流氓罪、投机倒把罪三个“口袋”，

* 这是王汉斌同志在第八届全国人民代表大会第五次会议上所作的关于《中华人民共和国刑法（修订草案）》的说明。

规定得都比较笼统；二是有些犯罪行为现在已经发展得很严重，如走私犯罪、毒品犯罪，需要相应加重刑罚；三是随着十几年来我国政治、经济和社会生活的发展变化，出现了许多新情况、新问题，发生了一些新的犯罪行为。为了适应与犯罪斗争的实际需要，有必要对刑法进行修订、补充、完善。

1982年决定研究修改刑法，1988年提出了初步修改方案，到现在修订工作已经搞了15年。在这期间，由于来不及也没有条件对刑法进行全面的、完整的修改，对需要修改补充的，全国人大常委会陆续对刑法作出了22个修改补充规定和决定。另外，在一些民事、经济、行政法律中规定了"依照"、"比照"刑法的有关规定追究刑事责任的有130条。这次修订，在进行调查研究、广泛征求意见的基础上，会同公、检、法等有关部门和法律专家，认真总结17年来实施刑法的实践经验，研究国外有关刑事法律规定和现代刑事立法的发展趋势，草拟了刑法修订草案，两次印发各省、自治区、直辖市人大常委会、中央有关部门以及法律院校、法学研究机构征求意见，召开了有中央和省、市、县四级公、检、法机关、中央有关部门、地方人大和刑法专家参加的座谈会，对修订草案逐条讨论研究修改。

八届全国人大常委会第二十三次会议初步审议刑法修订草案后，又专门召集公、检、法等有关部门负责同志开会，对修订草案中重大的、有争议的问题共同讨论研究修改。法律委员会、内务司法委员会还召开联席会议，根据常委会委员和各方面的意见，对刑法修订草案逐条进行审议、修改。

这次修订刑法，主要考虑：第一，要制定一部统一的、比较完备的刑法典。将刑法实施17年来由全国人大常委会作出的有关刑法的修改补充规定和决定研究修改编入刑法；将一些民事、经济、行政法律中"依照"、"比照"刑法有关条文追究刑事责任的规定，改为刑法的具体条款；将拟制定的反贪污贿赂法和军委提请常委会审议的惩治军人违反职责犯罪条例编入刑法，在刑法中规定为贪污贿赂罪和军人违反职责罪两章；对于新出现的需要追究刑事责任的犯罪行为，经过研究认为比较成熟、比较有把握的，尽量增加规定。第二，注意保持法律的连续性和稳定性。对刑法的原有规定，包括文字表述和量刑规定，原则上没什么问题的，尽量不作修改。第三，对一些原来比较笼统、原则的规定，尽量把犯罪行为研究清楚，作出具体规定。刑法原来为192条，修订草案修改增为449条，增加257条。制定一部统一的、比较完备的刑法典，是继去年3月全国人大通过修改刑事诉讼法的决定以后，进一步完善我国刑事法律制度和司法制度的重大步骤，对于进一步实行依法治国，建设社会主义法制国家，具有重要意义。现将刑法修订草案的主要内容说明如下。

一、进一步明确规定刑法的基本原则

第一，进一步明确规定罪刑法定原则，取消类推的规定。刑法原来基本上也是按照罪刑法定原则的精神制定的，当时考虑到刑法分则只有103条，可能有些犯罪行为必须追究，法律又没有明文规定，不得不又规定可以采用类推办法，规定对刑法分则没有明文规定的犯罪，经最高人民法院核准，可以比照刑法分则最相类似的条文定罪判刑。这次修订，刑法分则的条文从原来103

条增加到 345 条，对各种犯罪进一步作了明确、具体的规定。事实上，刑法虽然规定了类推，实际办案中使用的很少。现在已有必要也有条件取消类推的规定。因此，草案明确规定了罪刑法定原则："法律明文规定为犯罪行为的，依照法律定罪处刑；法律没有明文规定为犯罪行为的，不得定罪处刑。"

第二，明确规定了法律面前人人平等原则。这个原则宪法已有规定，在刑法中再次明确规定是有实际意义的。草案明确规定："对任何人犯罪，在适用法律上一律平等。不允许任何人有超越法律的特权。"

第三，明确规定罪刑相当原则。罪刑相当，就是罪重的量刑要重，罪轻的量刑要轻，各个法律条文之间对犯罪量刑要统一平衡，不能罪重的量刑比罪轻的轻，也不能罪轻的量刑比罪重的重。因此，草案明确规定："刑罚的轻重，应当与犯罪分子所犯罪行和承担的刑事责任相适应。"

二、关于减刑和假释

刑法第七十一条规定："被判处管制、拘役、有期徒刑、无期徒刑的犯罪分子，在执行期间，如果确有悔改或者立功表现，可以减刑。"第七十三条规定："被判处有期徒刑的犯罪分子，执行原判刑期二分之一以上，被判处无期徒刑的犯罪分子，实际执行十年以上，如果确有悔改表现，不致再危害社会，可以假释。如果有特殊情节，可以不受上述执行刑期的限制。"在实际执行中，由于对"确有悔改"没有明确的界限，较难掌握，随意性比较大，并且没有严格的程序，容易出现流弊，存在问题较多。同时还应当维护人民法院判决执行的严肃性，不能轻易减刑、假释，特别是对以暴力严重危害社会的犯罪分子及累犯，不宜适用假释。草案针对实践中的问题，对减刑、假释的条件作了更具体的规定。并且规定："对累犯以及因杀人、爆炸、抢劫、强奸、绑架等暴力性犯罪被判处十年以上有期徒刑和无期徒刑的犯罪分子，不得假释。"同时明确规定了减刑、假释的程序：对于可以减刑、假释的犯罪分子，由执行机关向中级以上人民法院提出减刑、假释建议书。由人民法院组成合议庭进行审理，对确有悔改或者立功事实的，裁定予以减刑、假释。非经法定程序，不得减刑、假释。

三、关于在法定刑以下判处刑罚

刑法第五十九条第二款规定："犯罪分子虽然不具有本法规定的减轻处罚情节，如果根据案件的具体情况，判处法定刑的最低刑还是过重的，经人民法院审判委员会决定，也可以在法定刑以下判处刑罚。"在实际执行中，由于对判处法定最低刑还是过重的情况界限不明确，各地人民法院掌握界限不统一，随意性较大，存在不少问题。因此，适用这一规定，必须有严格的程序，草案将刑法规定的"经人民法院审判委员会决定"，修改为"经最高人民法院审判委员会核准"。

四、关于正当防卫

刑法第十七条规定："为了使公共利益、本人或者他人的人身和其他权利免受正在进行的不法侵害，而采取的正当防卫行为，不负刑事责任。正当防卫超过必要限度造成不应有的危害的，应当负刑事责任；但是应当酌情减轻或者免除处罚。”由于对正当防卫超过必要限度的规定太笼统，在实际执行中随意性较大，出现了不少问题。比如，受害人在受到不法侵害时把歹徒打伤了，人民警察在抓捕罪犯受到暴力攻击时开枪把人犯打伤了，不仅得不到保护，反而被以防卫过当追究刑事责任。为了保护被害人的利益，鼓励见义勇为，草案增加规定：“对正在进行行凶、杀人、抢劫、强奸、绑架以及其他严重危及人身安全的暴力犯罪，采取防卫行为，造成不法侵害人伤亡和其他后果的，不属于防卫过当，不负刑事责任。”

为了有利于人民警察执行职务，草案增加规定：“人民警察在依法执行盘问、拘留、逮捕、追捕逃犯或者制止违法犯罪职务的时候，受到暴力侵犯或者人身安全受到威胁，依法使用警械和武器的职务行为，造成人员伤亡后果的，不属于防卫过当，不负刑事责任。”至于其他依法执行职务的行为，仍然依照有关规定执行。如果人民警察违反使用警械和武器的规定，造成他人损害的，仍然可以依照有关规定处罚。

五、关于自首和立功

刑法第六十三条规定：“犯罪以后自首的，可以从轻处罚。其中，犯罪较轻的，可以减轻或者免除处罚；犯罪较重的，如果有立功表现，也可以减轻或者免除处罚。”为了更好地体现和执行这一刑事政策，鼓励犯罪分子自首、立功，有利于查处犯罪，草案对自首、立功的作了较宽大的处刑规定，把“犯罪以后自首的，可以从轻处罚”，改为“可以从轻或者减轻处罚”，把对“其中，犯罪较轻的，可以减轻或者免除处罚”，改为“可以免除处罚”。并增加规定：“犯罪分子有揭发他人犯罪行为，查证属实的，或者提供重要线索，从而得以侦破其他案件等立功表现的，可以从轻或者减轻处罚；有重大立功表现的，可以减轻或者免除处罚。”“犯罪后自首又有重大立功表现的，应当减轻或者免除处罚。”同时对自首作了明确的界定，增加规定：“犯罪以后自动投案，如实供述自己的罪行的，是自首。”

六、关于反革命罪

刑法关于反革命罪的规定，对于维护国家安全，巩固人民民主专政政权和保卫社会主义制度，起了很大的作用，是必要的。但是随着国家政治、经济和社会情况的发展，反革命罪的罪名的适用遇到一些新情况、新问题。有些反革命罪，规定“以反革命为目的”，在实践中有时很难确定。有的犯罪行为，适用危害国家安全罪，比适用反革命罪更为合适。草案把反革命罪一章改为危害国家安全罪。除保留原有的勾结外国，阴谋危害祖国的主权、领土完整和安全的规定外，对现在危害国家危险性最大的分裂国家、武装叛乱、颠覆国家政权和推翻社会主义制度以及与境外机构、组织、人员相勾结实施这些危害国家安全犯罪的，作了更加明确、具体的规定，因而能够更有利于打击危害国家安全的犯罪活动。主要修改是：（一）将刑法第九十条“以推翻无产阶级专政的政权和社会主义制度为目的的、危害中华人民共和国的行为，都是反革命罪”，第九十二条“阴谋颠覆政府、分裂国家的”，第九十三条“策动、勾引、收买国家工作人员、武装部队、人民警察、民兵投敌叛变或者叛乱的”，第九十五条“持械聚众叛乱的首要分子或者其他罪恶重大的”，第九十八条“组织、领导反革命集团的”规定，修改为：1.“组织、策划、实施分裂国家、破坏国家统一活动的”；2.“组织、策划、实施颠覆国家政权、推翻社会主义制度的”；3.“组织、策划、实施武装叛乱或者武装暴乱的”；4.“策动、胁迫、勾引、收买国家机关工作人员、武装部队人员、人民警察、民兵进行武装叛乱的”。特别是增加规定：“与境外机构、组织、个人相勾结”，实施危害国家主权、领土完整和安全，分裂国家，武装叛乱，颠覆国家政权和推翻社会主义制度的。这是针对现在对国家安全构成很大危险的国内外相勾结进行“西化”、“分化”等颠覆破坏活动的特点所作的极为重要的规定，以利于依法同这类严重犯罪作斗争。（二）将刑法第一百零二条“以反革命标语、传单或者其他方法宣传煽动推翻无产阶级专政的政权和社会主义制度的”修改为煽动分裂国家的和以造谣、诽谤或者其他方式煽动颠覆国家政权和推翻社会主义制度的，不再使用反革命宣传煽动罪的罪名。

这次修改反革命罪，对反革命罪原来的规定中实际属于普通刑事犯罪性质的，都规定按普通刑事犯罪追究。如“聚众劫狱或者组织越狱的”，“制造、抢夺、盗窃枪支、弹药的”等。反革命罪原有15条，修改为危害国家安全罪共有12条，反革命罪规定的条款没有列入危害国家安全罪的，均分别编入危害公共安全罪和妨害社会管理秩序罪。

这次对刑法反革命罪的修改，是考虑到我们国家已经从革命时期进入集中力量进行社会主义现代化建设的历史新时期，宪法确定了中国共产党对国家事务的领导作用，从国家体制和保卫国家整体利益考虑，从法律角度来看，对危害中华人民共和国的犯罪行为，规定适用危害国家安全罪比适用反革命罪更为合适。这也就是为了完善我国的刑事法律制度。至于过去依照刑法以反革命罪判刑的，仍然继续有效，不能改变。

七、关于投机倒把罪

刑法关于投机倒把罪的规定比较笼统，界限不太清楚，造成执行的随意性。这次修改，根据社会主义市场经济发展的要求，对需要规定的犯罪行为，尽量分解作出具体规定。草案根据十几年来按投机倒把罪追究刑事责任的具体行为作出规定，有些已在生产、销售伪劣商品罪、破坏金融管理秩序罪中作了规定，这次修订，在扰乱市场秩序罪中增加了对合同诈骗、非法经营专营专卖物品、买卖进出口许可证等犯罪行为的规定。不再笼统规定投机倒把罪，这样有利于避免执法的随意性。

八、关于流氓罪

刑法第一百六十条规定：“聚众斗殴，寻衅滋事，侮辱妇女或者进行其他流氓活动，破坏公共秩序，情节恶劣的，处七年以下有期徒刑、拘役或者管制。”这一规定比较笼统，实际执行中定为流氓罪的随意性较大。这次修订，将流氓罪分解为四条具体规定：一是侮辱、猥亵妇女的犯罪，二是聚众进行淫乱活动的犯罪，三是聚众斗殴的犯罪，四是寻衅滋事的犯罪。

九、关于贪污贿赂罪

这次修订刑法，将1988年全国人大常委会制定的《关于惩治贪污罪贿赂罪的补充规定》和最高人民检察院正在起草的反贪污贿赂法合并编为刑法的一章。主要问题是：（一）关于国家工作人员的范围，有些同志主张应只限于国家机关工作人员。考虑到国有公司、企业的管理人员经手管理着国家财产，以权谋私、损公肥私、化公为私的现象比较严重，草案原则上维持刑法规定的国家工作人员的范围，规定："本法所称国家工作人员，是指国家机关中从事公务的人员。""国有公司、企业、事业单位、人民团体中从事公务的人员和国家机关、国有公司、企业、事业单位委派到非国有公司、企业、事业单位、社会团体从事公务的人员，以及其他依照法律从事公务的人员，以国家工作人员论。"（二）根据情况的变化，将原贪污贿赂犯罪法定最低刑的数额二千元以下修改为五千元以下，法定最高刑的数额五万元以上修改为十万元以上。

十、关于渎职罪

刑法对渎职罪的规定过于笼统，有的规定处刑也偏轻，主要是玩忽职守罪。这次修订，主要是把十几年来民事、经济、行政法律中"依照"、"比照"刑法玩忽职守罪、徇私舞弊罪追究刑事责任的条文，改为刑法的具体条款。并针对现实经济生活中出现的国家机关工作人员滥用职权、严重不负责任，给国家和人民利益造成重大损失的新情况，增加规定了一些具体的渎职犯罪行为。刑法规定的渎职罪除贿赂罪外共为7条，现在增加为23条。

刑法规定玩忽职守罪的法定刑为五年以下，这次修订区分滥用职权、玩忽职守的犯罪行为所造成的不同后果，对法定刑作了修改，一般的为三年以下；严重的为三年以上七年以下；对某些徇私舞弊、徇私枉法、徇情枉法情节特别严重的，法定最高刑规定为十五年。对贪赃枉法裁判，构成受贿罪的，依照处罚较重的规定处罚。

十一、关于完备刑事法律条文问题

这次修订，对于新出现的需要追究刑事责任的犯罪行为，经过研究认为比较有把握的，尽量增加规定。

（一）关于黑社会犯罪。在我国，明显的、典型的黑社会犯罪还没有出现，但带有黑社会性质的犯罪集团已经出现，横行乡里、称霸一方，为非作歹，欺压、残害群众的有组织犯罪时有出现。另外也发现有境外黑社会组织成员入境进行违法活动的，可能会对社会造成严重危害。对于黑社会性质的犯罪，必须坚决打击，一定要消灭在萌芽状态，防止蔓延。只要组织、参加黑社会性质的犯罪组织，不管是否有其他具体犯罪行为都要判刑。因此，草案增加了相应的规定，并对境外的黑社会组织的人员到中华人民共和国境内发展组织成员的，规定了刑罚。

（二）现在有些地方已经出现有组织进行恐怖活动的犯罪，

危害很大。为了有力地打击这种犯罪，草案增加规定："组织、领导和积极参加恐怖活动组织的，处三年以上十年以下有期徒刑；其他参加的，处三年以下有期徒刑、拘役或者管制。""犯前款罪并实施杀人、爆炸、绑架等犯罪的，依照数罪并罚的规定处罚。"

（三）现在有些地方有人煽动民族仇恨，破坏民族团结。参考有关国际公约的规定，草案增加规定："煽动民族仇恨、民族歧视，情节严重的，处三年以下有期徒刑、拘役、管制或者剥夺政治权利；情节特别严重的，处三年以上十年以下有期徒刑。"对于利用民族问题，煽动分裂国家、破坏国家统一的，仍然适用危害国家安全罪的有关规定定罪处罚。

（四）很多国家的刑法对洗钱的犯罪行为作了规定，我国关于禁毒的决定中也对洗钱作了规定。目前，洗钱犯罪时有发生，并已不限于毒品犯罪。因此，草案对明知是毒品犯罪、黑社会性质的组织犯罪、走私犯罪的违法所得及其产生的收益，为掩饰、隐瞒其来源和性质而进行洗钱的行为规定了刑罚。

（五）针对计算机犯罪日趋严重的情况，增加了对违反国家规定，侵入国家事务、国防建设、尖端科学技术等重要领域的计算机信息系统，故意制作、传播计算机病毒等破坏性程序等犯罪的规定。同时规定，利用计算机实施金融诈骗、盗窃、贪污、挪用公款、窃取国家秘密或者其他犯罪的，依照本法有关规定定罪处罚。

（六）为了维护证券交易秩序，打击证券欺诈等犯罪行为，增加了内幕交易、操纵证券交易价格、编造并传播虚假信息等犯罪的规定。

（七）有些全国人大常委会委员和有关部门提出，土地是国家的重要自然资源，对于破坏土地资源的行为应当追究刑事责任。因此，草案对“以牟利为目的，违反土地管理法规，非法转让、倒卖土地使用权”，“违反土地管理法规，非法占用耕地改作他用，数量较大，造成耕地大量毁坏的”以及“国家机关工作人员徇私舞弊，违反土地管理法规，滥用职权，非法批准征用、占用土地，或者非法低价出让国有土地使用权”的，增加了追究刑事责任的规定。

此外，草案还增加规定了侵犯商业秘密，违反国家安全标准、降低建筑质量，非法扣押、拘禁人质强迫还债，以限制人身自由的方法强迫他人劳动，非法采集、供应血液，对证人打击报复等规定。

十二、关于死刑问题

有些同志认为现行法律规定的死刑多了，主张减少。考虑到目前社会治安的形势严峻，经济犯罪的情况严重，还不具备减少死刑的条件，这次修订，对现行法律规定的死刑，原则上不减也不增加。经过同公、检、法研究，大家同意将未满 18 周岁的未成年人犯罪的最高刑由可以判处死刑缓期执行改为无期徒刑。

十三、关于危害国防利益罪

根据有些全国人大常委会委员和军委法制局的意见，草案增加了危害国防利益罪一章。将以暴力、威胁方法阻碍军人依法执行职务，故意阻碍武装部队军事行动，破坏军事设施或者武器装备，明知是不合格的军事设施、武器装备而提供给武装部队，聚众哄闹、冲击军事禁区和军事管理区，煽动军人逃离部队，在征兵工作中徇私舞弊，输送不合格兵员等14种危害国防利益的犯罪作了规定。

十四、关于军人违反职责罪

1979年制定刑法时，即提出刑法应当规定军职罪，当时因为来不及研究清楚，决定另行起草军职罪暂行条例。1980年制定军职罪暂行条例时，明确说明："在国家刑法的结构中"，军职罪"应属于刑法分则中的一章"，并且说明军职罪暂行条例"经人大常委会审定后，先在军内公布试行。待取得比较成熟的经验，再建议按立法程序修改补入刑法"。这次修订刑法，经同军委法制局研究并经军委同意，将军委已提请八届全国人大常委会审议的《中华人民共和国惩治军人违反职责犯罪条例（草案）》，改为刑法分则的一章。这样修订后，国家将制定一部统一的、完整的刑法典，对社会主义法制建设具有重大的意义。

十五、对十几年来全国人大常委会制定的有关刑法的22个修改补充规定和决定以及惩治军人违反职责罪暂行条例，拟根据两类不同情况分别处理：一类是已纳入本法或者已不适用，予以废止；一类是需要予以保留的，其中有关行政处罚和行政措施的规定仍然有效，有

关刑事责任的规定已纳入本法，适用本法规定，在附则中作了具体规定。

中华人民共和国刑法（修订草案）和以上说明，请大会审议。

要全面贯彻实施香港特别行政区基本法*

（一九九七年四月三日）

在我国即将对香港恢复行使主权的时候，全国人大常委会办公厅等有关部门共同召开纪念香港特别行政区基本法颁布七周年座谈会，对于宣传基本法，实施基本法，对于香港的平稳过渡和稳定繁荣都具有重要的意义。

在我国对香港恢复行使主权的历史过程中，香港特别行政区基本法的制定和颁布是一件具有重要历史意义的大事。正如邓小平同志指出的，“香港特别行政区基本法是一部具有历史意义和国际意义的法律。说它具有历史意义，不光对过去、现在，而且包括将来；说国际意义，不光对第三世界，而且对全人类都具有长远意义。这是一个具有创造性的杰作。”大家知道，邓小平同志提出了“一国两制”的伟大构想，用“一国两制”的方针顺利

---

* 这是王汉斌同志在《中华人民共和国香港特别行政区基本法》颁布七周年座谈会上的发言。

解决了我国对香港恢复行使主权这一历史遗留下来的重大问题，但是如何把“一国两制”的方针变为现实，还是一个很大的问题。基本法把“一国两制”的伟大构想用法律形式固定下来，规定了香港特别行政区的基本制度和基本政策，勾画了未来香港的清晰的、明细的蓝图，把“一国两制”的伟大构想变为可以操作的一系列的具体法律条文，是“一国两制”必将取得成功的法律保障。基本法颁布以来事态的发展，越来越显示出基本法的强大的生命力，越来越显示了基本法对香港的稳定繁荣的重要作用。七年来，无论出现什么风风雨雨，香港始终有一个明朗的前景；尽管面临着政权交接这一历史性的转变，世界各国各地区的投资者始终保持对香港的信心；尽管有各种干扰，人们对实现香港的平稳过渡、政权的顺利交接始终充满信心。现在香港人心安定，社会稳定，经济繁荣，广大香港同胞满怀喜悦和充满信心地准备迎接香港回归祖国这一天的到来，这都是同基本法的颁布有着十分密切的联系。我们坚信，在今年七月一日我国恢复对香港行使主权后，基本法对保持和发展香港的长期繁荣和稳定，必将发挥极其重大的作用；对进一步完成祖国统一大业，也将产生深远的影响。

在香港特别行政区成立后，我们要全面贯彻实施基本法。香港特别行政区实行的制度、政策和法律，都必须以基本法为依据。实施基本法，就要严格按照基本法的规定办事。其中至关重要的是要保证“一国两制”、“港人治港”、高度自治的实现，保证香港特别行政区享有行政管理权、立法权、独立的司法权和终审权。属于香港特别行政区自治范围内的事务，都要由香港特别行政区自行管理，凡是应由香港人自己作主决定的问题，都要由香港人自己作主，中央都不干预。基本法明确规定，中央人民政府所属各部门，各省、自治区、直辖市均不得干预香港特别行政区自行管理的事务。除了外交部驻港机构和驻军外，中央各部门，各省、自治区、直辖市如需在香港特别行政区设立机构，要征得特别行政区政府同意并经中央批准。并且中央还明确决定，中央各部门，各省、自治区、直辖市都不在香港设立行政性机构。中央各部门，各省、自治区、直辖市经香港特别行政区同意并经中央批准在香港设立的机构，中央也已一再要求他们不仅不能干预特别行政区的事务，而且还必须严格遵守香港特别行政区的法律。外交部驻港机构和驻军也必须严格按基本法规定办事，不干预特别行政区自治范围内的事务，遵守香港特别行政区的法律。基本法所有的这些规定，都是确保香港特别行政区高度自治所必需的，必须全面贯彻和执行。

贯彻“一国两制”方针，还要按照基本法的规定，保持香港原有的资本主义制度和生活方式五十年不变。这里涉及的一个重要方面是保障香港居民的权利和自由。应该说，基本法全面规定了香港居民享有充分的权利和自由，并且规定了《公民权利和政治权利国际公约》、《经济、社会与文化权利的国际公约》和国际劳工公约适用于香港的有关规定继续有效。这些规定充分表明了基本法对香港居民的权利和自由的保障是广泛和充分的，香港居民享有的权利和自由绝不会因为香港的回归而受到影响。有人提出全国人大常委会处理香港原有法律的决定，对《香港人权法案条例》的处理会影响对香港居民的权利和自由的保障，这是一种误解。全国人大常委会的决定只废除这个条例的凌驾地位条款，而人权法案有关保障香港居民的基本权利和自由的具体条文都予以保留。人权法案凌驾地位条款之所以不能采用为香港特别行政区法律，是因为这些条款抵触了基本法。基本法已经明文规定：有关香港居民的基本权利和自由的制度，必须以基本法的规定为依据，人权法案条例则规定必须以人权法案为依据，这种抵触是非常明显的。基本法已经规定了香港居民享有充分的权利和自由，人权法案条例有关保障香港居民的基本权利和自由的具体条文也都予以保留继续有效，怎么还能说会影响对香港居民的权利和自由的保障呢？

我们要保证全面贯彻实施基本法，还要保证基本法不能轻易修改。有人以为全国人大的权力很大，对基本法的任何内容，全国人大都可以修改，这种理解是不准确的。基本法已经规定：香港特别行政区不实行社会主义制度和政策，保持原有的资本主义制度和生活方式，五十年不变，并且规定：“本法的任何修改，均不得同中华人民共和国对香港既定的基本方针政策相抵触。”这就表明，中英联合声明中关于中华人民共和国对香港的基本方针政策已经载入基本法，在五十年内是不能修改的。其他一些具体规定虽然可以修改，基本法也规定了严格的修改程序，并且规定有关修改议案在列入全国人民代表大会的议程前，先由香港特别行政区基本法委员会研究并提出意见。这些规定也是为了贯彻实施“一国两制”、高度自治、“港人治港”的保证。

香港特别行政区基本法是香港长期繁荣稳定的根本保证。香港在今后的五十年中要继续取得成功，很重要的一条在于严格执行基本法。香港的历史已经表明，依靠广大香港人的聪明才智和辛勤劳动，已经创造了一个繁荣的香港，我们相信，在香港回归祖国后，有了基本法的保障，依靠广大香港同胞的努力，依靠全国人民的支持，香港一定能够创造更加美好，更加繁荣，更加辉煌的未来。我们希望今天召开的座谈会，能够进一步推进内地和香港学习和宣传基本法，推进基本法的实施，努力依照基本法把香港的事情办好，使邓小平同志的“一国两制”的伟大构想在香港特别行政区成功地变为现实。

在纪念叶剑英同志诞辰一百周年座谈会上的发言

（一九九七年四月二十八日）

今天，我们怀着十分崇敬的心情，纪念叶剑英同志诞辰一百周年，缅怀他光辉伟大的一生。

叶剑英同志是我们党、国家和军队的卓越领导人，坚定的马克思主义者，伟大的无产阶级革命家、政治家、军事家，中国人民解放军的缔造者之一。在近七十年漫长而充满艰难险阻和传奇色彩的革命生涯中，他为中国人民的解放和幸福，为中华民族的独立和强盛，献出了毕生的心血和精力，建立了不朽的历史功勋。尤其是在历次革命斗争的重大转折关头，他总是义无反顾、挺身而出，以非凡的胆略和智慧，捍卫党和人民的利益，而为全党所称颂。毛泽东同志生前送叶剑英同志两句话，“诸葛一生唯谨慎，吕端大事不糊涂”，对他为中国革命所作出的杰出贡献，予以高度的评价。叶剑英同志屡膺重任、功勋卓著，深受亿万人民群众的尊敬与爱戴。他的英名，将永远铭刻在人们心中。

粉碎“四人帮”后，1978 年 3 月，81 岁高龄的叶剑英同志，众望所归，出任第五届全国人民代表大会常务委员会委员长，直至1983年6月。这一期间，正是我们党和国家把工作中心转移到经济建设上来，全面开创社会主义现代化建设新局面的重大历史转折时期。在叶剑英同志主持下，五届全国人大及其常委会，实现了人大工作的历史性转变，为新时期的社会主义民主和法制建设，为坚持和完善人民代表大会制度，为发挥全国人民代表大会及其常务委员会履行宪法赋予的最高国家权力机关的作用，迈出了决定性的步伐。

五届全国人大一次会议以后，叶剑英同志反复考虑这样一个重大问题，作为最高国家权力机关的全国人大及其常委会如何发挥自己应有的作用。他总结建国以来的历史经验，特别是“十年动乱”的沉痛教训，深深感到，社会主义民主法制建设，是国家最根本的一项政治建设，也是国家长治久安和社会主义现代化建设顺利进行的根本保证。因此，他提出，要把加强社会主义民主法制建设作为人大工作的一项根本任务。在1978年底召开的中央工作会议上，叶剑英同志说：“人大常委会如果不能尽快担负起制定法律、完善社会主义法制的责任，那人大常委会就是有名无实，有职无权，尸位素餐；那我这个人大常委会委员长就没有当好，我就愧对全党和全国人民。”1979年2月，叶剑英同志就法制建设问题专门向新华社记者发表谈话指出：“近三十年来的实践证明，要使我们的国民经济高速度地稳定地向前发展，就要保持必要的社会政治安定。而为了持久地保持安定团结的政治局面，就要充分发扬党内民主和人民民主，并要健全社会主义法制。”“只有在充分发扬民主的基础上，才能确立健全的社会主义法制，也只有认真贯彻执行社会主义法制，才能切实保障人民的民主权利。”叶剑英同志还进一步阐述了加强民主法制建设的一些重要原则，指出社会主义法律一定要具有极大的权威，人人必须遵守，绝不允许有凌驾于党纪国法之上的特殊党员和特殊公民。1979 年在庆祝中华人民共和国成立三十周年大会上，叶剑英同志代表中共中央发表重要讲话，论述建国三十年来的成就与失误，总结“文化大革命”的教训，他说：“必须进一步健全党的纪律和社会主义法制，切实保障全体党员和全体公民的民主权利，使党内民主和社会主义民主制度化、法律化。从党的领导者到每个党员，从国家领导人到每个公民，在党纪和国法面前人人平等，绝不允许有不受党纪约束的特殊党员和不受法律约束的特殊公民，绝不允许有凌驾于党纪国法之上的特权。”叶剑英同志这一系列的重要讲话，深刻阐明了社会主义民主法制建设的重要性和必要性。他关于新的历史时期加强社会主义民主法制建设的重要思想，是留给我们的宝贵精神财富。

为了适应国家进入历史新时期的需要，保证国家的长治久安，推进社会主义现代化建设事业的发展，1980 年 9 月，根据中共中央的建议，五届全国人大三次会议决定成立宪法修改委员会，叶剑英同志担任主任委员。在宪法修改委员会首次会议上，叶剑英同志作了重要讲话。他提出，修改宪法应当在总结新中国建立以来中国社会主义革命和社会主义建设经验的基础上进行。经过修改的宪法，应当反映并且有利于中国的社会主义政治制度、经济制度和文化制度的改革和完善。要坚持采取多种形式发动人民群众积极参加这项工作，做到“领导与群众相结合”，“本国经验与国际经验相结合”。经过宪法修改委员会两年零三个月的辛勤工作，1982 年 12 月，五届全国人大五次会议通过了修改后的宪法。修改后的宪法科学地总结了我国社会主义发展的历史经验，反映了全国各族人民的共同意志和根本利益，是一部有中国特色的、适应新的历史时期社会主义现代化建设需要的、长期稳定的宪法，是党的领导和人民群众的集体智慧的结晶。叶剑英同志说：“这是建国以来最好的一部宪法，既总结了三十多年来正反两方面的经验，又集中了全国各族人民的智慧。我深信，新宪法的公布和实施，一定会把我国的社会主义民主和法制的建设推向一个新的阶段。”

为了加强法制建设，叶剑英同志把立法工作作为全国人大及其常委会的头等任务来抓。在他的主持下，五届全国人大及其常委会先后制定了 62 个法律和有关法律问题的决定，包括刑法、刑事诉讼法、民事诉讼法（试行）和国家机构方面的一系列基本法律。为了促进改革开放和经济建设，制定了经济合同法、商标法、中外合资经营企业法等一批重要法律，批准了广东省经济特区条例。这些法律的制定和实施，初步改变了我国无法可依的局面，使国家的政治、经济和社会生活开始走上社会主义法制轨道。

五届全国人大制定的现行宪法以及选举法、全国人大组织法、地方组织法等法律，对健全国家政治体制、完善人民代表大会制度，作出了一系列重要规定。按照这些规定，代表或者选民可以推荐候选人；实行差额选举办法；直接选举人大代表的范围扩大到县一级；扩大全国人大常委会的职权；全国人大设立专门委员会；人大常委会的组成人员不得担任国家行政、审判、检察机关的职务；县级以上地方各级人民代表大会设立常委会；赋予省一级人大及常委会制定地方性法规的权力。所有这些规定，对坚持和完善人民代表大会制度，对加强国家权力机关建设，具有重要的现实意义和深远的历史意义。可以说，五届全国人大及其常委会卓有成效的工作，为新时期人民代表大会制度建设奠定了基础，使人大及其常委会的工作在党的十一届三中全会后进入了一个新的发展时期。

叶剑英同志作为一位对近代中国历史的进步起过重要作用的伟大的爱国者，始终关注着祖国统一的大业。他担任全国人大常委会委员长后，把实现祖国和平统一大业作为全国人大的一项重要工作，为改善两岸关系，促进祖国和平统一，竭尽全力。1978年12月，他主持五届全国人大常委会第五次会议，讨论通过了《全国人民代表大会常务委员会告台湾同胞书》，表达了党和政府对解决台湾问题，实现祖国和平统一的基本立场和态度，反映了全国各族人民的心愿，受到了台湾同胞、海外侨胞的热烈欢迎。1981年9月30日，在建国三十二周年前夕，他又向新华社记者发表了具有历史意义的重要谈话，阐明了实现和平统一的九条方针，第一次表达了用一个国家、两种制度即“一国两制”的办法解决台湾问题的构想。正如邓小平同志指出的，九条实际上就是“一个国家、两种制度”。叶剑英同志这次著名的谈话，在海内外引起强烈反响，受到许多国家和人士的高度赞誉，为制定和平统一祖国大业的基本方针、政策，奠定了基础。

叶剑英同志离开我们已经十年多了。他对中国新民主主义革命的伟大胜利，对中国社会主义革命和建设事业的蓬勃发展，对加强社会主义民主法制建设和推动人民代表大会制度的发展，对和平统一祖国大业做出的卓越贡献，将永世不可磨灭。今天，我们缅怀叶剑英同志光辉的一生，就是要以他为榜样，学习他坚定的共产主义信念、高尚的革命情怀，学习他在复杂的斗争中维护党和人民利益的高度原则性和非凡的革命胆略，学习他好学深思、谦虚谨慎、顾全大局、团结同志、勤奋工作的高贵品格。让我们高举邓小平同志建设有中国特色社会主义理论的伟大旗帜，更加紧密团结在以江泽民同志为核心的党中央周围，为把我国建设成为富强、民主、文明的社会主义现代化国家而努力奋斗。

基本法保障香港的长期稳定繁荣*

（一九九七年六月二十三日）

时钟在跳动，中华民族洗雪百年耻辱在即。

六月十一日，中国国家主席江泽民将率团赴香港参加香港回归盛典的消息传出，使全球瞩目的“香港回归热”再度升温。

外电纷纷评论，“这表明中国政府对这一重要时刻的重视”，“他们将是一百五十多年来首次踏上香港土地的中国最高领导人……”

荣幸地成为这个代表团重要成员之一的全国人大常委会副委员长、全国人大香港特别行政区筹委会副主任委员王汉斌，日前在百忙之中接受了记者的采访。

他对记者说，他很高兴在 7 月 1 日这个标志着中华民族洗雪百年耻辱深深激动人心的重要时刻，能作为中国政府代表团的一员，参加回归庆典，这将是他深感光荣、终身难忘的时刻。

---

* 这是王汉斌同志接受《法制日报》和中新社记者专访时的谈话，《法制日报》1997 年 6 月 25 日刊载了本报记者闫军的报道。

作为长期主持我国立法工作的主要领导人，王汉斌不仅是全国人大香港特别行政区筹委会的副主任委员，也是原香港基本法起草委员会的副主任委员。在香港回归的历程中，他一直是参与这一重大历史事件的辛勤耕耘者。其中，最重要的一个工作就是参与了香港基本法起草的全过程。

十二年前，为坚持依法治港，把小平同志“一国两制”的伟大构想用法律形式固定下来，根据六届全国人大三次会议作出的决定，成立了由五十九人组成的由香港、内地多方人士参加的香港基本法起草委员会。此后，这个委员会为使华夏儿女百年梦想成真，呕心沥血。回顾五年立法的历程，作为原香港基本法起草委员会的重要成员，王汉斌感受深切。他说，正如邓小平同志指出的，香港基本法不是一部普通的法律，而是一部具有历史意义和国际意义的重要法律，是一部创造性的杰作，迄今为止，世界上其他国家没有这样的法律。

他说，我参与过许多重要法律的起草工作，香港基本法是最具有特色的一部法律，它的成功制定，应该说是小平同志提出的“一国两制”方针的成功实践，也是包括香港同胞在内的全国人民共同努力的硕果。

要实现香港的平稳过渡，保持香港的长期繁荣稳定，靠的是什么？王汉斌强调三点：一是靠祖国和人民的支持，内地政治稳定，经济发展，坚持改革开放；二是靠广大爱国爱港的香港同胞的积极参与；三是靠认真贯彻落实香港基本法。

他说，虽然香港基本法是 1997 年 7 月 1 日正式实施，但是几年来，我们所有的各项准备工作都在严格遵循基本法的有关规定。现在香港人心安定，社会稳定，经济繁荣，广大香港同胞满怀喜悦和充满信心地准备迎接香港回归祖国这一天的到来，这都是同基本法的颁布有着十分密切的联系。

当谈到香港回归后的情况时，王汉斌强调，那时，基本法将要正式实施，我们面临的任务将是全面地不折不扣地贯彻实施基本法。

王汉斌强调，实施基本法，要维护基本法的权威。我们讲依法治港，最基本的是，要依照基本法治理香港。香港特别行政区实行的制度、政策和法律，都必须以基本法为依据，都不能同基本法相抵触。其次，人人都要遵守基本法。基本法是一部全国性的法律，不但香港要严格遵守，中央和各省、自治区、直辖市也要严格遵守；不但香港同胞要遵守，全国十二亿人民也要遵守。江泽民同志已经讲了，作为中共中央总书记、国家主席和中央军委主席，他也要遵守基本法。江泽民同志语重心长的话给我们指明了遵守基本法的必要性和重大意义。

他说，实施基本法，就要严格按照基本法的规定办事。

其中至关重要的是要保证“一国两制”、“港人治港”、高度自治的实现，保证香港特别行政区享有行政管理权、立法权、独立的司法权和终审权。基本法明确规定，中央人民政府所属各部门，各省、自治区、直辖市均不得干预香港特别行政区根据基本法自行管理的事务。除了外交部驻港机构和驻军外，中央各部门，各省、自治区、直辖市如需在香港特别行政区设立机构，要征得特别行政区政府同意并经中央批准。并且中央还明确决定，中央各部门，各省、自治区、直辖市都不在香港设立行政性机构。中央各部门，各省、自治区、直辖市经香港特别行政区同意并经中央批准在香港设立的机构，中央也已一再要求他们不仅不能干预特别行政区的事务，而且还必须严格遵守香港特别行政区的法律。外交部驻港机构和驻军也必须严格按基本法规定办事，不干预特别行政区自治范围内的事务，遵守香港特别行政区的法律。基本法所有的这些规定，都是确保香港特别行政区高度自治所必需的，必须全面贯彻和执行。

有人担心中央可以通过修改基本法来改变对香港的政策，关于这个问题，王汉斌说，我们要保证全面贯彻实施基本法，还要保证基本法不能轻易修改。他说，有人以为全国人大的权力很大，对基本法的任何内容，全国人大都可以修改，这种理解是不准确的。基本法已经规定："本法的任何修改，均不得同中华人民共和国对香港既定的基本方针政策相抵触。"这就表明，已经载入基本法的中英联合声明中关于中华人民共和国对香港的基本方针政策，在五十年内是不能修改的。其他一些具体规定虽然可以修改，基本法也规定了严格的修改程序。

再有五天，香港就回到祖国的怀抱了，香港的历史将翻开崭新的一页。王汉斌最后充满信心地对记者说，香港的历史已经表明，依靠广大香港人的聪明才智和辛勤劳动，已经创造了一个繁荣的香港。香港回归后，在基本法的保障下，在广大香港同胞的努力和全国人民的支持下，一个更加美好、更加繁荣、更加辉煌的未来仍将属于香港。

法律委员会是一个团结的有战斗力的集体*

（一九九七年十二月二十六日）

八届全国人大法律委员会工作快五年了，五年中法律委员会担负大量的法律审议工作，工作很繁重，很紧张，很辛苦，也很有成绩。五年来，全国人大及其常委会共通过法律 114 件，可以说每一件都会遇到各种各样的分歧意见，有不少是对重大问题的分歧意见，有的问题分歧非常大，有的意见是在表决前提出来的，有时弄得很紧张。如何及时妥善解决，困难很大。面对这些困难，法律委员会能够根据党的路线、方针和政策，根据改革开放和现代化建设的实际情况，认真研究不同意见，经过反复的、耐心细致的协调工作，提出大家比较满意的解决方案，使法律草案得以顺利通过。工作能够做到这个程度很不容易。法律委员会的成员来自各个方面，大家能够团结合作，任劳任怨，群策群力，共同努力，完成了党和人民交给的立法工作任务。实践证

* 这是王汉斌同志在八届全国人大法律委员会第 300 次会议上的讲话。

明，法律委员会是一个团结的、有战斗力的集体。

几年来，法律委员会在全国人大常委会党组的领导下，形成了比较好的工作作风，这就是善于听取、研究不同意见，始终从党和人民的利益出发，处理问题，做好审议工作。首先，重视研究常委会委员的意见。现在的常委会组成人员与过去有较大不同，来自各个方面，有丰富的实践经验，很多是过去的部长，还有各方面的专家，水平很高，他们对问题抓得准，提出的意见很专业，也很重要，我们考虑不周到的地方，都能提出来。因此，很好地听取和研究常委会委员的意见，是保证立法质量的重要环节。其次，重视听取各地方、各方面的意见。关于这一点，彭真同志早就说过，立法要认真考虑各地方、各方面的各种不同意见。只有把各方面的矛盾、问题、意见都摆出来，很好研究，吸收正确的，抛弃错误的，把正确的意见集中起来，才有可能使法律比较符合实际，能够行得通。第三，重视听取法律专家的意见。五年来，我们制定了很多基本法，如民诉法修改、刑诉法修改、刑法修改，还有其他一些专业性较强的法律。基本法有较强的理论性，涉及相关法律部门的共同性问题，制定这些法律，征求专家的意见是必要的。小平同志早就说过，要多找一些各方面的专家参加立法工作；重要法律的制定要征求高等院校师生的意见，这不仅有利于制定好法律，而且可以宣传和普及法律，有利于法律的实施。彭真同志也提出，制定重要法律，请专家和实际工作者来参加，理论与实际相结合，不是简单的技术问题，而是一个带根本性的问题。许多专业性很强的法律，不听取专家的意见是搞不好的。从这几年工作看，制定刑诉法、刑法等基本法，法律专家参与是很重要的。总之，现代立法，涉及的领域很宽，涉及的问题很多，需要最大限度地依靠和发挥集体的智慧和力量，广泛听取立法部门、实际工作者、专家的意见，这是保证立法质量的关键，要形成制度，坚持下去。

今天简单讲这些意见。最后，对法律委员会的工作表示感谢！对法律委员会五年来取得的成绩表示祝贺!

关于对专属经济区和大陆架法中规定我国历史性权利问题的意见*

（一九九七年十二月三十一日）

1996 年 12 月，八届全国人大常委会第二十三次会议审议专属经济区和大陆架法（草案）时，杨振怀等三十多位委员提出，法律草案不提我国对南海断续线内海域的权利，不利于维护我国对南海海域的权利，建议增加关于我国对南海断续线内海域的历史性权利的规定。会后，全国人大法律委员会、外事委员会和全国人大常委会法制工作委员会召集海洋局、地矿部、国家环保局、中国海洋石油总公司等有关部门、单位和海洋法、国际法专家征求意见。有少数专家认为南海问题，既有相当的复杂性，又有高度的敏感性，对南海问题采取任何措施应放到国家政治全局中全面考虑。"历史性权利"的概念不清楚，对外难解释。因此，在专属经济区和大陆架法中可以对"历史性权利"问题不作规定，现在不写，也不影响我国行使权利。但有关各部门、单位和大多

* 这是王汉斌同志主持起草的报告。

数专家都认为，我国应当主张在南海海域的历史性权利，赞成在专属经济区和大陆架法中作出适当的规定。我们同意这种意见，理由是：

一、我国以南海海域的历史性权利，具体范围是1947年国民党政府公布的南海地图标绘的断续线范围内的海域。这条断续线内的海域面积约为200万平方公里。新中国成立后我国公开出版的地图一直标绘这条断续线，前苏联、东欧一些国家以及日本、法国出版的地图也标绘了这条断续线。直到1966年，国际上包括菲律宾、马来西亚、越南等周边国家都没有提出异议。

二、据有关部门测算，按照专属经济区和大陆架法草案的规定，断续线内的南海海域可以由我国管辖的范围约为120万平方公里，还有约80万平方公里面积的海域没有明确由我国管辖。包括我们经常提到的南海最南端的曾母暗沙，也没有明确由我国管辖。

三、自1966年以来，菲（1968年，1978年）、越（1977年）、马（1966年，1980年，1984年）等周边国家通过其法律、声明或总统令等形式规定了其大陆架、专属经济区权利的范围，一方面对断续线内应归我国管辖的约120万平方公里的大部分海域提出权利要求，另一方面又对断续线内另外约80万平方公里的大部分海域提出应由其管辖的权利要求。

四、新中国成立以来，我国一直没有明确发表声明表明我国对南海断续线内海域的海洋权利。1958年发表的我国政府关于领海的声明没有涉及这个问题，1992年制定的领海及毗连区法也没有涉及这个问题，1996年全国人大常委会批准联合国海洋法公约时，是提出保留历史性海洋权利比较合适的时机，但当时仍未提出来。这次制定专属经济区和大陆架法，是比较自然地、顺理成章地提出保留历史性海洋权利的最后一次有利的时机。如果这次再不对历史性权利问题作出规定，不提出对断续线内专属经济区和大陆架以外80万平方公里的海洋权利，国际社会可以认为我国提出的对南海海域的权利是指专属经济区和大陆架范围内的权利，而不包括周边国家已经提出的专属经济区和大陆架范围以外、断续线范围以内的80万平方公里海域的权利。

五、从南海权利发生争端以来，我国一直声明：我国对南海诸岛及其附近海域拥有无可争辩的主权。对附近海域的范围则没有明确说明，可以作不同的解释，但在制定专属经济区和大陆架法以后，已经可以解释为是指专属经济区和大陆架，从海洋法、国际法的角度来看，要解释为包括专属经济区和大陆架以外的前述80万平方公里南海海域的权利是困难的，因为这样大的海洋面积距离拥有主权的岛屿实在太远了，很难把附近海域的主权解释为包括断续线范围内的海洋权利。

六、提出我国历史性的海洋权利可能会引起同周边国家的紧张关系和外交上的麻烦，但问题是我们到底要不要保留这80万平方公里的海洋权利，如果我们要保留，就总要提出权利主张，那时仍然会引起同周边国家的紧张关系和外交上的麻烦。因此，引起麻烦实际上并不是由于作了保留历史性的海洋权利的规定，而是由于我们同一些国家对这80万平方公里海洋有不同的权利主张。同时，这次我们规定保留历史性的权利，可以使用比较淡化的语言，即增加规定："本法的规定不影响中华人民共和国享有的历史性权利”，这只是为了以后谈判解决争端提供法律依据，并不采取具体措施实施这一规定，虽然会引起一些风波，估计也会是有限的。1992年制定领海及毗连区法规定了我国的领土包括钓鱼岛和南沙群岛，曾引起一些外交上的麻烦；去年颁布领海基线，也引起一些外交上的争议，但并没有引起太大的问题。考虑到最近菲律宾对我黄岩岛的咄咄逼人的横蛮作法，作这样的规定以利于以后的谈判是有必要的。现在菲律宾、越南、马来西亚都是采取先下手为强的做法，抢先占领岛礁，开发矿藏，逼我接受既成事实，在南海问题上，即使不作这样的规定，同一些周边国家发生某些争端仍然是避免不了的。

七、现在如不作规定，将来虽仍然可以提出权利主张，这自然可以在目前减少麻烦，但将来会引起更大的麻烦。国际社会可能会认为我国过去长期不提出而突然提出来，是提出新的权利主张，可能会引起我国同周边国家更紧张、更大的争吵，那时要作解释在国际上可能会更困难、更被动。

八、联合国海洋法会议曾多次讨论过历史性权利，只是没有达成协议。但《联合国海洋法公约》已有涉及国家对海洋的历史性权利（例如历史性海湾和历史性所有权等）的规定。印度、越南、菲律宾、毛里求斯等国已在法律或声明中作了划定由本国享有权利的历史性水域的规定。此外，我国台湾省的领海及邻接区法（草案）也规定，“中华民国之历史性水域及其范围，由行政院公告之。”

关于法律分类问题*

（一九九八年一月十九日）

1998 年 1 月 19 日上午，全国人大常委会法制工作委员会在人民大会堂浙江厅召开了立法工作座谈会。四十余名法学专家应邀参加了会议。王汉斌副委员长出席了会议。出席会议的还有全国人大常委会委员、法律委员会主任委员薛驹，全国人大常委会委员、法律委员会副主任委员项淳一，法律委员会委员邬福肇、王家福，全国人大常委会法制工作委员会主任顾昂然，副主任卞耀武、乔晓阳、胡康生、张春生。

座谈会由顾昂然同志主持。他首先说明了召开这次座谈会的目的：一、根据党的十五大报告提出的要求，请各位专家谈谈对立法工作的意见和建议，积极发表意见；二、近二十年来，我国的立法工作有了很大的进展，取得了很大的成绩，这是与专家的积极参与和帮助分不开的，在春节来临之际，我代表法工委，向

---

* 这是全国人大常委会法制工作委员会关于召开的立法工作座谈会情况的简报，其中有王汉斌同志的讲话。

各位专家拜个早年，预祝大家新春快乐；三、今后的立法工作任务仍很繁重，希望各位专家学者继续支持和帮助立法工作，使我国的立法工作更上一个台阶。

随后，专家们积极发言，从立法工作的各个方面提出了许多意见和建议。

首先，专家们认为，我国的立法工作取得了很大成绩。江平教授希望这个好的立法势头在新一届人大能保持下去。高铭暄教授发言认为，我国的立法取得了很大的成绩，刑法、刑诉法通过后，国内外反应很好。崔敏教授认为，几年来，常委会主管领导重视法学专家的意见，立法工作取得了很大成绩，希望新一届人大能继续保持。

在谈到如何提高立法质量和法律修改问题时，单长宗教授认为，有些法律有瑕疵，需要修改。谢怀栻教授着重就提高立法质量发表了意见，一是准备工作要充分，带根本性的、基本的问题要提早、提前研究，否则会浪费时间和精力，并建议民法典的起草要提早准备研究和调查；二是注意研究法律的执行情况；三是注意法律的修改，不要怕修改。费宗祎教授也认为，法要经常修改，随时修改，并认为立法工作存在重复现象，需要解决。

就今后立法规划，专家们也发表了意见。费宗祎教授建议，新一届人大应在现有的基础上，对今后立法搞一个总的规划，要有个总的安排。肖蔚云教授认为，人大基本建设方面的立法要加强，包括立法法和监督法，既要重视经济方面的立法，也要重视民主政治方面的立法。江平教授认为，民法立法相对较弱，希望在建国五十周年时，有一部系统的、科学的民法典。应松年教授建议制定一部行政程序法典，现在行政程序方面的立法进展很快，但在立单行法时要注意考虑今后的统一，为制定行政程序法典打好基础。

专家们还就一些立法项目提出了自己的意见。关于监督法，肖蔚云教授认为，地方已有一些经验可资参考；单长宗教授建议尽快出台监督法，以保障正常的监督机制，避免以监督之名进行干涉。陈光中教授认为，专家参与立法是好的方式，要通过立法法，使立法工作制度化。费宗祎教授认为立法法要解决立法分工问题，并建议制定豁免法、引渡法、反倾销法、反垄断法、企业兼并法等法律。杨荣新教授建议制定民事执行法、破产法，这样有利于解决执行难问题。谢怀栻教授认为，配套的法律要同时准备、同时立法、同时出台，这样有利于法的实施。单长宗教授建议制定刑法、刑诉法的配套法律，如证人法、证据法。

就立法解释、司法解释和法律实施存在的问题，专家们发表了意见。崔敏教授认为，刑诉法是一部好的法律，但实施以来，效果不好，主要原因是司法解释与法律原则抵触，司法部门各搞各的，给人以错觉，建议由人大作统一的立法解释，不要由几个部门发文代替立法解释。高铭暄教授也认为，对刑法、刑诉法的司法解释，高法与高检之间不一致，问题较大，另一个问题是死刑核准权下放问题，目前的做法，在法理上说不通。杨荣新教授建议加强立法解释，例如民事案件中的司法监督问题，要通过立法解释来明确。魏振瀛教授提出司法解释一定要很慎重，不能与基本法律矛盾。专家们还就司法体制改革问题发表了意见。

全国人大常委会委员、法律委员会主任委员薛驹讲话时说，五年制定法律过程中，从汉斌同志开始，始终比较重视各方面的意见，凡是遇到一些重要的问题，都要请各方面专家来提出宝贵意见。他强调，立法工作要讲立法工作部门、实际工作部门和专家三方面结合，要依靠专家依靠群众，要立足于全局，立足于人民利益，在立法中充分发挥专家的作用，要继承这种好的传统。

全国人大常委会副委员长王汉斌在座谈时，多次向专家询问，交换意见，并在最后作了重要讲话。他说，今天专家提出了很好的意见，对这些意见要好好研究。他肯定了法学专家在立法工作中的作用。他说，专家对我们立法工作帮助很大，很多立法要靠专家来帮助研究。他指出，党的十五大提出要依法治国，建设社会主义法治国家。到 2010 年形成有中国特色社会主义法律体系。法治国家首先是要有法可依，这个任务很重，有一系列重要立法要研究，这不是简单的事情，现在很重要的是制定民法，应该提上议事日程。他说，我们从 1979 年就决定起草民法，当时起草了四稿，后来觉得民法工程浩大，决定先搞单行法。民事方面的法律现在绝大部分都有了，现在要下决心起草民法典，把已有的法律编起来。现有缺的主要是物权法，担保法是物权法的一个组成部分，民法通则也有一些原则上的规定，一些单行法也有关于物权的规定，但是相对来说，现在最缺的还是物权法，所以要起草物权法，这是一件比较大的事情。他说，还有两个法，一个是合同法，现有三个合同法，缺的是个人、公民这一部分，目前该法正在起草中，不是很复杂；再有一个是民法亲属篇，现在内司委、民政部正在起草婚姻家庭法。民法亲属篇中现有三个法，一个是婚姻法，一个是继承法，一个是收养法，再加一些内容我看也不是太困难的事。主要的是物权法，现在在多种经济成分的情况下，也有保护私人财产、私人企业、个体的问题，这是比较大的事情，今天我主要讲这件事，请专家支持一下起草民法，请江平和王家福二位专家来主持。起草民法是过去中央已决定了的事，我们要继续完成起草任务。起草民法同时起草物权法。在谈到法律分类问题时，他说，在编辑法律活页汇编时，我们就研究法律分类，商法究竟放在哪里？目前的法律体系是民法、刑法、诉讼法、国家政权机构法、经济法、行政法六类。研究到最后决定把商法从经济法中分出来，把民商法作为一类，这是一件重要的事情，因为商法调整平等主体间的关系，民法也是调整平等主体间的关系的，而经济法调整纵向的关系，这样把法律分类改为：民商法、刑法、诉讼法、国家政权机构法、经济法、行政法六大类，大家考虑一下这个意见是否合适。王汉斌副委员长说，凡是我们遇到一些麻烦的事情，例如涉及法律理论、法律规范化的问题，共同性的法律问题，我们都请专家来帮助研究，我举个例子，法律要不要规定国家主席有权代表国家签订条约，我们就征求了专家意见。专家这些年来对我们工作确实有很大帮助，民法通则有几位专家一直同法工委一起研究修改到大会通过。最后，王汉斌副委员长代表全国人大法律委员会和全国人大常委会法制工作委员会向专家表示感谢，并致新年问候。

附　录

在闻一多先生诞辰九十五周年大会暨94 闻一多国际学术研讨会上的发言

（一九九四年十二月十六日）

我热烈祝贺闻一多先生诞辰九十五周年纪念大会暨 94 闻一多国际学术研讨会的召开。

我作为闻一多先生的学生，上过闻先生的课，听过闻先生的教诲，今天在闻一多先生遇难将近 50 周年之际，参加闻先生诞辰九十五周年纪念大会和闻一多国际学术研讨会，真是心潮澎湃，激动不已。

闻一多先生是一代杰出的诗人、作家、学者、爱国者和革命的民主战士。他是有渊博的学识和多方面的卓越的才能，还有着爱祖国、爱人民的深厚的、真诚的感情。他目睹抗战期间国民党的种种腐败、黑暗、压迫人民的血腥统治，心情激愤，寝食难安，终于孤军奋起，走出课堂，走出书斋，和广大爱国学生、老师站在一起，在历次学生爱国民主运动集会和游行的讲演上，在 12·1 运动紧张激烈斗争的日日夜夜里，他用犀利的笔和充满革命激情的演讲，为人民的民主自由，为中华民族的独立解放，大声疾呼，慷慨陈词，鼓舞了千百万人的革命热情和战斗意志，有力地打击了国民党的反动统治，走上了中国共产党指引的革命道路。他面对国民党特务的白色恐怖和血腥的枪弹，大义凛然，痛加声讨，为中国人民的解放事业奋不顾身，光荣牺牲。闻一多先生的一生，引用毛主席的一句话，是“生的伟大，死的光荣”，直到现在，我们这些闻一多先生的学生，对闻先生热情亲切的音容，谆谆善诱的教导，诲人不倦的精神，慷慨激昂的演讲，仍然历历在目，闻一多先生的光辉形象深深地镌刻在我们的记忆中和深深的怀念中。

闻一多先生光辉的一生，照耀着中国知识分子前进的道路，是中国知识分子的光辉榜样，我们今天纪念闻一多先生，要学习闻一多先生爱祖国、爱人民的革命精神，继承闻一多先生未竟的事业，为建设富强、民主、文明的社会主义伟大国家而努力奋斗。

在云南省纪念“一二·一”运动五十周年暨西南联大建校五十七周年大会上的讲话

（一九九五年一月三十日）

今天，我们参加“一二·一”运动的老同志同昆明青年同学们一起纪念“一二·一”运动五十周年，感到心潮澎湃，心情十分激动。

五十年前的“一二·一”运动，继承了“五·四”运动、“一二·九”运动爱国主义的光荣的革命传统，在抗战刚刚胜利，蒋介石国民党不顾全国人民要求和平的强烈愿望，向解放区发动武装进攻，悍然挑起内战，中华民族面临着两个前途、两种命运的历史紧要关头，昆明学生响应中国共产党发出的“全国人民动员起来，用一切办法制止内战”的号召，站在时代的前列，不怕国民党的军警、机关枪、手榴弹的血腥镇压，勇敢地举行群众集会、罢课和街头宣传，掀起了“反内战、要和平、反独裁、争民主”的“一二·一”运动，四烈士的英勇牺牲，更激起了全国各地人民和青年学生纷纷举行集会、游行、公祭，表示强烈的抗议和热烈的声援，把国民党统治区爱国民主运动推向了新的高潮，成为揭开解放战争第二条战线斗争的序幕，为全国人民在中国共产党领导下，彻底推翻国民党反动统治“准备了思想、准备了人心、准备了干部”，在中国青年运动史和中国新民主主义革命史上写下了光辉的一页。

历史告诉我们，中国青年具有爱国主义的光荣传统，中国青年运动总是与国家的前途，民族的命运息息相关，与社会的进步，历史的发展紧密相连，现在，历史即将跨入二十一世纪，我们国家面临着难得的历史机遇和严峻的历史挑战，将要进入新的发展的历史关键时期。为此，我们党确立了分三步走实现社会主义现代化的战略部署，并在党的十四届五中全会上提出了今后十五年国民经济和社会发展的奋斗目标和主要任务。我们今天隆重纪念“一二·一”运动五十周年，就是要弘扬“一二·一”运动的爱国主义精神，肩负起跨世纪的历史重任，努力学习，刻苦钻研，勇于实践，把青年培养成为社会主义现代化建设需要的各行各业的优秀人才，成为跨世纪的国家的栋梁，在邓小平同志建设有中国特色社会主义理论的指导下，艰苦奋斗，奋发图强，为中华民族的全面振兴谱写出新的更加辉煌的篇章。

让我们永远学习“一二·一”运动牺牲的四烈士为国家为民族英勇献身的崇高的革命精神。

让“一二·一”运动和中国青年运动的爱国主义光荣传统永放光芒！

在首都青年纪念“一二·九”运动六十周年、“一二·一”运动五十周年大会上的讲话

（一九九五年十二月八日）

今天，我们新老两代人共聚一堂，隆重纪念“一二·九”运动六十周年和“一二·一”运动五十周年，这对于在新的历史时期进一步总结这两次学生运动的历史经验和光荣传统，弘扬爱国主义精神，建设富强、民主、文明的社会主义现代化国家，具有十分重要的现实意义。我作为一名“一二·一”运动的参加者，回顾这段激昂澎湃的斗争史，心情依然激动不已。

五十年前的“一二·一”运动，是在中国共产党领导下，由昆明学生发起并得到全国各地响应的反内战、争民主的爱国民主运动。“一二·一”运动的前夕，正是在抗日战争刚刚取得胜利，中国面临着两个前途、两种命运的历史紧要关头。以蒋介石为首的国民党反动派，妄图依靠美帝国主义，建立一个大地主、官僚资产阶级、买办资产阶级的法西斯专政国家。全国人民则渴望和平、民主、团结，要求建立一个独立、自由、民主、富强的新中

国。中国共产党从民族大义出发，提出了在抗战胜利后争取国家和平发展这一反映了全国人民的迫切要求和强烈愿望的正确主张。但是国民党蒋介石一意孤行，武装进攻解放区挑起了内战。面对这一危机局势，在云南昆明的西南联合大学等校的青年学生首先行动起来，代表全国人民的愿望举行群众大会，发出反对内战的强烈的呼声。国民党反动当局对学生群众大会竟以军警包围和开机关枪相威吓，在学生被迫罢课后，又以手榴弹血洗西南联大校园，制造了震动全国的“一二·一”惨案。国民党反动派这一法西斯暴行，激起了昆明市和全国各地人民群众的极大愤慨，一场“反内战要和平，反独裁要民主”的运动浪潮迅速席卷全国。昆明广大师生在共产党地下组织的领导下，不畏血腥镇压，不怕暴力殴打伤害，冒着被捕危险，继续坚持罢课，每天组织大批宣传队到街道、工厂和郊区农村进行宣传，并编印多种传单、文告到处散发，揭露反动派坚持内战和制造昆明惨案的真相。昆明各界人士共15万人、达700个团体参加了死难学生的公祭，延安、成都、重庆、上海、西安、武汉等地的学生和各界人士通过游行、集会、公祭等多种形式声援昆明师生的正义斗争。“一二·一”运动持续近四个月，有力地打击了国民党反动派的嚣张气焰，迫使国民党反动当局不得不接受学生提出的正当要求，使运动取得了重大的胜利。“一二·一”牺牲的“四烈士”的血没有白流。这场解放战争时期第一次大规模的学生运动，不仅揭露了国民党蒋介石实行专制独裁统治和发动内战的阴谋，把国民党统治区的爱国民主运动推向了新高潮，揭开了解放战争第二条战线的序幕，而且为全国各族人民在中国共产党领导下，彻底消灭国民党反动统治，夺取政权“准备了思想，准备了人心，准备了干部”，有着重要的历史意义，在中国新民主主义革命史上写下了光辉的一页。

“一二·一”运动是在新的历史条件下对“一二·九”运动的继承和发展，是新的“一二·九”运动，它为我国青年运动提供了丰富而宝贵的历史经验。回顾“一二·一”运动，我们深深地感受到，正如“一二·九”运动一样，爱国主义始终是凝聚和激励广大青年的强大精神力量。“一二·一”运动爆发之前，国民党反动派加强了独裁专制的控制，使抗战胜利后的中国处于白色恐怖之中。正是出于对国家、对民族前途命运的历史使命感和责任感，昆明等地的青年学生挺身而出，勇敢地站到了反内战、争民主斗争的最前列，“一二·一”运动喊出了“反对外国干涉中国内政，要求美军撤出中国”的旗帜鲜明的口号，反映了抗战胜利后全国人民要求国家民族完全独立、反对帝国主义干涉、压迫的强烈愿望。正是强烈的爱国主义情感激发出对正义必胜的坚定信心，各地青年团结起来，万众一心，不懈斗争，直至挫败反动派的血腥镇压。“一二·一”运动所表现出的爱国主义精神，感召着越来越多的青年，有力地推动了解放战争时期学生运动的发展。投身革命实践、与工农相结合是广大青年实现救国理想的根本道路。当时，昆明广大学生从宣传、组织、行动等多个方面与国民党反动派展开了针锋相对的斗争，他们走出校园，广泛向各界市民、工农群众宣传，很快得到广大市民、工农群众的理解和支持，用实际行动把爱国、民主的理想变成了各界群众痛击国民党反动统治的巨大现实力量。可以说，这是“一二·一”运动取得胜利的关键所在。中国革命是一场伟大的实践，广大青年只有投身到这一革命实践中，融入工农群众的整体之中，才能够真正成为历史进步的推动者。正如“一二·九”运动的参加者，许多人后来都奔赴敌后抗日战争的战场，“一二·一”运动的参加者，许多人后来也奔赴解放区或者投身到共产党领导的蒋管区地下武装斗争，进一步走与工农兵相结合的道路，在抗日战争、解放战争中写下了光辉的一页。“一二·一”运动还告诉我们，共产党的正确领导是青年运动健康发展的可靠保证。“一二·一”运动是在中共中央发出“全国人民动员起来，用一切办法制止内战”的号召不久爆发的，很多青年正是由于共产党的反对内战的政治主张符合他们的愿望而参加了“一二·一”运动。从运动一开始，中共中央南方局和地下云南省工委就对运动发展的政治方向和斗争策略及时提出了正确的意见，在组织宣传、罢课、复课等问题上起了关键性作用，以灵活有效的方式领导这场运动胜利发展。当时，共产党的领导已经深入到昆明市的主要大中学校，共产党的政治主张已经得到爱国青年学生和社会各阶层的广泛响应和支持，在共产党的正确领导下，“一二·一”运动得到胜利的发展，并产生了重要影响。认清以上的历史经验，有助于我们在新的历史时期更好地弘扬“一二·一”运动的光荣传统，更好地把握青年运动的方向，使青年运动不断取得新的功绩。

历史很快就要跨入二十一世纪。中华民族经过一百多年的磨难和探索，正在进入决定其前途命运的又一个关键时期。前不久召开的十四届中共中央五中全会，描绘了我国跨世纪的宏伟蓝图，提出了今后15年国民经济和社会发展的奋斗目标和主要任务，更为这一代青年明确了新的历史使命。每一代人都有每一代人的历史使命，对于这一代青年来讲，就是要勇敢地担负起实现我国社会主义现代化第二步、第三步战略目标的重任，把老一辈革命家开创的有中国特色社会主义大业不断推向前进。这就是对“一二·九”运动、“一二·一”运动爱国主义光荣传统的最好弘扬。这就要求青年学生们立下报国之志，把个人的理想融汇到党和国家的宏伟事业中去，融汇到人民群众实现中华振兴的历史创造中去，发奋学习科技文化知识，积极投身到社会主义现代化建设的实践中锻炼提高自己，自觉走与工农相结合的正确成长道路，努力成为社会主义现代化建设需要的各行各业的优秀人才。这就要求青年学生们用科学的理论武装自己，用建设和发展中国的真理武装自己，认真学习和掌握邓小平同志建设有中国特色社会主义的理论，坚定地走建设有中国特色社会主义的道路，坚持党的基本路线，听从党和人民的召唤，自觉服从服务于“抓住机遇，深化改革，扩大开放，促进发展，保持稳定”的全党全国工作大局。这对于青年一代的健康成长，对于青年运动在新时期的发展，都是至关重要的。

“长江后浪推前浪，一代新人换旧人”，青年是国家的希望，民族的未来。今天我们隆重纪念“一二·九”运动六十周年和“一二·一”运动五十周年，就是希望同学们、青年们努力继承和发扬我国青年运动光荣传统，与全国人民一道，在以江泽民同志为核心的党中央领导下，以邓小平建设有中国特色社会主义理论和党的基本路线为指导，艰苦奋斗，奋发成才，为中华民族的全面振兴谱写出新的更加辉煌的篇章。

图书在版编目（CIP）数据

社会主义民主法制文集 / 王汉斌著．——北京：中国民主法制出版社，2011.8
ISBN 978-7-80219-880-7

Ⅰ．①社… Ⅱ．①王… Ⅲ．①社会主义法制－中国－文集 Ⅳ．① D920.0-53

中国版本图书馆 CIP 数据核字（2011）第 117046 号

图书出品人：肖启明
文 案 统 筹：刘海涛
责 任 编 辑：胡天焰

书 名 / 社会主义民主法制文集
SHEHUIZHUYI MINZHUFAZHI WENJI
作 者 / 王汉斌 著

出 版 · 发 行 / 中国民主法制出版社
地 址 / 北京市丰台区玉林里 7 号（100069）
电 话 / 63055259（总编室） 63057714（发行部）
传 真 / 63055259
E-mail：MZFZ@263.net
经 销 / 新华书店
开 本 / 16 开 710 毫米 ×1000 毫米
印 张 / 41 字数 / 387 千字
版 本 / 2012 年 1 月第 1 版 2012 年 1 月第 1 次印刷
印 刷 / 北京画中画印刷有限公司

书 号 / ISBN 978-7-80219-880-7
定 价 / 98.00 元（上、下册）